# 公路工程施工技术

主　审：李国斌
主　编：王　琦
副主编：陶永红　陶庆东　姜　松　王　磊
编　者：赵　帅　李鹏飞

科学技术文献出版社
SCIENTIFIC AND TECHNICAL DOCUMENTATION PRESS
·北京·

图书在版编目（CIP）数据

公路工程施工技术/王琦主编. —北京：科学技术文献出版社，2015.2（2017.3重印）
ISBN 978-7-5023-9744-9

Ⅰ.①公… Ⅱ.①王… Ⅲ.①道路施工—高等职业教育—教材 Ⅳ.① U415

中国版本图书馆 CIP 数据核字（2015）第 007988 号

## 公路工程施工技术

策划编辑：林倪端　王　蕊　责任编辑：杨俊妹　责任校对：赵　瑷　责任出版：张志平

| 出 版 者 | 科学技术文献出版社 |
|---|---|
| 地　　址 | 北京市复兴路15号　邮编 100038 |
| 编 务 部 | （010）58882938，58882087（传真） |
| 发 行 部 | （010）58882868，58882874（传真） |
| 邮 购 部 | （010）58882873 |
| 官方网址 | www.stdp.com.cn |
| 发 行 者 | 科学技术文献出版社发行　全国各地新华书店经销 |
| 印 刷 者 | 人民日报印刷厂 |
| 版　　次 | 2015 年 2 月第 1 版　2017 年 3 月第 2 次印刷 |
| 开　　本 | 787×1092　1/16 |
| 字　　数 | 414千 |
| 印　　张 | 18.5 |
| 书　　号 | ISBN 978-7-5023-9744-9 |
| 定　　价 | 39.80元 |

版权所有　违法必究

购买本社图书，凡字迹不清、缺页、倒页、脱页者，本社发行部负责调换

# 前 言

随着我国经济社会的快速发展，我国的公路交通建设将仍然保持高速发展的趋势。在这种形势下，根据国家"十二五"教育发展规划纲要的精神，按照高等职业教育培养模式和创新人才培养模式要求，本教材本着"加大课程建设与改革的力度，增强学生的职业能力"的精神，围绕加强职业院校学生的实践能力和职业技能培养，推进精品教材的建设工作，针对高职专业课程体系改革与建设的要求编写而成。

公路工程施工技术是一门理论和实践并重、实践性较强的专业课程。本书强调与一线生产实践相结合，采用项目教学编写模式，每个项目都精心设计了任务目标、学习目标、实际工程案例、项目小结、能力训练等。同时，采用了国家最新标准和规范，内容深入浅出，是一本特色鲜明的教材。

本书由辽宁建筑职业学院王琦任主编，辽宁建筑职业学院陶永红、鞍山市城乡建筑设计所有限公司高级工程师姜松、营口职业技术学院王磊、绵阳职业技术学院陶庆东任副主编，辽宁建筑职业学院赵帅、李鹏飞参与了编写工作。具体分工如下：项目一、项目二由王磊编写，项目三、项目七由陶永红编写，项目四由赵帅编写，项目五由姜松编写，项目六由李鹏飞编写，项目八由陶庆东编写，项目九、项目十、项目十一由王琦编写。本书由王琦统稿并定稿，辽宁建筑职业学院副教授李国斌任主审，在编写过程中，还得到了相关单位的大力支持，王玉艳、马静、赵世恒也对本书提出了许多宝贵的意见和建议，再次表示衷心的感谢。

由于时间仓促，编者的业务水平有限，书中难免有不妥及疏漏之处，恳请广大读者批评指正，以期进一步修订提高。

# 目 录

绪 论 .................................................................................................................. 1

**项目一 公路施工基础知识** .................................................................................. 3
    工作任务一 公路工程基本建设 ............................................................... 3
    工作任务二 公路工程施工过程 ............................................................... 5
    工作任务三 公路工程施工管理 ............................................................... 7

**项目二 路基施工准备工作** .................................................................................. 9
    工作任务一 路基施工方法及施工准备工作 ........................................... 9
    工作任务二 路基施工放样及场地准备 ................................................. 14
    工作任务三 试验路段铺筑 ..................................................................... 20
    工作任务四 安全文明施工及环保措施 ................................................. 27

**项目三 土质路基施工** ........................................................................................ 34
    工作任务一 路基施工方法 ..................................................................... 34
    工作任务二 土质路堤填筑 ..................................................................... 35
    工作任务三 土质路堑开挖 ..................................................................... 45
    工作任务四 土方机械化施工 ................................................................. 48
    工作任务五 路基修整、检查验收与维修 ............................................. 52

**项目四 湿软地基处理** ........................................................................................ 58
    工作任务一 软土的工程定义 ................................................................. 58
    工作任务二 湿软地基处理概述 ............................................................. 59
    工作任务三 湿软地基的分类 ................................................................. 59

**项目五 石质路基施工** ........................................................................................ 72
    工作任务一 填石路堤施工 ..................................................................... 72
    工作任务二 石质路堑开挖 ..................................................................... 77
    工作任务三 坡面防护工程施工 ............................................................. 78
    工作任务四 路基石方爆破 ..................................................................... 83

## 项目六　路基排水工程 .................................................................................................. 102
### 工作任务一　路基排水工程简介 .......................................................................... 102
### 工作任务二　地表排水 .......................................................................................... 103
### 工作任务三　地下排水 .......................................................................................... 113

## 项目七　防护与支挡工程施工 .................................................................................. 124
### 工作任务一　路基防护系统 .................................................................................. 124
### 工作任务二　路基防护工程施工 .......................................................................... 141

## 项目八　路基病害处治 .................................................................................................. 152
### 工作任务一　路基病害的成因 .............................................................................. 152
### 工作任务二　路基病害的处理方法及施工工艺 .................................................. 154

## 项目九　路面基层施工 .................................................................................................. 163
### 工作任务一　半刚性基层材料 .............................................................................. 163
### 工作任务二　半刚性基层施工 .............................................................................. 171
### 工作任务三　粒料类基层施工 .............................................................................. 175
### 工作任务四　基层质量控制与检查验收 .............................................................. 180
### 工作任务五　柔性基层与刚性基层 ...................................................................... 187

## 项目十　沥青路面施工 .................................................................................................. 195
### 工作任务一　沥青路面认知 .................................................................................. 195
### 工作任务二　沥青路面材料种类及要求 .............................................................. 198
### 工作任务三　沥青混合料技术性质 ...................................................................... 206
### 工作任务四　热拌沥青混合料路面施工 .............................................................. 207
### 工作任务五　其他形式的沥青路面施工 .............................................................. 215
### 工作任务六　沥青类路面常见病害与处治方法 .................................................. 219

## 项目十一　水泥混凝土路面施工 .................................................................................. 231
### 工作任务一　水泥混凝土路面认知 ...................................................................... 231
### 工作任务二　水泥混凝土路面施工工艺 .............................................................. 245
### 工作任务三　轨道式摊铺机施工 .......................................................................... 252
### 工作任务四　滑模式摊铺机施工 .......................................................................... 261
### 工作任务五　特殊条件下水泥混凝土路面施工 .................................................. 275
### 工作任务六　水泥混凝土路面施工质量控制与验收 .......................................... 277

## 参考文献 .......................................................................................................................... 286

# 绪 论

公路工程基础设施建设的实体实施阶段，主要工作内容就是路桥施工与试验检测。施工行为是主体，需要合理的组织、先进的技术，试验检测是质量保证，为施工质量保驾护航。道路交通事业的蓬勃发展，交通量和车辆荷载的与日俱增，对公路工程质量提出了更高的要求，作为工程技术人员有必要掌握好现代公路工程施工技术。

### 1. 公路工程施工技术的主要内容

公路工程施工技术主要有路基施工准备工作、路基工程施工（包括土质路基施工和石质路基施工）技术、路面基层施工技术、沥青路面施工技术、水泥混凝土路面施工技术。

### 2. 公路工程施工技术课程特点

公路工程施工技术是一门实践性和操作性都非常强的专业课程，涉及公路工程实体实施的各个方面和环节，要求学习者应具有一定的路基路面专业知识，需要不断充实现场实践知识，不断掌握动手操作技能，这样才能使理论知识与实践知识形成互动，相互促进，更好地学习和掌握本课程的知识。

### 3. 与本课程相关的标准、规范和规程

为更好地学习掌握路桥工程施工技术，如下标准、规范和规程与本教材课程紧密关联，可供参考之用。

① 公路工程技术标准　　　　JTG B01—2014
② 公路土工试验规程　　　　JTG E40—2007
③ 岩土工程勘察规范　　　　GB 50021—2011（2009版）
④ 公路工程名词术语　　　　JTJ 002—1987
⑤ 公路工程沥青及沥青混合料试验规程　　JTG E20—2011
⑥ 公路工程水泥及水泥混凝土试验规程　　JTG E30—2005
⑦ 公路工程无机结合料稳定材料试验规程　　JTG E51—2009
⑧ 公路沥青路面设计规范　　JTG D50—2006
⑨ 公路水泥混凝土路面设计规范　　JTG E40—2002
⑩ 公路工程岩石试验规程　　JTG E41—2005
⑪ 公路集料试验规程　　　　JTG E42—2005
⑫ 公路路基施工技术规范　　JTG F10—2006
⑬ 公路路面基层施工技术规范　　JTJ 034—2000
⑭ 公路沥青路面施工技术规范　　JTG F40—2004

⑮公路水泥混凝土路面施工技术细则　　JTG/T F30-2014
⑯沥青路面施工及验收规范　　GB 50092—1996
⑰水泥混凝土路面施工及验收规范　　GBJ 97—1987
⑱公路路基路面现场测试规程　　JTJ E60—2008
⑲公路工程质量检验评定标准　　JTG F80/1—2012
⑳公路水泥混凝土路面养护技术规范　　JTJ 073.1—2001

# 项目一  公路施工基础知识

**任务目标：**
　　结合公路工程，认知公路工程基本建设的程序、施工过程及施工管理。

**学习目标：**
　　（1）了解公路基本建设及工程项目的划分。
　　（2）熟悉公路工程施工过程的任务、组织准备、现场条件准备、施工过程及竣工验收的主要工作内容。
　　（3）了解公路工程施工管理的任务、内容、方法与程序。

## 工作任务一  公路工程基本建设

### 学习单元一  基本建设及工程项目的划分

　　基本建设是现代化大生产的一项工程，从计划建设到建成投产，要经过许多阶段和环节，有其客观规律性。基本建设工程一般可划分为：建设项目、单项工程、单位工程、分部工程、分项工程五级。

#### 1. 建设项目

　　建设项目又称基本建设项目，建设项目是以实物形态表示的具体项目，它以形成固定资产为目的。基本建设项目一般指在一个总体设计或初步设计范围内，由一个或几个单位工程组成，在经济上进行统一核算，行政上有独立组织形式，实行统一管理的建设单位。凡属于一个总体设计范围内分期分批进行建设的主体工程和附属配套工程、供水供电工程等，均应作为一个工程建设项目，不能将其按地区或施工承包单位划分为若干个工程建设项目。对每个建设项目，都编有计划任务书和独立的总体设计，如一个学校，一个房地产开发小区。

#### 2. 单项工程（或工程项目）

　　单项工程又称工程项目，是建设项目的组成部分。一个建设项目可以是一个单项工程，也可能包括几个单项工程。单项工程是具有独立的设计文件，建成后可以独立发挥生产能力或效益的一组配套齐全的工程项目，如一所学校的教学楼、宿舍等。

### 3. 单位工程

单位工程是单项工程的组成部分，单位工程是指具有独立的设计文件，可以独立组织施工和单项核算，但不能独立发挥其生产能力和使用效益的工程项目。单位工程不具有独立存在的意义，它是单项工程的组成部分，如车间的厂房建筑是一个单位工程，车间的设备安装又是一个单位工程，此外还有电器照明工程、工业管道工程等。单位工程，既是设计单体，又是建设和施工管理的单体。例如民用建筑的土建、给排水、采暖、通风、照明各为一个单位工程。

### 4. 分部工程

分部工程是单位工程的组成部分，是指按工程的部位、结构形式的不同等划分的工程项目，例如房屋建筑单位工程可划分为基础工程、墙体工程、屋面工程等；也可以按工种工程划分，如土石方工程、钢筋混凝土工程、装饰工程等。

### 5. 分项工程

分项工程是分部工程的组成部分，分项工程是根据工种、构件类别、使用材料不同划分的工程项目。一个分部工程由多个分项工程构成，分项工程是工程项目划分的基本单位，如混凝土及钢筋混凝土分部工程中的带形基础、独立基础、满堂基础、设备基础等。某些分项工程有时还含有一定的可变因素，如砖墙根据墙厚和砂浆强度的不同等因素，又可细分为若干个子项工程，子项工程是构成一个建设项目的最小元素。

以上构成可以用下面的形式从大到小来表示：
建设项目→单项工程→单位工程→分部工程→分项工程→子项工程。

## 学习单元二　公路工程基本建设程序

建设程序是对基本建设项目从酝酿、规划到建成投产所经历的整个过程中的各项工作开展先后顺序的规定，它反映工程建设各个阶段之间的内在联系，是从事建设工作的各有关部门和人员都必须遵守的原则。

在中国，按照基本建设的技术经济特点及其规律性，规定基本建设程序主要包括八项步骤。步骤的顺序不能任意颠倒，但可以合理交叉。这些步骤的先后顺序是：①编制项目建议书。对建设项目的必要性和可行性进行初步研究，提出拟建项目的轮廓设想。②开展可行性研究和编制设计任务书。具体论证和评价项目在技术和经济上是否可行，并对不同方案进行分析比较；可行性研究报告作为设计任务书（也称计划任务书）的附件。设计任务书对是否上这个项目，采取什么方案，选择什么建设地点，作出决策。③进行设计。从技术和经济上对拟建工程作出详尽规划。大中型项目一般采用两段设计，即初步设计与施工图设计。技术复杂的项目，可增加技术设计，按三个阶段进行。④安排计划。可行性研究和初步设计，送请有条件的工程咨询机构评估，经认可，报计划部门，经过综合平衡，列入年度基本建设计划。⑤进行建设准备。包括征地拆迁，搞好"三通一平"（通水、通电、通道路、平整土地），落实施工力量，组织物资订货和供应，以及其他各项准备工作。⑥组织施工。准备工作就绪后，提出开工报告，经过批准，即开工兴建；遵循施工程序，按照设计要求和施工技术验收规范，进行施工安装。⑦生产准备。生产性建设项目开始施工后，及时组织专门力量，有计划有步骤地开展生产准备工作。⑧验收投产。按照规定的标准和程序，对竣工工程进行验收（见基本建设工程竣工验收），编造竣工验收报告和竣工决算（见基本建设工程竣工决算），并办理固定资产交付生产使用的手续。小型建设项目，建设程序可以简化。

# 工作任务二　公路工程施工过程

施工单位接受施工任务后，依次经历开工前的规划组织准备阶段和现场条件准备阶段、正式施工阶段、竣工验收阶段，按设计要求完成施工任务。

## 学习单元一　接受施工任务

施工企业获得施工任务通常有三种方式：一是由上级主管单位统一接受任务，按行政隶属关系安排计划下达；二是经主管部门同意后，对外接受任务；三是自行对外投标，中标后获得任务。随着我国改革开放的深入和社会主义市场经济体制的形成和发展，施工任务将主要以参加投标的方式，在建筑市场的竞争中获得。获得施工任务，从法律角度上讲，是以签订工程承包合同加以确认的。因此，施工企业接受的工程项目，必须与项目业主签订工程施工承包合同，明确双方的经济、技术责任，互相制约，互相促进，共同保证按质、按量、按期完成工程项目的建设任务。合同一经签订，就具有法律效力，双方均应认真履行。

## 学习单元二　开工前的规划组织准备

施工企业的施工准备工作千头万绪，涉及面广，必须有计划、按步骤、分阶段地进行，才能在较短的时间内为工程开工创造必要的条件。准备工作的基本任务是了解施工现场的客观条件。根据工程的特点、进度要求，合理安排施工力量，从人力、物力、技术和施工组织等方面为工程施工提供一切必要的条件。开工前的施工准备工作分为战略性的规划组织和战术性的现场条件准备两大部分内容。前者是总体的部署，后者是具体的落实，其主要内容包括以下几个方面：

**1. 熟悉和核对设计文件**

设计文件是工程施工最重要的依据，组织技术人员熟悉和了解设计文件，是为了明确设计者的设计意图，掌握图纸、资料的主要内容及有关的原始资料。此外，从设计到施工通常都要间隔一段时间，勘测设计时的原始自然状况也许会由于各种原因有所变化，因此，必须对设计文件和图纸进行现场核对。

## 2. 补充调查资料

进行现场补充调查，是为了优化和修改设计、编制实施性施工组织设计、因地制宜地布置施工场地等收集资料，调查的主要内容有：工程地点的地形、地质、水文、气候条件；自采加工材料料场储备、当地生产加工情况、施工期间可供利用的房屋数量；当地劳动力资源、工业生产加工能力、运输条件和运输工具；施工场地的水源、水质、电源，以及生活物资供应状况；当地民俗风情、生活习惯等。

## 3. 组织先遣人员进场

公路施工需要调用大量人员、材料和机械设备，施工先遣人员的任务，就是结合施工现场的实际情况，具体落实施工队一旦进入工地后在生产、生活、环境等方面必须解决的问题。对施工中涉及其他部门的问题，做好联系、协调工作，签订相应的会谈纪要、协议书或合同。同时还要及时与当地政府取得联系，积极争取地方政府对工程施工的支持。

## 4. 编制实施性施工组织设计和施工预算

实施性施工组织设计是指导施工的重要技术文件。公路施工系野外作业，又是线性工程。各地自然地理状况和施工条件差异较大，不可能采用一种定型的、一成不变的施工方案和施工方法，每项工程的施工均需要通过深入细致的工作，分别确定施工方案和施工组织方法，因此，必须认真做好实施性施工组织设计，并编制相应的施工预算。

# 学习单元三　开工前的现场条件准备

施工企业经过现场核对后，应依据设计文件和实施性施工组织设计，认真做好施工现场的准备工作。包括征地拆迁，技术准备工作，建立临时生产、生活设施，以及人员、机具、材料的陆续进场。上述各项具体准备工作完成后，即可向项目业主或监理工程师提出开工申请。开工申请必须按规定的格式编写，并按上级要求或工程合同规定的最后日期之前提出。施工准备工作未做好，不得提出开工申请。必须指出，施工准备工作不仅在施工前进行，还贯穿于整个施工过程之中，因为构成公路工程的路基、路面、桥涵等各项工程，各有其不同的施工方法和工艺要求，且在时间上和空间上又都存在相互制约和相互影响的因素。故在各项工程施工之前，必须认真细致地做好相应的现场准备工作。

# 学习单元四　工程施工

在施工准备工作完成、提交开工申请并被批准之后，才能开始正式施工。施工应严格按照设计图纸进行，如需变更，必须事先按规定程序报经批准。要按照施工组织设计确定的施工方法、施工顺序及进度要求进行施工。各分项工程，特别是地下工程和隐蔽工程，要逐道工序检查合格，做好施工原始记录，才能进入下一道工序的施工。施工要严格按照设计要求和施工技术规范、验收规程进行，保证质量，安全操作，不留隐患，发现问题，及时解决。公路工程施工是一项复杂的系统工程，必须科学合理地组织，建立正常、文明的施工秩序，有效地使用人力、物力和财力。施工方案要因地制宜、结合实际，施工方法要先进合理、切实可行。施工中既要注意工程质量和施工进度，又要注意保护环境、安全生产，确保优质、高效、低耗、安全地全面完成施工计划任务。

### 学习单元五  竣工验收

建设项目按设计要求建成后，施工企业应自行初验。经初验符合设计要求，并具备相应的施工文件资料，应及时报请上级单位组织竣工验收。根据建设项目的规模大小，分别由国家计委或交通部，或省、自治区、直辖市交通主管部门组织验收。参加竣工验收的人员，应包括主管部门、建设单位、交工验收组代表、质量监督、造价管理、设计、施工、监理、接管养护、当地有关部门代表以及特邀专家。竣工验收工作以设计文件为依据，按照国家有关规定。分析检查结果，评定工程质量等级，形成竣工验收鉴定书，并经竣工验收委员会签认。竣工验收通过后，施工单位应认真做好工程施工的技术总结，并建立技术档案按管理等级建档保存。

## 工作任务三  公路工程施工管理

公路工程施工管理，就是对公路施工过程进行科学地指挥、合理地组织、监督和调节，最有效地利用人力、物力和财力，取得最大的经济效益。

### 学习单元一  施工管理的任务

项目实施阶段，施工管理的任务主要是：质量控制、造价控制、进度控制、安全控制。具体地讲就是：

（1）认真贯彻执行国家基本建设方针、政策和法令，科学合理地组织施工，全面完成施工任务。

（2）不断调整施工人员在施工过程中的关系，正确指挥和使用施工力量，调动一切积极因素，促进生产力的发展。

（3）积极采取先进技术，努力提高工程质量，认真履行工程合同和上级主管部门的指示。

（4）确保安全生产，合理使用材料、机械等施工资源，降低成本，提高劳动生产率。

（5）因地制宜地安排施工计划，并在计划执行过程中加强监督和调节，协调工程施工与其他相关工作的关系，不断提高企业的技术水平和管理水平。

### 学习单元二  施工管理的主要内容

项目管理的施工系统包括技术、社会、经济三个分系统，具体包括施工项目组织形式、项目经理的工作制度、项目内部的核算和经济承包、项目内部生产要素的优化组合和动态管理，以及施工项目实施过程中的工期、质量、成本和安全控制等问题。其中，施工项目管理所要追求的基本目标，就是成本低、工期短、质量高和安全好这四大要素，以达到用户满意的目标。将施工管理的主要内容分类，可划分为：计划管理、技术管理、全面质量管理、财务管理、物资管理、劳动工资管理。

## 学习单元三 公路工程项目施工方法与程序

施工单位从投标接受施工任务到竣工验收，基本程序大致要经过如图1-1所示的几个阶段：

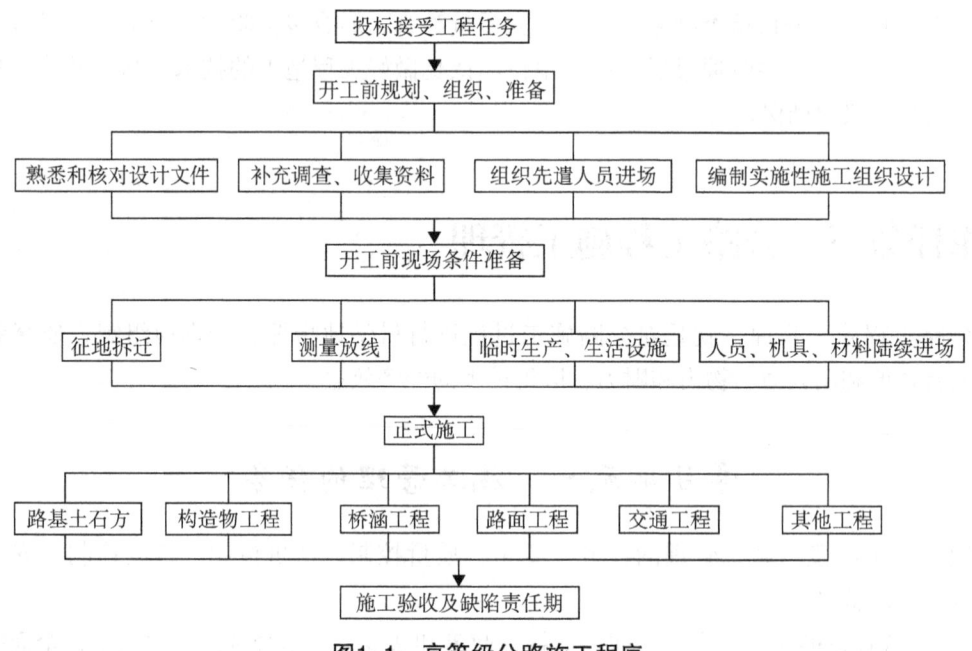

图1-1 高等级公路施工程序

### 项目小结

本项目主要介绍了公路工程基本建设程序、施工过程及其施工管理方法等，熟悉公路基本建设及工程项目规划、公路工程施工过程的各项任务和准备工作、公路工程施工管理的相关知识。

### 基础训练

1. 基本建设工程一般可划分为哪五级？
2. 基本建设程序主要包括哪些步骤？
3. 简述公路工程施工程序。

# 项目二　路基施工准备工作

**任务目标：**
　　本项目工作任务的目的是认知路基施工方法及施工准备工作、路基施工放样及现场准备、试验路段铺筑、安全文明施工及环保措施等。

**学习目标：**
　　（1）了解施工的重要性及施工方法、掌握施工准备工作内容。
　　（2）了解施工测量的工作内容、掌握路基放样的方式及方法、熟悉施工前的复查与试验、重点掌握施工场地准备工作内容。
　　（3）熟悉公路试验路段实施目的、了解实验路段施工的内容、详细讲解试验段施工方案。
　　（4）了解工程项目的安全与环境管理、熟悉保证安全的主要措施、了解安全管理制度。

## 工作任务一　路基施工方法及施工准备工作

### 学习单元一　施工的重要性

　　路基是支承路面的土工构筑物，在挖方地段，路基是开挖天然地层形成的路堑；在填方地段，则是用压实的土石填筑而成的路堤。由于路基在使用过程中要承受由路面传递而来的行车荷载作用并抵御各种环境因素的影响，因此要求路基必须具有足够的强度、良好的水温稳定性和耐久性。所谓路基施工，就是以设计文件和施工技术规范为依据，以工程质量为中心，有组织、有计划地将设计图纸转化为工程实体的建筑活动。

　　路基施工的重要性，突出表现为对工程质量的高标准要求。强度高、稳定性和耐久性良好的路基将成为路面结构的良好支承体系，有利于提高路面整体强度和使用性能，延长路面使用寿命，同时，还可以降低路面工程造价和公路养护维修费用。反之，若路基工程质量低劣，将给路面和路基自身留下许多隐患，路面的使用品质和使用寿命会因此而降低，严重的路基或路面破坏甚至会中断交通，造成重大经济损失。尤其严重的是路基自身存在的问题将后患无穷，难以根治，这会大大增加公路建成后的养护维修费用。由此可见，必须重视路基施工，切实保证路基工程质量，为提高公路建设的经济效益和社会效益提供切实的保障。

路基施工的重要性还在于工程质量受到多种因素的不利影响。虽然路基施工主要是开挖、运输、填筑、压实等比较简单的工序，但由于路基施工存在着条件变化大、工程数量大、施工难度大、施工方法多样等特点，对于保证路基工程质量有相当的难度。特别是地质不良的特殊路段及隐蔽工程较多的路基，在施工时常会遇到复杂的技术问题和各种突发性事故需要处理，可以说路基施工技术是简单中蕴含着复杂。在与人工构造物的关系方面，路基自身的施工即与排水、防护及加固等工程的施工相互制约，有时又与桥梁、隧道、路面等分项工程的施工相互交叉、相互影响；在其他如气候、交通条件等方面，由于公路施工为野外作业，工程质量受气候条件影响很大，雨季时土质路基往往无法施工；交通运输不便会使物资、设备和施工队伍调遣困难。所有这些因素的影响都必须加以克服，才能保证路基工程质量。

## 学习单元二　施工方法

路基一般为土石方工程。施工方法有人工施工、简易机械施工、机械化施工及爆破等，施工时应根据工程性质、岩土类别、工程量、施工期限、施工条件等选择一种或几种。

人工施工是传统的施工方法，施工时主要是工人用手工工具进行作业。这种方法劳动强度大、工效低、进度慢且工程质量难以得到保证，已不适应现代公路工程施工的要求，只能作为其他施工方法的辅助和补充。

简易机械施工是在人工施工的基础上，对施工过程中劳动强度大和技术要求相对较高的工序用机具或简易机械完成，以利加快工程进度、提高施工效率和工程质量。但这种施工方法工效有限，只能用于工程量较小、工期要求不严的路基或构造物施工，不适宜高速公路和一级公路路基的大规模施工。

机械化施工是通过合理选用施工机械，将各种机械科学地组织为有机的整体，优质、高效地进行路基施工的方法。若选用专业机械按路基施工要求对施工的各工序进行既分工又联合的作业，则为综合机械化施工。实现机械化施工是我国路基施工的发展方向，特别是对于工程量大、技术要求高、工期紧的高速公路和一级公路路基工程，必须采用机械化施工。组织机械化施工时，应使机械合理配套、科学组织，最大限度地发挥各种机械的效能。

爆破法施工是利用炸药爆破的巨大能量炸松土石或将其移到预定位置。这种施工方法主要用于石质路堑的开挖，特殊情况下也用于土质路堑开挖或清除淤泥。在施工时若采用机械转孔、机械清运，也属于机械化施工之列。

## 学习单元三　施工准备工作

路基施工需要消耗大量的人工、物资、机械和时间等资源，是一项历时时间长、技术要求高的工作。施工准备是工程顺利实施的基础和保证。施工准备工作的好坏，直接影响到工程的进度质量和施工方的经济效益，因此必须高度重视，认真对待。路基施工前，必须根据工程的实际情况做好组织准备、物质准备和技术准备工作，使各项施工活动能正常进行。在施工过程中，所有的施工活动都必须严格按有关施工规范进行，以确保工程质量，最后得到质量优良的路基实体。

1. **组织准备**

开工前的组织准备工作包括建立健全施工组织机构和组建劳动组织机构两方面。明确各自的施工任务，制定施工过程中必要的规章制度，确定工程应达到的目标等。组织准备是其他准备工作的开始。

（1）建立施工组织机构　我国与国际施工管理接轨，工程建设已全部按照《FIDIC》合同条件进行施工与建立，因此对一个施工单位来讲，主要是实行项目经理负责制，即项目经理全面负责的目标责任制，其施工组织机构如图2-1所示。

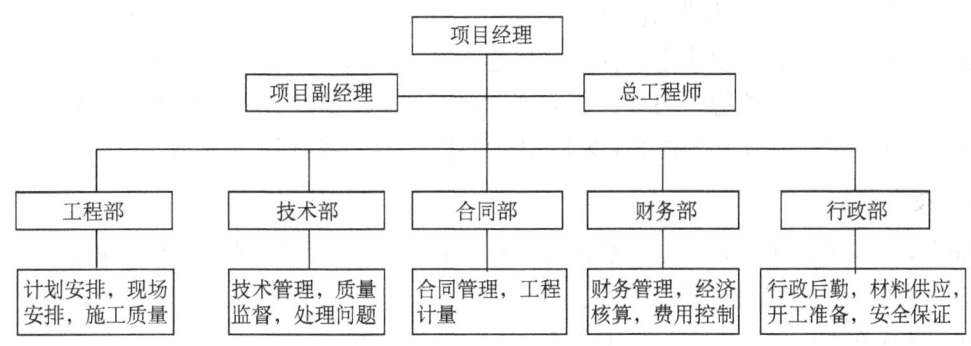

图2-1　施工组织机构

（2）建立劳动组织体系　根据所承担的工程量的大小和工期要求，安排出总进度计划网络图，并进一步估算出全部工程用工工日数，平均日出工人数，施工高峰期日出工人数，以及技术工种、机械操作工作、普通工种等用工比例，选择能够适应其工程质量、工期进度要求的作业队伍，并与施工劳动作业单位签订《劳务合同》，实行合同管理。

考虑到所担负工程的具体情况，结合施工队伍施工特点、技术装备情况、技术熟练程度和施工能力，施工队伍应进行适当的培训，以满足工程施工的要求。

2. **物质准备**

路基施工要消耗大量的人工、材料和机具，因此开工前应进行所需材料的购进、采集、加工、调运和储备等工作。同时还要检修或购置施工机械，作好施工人员的生活、后勤保障准备，正所谓"兵马未动，粮草先行"。劳动力、机械设备和材料的准备工作是路基施工组织计划的重要组成部分。

（1）机械设备准备　根据实施性施工组织计划，一次或分批配齐足够的施工机械和工具。机械设备要配套选择，充分发挥机械设备的性能，要保证机械设备的正常操作使用。施工设备的放置，应考虑到施工的要求。

（2）材料准备　路面用自采材料和外运材料，经检验和选择，按需要的规格和数量运到现场，堆放位置应根据实施性组织计划进行合理的设计。具体应做到以下几点：

①编好材料预算，提出材料的需用量计划及加工计划。

②根据施工平面图安排和落实材料的堆放及临时仓库设施。

③组织材料的分批进场。当场地狭小时，要考虑场地的多次周转使用，按时间、地点使用场地。

④组织材料的加工准备，尽可能地集中加工。如对水泥混凝土、沥青混合料的集中配料拌和等。通过对材料的集中加工，可以减少材料消耗，提高材料的利用率，保证材料质量，也可以减轻劳动强度，提高机械化和专业化水平，还可以减少临时设施的规模，节约施工临时用地，有利于实现文明施工。

（3）生活设施准备　工地人员的食宿位置、办公地点、房舍区域和生活必需设备的准备。

（4）安全防护准备　按照施工安全要求，切实做好防火、防爆工作，准备好各种安全防护和劳动防护用品，并要求全体人员严格遵守安全技术操作规程进行施工。安全工作要以预防为主，消除事故隐患。另外，不应把做好安全生产单纯看作技术性的工作，而必须从思想上、组织上、制度上、技术上采取相应的措施，综合治理才能奏效。

### 3. 技术准备

路基施工前的技术准备包括熟悉设计文件、制定施工组织计划、技术交底等工作。对于高速公路和一级公路或采用新技术、新工艺及新材料的其他等级公路，除做好上述准备工作外，还应在大规模施工前铺筑试验路，为正式施工提供技术指导。

（1）熟悉设计文件　组织技术人员领会设计文件的意图，熟悉设计文件中的各项技术指标，仔细考虑其技术经济的合理性和施工的可行性。对设计文件中有疑问、错误或设计不妥之处，应及时与建设业主、设计单位和工程监理联系，到实地现场调查了解，选择合理的解决方案。对于一些不确定因素如阴雨、交通干扰等，技术人员应心中有数，以便对相应的施工环节作充分的考虑。设计文件主要内容如下表2-1。

表2-1　设计文件

| | | |
|---|---|---|
| 设计说明书 | | 工程概要： |
| | 设计概要 | 平面设计：平面位置、曲线半径、超高、加宽、视距、路口 |
| | | 纵断面设计：控制标高、最大纵坡、最小纵坡、竖曲线半径 |
| | | 横断面设计：红线及车道宽度与分配、分隔带、路拱及横坡、挡墙 |
| | | 路面结构设计：土基干湿类型、变形及回弹模量、路面结构及厚度 |
| | | 排水系统设计：排水方式、断面尺寸、排水出口 |
| | | 交通工程设计：交通安全、管理及服务设施 |
| | | 立交及道路照明设计：设置理由、规模及形式 |
| | | 环境保护设计：公路对环境的影响及采取的措施 |

续表

| 工程数量表 | 路面工程：各结构层（面层与底层）的工程数量 |
|---|---|
| | 路基工程：填挖及特殊路基数量、排水、防护及桥涵工程数量 |
| | 土石方工程：主要列出不同运距土石方填挖数量级调配 |
| | 交通工程：交通工程设施工程数量 |
| | 杂项工程：便道、伐树、征地、拆迁、加固等工程数量 |
| 公路分项分步施工图 | 定线关系测量成果图或道路路线示意图<br>道路平面设计图及征地地亩图 |
| | 道路纵断面设计图 |
| | 标准横断面设计图及路面结构设计图 |
| | 交叉口设计图 |
| | 附属结构物设计图：挡土墙、桥涵、护坡、护面设计图 |
| | 其他附属工程设计图：排水沟等 |
| | 交通工程设计图 |

（2）制定施工组织计划　制订路基施工的实施性施工组织计划，是路基施工前非常重要的技术准备工作，施工单位应根据设计文件、工程实际条件、工程量、施工难易程度以及设备、人员、材料供应情况和工期要求等认真编制。所编制的施工组织计划应针对工程实际，科学合理、易于操作，有利于保证工程质量和工程进度，做到"运筹"，使路基施工能连续、均衡地进行。在编制工程中，施工单位应对设计文件和设计交底全面熟悉、认真研究，组织有关人员进行现场核对和施工调查；若有必要，应按有关程序提出修改设计意见并报请变更设计。根据设计文件中的施工组织设计和建设业主在承包合同中的具体要求，结合工程项目特点、具体施工条件及工程承包单位的情况，编制具体、可行的实施性组织计划，并报工程监理和建设业主批准。

（3）技术交底　工程开工前，为了使参与施工的人员及工人了解所承担的工程任务的技术特点、施工方法、施工程序、质量标准、安全措施等，必须实施技术交底制度，认真做好交底工作。

技术交底不仅要针对技术干部，而且要把它交给所有从事施工的操作工人，从而提高他们自觉研究技术问题的积极性和主动性，为更好地完成施工任务和提高技术水平创造条件。

技术交底按技术责任制的分工，分级进行。施工单位的技术总负责人，应将公路施工质量标准、施工方法、施工程序、进度要求、安全措施，各分部工程施工组织的分工和配合，主要施工机具的安排和调配等，连同整个工程的施工计划，向所属工程队长及全体技术人员进行交底。工程队技术负责人应将本队承担的工程项目，向所属班组长及全体技术人员进行交底。班组技术负责人应将本班组承担工程项目的施工方法、劳动组合、机具配备等，对全组工人进行交底。班组技术交底是技术交底制度的最重要环节，班组工人应在接受交底后进行讨论，目的是要使参加施工实际操作的所有人员，充分了解自己施工中应掌握的正确方法和应尽的具体责任，并对改进施工劳动组织和操作方法，以及提高工程质量和保证施工安全等方面提出合理化建议。因为工人是对施工操作最熟悉、经验最丰富的实践者，他们的意见和建议往往能切中要害，能提出和解决工程师考虑不到的问题，对完善施工计划能起到良好的促进作用。

分级交底时，都应做好记录，作为检查施工技术执行情况和检查技术责任制的一项依据。

上述各项交底一般用口头方式进行，辅以图表，必要时可做示范操作或建立质量样板，以使上岗人员充分掌握要领。

# 工作任务二　路基施工放样及场地准备

## 学习单元一　施工测量

### 1. 导线的复测与固定

公路的中线及其沿线构造物的位置是由导线控制的，施工单位必须对设计单位提供的导线点坐标及其现场桩橛认真进行复测核对；若设计单位设置的导线点过稀而不便使用，或导线点落在施工操作范围之内而可能遭到损坏时，应对导线点进行加密或移位。

导线测量是平面控制测量，要有较高的精度。公路是带状建筑物，导线多从某个高级控制点（如国家平面控制点）出发，沿着公路旁侧布设，最后附合到另一个高级控制点上去。如图2-2所示，A、B、C、D为高级控制点，$D_1$、$D_2$、$D_3$…为导线点。这种形式的导线称为附合导线。加密的导线可从某个高级控制点或导线点支出，如图2-2所示的$D_{2-1}$、$D_{2-2}$，称为支导线。支导线不闭合亦不附合于已知导线上，错误码与否难以核对，故点数不宜超过两个。

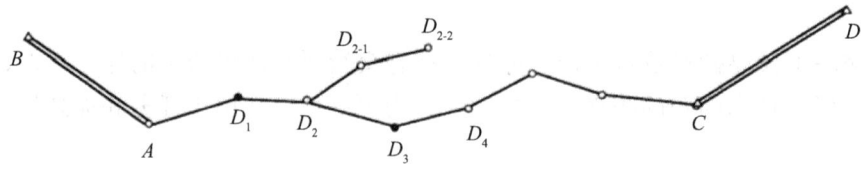

图2-2　附合导线和支导线

导线点的位置应选在地势较高、视野开阔、方便安置仪器的地方，以利于以后恢复中线及构造物放样之用；相邻两导线点必须通视，才能量角、测距；导线点间距视地形地物情况和工程需要而定，一般以不超过1km为宜，且相邻边长应尽量不要相差悬殊。

## 2. 中线的复测与固定

路基开工前需要进行详细的中线测量工作，就是通过测设直线或曲线，将公路中心线的平面位置准确、具体地标定在地面上。中线测量的传统手段是用经纬仪定向，钢尺量距。

（1）将标定路线平面位置的各点在地面上重新钉出在平曲线特征点、地面突变点、土石方成分变化点等处增钉加桩。

（2）如发现丈量错误或需要局部改线，应做断链处理，注明前后里程关系及长（或短）链距离。

（3）对高等级公路，应采用坐标法恢复主要控制桩。

（4）桩点丢失时，要及时补上。

①交点桩丢失时，可由前后的ZY、YZ点定出切线并延长切线，交出丢失的交点桩，并钉桩固定。

②转点桩丢失时，可用正倒镜延长直线，重新补设。

③曲线特征点桩丢失时，可对曲线重新测设补桩。

## 3. 固定控制点

路线的主要控制点，如交点、转点、曲线的起讫点，以及起控制作用的百米桩和加桩，应视当地的地形条件和地物情况，采取有效的方法加以固定。

## 4. 定桩

位于路基范围内的桩因施工无法保留时，应另用桩移钉于路基范围之外。

(1)直线段上的点，其移钉方向为垂直于路中线。

(2)曲线上的点，其移钉方向为垂直于该点的切线方向。

(3)当受地形条件限制时也可用其他方法将主要控制点移钉于路基范围之外，但在移钉的桩上及记录簿中均应注明桩号及移钉距离。

## 5. 加钉护桩

加钉护桩的方法，一般所需要固定的控制点桩为交叉点，沿两个大致互相垂直的方向，在每条方向线上，将桩点移到路基施工范围以外。可在相距一定距离处，钉上两个带钉木桩，桩上标出相应的桩号和量出的距离，同时绘草图，并记入记录簿内，以备查用。

恢复中线时应注意与独立施工的桥梁、隧道及相邻施工段的中线闭合，发现问题及时查明原因，并报监理工程师。

## 6. 路线高程复测与水准点的增设

中线恢复后，对沿线的水准点作复核性水准测量，以复核水准点一览表中各点的水准基点高程和中桩的地面高程。当相邻水准点相距太远时，为便于施工期间引用，可加设一些临时水准点。在如桥涵、挡土墙等较大构造物附近，以及高路堤、深路堑等集中土石方地段附近，应加设水准点。临时水准点的标高必须符合精度要求。

## 7. 横断面的检查与补测

中线横断面应详细检查与核对，发现疑问与错误时，必须进行复测。在恢复中线时新设的桩点，应进行横断面的补测。此外，应检查路基边坡设计是否恰当；与有关构造物如涵洞、挡土墙的设计是否配合相称；取土坑、弃土堆的位置是否合适。应当注意，凡是在恢复路线时发现原设计中的一切不正确之处，都应在图纸上明确地记录下来，并与复测的结果一起呈报监理工程师复核或审批。

### 8．竣工测量

竣工后测量工程师安排监理测量组进行下列工作：

（1）检查承包人全线（已竣工路段）恢复定线和路线竣工验收测量工作，审批竣工测量报告，视情况组织部分路段复测。

（2）检查承包人全线（已竣工）桥涵及其他设施竣工验收的测量资料，按总监或驻地监理要求组织复核测量，审核批准测量报告。

（3）核实因变更设计引起工程数量变动所需的测量内容。

（4）检查、督办总监、高级驻地和现场监理人员要求的其他测量工作。

## 学习单元二　路基放样

### 1．路基边桩的放样

路基边桩的放样就是将每一个横断面的路基两侧的边坡线与地面的交点，用木桩标定在实地上作为路基施工的依据。常用的有以下几种方法：

图解法：即直接在路基横断面图上按比例量取中桩至边桩的距离。然后到实地用皮尺测定其位置。在填挖方不大时常用此法。

解析法：即通过计算求出路基中桩至边桩的距离。分在平坦地面和在倾斜地面两种。

（1）平坦地面　填方路基（路堤）和挖方路基（路堑）如图2-3所示。因为此两图的地面都是平坦的，所以可得出以下结论：

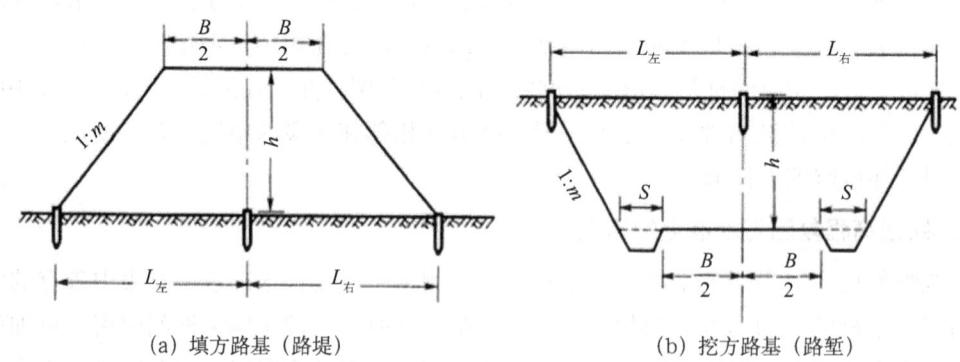

(a) 填方路基（路堤）　　(b) 挖方路基（路堑）

图2-3　平坦地面路基放线示意图

路堤：

$$L_{左}=L_{右}=B/2+mh$$

路堑：
$$L_左=L_右=B/2+S+mh$$

式中 $L_左$，$L_右$——路基中桩至左、右桩的距离；
　　　$B$——路基顶宽；
　　　$m$——边坡系数；
　　　$h$——中桩填土高度或挖土高度；
　　　$S$——路堑边沟顶宽。

以上是当地面平坦、该断面位于直线段时计算边桩至中桩距离的方法。如果该断面位于曲线上，则路基外侧的加宽宽度应包括在路基宽度内。

（2）倾斜地面 如图2-4所示，可得出以下结论。

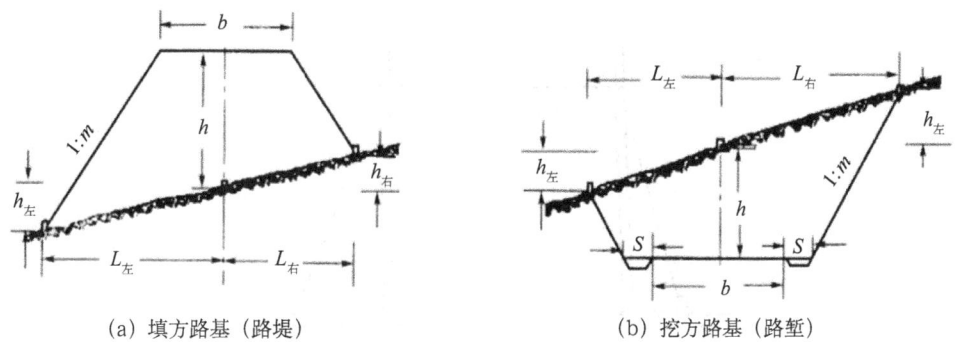

(a) 填方路基（路堤）　　(b) 挖方路基（路堑）

图2-4 倾斜地面路基放线示意图

路堤：
$$L_左=b/2+mh+mh_左$$
$$L_右=b/2+mh+mh_右$$

路堑：
$$L_左=b/2+S+mh+mh_左$$
$$L_右=b/2+S+mh+mh_右$$

式中 $h_左$，$h_右$——左侧边桩、右侧边桩与中桩地面高度差。

在以上各式中，$b$、$m$、$h$、$S$均为设计时已知，故$L_左$、$L_右$随$h_左$、$h_右$而变，而$h_左$、$h_右$为左、右边桩与中桩的地面高差，且都是未知值，因而$L_左$、$L_右$也不能求得。实际是在实地先定出横断面方向后采用逐点接近的方法测设边桩。现在路堤左边桩为例，其测设步骤如下：

①在路基横断面图上估计路堤左边桩至中桩的水平距离$L_{左估}$，于实地在其断面方向上按$L_{左估}$定出左边桩的估计位置。

②实测左边桩估计位置与中桩的高差$h_左$，按$L_左=b/2+mh+mh_左$算得$L_左$。若$L_左$与$L_{左估}$相差很大，则需要重新测定。

③重估边桩位置。若$L_左>L_{左估}$，则需要把原定左边桩向外移得$L'_{左估}$；否则反之。而后按

$L'_{左估}$重新定出左边桩的估计位置。

④与上述②做法相同，实测高差、算得$L_左$。若$L_左$与$L_{左估}$相符或接近，即得边桩位置。否则重新测定，直至满足要求为止。其他各边桩测设方法相同。

**2. 路基边坡的放样**

测设出边桩后，为了保证填、挖边坡达到设计要求，还应把设计边坡在实地标定出来，以便于施工。

（1）用竹竿、绳索放样边坡　如图2-5所示，$O$为中桩，$A$、$B$为边桩，$CD=b$。放样时在$C$、$D$处竖立竹竿，在其上等于中桩填土高度$h$处用$C'$、$D'$做记号，用绳索连接$A$、$C'$、$D'$、$B$，即得设计边坡，它适用于填土不高时的路堤施工。当路堤填土较高时，如图2-6所示，可分层挂线和施工。

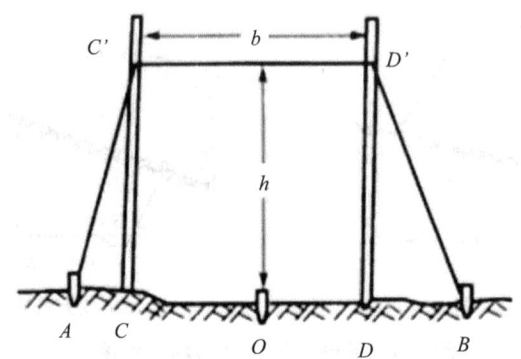

图2-5　低填土路堤边坡挂线放样

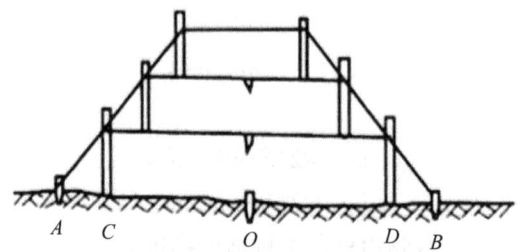

图2-6　高填土路堤边坡分层挂线放样

（2）用边坡板放样边坡　施工前按设计边坡做好边坡样板，施工时按边坡样板放样。如图2-7所示为用活动边坡尺放样路堤边坡。当水准气泡居中时，边坡尺的斜边指示的方向即为设计的边坡，故可借此指示与检核路堤的填筑或路堑的开挖。如图2-8所示为用固定边坡样板放样路堑边坡，在开挖路堑前，在边桩外侧按设计边坡设立固定样板，施工时可随时指示并检核开挖和整修。

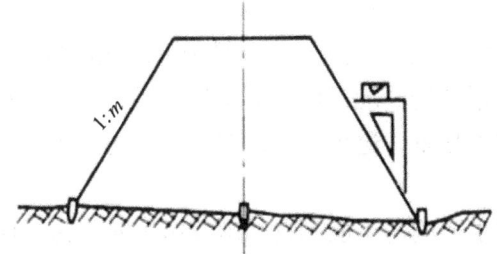

图2-7 用活动边坡尺放样路堤边坡

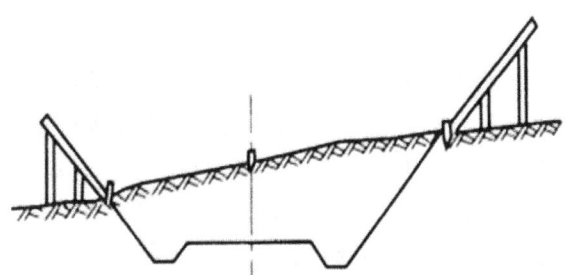

图2-8 用固定边坡样板放样路堑边坡

**3. 施工前的复查与试验**

路基施工前,施工技术人员应对路基施工范围内的地质、地形、水文情况时行详细调查。根据设计文件提供的资料,对取自挖方、借土场、料场的路堤填料进行复查和取样试验外,还应进行环境保护分析并提出报告,经批准后方可使用。

**4. 场地准备**

施工场地的准备,一般由建设单位(业主)来提供,施工单位进行场地准备,或根据合同文件情况由建设单位配合施工单位来准备。路基施工前应先办好有关土地的征用、占用手续,依法使用土地。路基范围内的既有建筑物、道路、沟渠、通信及电力设施等,施工单位应协同有关部门先拆除或迁建。对路基附近的危险建筑物应进行适当加固,对文物古迹应妥善保护。

(1)用地划界及拆迁建筑物 施工前,根据实际情况确定用地范围,进行公路用地测量,并绘制用地平面图及用地划界表,送交有关单位办理拆迁及占用土地手续。施工前对路基范围内的所有地物均应妥善处理。路基施工范围内的所有建筑物、设施等,均应会同有关部门事先拆迁或改造。因路基施工影响沿线附近建筑物的稳定时,应予以适当加固。

(2)砍伐树木 在路基施工范围内,对妨碍视线、影响行车的树木、灌木丛,均应在施工前进行砍伐或移植清理。砍伐后的树木,应堆放在不妨碍施工和不影响农业生产的地方。

高速公路、一级公路及填土高度小的其他公路,应将路基范围内的树根全部挖除;填土高度在1m以上的其他公路,允许保留树根。采用机械施工的路堑及取土坑等,均应将树根全部挖除。

（3）场地排水　场地排水是指疏干、排除场地上所积地面水，保持场地干燥，为施工提供正常条件。通常是根据现场情况，设置纵横排水沟，形成排水系统，将水引入附近河渠、低洼处排除。为节省工程量，避免返工浪费，所开挖的排水沟应按所设计的路基排水系统布置。

在受地面积水或地下水影响的土质不良的地段施工时，为了保证工程质量，减少土方挖掘、运送和夯实的困难，施工前也应切实做好场地排水工作并安全有效。

### 知识链接

临时工程：

为了维护施工期间的场内外交通，保证机具、材料、人员和给养的运送，必须在开工前根据施工方向、运输路线、生活场所、料场及水电供应等临时设施，做好相应区域的通电、通水、通路、通信及场地平整的工作（"四通一平"），主要包括以下几点：

（1）现场临时用水管道的安装　应按照施工平面布置图中所设计的现场临时用水管道的走向、管径，从建设单位现场提供的接水口分别接通至施工作业区和现场临时生活区，以及工地预制场、厕所等的给水管道。

（2）现场临时用电的安装　电是施工现场的主要动力来源。工程开工之前，要按照施工组织设计中现场临时用电的要求，接通电力和通信设施，并做好蒸汽、压缩空气等其他能源供应设施的安装。如果采用自备电源，还要组织好发电机及配电的安装与调试，以确保现场的电力供应和通信设备等的正常运行。

（3）修筑临时道路　为保证交通不受阻碍，应修筑便道、便桥和必要的行车标志及灯光。完工时，应恢复受施工干扰的旧路与其他场地，并做好新旧路的连接工程。

（4）通信　建设初期使用微波通信进行联系，并在场内设置自动电话站供施工各有关单位使用。

（5）临时的房屋　为保证筑路员工的生活、物质器材的存放以及木工、钢筋工在室内作业，要修建临时的房屋和工棚。主要包括生产性操作工棚（如钢筋制作工棚和木工作业棚等）、工地仓库、工地办公室以及现场临时工人宿舍、食堂等。此外为了落实文明施工和现场封闭管理，在搭设临时设施时应按照文明施工要求搭设工地现场围挡和工地大门及门卫室。

## 工作任务三　试验路段铺筑

### 1. 试验路段的目的

高速公路和一级公路、特殊地区公路或采用新技术、新工艺、新材料的路基，在正式施工前，应采用不同的施工方案和施工方法，铺筑试验路并进行相关试验分析，从中选出最佳施工方案和施工方法以指导大面积路基施工。所铺筑的试验路应具有代表性，试验路长度不小于100m，施工机械和工艺过程要与以后全面施工时相同。根据调查后编写试验路段的开工报告报批（附拟定的施工组织设计方案、施工工艺等）。

### 2. 试验路段施工的内容

通过试验路铺筑可确定不同压实各种填料的最佳含水率、适宜的松铺厚度、相应的碾压遍数、最佳机械配置和施工组织方法等。通过填料试验，检验路堤填筑材料是否符合要求，并完成检测报告等。通过压实试验，确定压实工艺主要参数，包括机械组合、压实机械规格、松铺厚度、碾压遍数、碾压速度、最佳含水量及碾压时含水量允许偏差等。通过试验段填筑，确定过程质量控制方法和指标、质量评价指标和标准以及优化后的施工组织方案和工艺。并对试验作好原始记录和过程记录，对施工设计图提出修改建议等。根据试验路段施工所得到的成果进行具体的编制试验路段的总结报告报批（附路基施工组织设计方案、施工工艺等）。

试验路段总报告审批后再进行全线路基单位工程的开工报告报批，接着编制路基分部工程、分项工程的开工报告报批。

### 工程案例1

宁国至绩溪高速公路路基工程建设项目（K28+370～K33+350段）
NJ-07标路基试验段施工方案

一、试验段路基施工的目的

主要是为了保证整个段面施工顺利进行，确保石方路基的工程质量和取得指导全面施工有效的试验数据和施工工艺，为今后施工提供控制依据，具体如下：

1．机械设备的类型及最佳组合；

2．压实设备的碾压速度及遍数；

3．（施工）石方路堤的施工工艺；

4．填料的松铺系数等各种技术参数。

二、试验段路基准备及设备投入

1．根据路基现场实际情况，路基施工试验段选在K30+550～K30+800处。K30+550～K30+800全幅路基共250米。地貌主要为麦田，地势平坦，填筑高度适中，填筑断面在平原微丘区具有典型性，并且该施工工区人员、机械均已到位，原地面土工试验已完成。原地面高程与设计图纸相符，具备路基开工条件，故以此段落作为首件制路基路段。

2．路基填料：根据本标段实际地理位置及周边施工环境，决定本段施工填料为山皮石，利用土石方。

3．主要测量仪器：全站仪，水准仪。

4．路基试验段投入的机械设备：

表2-2 路基试验段投入的机械设备

| 名称 | 数量 | 用途 | 备注 |
|---|---|---|---|
| 挖掘机 | 2 | 挖装土石方 | 斗容量1.5$m^3$ |
| 自卸车 | 10 | 运土石方 | 载重量15$m^3$ |
| 推土机 | 2 | 粗平 | 功率120kW |
| 平地机 | 1 | 精平填料 | 功率175kW |
| 三轮压路机 | 3 | 压实 | 18-21T |
| 振动压路机 | 2 | 压实 | 20T |
| 洒水车 | 1 | 洒水 | 5T |

三、人员组合

施工总负责：×××

技术总负责：×××

实验负责人：××

现场负责人：×××

施工负责：×××（负责施工总体协调）

施工组织：×××（施工组织和安全工作）

技术负责：××（负责路基现场的技术工作）

技 术 员：××（负责上料、整平、碾压成型）

测绘员：×××、××（负责测量放样）

实验员：××（负责沉降值检测）

专职安全员：×××

普　　工：20人

四、拟定的主要施工方法

1．基底处理

1.1 用挖掘机配合推土机对试验段进行基底清理整平工作，清除死角。对淤泥、杂草、垃圾、落石等一切不适合做路基填料的东西全部清出路基施工范围外，做废弃处理。（附填碾压压实度检测记录表）

1.2 清平范围：该试验段征地全范围。

2．复核放样：基底处理完成后，进行复核放样工作，每10m一个中心桩点，按实测标高计算基底面填宽度。放坡脚线时，按实测路基半宽+0.5m作为一层填筑宽度，保证有效压实且不小于设计宽度。

3．技术交底：放样工作完成后，由技术人员向现场质检员和现场施工负责人及主要机械操作手进行技术交底，明确施工范围，填料性质，粒径要求，计划松铺厚度，机械作业程序及时间要求等。

4．填筑材料的选择：选择石方填料是最佳方案，既能保证路基填筑质量，又能有效利用路堑挖方,减少弃方量。

5. 拟定松铺厚度与压实厚度:依据规范规定和业主有关渗水料分层填筑厚度要求及监理工程师指令,采用18-21T压路机碾压,拟定松铺厚度40cm,填料最大粒径不超过层厚的2/3。

6. 松铺厚度的控制:基底处理完成并整平压实后,进行放样测量,测定每10m中心桩点和断面坡脚桩点,依据坡脚桩和中心桩标高,量取最大松铺厚度为40cm,然后采用挂线方式填至松铺厚度。

7. 根据现场具体情况,在路基外布设控制桩,便于及时准确恢复路基内各点的位置,保证技术参数数据准确可靠。

8. 碾压顺序:松铺完成后,先采用光轮压路机进行静压一遍,改用振动压路机轻振两遍,然后改用拖式震动碾进行2～3遍震压。压路机行进速度控制在1～2.5km/h,最大行进速度不超过3km/h。横向碾压顺序为从外边缘开始向路中心线(路拱线)方向进行,一轮压半轮,直线行进,不允许交叉碾压或无规则碾压。

9. 详细记录控制横断面各点松铺值,按机械类型和碾压顺序用水准仪测量每次碾压后的沉降量,确定最佳松铺厚度及碾压遍数。

10. 试验路段填筑施工工艺流程图(见图2-9)

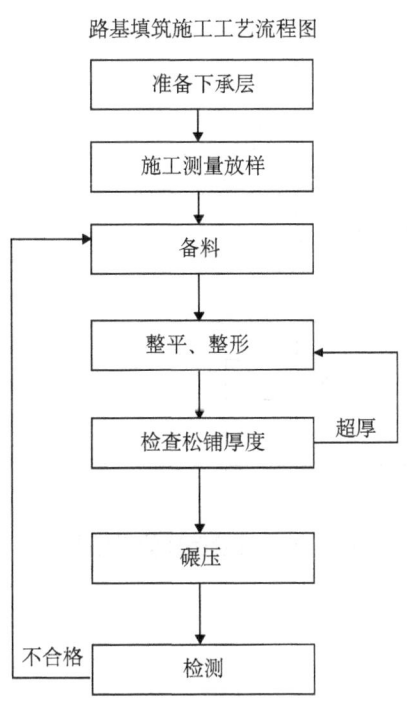

图2-9 试验路段填筑施工工艺流程图

## 五、质量保证措施

1. 成立试验段施工领导小组,以项目部技术负责人为组长,负责组织实施。
2. 试验工作跟班作业,详细记录全过程。
3. 施工前对机械操作手进行技术交底,讲明操作程序和作业方法。
4. 调整后的松铺厚度和压实厚度确定后,再进行1~2次试验,纠正松铺厚度、压实厚度、碾压顺序、碾压遍数、行进速度等技术参数,报监理工程师批准后,控制全线填筑施工。
5. 质量保证体系框图(见图2-10):

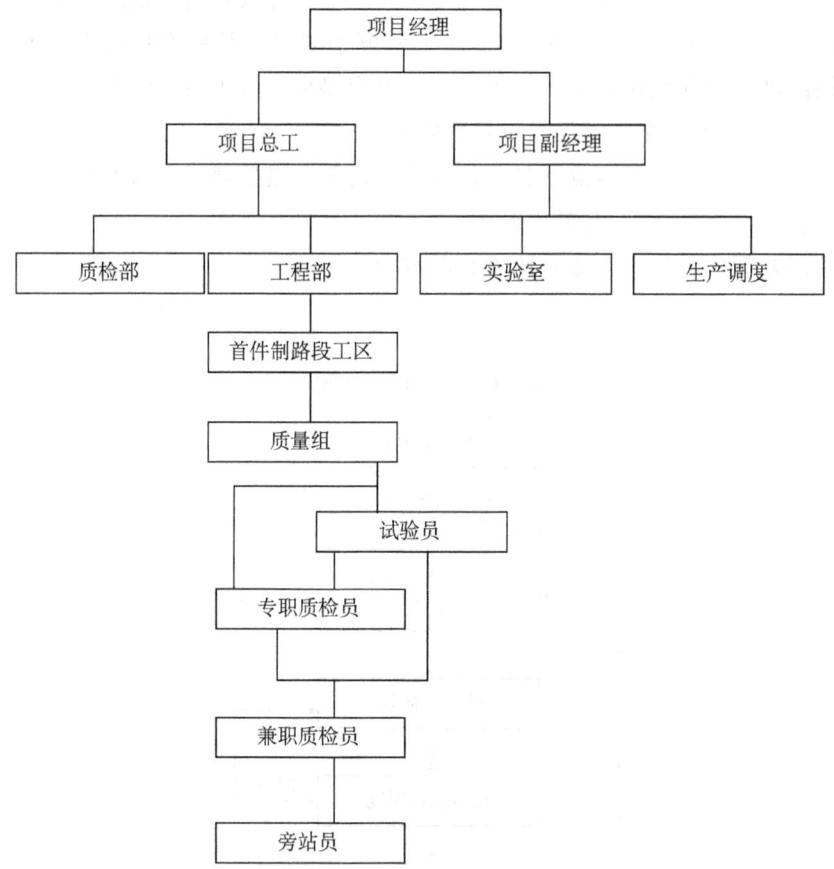

图2-10 质量保证体系框图

**工程案例2**

### 路基工程试验段施工方案(DK0+015~DK0+277段)

一、编制依据及执行规范、标准

1.《客货共线铁路路基工程施工技术指南》;

2．《铁路路基工程验收标准》；

3．《铁路工程土工试验方法》；

4．许昌至禹州地方铁路改建（禹亳铁路一期）工程施工单价承包（LD2K5+790～LD2K8+558.045、DK1+300～L2K5+790）招标文件、设计图纸及资料、招标答疑等文件；

5．国家、铁道部、地方政府有关安全、环境保护、水土保持的法律、规程、规则、条例。

## 二、工程概况

许昌至禹州地方窄轨铁路修建于1966年10月。许昌至禹州铁路位于河南省中部，为河南省地方铁路神（后）郸（城）线762mm窄轨铁路的一部分。神郸铁路自许昌为界分为两段，许昌至郸城段位许郸线，线路全长164.47km。许昌至神后段为许神线，线路全长70.74km。许郸铁路向东经鄢陵、扶沟、太康、淮阳在周口与漯阜线相连，沟通国铁京九线；在扶沟向北与新郑-杞县地方铁路沟通。许神铁路向西终止于神后，其中相继有新峰四矿支线、凤翅山支线、五呂支线、角子山支线在该线接轨。

XYZQ-6标段起止里程：LD2K5+790～LD2K8+558.045、DK1+300～L2K5+790，标段长度4.068km。联络线并行处至苏桥西站出站端（备注：①含苏桥西站；②含L1与L2并行段2.768km）。施工图范围内改移道路、路基、轨道、桥梁涵洞、站场排水槽及立交桥（涵）两端引道工程。

## 三、实施试验段的目的

根据本工程的具体条件，选择地质条件、断面型式具有代表性的地段（DK0+015－DK0+277段路基）做工艺试验路段。按施工规范要求做填筑、压实的试验，以确定合理的铺填厚度、压实遍数和填筑工艺。

试验时记录好压实设备的类型、最佳组合方式、碾压遍数及碾压速度、工序、每层材料的松铺厚度、材料含水量等。试验完成及时整理写出书面材料，实验结果报请监理工程师批准，作为该种填料施工时使用的依据。

## 四、主要技术标准

1．基床表层（厚30cm，B组填料）：对细粒土、黏砂、粉砂，要求地基系数K30（MPa/m）$\geqslant$140，孔隙率$n$为＜29%。

2．基床底层（厚90cm，C组填料）：对细粒土、黏砂、粉砂，要求压实系数$\geqslant$0.91，地基系数K30（MPa/m）$\geqslant$90。

3．路堤基床以下部位（C组填料）：本段路堤为不浸水路基。对细粒土、黏砂、粉砂，要求压实系数$\geqslant$0.90，地基系数K30（MPa/m）$\geqslant$80。

4．路堤基底：路堤地基表层为松软土层，其静力触探比贯入阻力不得小于1.0MPa，或天然地基基本承载力$\sigma_0$不得小于0.12MPa。否则应进行冲击碾压、挖除换填或加固处理等措施。基底处理后要求达到规范有关规定：$P_s\geqslant1.0$MPa；$\sigma_0\geqslant0.12$MPa；压实系数$\geqslant$0.90。

## 五、施工准备

1．材料采购及检验：路基填料由施工主管技术人员与试验人员到现场勘察取样试验，试验报告经审核批签认后，作为路堤填筑压实密度检验及评定路堤各部位质量的标准。

2．劳力、机械安排以及试验段主要管理人员组成：

**表2-3　劳力与机械安排**

| 序号 | 项目 | 劳力 | 机械 | 备注 |
|---|---|---|---|---|
| 1 | 清表 | 8 | 推土机1台<br>装载机1台 | |
| 2 | 地基处理 | 4 | 装载机1台 | |
| 3 | 路基施工 | 10 | 压路机20吨1台<br>平地机1台<br>洒水车1台<br>装载机1台<br>挖掘机1台 | |
| 4 | 运输 | 16 | 自卸车8台 | |

**表2-4　试验段主要管理人员组成**

| 序号 | 姓名 | 职务 | 主要工作分工 |
|---|---|---|---|
| 1 | ××× | 项目经理 | 全面负责试验段工作 |
| 2 | ×× | 项目副经理 | 负责现场管理 |
| 3 | ××× | 总工程师 | 负责技术工作 |
| 4 | ××× | 试验室主任 | 负责试验工作 |
| 5 | ×× | 质检工程师 | 负责安全质量 |
| 6 | ××× | 工程部长 | 负责技术工作 |
| 7 | ××× | 测量工程师 | 负责施工放样工作 |
| 8 | ××× | 领工员 | 区段施工队长 |
| 9 | ××× | 试验员 | 现场试验 |

六、施工工艺及方法

1．测量准备：施工准备阶段我们用全站仪进行导线控制测量，并与本工程外控制导线联测，且均满足测规要求。用全站仪沿线置中支导线及中线控制桩并进行中线加密工作。施工过程中将每6个月进行一次导线测量，以保证整个测量控制网稳定可靠。

利用水准仪与本工程外高程控制点进行高程联测，且均满足测规要求，并布置了高程控制网。施工过程中利用水准仪进行施工测量。高程控制网每3个月进行一次联测，以防有部分控制点被破坏，从而保证高程控制网的可靠性。

2．施工安排

（1）已组织人员进行施工调查。在核对设计文件的基础上进行了交接桩、定线复测、测设施工边界桩等工作。复测线路中线、水准必须与相邻标段的线路中线、水准贯通闭合。设好各控制点的护桩，并做好标记。同时做好土地征用补偿及拆迁补偿工作。

（2）清理营地场坪，修建临时设施，做好防洪、防风、防火、防雷等措施。

（3）本工程部分路基紧邻既有正线，因此，施工前须铲除既有边坡杂草，清除既有线清筛弃渣，将既有路基边坡挖成1.0m宽的台阶后再行施工。挖台阶自下而上进行，边挖边填筑，确保既有路堤和新填筑路堤的咬接紧密、稳定，保持台阶梯坎稳定及既有线安全。

（4）认真探查地下管线的走向及埋深，根据不同情况联系所属单位进行必要的迁移和保护措施。

七、地基处理

开工前必须对图纸所示或监理工程师提供的路基范围内各类现有障碍物和设施的位置及场地清理情况，进行现场核对和补充调查，并将结果通知监理工程师核查。

在复核设计及路基放样无误后，根据现场地面实际条件及土质情况按施工规范及设计要求进行场地清理。

场地清理根据填筑施工的需要，分期分批进行，原则上是全面清表、分段弃方。

场地清理包括清除路基范围内的树根、草皮等植物根系，将路基填筑基底范围内30cm厚种植土及非适用性土清理挖除，直至地基土满足要求为止。对不符合路基填料要求的土体，挖除后外运至指定的弃土场。

八、路基施工

1．工艺试验路段：本试验段施工的主要目的在于采用不同的施工方案做试验，从中选出路基施工的最佳方案来指导全线施工。试验时记录好压实设备的类型、最佳组合方式、碾压遍数及碾压速度、工序、每层材料的松铺厚度、材料含水量等。试验完成及时整理写出书面材料，实验结果报请监理工程师批准，作为该种填料施工时使用的依据。

填层的松铺厚度30cm左右，并能达到设计规范要求的压实标准，填层最佳厚度和相应的压实遍数，通过逐渐调整填层的松铺厚度获得。每层的压实效果按照业主提出的标准进行检测，基床表层（B组填料）的填筑试验在合乎要求的层位取值，采用K30检测。

2．施工工艺和质量标准：质量标准：按照铁道部《客货共线铁路路基工程施工技术指南》及业主下发文件规定进行路基填筑。在施工前，质检、试验员应首先做好填料土样土工试验；施工过程中，应对地基、填料和压实度的强度进行检验控制，并能根据检验结果，及时改进施工质量。

# 工作任务四　安全文明施工及环保措施

## 学习单元一　工程项目的安全与环境管理

基本建设是现代化大生产的一项工程，从计划建设到建成投产，要经过许多阶段和环节，有其客观规律性。基本建设工程一般可划分为：建设项目、单项工程、单位工程、分部工程、分项工程五级。

**1. 工程项目施工的安全管理**

加强现场管理，做好工程的保卫、防盗工作，搞好永久工程和临时工程安全，防止发生安全事故，在每一个工程项目中，制订安全生产的组织措施，并制订严密的安全生产规程，留有足够的安全生产费用，购置安全生产的设备和器件，保证施工生产现场的紧急事故处理的开支。

### 2. 安全生产教育和预防措施

加强安全生产教育和预防措施，为施工人员办理保险，并制订以下预防措施，以保证员工的安全健康。

（1）对于施工现场及其周围的高压电线、变压器等有醒目的安全标志，对开挖地段又处于交通要道处，派专人看守，或有明显的标志，防止过往行人或车辆不注意发生事故。

（2）对于基础工程或土方挖施工，要注意预防塌方发生，及时采取防护措施。

（3）结构工程施工中，高空或河上作业，应绑好安全网，带好安全帽，系好安全带，防止落人落物，对架板等设计，注意起吊的安全与平稳。

（4）对材料和设备储存的库房或堆放点，施工人员生活区，特别注意防火安全，配备足够数量的消灭器具、消防水管和消防栓等，以备急需。

（5）项目经理亲自抓安全生产和安全教育，定期召开安全生产会议，检查安全生产规章执行落实情况，建立安全生产奖罚制度，促使人人重视安全，安全生产有奖，使安全生产教育落到实处，得到好的成绩。

### 3. 工程中的环境保护管理

加强工程中的环境保护管理，促使安全生产，随时清除施工场地不必要的障碍物、设备、材料及各类存储物品安全堆放紧紧有条，即要保持施工现场环境的清洁整齐，又对安全生产有利。

自觉遵守有关机构对卫生及劳动保护的要求，及时清理工地上的废物、垃圾、水泥袋、废弃的模板等，在全部工程竣工移交之前，将任何场地或地表面恢复原状。减少由于不合格环境规定而导致的罚款和经济损失，创造良好的文明施工环境。

## 学习单元二　保证安全的主要措施

为杜绝重大事故和人身伤亡事故的发生，把一般事故降低到最低限度，确保施工的顺利进展，特制订安全措施如下：

（1）建立安全保证体系，项目部和各施工队设专职安全员，专职安全员属质检科，在项目经理和副经理的领导下，履行保证安全的一切工作。

（2）利用各种宣传工具，采用多种教育形式，使职工树立安全统一的思想，不断强化安全意识，建立安全保证体系，使安全管理制度化，教育经常化。

（3）各级领导在下达生产任务时，必须同时下达安全技术措施检查工作，必须总结安全生产情况，提出安全生产要求，把安全生产贯彻到施工的全过程中去。

（4）认真执行定期安全教育，安全讲话，安全检查制度，设立安全监督岗，积极发挥群众安全人员的作用，对发现事故隐患和危及工程人身安全的事项，要及时处理，作出记录,及时改正,落实到人。

(5)施工中临时结构必须向员工进行安全技术交底。对临时结构须进行安全设计和技术鉴定,合格后方可使用。

(6)石方开挖,必须严格按施工规范进行,炸药、运输、保管都必须严格遵守国家和地方政府制订的安全法规,爆破施工要严密组织,严格控制药量,确定爆破危险区,采用有效措施,防止人、畜、建筑物和其他公共设施受到危害或损坏,确保安全施工。

(7)架板、起重、高空作业的技术工人,上岗前要进行身体检查和技术考核,合格后方可操作。高空作业必须按安全规范设置安全网,拴好安全绳,戴好安全帽,并按规定配戴防护用品。

(8)工地修建的临时房、架设照明线路、库房,都必须符合防火、防电、防爆炸的要求,配置足够的消防设施及安全避雷设备。

## 学习单元三 安全管理制度

### 1. 安全管理

(1)建立、健全各级各部门的安全生产责任制,责任落实到人。各项经济承包有明确的安全指标和包括奖惩办法在内的保证措施。有劳务使用和机械租用安全生产协议书。

(2)应掌握本工种操作技能,熟悉本工种安全技术操作规程。

(3)施工组织设计:施工组织设计应有针对性的安全技术措施,经技术负责人审查批准。

(4)进行全面的针对性的安全技术交底,受交底者履行签字手续。

(5)安全检查:建立定期安全检查制度。有时间、有要求,明确重点部位、危险岗位。安全检查有记录。对查出的隐患应及时整改,做到定人、定时间、定措施。

(6)班组"三上岗、一讲评"活动:班组在班前须进行上岗交底、上岗检查、上岗记录的"三上岗"和每周一次的"一讲评"安全活动。对班组的安全活动,要有考核措施。

(7)遵章守纪、佩戴标记。

### 2. 施工用电

2.1 支线架设

(1)配电箱的电缆线应有套管,电线进出不混乱,不容许电箱上进线加滴水弯。

(2)支线绝缘好,无老化、破损和漏电。

(3)支线应沿墙或电杆架空敷设,并用绝缘子固定。

(4)过道电线可采用硬质护套管理并作标记。

(5)室外支线应用橡皮线架空,接头不受拉力并符合绝缘要求。

2.2 现场照明

(1)一般现场所采用220V电压。危险、潮湿场所和手持照明灯具应采用符合要求的安全电压。

（2）照明导线应有绝缘子固定。严禁使用花线或塑料胶质线。导线不得随地拖拉或绑在脚手架上。

（3）照明灯具的金属外壳必须接地或接零。单相回路内的照明开关箱必须装设漏电保护器。

（4）室外照明灯具距地面不得低于3m；室内距地面不得低于2.4m。

2.3 架空线

（1）架空线必须设在专用电杆上，严禁架设在树或脚手架上。

（2）架空线应装设横担和绝缘子，其规格、线间距离、档距等应符合架空线路要求，其电板线离地2.5m以上应加绝缘子。

（3）架空线一般应离地4m以上，机动车道为6m以上。

2.4 大梁吊装施工

（1）三保险（吊钩、绳筒、断绳）五限位（吊钩高度、变幅、前后行走、起重刀矩、驾驶室升降）必须齐全、灵敏、可靠。

（2）操作人员、指挥人员必须持有效证件上岗。

（3）严格按超重机使用说明安装、调试。

（4）验算大梁实际重量和吊车最不利情况的最小荷载。

（5）吊装之前必须经过荷重试吊合格后，方可正式使用，并按统一手势信号，在统一指挥下进行作业。

（6）大梁达到设计吊装强度后才能予以吊装，并且按照设计吊点安装吊钩。

（7）大梁安装就位之后，立即进行有效的支撑和连接。

2.5 各类路基土方施工机械安全措施

（1）项目部机务科对工地所有机械统一定期进行安全检查，发现问题及时解决，消除不安全的因素。

（2）各种机械设备均要制订安全技术操作规程，并认真检查落实情况。

（3）机动车严禁无证驾驶。非机动机械需持操作证操作机械。

（4）定期检查机械设备的安全保护装置和安全批示装置，以确保以上两种装置的齐全、灵敏、可靠。

（5）机械操作人员必须听从施工人员的正确指挥，精心操作。但对施工人员违反操作规程和可能引起危险事故的指挥，操作人员有权拒绝执行，并及时向工地负责人反映。

2.6 安全管理网络

安全管理网络由项目经理牵头负责，由项目副经理、总工程师、主任经济师三条线分管共抓。项目副经理分管安全工程师和材料、机务部，具体进行安全措施的制订落实；总工程师分管工程部、质检部，从技术方案角度来落实安全生产措施；主任经济师分管财务部，主要考虑安全生产措施的预结算和资金。项目经理通过安全工程还要建立专职安全员和分包安全员责任制度，并由他们抓好班组长和兼职安全员，将安全生产落实到人，保证项目的顺利实施。

> **工程案例**

宁国至绩溪高速公路路基工程建设项目（K28+370～K33+350段）
NJ-07标路基试验段施工方案（接任务三之案例1）

六、安全保障体系

1．建立以项目经理为首的安全保证体系，确保施工安全。

2．爆破安全措施。

1）凡在50m范围内有通信、电力线路及房屋设施爆破地段，进行爆破表面覆盖。

2）在斜坡，特别在半填半挖地段，低处有房屋建筑，汽车通过时，加设防护栅防止滚石。

3）成立爆破安全领导小组，负责进行安全技术教育，明确分工、定岗，制订安全职责，做好周围群众的宣传教育工作，妥善处理与村民的协调关系。

4）认真做好每个爆破器材运输，存放及使用规定，严格操作人员的各项标准。

5）爆破前按设计做好安全防护，信号联络，警戒标志，时间落实，路口值班，做到人员、材料、器具落实。

6）参加爆破作业人员，执证上岗和经过培训上岗。

七、试验段施工的环保措施

在施工过程中我们将环境保护工作和工程施工放在同等重要的位置，把施工过程中对环境和生态的影响减小到最低限度，我们采取了以下措施：

1．水质污染控制

（1）严禁施工人员向水中抛弃垃圾、排放废水、废油和冲洗物。

（2）及时清理、分离施工废物、并堆放在指定的处理场，安全的临时储存处，以防雨或内涝造成对水质的污染。

2．施工噪声污染的控制

（1）在确定施工方法时，尽量选择产生噪声较小的工艺，选用性能优良、噪声低、保养良好的施工设备。

（2）对挖掘机、自卸车及起重机等移动机械采用安装撩拨管消声器、降低噪声；对空压机、柴油机组等固定机械采用隔离机器的震动部件来降低噪声。如底座加装抗霎板、隔振器等。

（3）合理安排工程进度和工作面，尽量避免在一个地方同时使用多种动力机械。

3．粉尘污染控制

及时清扫和喷洒施工路面，机动车在路面行驶采用严格限速措施，以防扬起灰尘。

4．生态保护

（1）根据要求，对施工场地内有特殊意义的树木及野生动物生长环境进行保护。

（2）注意防火安全，以免给周围树木草地带来不必要的损害。

（3）对弃土场、取土场应采取一定的措施进行处理，尽量复垦，同时避免弃土流失污染农田及环境。

## 项目小结

路基建筑是整个公路施工进展的关键,路基工程施工准备工作又是实现快速、高效、安全施工的前提,亦是实现"精心施工"的必由之路。本项目主要介绍了施工准备的内容、方法和各部分准备工作程序等。通过本项目的学习,同学要了解公路工程施工程序,掌握施工准备的内容和各部分准备工作的程序,能够依据相关资料进行各部分的施工准备的编制和实施。

## 基础训练

1. 施工准备内容主要包括哪几方面?简述各部分的主要内容和作用。
2. 施工测量都包括哪几方面的内容?简述各部分的操作要点。
3. 路基边桩放样都有什么方法?试用测量仪器在实地进行边桩放样。
4. 试用测量仪器在实地进行边坡放样。
5. 根据工程实际资料读懂施工准备文件,并能进行各部分施工准备的实施。

## 考证训练

一、单项选择题

1. (　　)是施工准备的核心。
   A. 安全准备　　　　　　　　B. 施工图准备
   C. 技术准备　　　　　　　　D. 施工现场准备

2. 施工测量工作时必须遵守(　　)的原则。
   A. 由局部到整体、先控制后碎部
   B. 由整体到局部、先控制后碎部
   C. 由整体到局部、先碎部后整体
   D. 由局部到整体、先碎部后整体

3. 路基中心恢复测量目前主要采用的仪器是(　　)。
   A. 水准仪　　　　　　　　　B. 红外线测距仪
   C. 全站仪　　　　　　　　　D. GPS

4. 以曲线起点、终点为坐标原点,以两端切线为$X$轴,过原点的曲线半径为$Y$轴,根据曲线上各点的坐标进行测设的方法称为(　　)。以曲线起点(或终点)至曲线任一点的弦线与切线之间的弦切角和弦长来确定待放点的位置的方法称为(　　)。测量路基横断面就是采用(　　)测量横断面方向上地形高低变化点间的高差和水平距离。
   A. 水准测量方法　　　　　　B. 直角坐标法
   C. 切线支距法　　　　　　　D. 偏角法
   E. 坐标法　　　　　　　　　F. 切基线法

5. 高速公路和一级公路、特殊地区公路或采用新技术、新工艺、新材料的路基,在正式施工前,铺筑的试验路应具有代表性,试验路长度不小于(　　)。
   A. 50m　　　　　　　　　　B. 100m

C. 200m  D. 300m

二、多项选择题

1. 路基施工中线测量方法主要有（　　）。
A. 坐标法  B. 切线支距法
C. 偏角法  D. 直线法
E. 偏转法

2. 路基横断面常用测量方法有（　　）等。
A. 目测法  B. 抬杆法
C. 水准仪法  D. 经纬仪法
E. 全站仪法

3. GPS是全球定位系统的简称，测量时GPS网的基本形式有（　　）几种。
A. 星形网  B. 矩形网
C. 梅花网  D. 环形网
E. 三角形网

三、综合选择题

某施工单位承建了一条平原地区20km的二级公路，设计车速60km/h，该施工单位设备齐全，设计文件中包括有交点坐标、逐桩坐标、导线点坐标，施工前，施工单位做了充分的准备，复核了GPS点、水准点、测绘了横断面等，然后送交建立工程师核查，核对无误后进行现场放样测量，并标注路基填挖高度，以及取土坑、借土场、弃土场等的具体位置，并提交监理工程师检查批准。

根据场景回答下列问题：

1. 该路的施工准备中，测量工作还应包括（　　）。
A. 路基中心恢复测量  B. 路基宽度测量
C. 涵址测量  D. 桥位测量

2. 该路横断面测量方法可采用（　　）。
A. 切线支距法  B. 全站仪测设法
C. 直角坐标法  D. 弦支距法

3. 该路圆曲线测设测量放样的方法不可采用（　　）。
A. 切线支距法  B. 坐标法
C. GPS测量法  D. 水平仪测量法

4. 场景中的GPS是指（　　）。
A. 大地测量系统  B. 全球定位系统
C. 地理信息系统  D. 遥感测量系统

5. 该公路水准点每千米一般按（　　）设置。
A. 1～2个  B. 5～6个
C. 每50m一个  D. 每20m一个

# 项目三 土质路基施工

> **任务目标：**
> 　　本项目主要任务是介绍土质路基的施工方法，认知土质路基填筑、土质路堑开挖、土方机械化施工、路基修整、检查验收与维修。
>
> **学习目标：**
> 　　（1）了解公路路基的施工方法。
> 　　（2）重点掌握公路土质路基施工过程中填料选择、基底处理、填筑方式及机械配置、填土压实与质量控制的主要工作内容。
> 　　（3）掌握土质路基的开挖方式。
> 　　（4）了解土质路基机械化施工中机械的选择及其作业方式。
> 　　（5）熟悉路基修整及检查验收工作。

## 工作任务一　路基施工方法

### 1. 人工及简易机械化方法

人力施工是传统方法，使用手工工具、劳动强度大、功效低、进度慢、工程质量亦难以保证，但限于具体条件，短期内还必然存在并适用于地方道路和某些辅助性工作；简易机械施工是在人工施工的基础上，对施工过程中劳动强度大和技术要求相对较高的工序用机具或简易机械完成，以利加快工程进度、提高施工效率和工程质量。但这种施工方法工效有限，只能用于工程量小、工期要求不严的路基或构造物施工，特别不适宜高速公路和一级公路路基的大规模施工。

### 2. 综合机械化方法

为了加快施工进度，提高劳动生产率，实现高标准高质量施工，对于劳动强度大和技术要求高的工序，应配以数量充足、配套齐全的施工机械。机械化和综合机械化施工是保证高等级公路施工质量和施工进度的重要条件，对于路基土石方工程来说，更具有迫切性。在施工过程中，涉及运输、填筑、摊平、压实等工序，这些都需机械设备作业，任何一单一环节出现问题，将影响到施工作业的整体。实现机械化施工是我国路基施工的发展方向。因此，综合机械化方法成为路基施工现代化的重要途径。

### 3. 水力机械化方法

水力机械化方法是机械化方法的一种。通过利用水泵、水枪等水力机械，喷射强力水流，冲散土层并流运至指定地点沉积。这种方法需要充足的电能和水源，可挖掘比较松散的土质及地下钻孔，对于砂砾填筑路堤或基坑回填，可起到密实作用（称为水夯法）。

### 4. 爆破方法

对于石质路基开挖可采用爆破方法施工。另外，爆破方法还可用于冻土、泥沼等特殊路基施工，以及清除路面、开石取料与石料加工等作业。

选择施工方法，应根据工程性质、工程数量、施工期限以及可能获得的人力和机械设备等条件来考虑。在我国，目前已拥有大量的筑路机械，特别是近年来根据高等级公路发展的需要，各地都先后从国外引进了成套的现代化筑路设备，在一批高等级公路的施工中，基本实现了机械化或是半机械化施工作业，因此，必须十分注意提高机械施工技术与管理水平，充分发挥机械设备的作用，提高劳动生产率，使我国公路建设事业早日全面实现施工现代化。

# 工作任务二　土质路堤填筑

## 学习单元一　填料选择

路堤通常是利用沿线就近土石作为填筑材料。选择填料时应尽可能优先选择当地强度高、稳定性好并利于施工的土石作路堤填料。一般情况下，碎石、卵石、砾石、粗砂等具有良好的透水性，且强度高、稳定性好，因此可优先采用；亚砂土、亚黏土等经压实后也具有足够的强度，故也可采用；重黏土、黏性土、捣碎后的植物土等由于透水性差，作路堤填料时应慎重采用；粉性土水稳性差，不宜作路堤填料；泥炭、淤泥、沼泽土、冻结土、含残余树根和易于腐烂物质的土不宜用作填筑路堤；含盐量超过规定的强盐渍土和过盐渍土不能用作高等级公路路基填料；膨胀土除非表层用非膨胀土封闭，一般也不宜用作高等级公路路基填料。液限大于50%、塑性指数大于26、含水量不适宜直接压实的细粒土，不得直接作为路基填料，需要使用时，必须采取措施进行处理土质。路基取土与填筑必须有条不紊，有计划有步骤地进行操作，这不仅是文明施工的需要，而且是选土和合理利用填土的保证。不同性质的路基用土，除按规定予以废弃和适当处治外，一般不允许任意混填。经野外取土试验，符合表3-1的规定时才能使用，二级和二级以下的公路做高级路面时，应符合高速公路及一级公路的规定。表中所列强度按《公路土工试验规程》规定方法确定。

表3-1 路基填方材料最小强度和最大粒径表

| 项目分类<br>（路面底面以下深度） | | 填料最小强度（CBR）（%） | | 粒料最大粒径<br>（cm） |
|---|---|---|---|---|
| | | 高速公路及一级公路 | 二级及二级以下公路 | |
| 路堤 | 上路床（0～30cm） | 8.0 | 6.0 | 10 |
| | 下路床（30～80cm） | 5.0 | 4.0 | 10 |
| | 上路堤（80～150cm） | 4.0 | 3.0 | 15 |
| | 下路堤（>150cm） | 3.0 | 2.0 | 15 |
| 零填及路堑路床（0～30cm） | | 8.0 | 6.0 | 10 |

一般的土和石都可以用作路堤的填料。用卵石、碎石、砾石、粗砂等透水性良好的填料，只要分层填筑分层压实，可不控制含水量；用黏性土等透水性不良的填料，应在接近最佳的含水量情况下分层填筑与压实。

工业废碴是较好的填料。高炉矿碴或钢碴至少应放置一年以上，必要时应予破碎。粉煤灰属于轻质筑路材料，当路堤修筑在软弱地基或滑坡体上时，采用轻质填料有利于路堤的稳定。有些矿碴使用前应检验有害物质含量，以免污染环境。

应当指出，有多种料源可供选择时，应优先选用那些挖取方便、压实容易、强度高、水稳性好的土料。路堤受水浸淹部分，应尽量选用水稳性好的填料。

## 学习单元二 基底处理

为使填筑在天然地面上的路堤与原地面紧密结合以保证填筑后的路堤不致于产生沿基底的滑动和过大变形，填筑路堤前，应根据基底的土质、水文、坡度、植被和填土高度采取一定措施对基底进行处理。

### 1. 密实稳定的土质基底

（1）当地面横坡度$i<1:1$且路堤高度超过0.5m时，一般不作处理，直接在地面上修筑路堤；

（2）当地面横坡度$i=1:1\sim1:5$时，需除草皮、杂物，处理深度不小于15cm；

（3）当地面横坡度$i>1:5$时，除草皮、杂物后，需在地表挖台阶处理，如图3-1，图3-2所示，台阶宽度不小于1m，高度为0.2～0.3m。

### 2. 耕地或松土基底

（1）一般情况应清除有机土，种植土后压实；

（2）当耕地为深度大于30cm的深耕地时，需先将耕地翻松，结块土打碎后整平压实；

（3）当遇到水田时，需首先排水，疏干，进行换土处理。

### 3. 覆盖层不厚的倾斜岩石基底

当地面横坡为1:5～1:2.5时，需挖除覆盖层，并将基岩挖成台阶。当地面横坡度陡

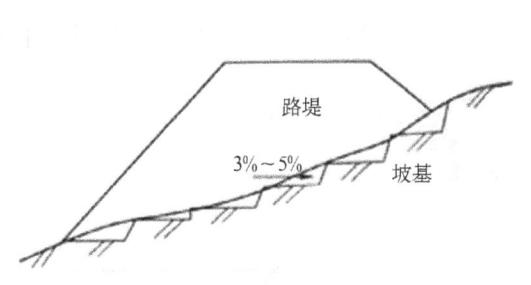

图3-1 坡基挖台阶处理示意图

图3-2 清理表层土体

于1：2.5时，应进行个别设计，特殊处理，如设置护脚或护墙。

当路基稳定受到地下水影响时，应予拦截或排除，引地下水至路堤基底范围以外。如处理有困难时，则应在路堤底部填以渗水土或不易风化的岩块。

## 学习单元三　填筑方式及机械配置

**1. 土质路堤填筑**

土质路堤（包括石质土），按填土顺序可分为分层平铺、竖向填筑和混合填筑。

（1）分层平铺

分层平铺是一种将不同性质的土有规则地分层填筑和压实的填筑方法，该法易于达到规定的压实度，易于保证质量，是填筑路堤的基本方法。分层平铺又分为水平分层填筑法和纵向分层填筑法。水平分层填筑法填筑时按照横断面全宽分成水平层次，逐层向上填筑，如图3-3所示。如原地面不平，应由最低处分层填起，每填一层，经压实合格后再填上一层。此法施工操作方便、安全、压实质量容易保证。纵向分层填筑法适用于推土机或铲运机从路堑取土填筑运距较短的路堤，如图3-4所示。依纵坡方向分层、逐层推土填筑。原地面纵坡小于20°的地段可用此法施工。

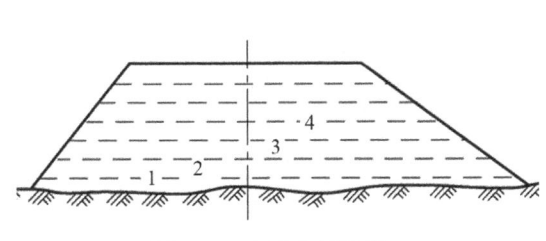

图3-3 水平分层填筑

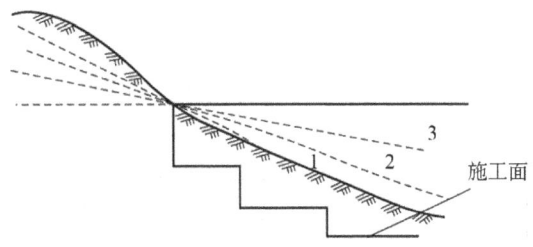

图3-4 纵向分层填筑

分层平铺应遵守以下规定：

①用不同性质土填筑路堤时，应分层填筑，层数应尽量减少，每种填料总厚不小于

0.5m，不得混杂乱填，在纵向使用不同土质填筑相邻路堤，为防止发生不均匀变形应将交接处做成斜面，将透水性差的土填在斜面下部；

②用透水性较小的土填路堤下层时，应做成4%的双向横坡，如用以填筑上层时，不应覆盖在透水性较大的土所填筑的下层边坡上；

③凡不因潮湿及冻融而变更其体积的优良土应填在上层，强度较小的土应填在下层；

④河滩路堤填土应在整个宽度上连同护道在内一并分层填筑，受水浸淹部分的填料，选用水稳定性好的土料；

⑤桥涵、挡土墙及其他构造物的回填土，以采用砂砾或砂性土为宜，并应适时分层回填压实。

分层填筑方式有利于压实，可保证强度，不同用土按规定层次填筑。图3-5所示为不同用土的组合方案，其中（a）是正确填筑方案：不同用土水平分层，以保证强度均匀；透水性差的用土，如黏性土等，一般宜填于下层，表面成双向横坡，有利于排除积水，防止水害；同一层次有不同用土时，接搭处成斜面，以保证在该层厚度范围内，强度比较均匀，防止产生明显变形。（b）是不正确填筑方案：未水平分层，有反坡积水，夹有冻土块和粗大石块，以及有陡坡斜面等，其主要问题亦在于强度不均匀和排水不利。此外，分层平铺时应注意用土不含有害杂质（草木、有机物等）及未经处治的劣土（细粉土、膨胀土、盐渍土与腐植土等）；桥涵、挡土墙等结构物的回填土，以砂性土为宜，防止不均匀沉降，并按有关操作规程回填和夯实。

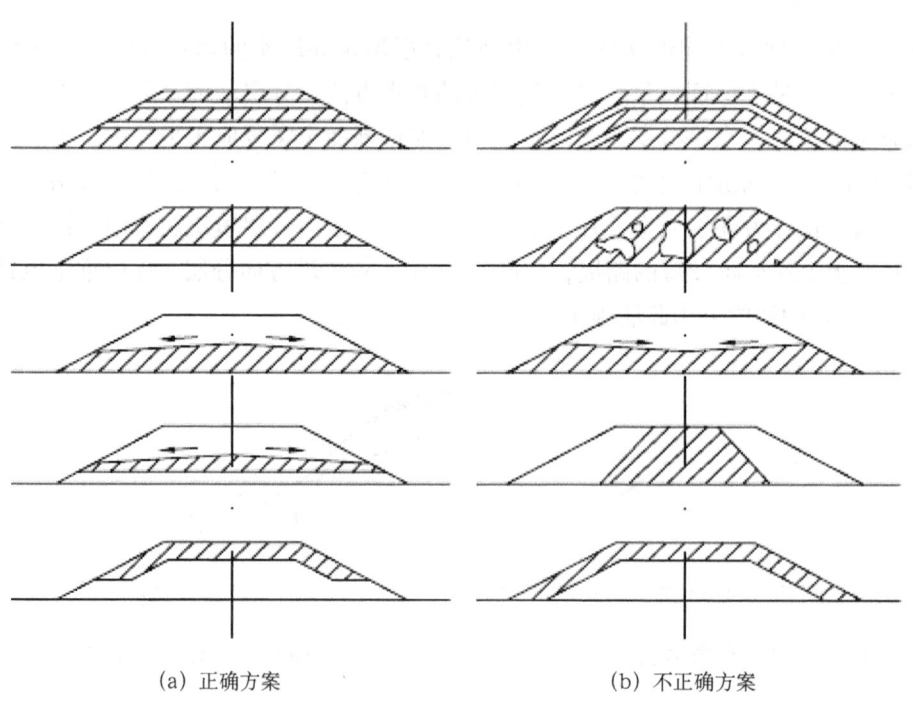

(a) 正确方案　　　　　　　　(b) 不正确方案

图3-5　土质路堤填筑方案示意图

（2）竖向填筑

竖向填筑指沿道路中心线方向逐步向前深填，如图3-6所示。路线跨越深谷或池塘时，地面高差大，填土面积小，难以水平分层卸土，以及陡坡地段上半填半挖路基，局部路段横坡较陡或难以分层填筑等情况，可采用竖向填筑方式。竖向填筑的质量在于密实程度，为此宜采用必要的技术措施。如选用振动式或锤式夯击机，选用沉陷量较小及粒径较均匀的砂石填料；路堤全宽一次成型；暂不修建较高级的路面，容许短期内自然沉落。

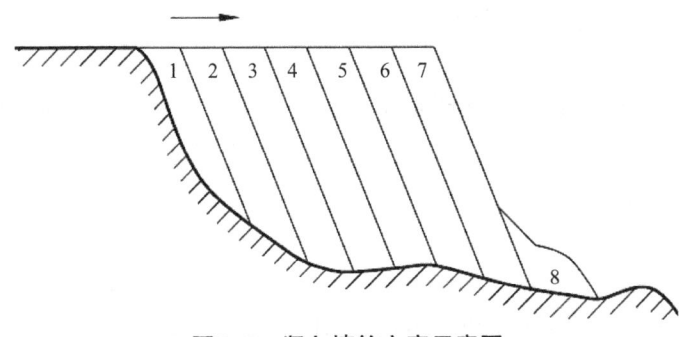

图3-6 竖向填筑方案示意图

（3）混合填筑

混合填筑指路堤下层采用竖向填筑法而上层采用水平分层填筑法，因而其上部经分层碾压容易达到足够的压实度，如图3-7所示。必要时可考虑参照地基加固的注入、扩孔或强夯等措施，以保证填土具有足够的密实度。

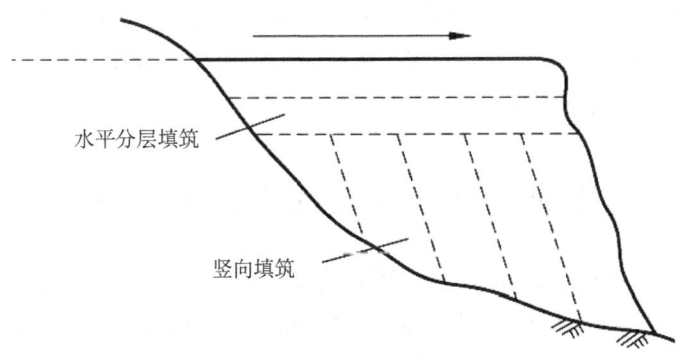

图3-7 混合填筑方案示意图

土质路堤填筑所使用的机械设备有平土机、推土机、铲运机等机具。

## 2. 桥涵等构造物处的填筑

桥台台背、涵洞两侧及涵顶、挡土墙墙背的填筑在这些构造物基本完成后进行，由于场地狭窄，又要保证不损坏构造物，填筑压实比较困难，而且容易积水。如果填筑不良，完工后填土与构造物连接部分出现沉降差，就会发生跳车，影响行车的速度、舒适与安全，甚至影响构造物的稳定，养护期间要经常修补路面，也会导致堵塞交通。所以要注意选好填料和认真施工。

（1）填料

在下列范围内一般应选用渗水性土填筑：台背顺路线方向，上部距翼墙尾端不少于台高加2m，下部距基础内缘不少于2m；拱桥台背不少于台高的3～4倍；涵洞两侧不少于孔径的2倍；挡土墙墙背回填部分。如果台背采用渗水土有困难时，在冰冻地区自路堤顶面起2.5m以下，非冰冻地区高水位以下，可用与路堤相同的填料填筑。特别要注意，不要将构造物基础挖出来的劣质土混入填料中。

（2）填筑

桥台背后填土应与锥坡填土同时进行，涵洞、管道缺口填土，应在两侧对称均匀回填；涵顶填土的松铺厚度小于50cm时，不得通过重型车辆或施工机械；靠近构造物100cm范围内不得有大型机械行驶或作业。

（3）排水

桥涵等结构物处填土，在施工中要竭力防止雨水流入；对已有积水应挖沟或用水泵将其排除。对于地下渗水，可设盲沟引出。当不得不用非渗水土填筑时，应在其上设置横向盲沟或用黏土等不透水材料封顶。挡土墙墙背应作好反滤层，使水能顺利地从泄水孔流出去。

（4）压实

应在接近最佳含水量状态下分层填筑，分层压实。每层松铺厚度不宜超过20cm。密实度应达到设计要求。如设计无专门规定，则按路基压实度标准执行。用非渗水土填筑时，必须加强压实措施，或对填土性能进行改善处理（如掺生石灰），以提高强度和减少雨水的渗入。

为了保证填土压实质量，在比较宽阔部位应该尽量使用大型压实机械，只是在临近构造物边缘及涵顶50 cm内，才采用小型夯压机械，分薄层认真夯压密实。夯压遍数应通过试验确定，以达到压实度要求为准。

## 学习单元四　填土压实与质量控制

在公路路基修筑过程中，常常会遇到天然土层强度较低，经汽车荷载作用则产生较大沉陷而影响工程质量的现象。尤其是取土填筑路基时，由于原有结构状态被施工挖运破坏，致使其结构松散、强度降低、水稳性差。土在压实过程中，因土粒受到瞬时荷重或振动力的作用，使土粒调整位置重新组合，彼此挤紧，较小颗粒被挤入较大颗粒间的空隙中。颗粒位置转移稳定，空隙缩小，土的单位重量提高，形成密实整体，从而致使强度增加，稳定性提高。为了使路基具有足够的强度与稳定性，必须予以压实，以提高其密实程度。所以路基的压实工作是路基施工过程中一个重要工序，亦是提高路基强度与稳定性的根本技术措施之一。大量试验和工程实践还证明：土基压实后，路基的塑性变性、渗透系数、毛细水作用及隔温性能等，均有明显改善。因此，压实是改善土工程性质的一种经济合理措施。

1. **影响压实效果的主要因素**

根据试验研究可知,土的压实过程和结果受到多种因素的影响。对具有塑性的细粒土,影响压实效果的因素有内因和外因两方面:内因主要是土质和含水量,外因主要是压实功能、压实机具和压实方法等。掌握这些因素的规律,对深入了解土的压实原理和指导压实工作,都有重要的意义。

(1)含水量对压实效果的影响

土中含水量对压实效果的影响比较显著。当含水量较小时,由于粒间引力(可能还包括了毛细管压力)使土保持着比较疏松的状态或凝聚结构,土中孔隙大都互相连通,水少而气多,在一定的外部压实功能作用下,虽然土孔隙中气体易被排出,密度可以增大,但由于水膜润滑作用不明显以及外部功能也不足以克服粒间引力,土粒相对移动不容易,因其压实效果比较差;含水量逐渐增大时,水膜变厚,引力缩小,水膜又起着润滑作用,外部压实功能比较容易使土粒移动,压实效果渐佳;土中含水量过大时,孔隙中出现了自由水,压实功能不可能使气体排出,压实功能的一部分被自由水所抵消,减小了有效压力,压实效果反而降低。由击实试验所得的击实曲线图(图3-8)可以看出,曲线有一峰值,此处的干容重(干重度)为最大,称为最大干容重(干重度)$\gamma_0$。与之对应的含水量则称为最佳含水量$\omega_0$。这就得出一个结论:只有在最佳含水量的情况下压实效果最好。

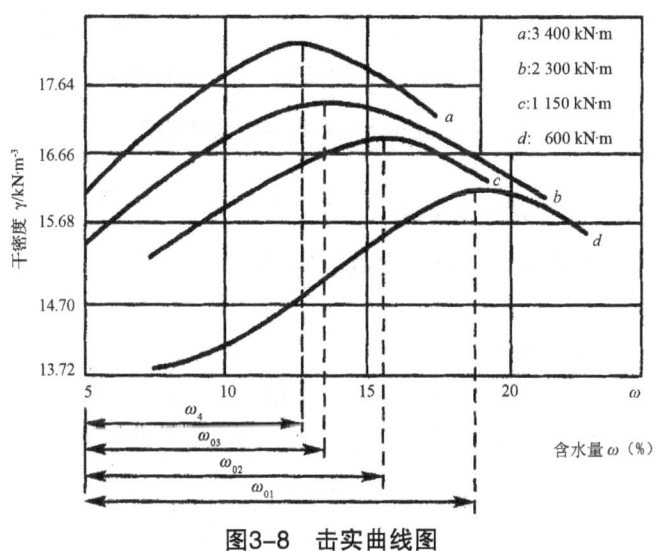

图3-8 击实曲线图

然而,含水量较小时,土粒间引力较大,虽然干容重(干密度)较小,但其强度可能比最佳含水量时还要高。可是此时因密实度较低,孔隙多,一经饱水,其强度会急剧下降。这又得出一个结论:在最佳含水量情况下压实的土水稳性最好。

最佳含水量和最大干容重是两个十分重要的指标,对路基设计与施工很有用处。试验表明,一般塑性土的最佳含水量(按轻型击实标准)大致相当于该种土液限含水量的0.58~0.62倍,平均约0.6倍。

（2）土质对压实效果的影响

不同的土质，其压实效果不同。如图3-9所示，不同的土质具有不同的最佳含水量及最大干密度。分散性（液限、黏性）较高的土，其最佳含水量较高而最大干密度较低，这是由于土粒愈细，比面积愈大，土粒表面的水膜愈多，加之黏土中含有亲水性较高的胶体物质所致。对砂土，由于其颗粒粗并且呈松散状，水分易于散失，故最佳含水量对其没有更多的实际意义。

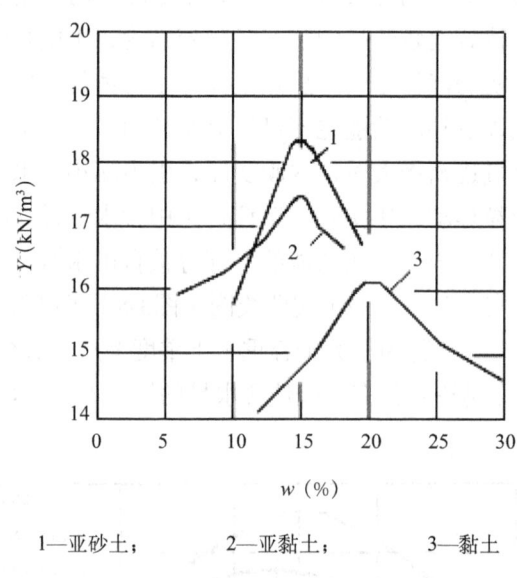

1—亚砂土；　　2—亚黏土；　　3—黏土

图3-9　几种土质的压实曲线对照图

（3）压实功能对压实效果的影响

压实功能系指压实机具重量、辗压次数、作用时间等。压实功能是影响压实效果的又一重要因素。

通常对同一种土，随着压实功能的增大，最佳含水量会随之减小而最大干密度随之增加。当含水量一定时，压实功能越大则密实度越高。因此，增大压实功是提高土基密实度的又一种方法，但压实功增大到一定程度后，土的密度增长就不明显了，这表明，对于某一种土来说，如果超过某一限度，再采用增加压实功的办法来提高土的密实度就不经济了，因此最经济的办法是严格控制工地现场含水量，使碾压在接近最佳含水量时进行，这样便能容易地达到规定的压实度。

（4）压实机具和压实方法对压实效果的影响

不同的压实机具，其压力作用深度不同，因而压实效果也不同。通常夯击式作用深度最大，振动式次之，静力辗压式最浅。根据这一特性即可确定各种机具的最佳压实厚度，然而，一种机具的作用深度，在压实过程中并不是固定不变的。例如光面碾，开始碾压时，因土体松软，压力传递较深，但随着碾压次数的增加，土的强度相应提高，其作用深度就逐渐减小。

不同压实厚度其压实效果也不同。通常情况下,夯击不宜超过20cm,8~12t光面碾不宜超过20~30cm。

压实作用时间愈长,土密实度愈高,但随时间进一步加长,其密实度的增长幅度会逐渐减小,故压实时,要求压实机具以较低速度行驶,以便达到预期的压实效果。

**2. 路基压实标准**

通常采用干密度表征土的密实程度。在路基施工中,用压实度表征土基密实程度的指标。

压实度是指压实后土的干密度与该种土室内标准击实试验下所得的最大干密度之比。压实土体的干密度可按式(3-1)计算:

$$\gamma_\omega = \gamma_0 / (1+0.01\omega) \tag{3-1}$$

式中 $\gamma_\omega$——土的湿密度,(g/cm);

$\omega$——土的含水量,(%)。

不同道路等级及路床不同深度,其压实度要求不同。道路等级愈高压实度要求也愈高,路基上部压实度比路基下部为高。路基压实过程中只有达到规定的压实度,才能保证路基的强度和稳定性。土质路基(含土石混填)的压实度标准见表3-2的规定。

表3-2 土质路基压实度标准

| 填挖类别 | 路床顶面以下深度（m） | 路基压实度（%） | | |
|---|---|---|---|---|
| | | 高速公路、一级公路 | 二级公路 | 三、四级公路 |
| 零填及挖方 | 0~0.30 | ≥96 | ≥96 | ≥94 |
| | 0.30~0.80 | ≥96 | ≥95 | |
| 填方 | 0~0.80 | ≥96 | ≥95 | ≥94 |
| | 0.80~1.50 | ≥94 | ≥94 | ≥93 |
| | ≥1.50 | ≥93 | ≥92 | ≥90 |

注:1.表列压实度以重型击实法为准。
2.平均年降雨量少于150mm且地下水位低的特殊旱地区,压实度标准可降低2%~3%。
3.过湿或多雨地区,土的含水量超过最佳含水量5%时,应采取综合稳定技术处理后再压实。

压实度是以室内标准击实试验所得最大干密度为标准的。同一压实度时如采用不同击实标准,其实际密实度是大不一样的。目前标准击实试验有轻型击实试验和重型击实试验两种。已经证明,对同一土体,重型击实比轻型击实可获得更高的最大干密度和相对较低的最佳含水量。随着高等级公路的发展,对公路路基质量的要求越来越高,因此,对高等级公路和城市重要干道,采用重型击实标准来控制压实度,对于确保路基路面质量,提高道路使用品质具有非常重要的意义。

**3. 压实方法及机械**

压实土层的密实度随深度递减,表面5cm的密实度最高。填土分层的压实厚度和压实遍数与压实机械类型、土的种类和压实度要求有关，应通过试验路来确定。同样质量的振动压路机要比光轮静碾压路机的压实有效深度大1.5～2.5倍。如果压实遍数超过10遍仍达不到压实度要求，则继续增加遍数的效果很小，不如减小压实层厚。

碾压时，横向接头的轮迹应有一部分重叠，对振动压路机一般重叠40～50cm，对三轮压路机一般重叠1/2后轮宽；前后相邻两区段亦宜纵向重叠1～1.5m。应做到无漏压、无死角和确保碾压均匀。

压路机行驶速度过慢则影响生产率，行驶过快则对土的接触时间过短，压实效果较差。一般光轮静碾压路机的最佳速度为2～5km/h，振动压路机为3～6km/h。所以各种压路机械的最大速度不宜超过4km/h。对压实度要求高，以及铺土层较厚时，行驶速度更要慢些。碾压开始宜用慢速，随着土层的逐步密实，速度逐步提高。压实时的单位压力不应超过土的强度极限，否则土体将会遭到破坏。开始时土体较疏松，强度低，故宜先轻压，随着土体密度的增加，再逐步提高压强。所以，推运摊铺土料时，应力求机械车辆均匀分布行驶在整个路堤宽度内，以便填土得到均匀预压。否则要采用轻型光轮压路机（6～8t）进行预压。正式碾压时，若为振动压路机，第一遍应静压，然后由弱振至强振。

碾压时，在直线路段和大半径曲线路段，应先压边缘，后压中间；小半径曲线地段因有较大的超高，碾压顺序宜先低（内侧）后高（外侧）。路堤边缘往往压实不到，仍处于松散状态，雨后容易滑坍，故两侧可采取多填宽度40～50cm，压实工作完成后再按设计宽度和坡度予以刷齐整平。也可以采用卷扬机牵引的小型振动压路机从坡脚向上碾压，或采用人工拍实。坡度不陡于1∶1.75时，可用履带式推土机从下向上压实。

不同的填料和场地条件要选择不同的压实机械。常用的压实设备有光面碾、羊足碾、轮胎碾、振动碾、夯实机等、技术性能可查阅相对应的机械设备。

### 4. 压实质量控制与检查

土的压实应在接近最佳含水量的情况下进行。天然土通常接近最佳含水量，因此填铺后应随即碾压。含水量过大时，应将土摊开晾晒至要求的含水量时再整平压实。

填土接近最佳含水量的容许范围，与土的种类和压实度要求有关。在一定的压实度要求情况下，砂类土比细粒土的范围大；在同一种土类的情况下，压实度要求低的比要求高的范围大。范围的具体值可从该种土的击实试验曲线上查得，即在该曲线图的纵坐标上按要求的干密度处画一横线，此线与曲线相交的两点所对应的含水量值就是它的范围。

天然土过干需要加水时，可在前一天于取土地点浇洒，使水均匀渗入土中；也可将土运至路堤再用水浇洒，并拌和均匀。加水量可按下式估算：

$$V = (\varpi_0 - \varpi)\frac{Q}{1+\varpi} \tag{3-2}$$

式中　$V$——所需加水量（t）；

　　　$\varpi$——天然土的含水量；

　　　$\varpi_0$——最佳含水量；

　　　$Q$——需加水的土的质量（t）。

此外还应增加洒水至碾压时的水分蒸发消耗量。

在压实过程中，施工单位的自检人员应经常检查压实度是否符合要求。压实度试验方法可采用环刀法、蜡封法、水袋法、灌砂法或核子密度湿度仪法。环刀法适用于细粒土，灌砂法适用于各类土。核子密度湿度仪应与环刀法、灌砂法等进行对比标定后才可应用。

每一压实层均应检验压实度，合格后方可填筑其上一层。

检验取样频率，当填土宽度较窄时（例如路堤的上部），沿路线纵向每200m检查4处，每处左右各1个点，当填土较宽时，每2000m²检查8个点。必要时可增加检查点数，以防止压实不足处漏检。

压实度的评定以一个工班完成的路段压实层为检验评定单元比较恰当，如检验不合格能及时补压，不致等待过久而含水量变化过大。检验评定段的压实度K按下式计算，若K>压实度的标准值，则为合格。

$$K = \bar{K} - t_0 S / \sqrt{n} \qquad (3\text{-}3)$$

式中　$\bar{K}$——检验评定段内各检验点压实度的算术平均值；

　　　$t_0$——t分布中随自由度和保证率（或置信率）而变的系数，通常保证率为95%；

　　　$S$——检验值的均方差；

　　　$n$——检验点数，应不少于8～10点，汽车专用公路取高限，一般公路取低限。

填筑碾压完成的路基，其路槽底面的回弹模量应满足路面设计的要求；然而实测土基回弹模量$E_0$比较困难，故可用测试弯沉值$l_0$代替，弯沉值与回弹模量有如下关系：

$$l_0 = 9308 E_0^{-0.938} \qquad (3\text{-}4)$$

式中　$l_0$——以BZZ-100标准轴载试验车实测的弯沉值（1/100 mm）；

　　　$E_0$——回弹模量（MPa）。

弯沉值测试在不利季节进行。若在非不利季节测定时，应乘以季节影响系数。弯沉值测试频率为每车道4个点/50m（即左右两后轮隙下各1个点）。

路槽底弯沉值反映路基上部的整体强度，而压实度反映路基每一层的密实状态，只有弯沉值和压实度两者都合格，路基的整体强度、稳定性和耐久性才能符合要求。如果经过反复检查，各层压实度均合格，而表面弯沉值仍然达不到设计要求值时（这种情况极少），应考虑按实测弯沉值调整路面结构设计，以适应该压实土所能达到的强度。

《公路路基施工技术规范》（JTGF 10—2006）对路基压实及压实质量与检查都做出了具体的规定，施工中应根据实际情况认真分析研究，特别是要针对影响压实效果的多种因素采取相应措施，以确保土基达到规定的压实度要求。

# 工作任务三　土质路堑开挖

## 学习单元一　开挖方式的确定

路堑施工就是按设计要求进行挖掘，并将挖掘出来的土方运到路堤地段作填料，或者运往弃土地点，如图3-10所示。它虽然不像路堤填筑那样有填料的选择和分层压实等问题，但是，路堑是由天然地层构成的，天然地层在生成和演变的长期过程中，一般具有复杂的地质结构。处于地壳表层的路堑边坡，开挖暴露于大气中，受到各种自然和人为因素的影响，比路堤边坡更容易发生变形和破坏。路堑边坡的稳定与施工方法有着密切的关系，例如，施工开挖边坡过陡，弃土堆距坡顶太近，施工中排水不良，支挡工程未及时做好，都会引起边坡失稳，发生坍滑。

路堑开挖方式应根据路堑的深度和纵向长度，以及地形、土质、土方调配情况和开挖机械设备条件等因素确定，以加快施工进度和提高工作效率。路堑开挖可根据具体情况采用横挖法、纵挖法或混合式开挖法。

图3-10　路堑施工

**1. 横挖法**

从路堑的一端或两端按横断面全宽逐渐向前开挖，称为横挖法。这种开挖方法适用于较短的路堑。

路堑深度不大时，可以一次挖到设计标高，称单层横挖法，如图3-11中（a）所示；路堑深度较大时，可分成几个台阶进行开挖，称分层横挖法，如图3-11中（b）所示，各层要有独立的出土道和临时排水设施。用人力按分层横挖法开挖路堑时，每层深度视工作与安全而定，一般宜为1.5～2.0m，无论自两端一次横挖到路基标高或分台阶横挖，均应设单独的运土通道及临时排水沟。分层横挖使得工作面纵向拉开，多层多向出土，可以容纳较多的施工机械，加快了开挖速度。若用挖掘机配合自卸汽车进行，台阶高度可采用3～4m。

**2. 纵挖法**

沿路堑纵向将高度分成不大的层次依次开挖。纵挖法适用于较长的路堑。

如果路堑的宽度及深度都不大，可以按横断面全宽纵向分层挖掘，称为分层纵挖法，如图3-12中（a）所示；如果路堑的宽度及深度都比较大，可沿纵向分层、每层先挖出一条

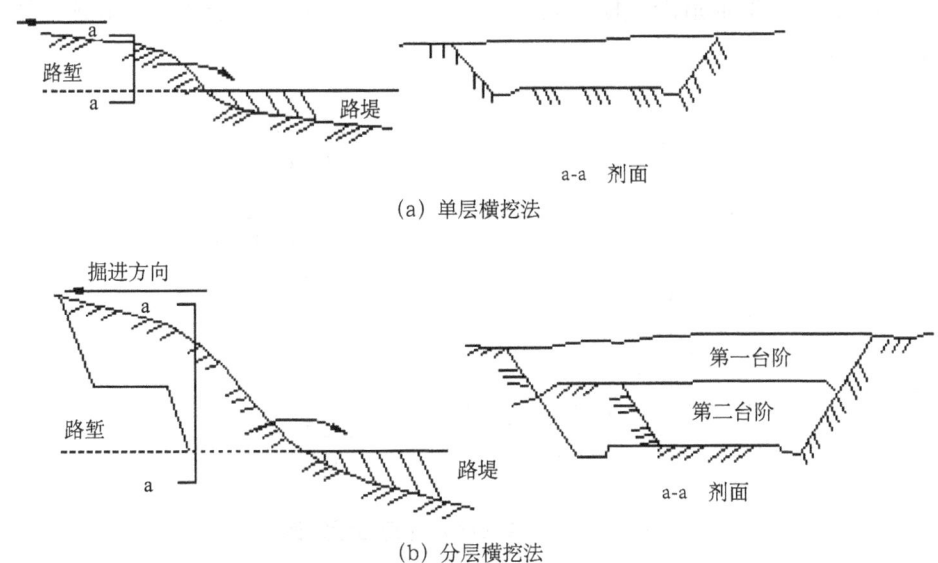

(a) 单层横挖法

(b) 分层横挖法

图3-11 横挖法开挖路堑示意图

通道，然后开挖两旁，称为通道纵挖法，如图3-12中（b）所示，通道可作为机械通行或出口路线，以加快施工速度。分段纵挖法是沿路堑纵向选择一个或几个适宜处，将较薄一侧路堑横向挖穿，使路堑分成两段或数段，各段再进行纵向开挖的方法。如图3-12中（c）所示。分段纵挖法适用于路堑较长，运距较远的路堑。

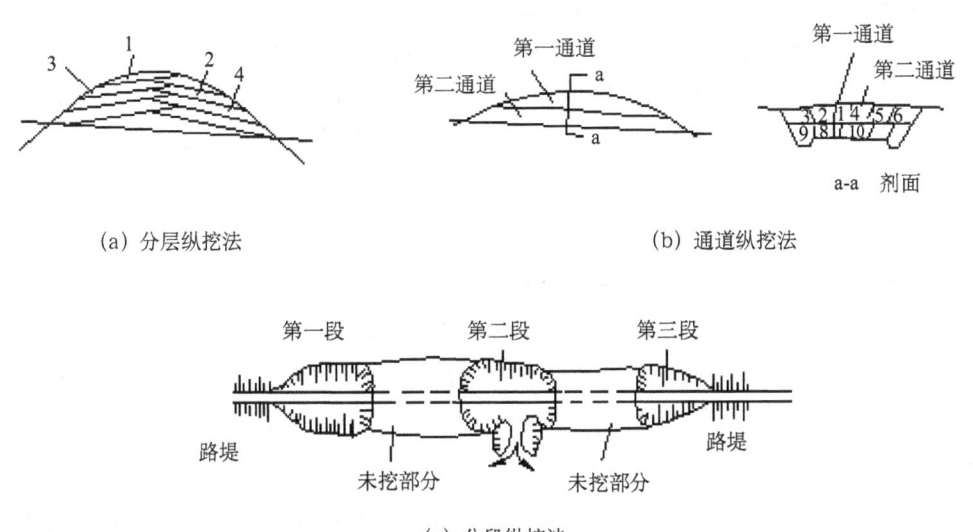

(a) 分层纵挖法　　　　　　　　(b) 通道纵挖法

(c) 分段纵挖法

图3-12 纵挖法开挖路堑示意图

### 3. 混合式开挖法

混合式开挖法是将横挖法、通道纵挖法混合使用，先沿路堑纵向开挖通道，然后沿横向开挖横向通道，再双通道沿纵横向同时掘进，每一坡面应设一个施工小组或一台机械作业。如图3-13所示。

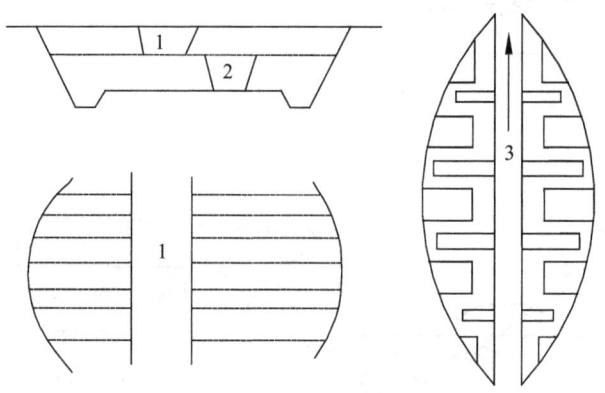

图3-13　混合式路堑开挖法示意图

# 工作任务四　土方机械化施工

## 学习单元一　土方施工机械及其作业方式

路堑土方应按工程的具体情况，选备适宜的挖掘机械、装运机械、平整机械和压实机械，最大限度地发挥机械的效能。路基工程准备工作到整修工作，作业项目很多，选用机械要从技术和经济两个方面并结合本单位本工点的具体情况来考虑。路基土方工程适用的机械随土质、运距、土方量和场地大小等因素而定。应当选用在技术性能上最适合于该项作业的机械。但每一种机械常可完成几种作业，因此，现场缺乏某种机械时，经常采用以下土方机械的作业方法。

1. 推土机作业

推土机作业由切土、运土、卸土、倒退（或折返）、回空等过程组成一个循环，如图3-14所示。影响作业效率的主要因素是切土和运土两个环节。因此，以最短的时间和距离切满土，尽可能减少土在推运中的散失，是衡量推土机作业方式优劣的依据。基本作业方式有下坡推土、并列推土、拉槽推土、接力推土、波浪式推土五种。

2. 铲运机作业

铲运机能够独立完成土方的铲装、运输、铺填、整平和预压等项作业，而且具有相当的机动灵活性，主要用于运输距离大、土方量集中的铲运工作，如图3-15所示。

铲运机的作业由铲装、运送、卸铺、回程四个过程组成一个循环。欲提高铲运机效率，应尽量在最短的距离和时间内装满铲斗，在运送和回空中应尽量提高速度。铲运机有以下几种铲土方法：一般铲土、波浪式铲土、跨铲铲土、下坡铲土、顶推铲土。

图3-14 推土机

图3-15 铲运机

3. 挖掘机作业

挖掘机有正铲挖掘机（如图3-16所示）、反铲挖掘机（如图3-17所示）、拉铲挖掘机之分。正铲挖掘机的基本作业方式有侧向开挖、正向开挖；反铲挖掘机的基本作业方式有沟端开挖、沟侧开挖；拉铲挖掘机的基本作业方式有沟侧开挖、沟端开挖。

图3-16 正铲挖掘机

图3-17 反铲挖掘机

### 4. 装载机作业

装载机是一种工作效率较高的铲土运输机械，它兼有推土机和挖掘机两者的工作能力，可以进行铲掘、推运、整平、装载和牵引等多种作业，如图3-18所示。其优点是适应性强，作业效率高，操纵简便，是一种发展较快的循环作业式机械。装载机与运输车辆配合，可采用如下作业方式："I"字形作业、"V"字形作业、"L"字形作业。

图3-18 装载机

### 5. 平地机作业

平地机是一种铲土、运土、卸土同时进行的连续作业机械，如图3-19所示。主要工作装置是一把刮刀，它可以调整四种作业动作，即刮刀平面回转，刮刀左右端升降、刮刀左右引伸和刮刀机外倾斜，来完成刮刀刀角铲土侧移、刮刀刮土侧移、刮刀刮土直移和机身外刮土等作业。

图3-19 平地机

## 学习单元二  施工机械选择

各种土方机械，按其性能，可以完成路基土方的部分或全部工作。选择机械种类和操作方案，是组织施工的第一步，为能发挥机械的使用效率，必须根据工程性质、施工条件、机械性能及需要与可能，择优选用。

根据以往工程实践经验的总结，几种常用的土方机械适用范围，如表3-3所列；按施工条件选择土方机械时，则可参考表3-4。

表3-3  常用土方机械适用范围

| 机械名称 | 适用的作业项目 | | |
| --- | --- | --- | --- |
| | 施工准备工作 | 基本土方作业 | 施工辅助作业 |
| 推土机 | 1. 修筑临时道路；<br>2. 推倒树木，拔除树根；<br>3. 铲草皮，除积雪及建筑碎屑；<br>4. 推缓陡坡地形，整平场地；<br>5. 翻挖回填井、坑、陷穴、坟 | 1. 高度3m以内的路堤和路堑土方；<br>2. 运距100m以内土的挖、填与压实；<br>3. 傍山坡挖填结合路基土方 | 1. 路基缺口土方的回填；<br>2. 路基粗平，取弃土方的整平；<br>3. 填土压实，斜坡上挖台阶；<br>4. 配合挖掘机与铲运机松土、运土 |
| 铲运机 | 1. 铲运草皮<br>2. 移运孤石 | 运距600~700m以内的挖土、运土、铺平与压实（高度不限） | 1. 路基粗平<br>2. 借土坑与弃土堆整平 |
| 自动平地机 | 除草、除雪、松土 | 修筑高0.75m以内路堤与深0.6m以内路堑，以及填挖结合路基的挖、运、填土 | 开挖排水沟、平整路基，修整边坡 |
| 松土机 | 翻松旧路面、清除树根与废土层、翻松硬土 | | 1. 硬质土的翻松<br>2. 破碎0.5m内的冻上层 |
| 挖掘机 | | 1. 半径7m以内的挖土与卸土；<br>2. 装土供汽车远运 | 1. 挖沟槽与基坑<br>2. 水下捞土（反向铲土等） |

表3-4 选择土方机械的施工条件

| 路基形式及施工方法 | 填挖高度（m） | 土方移运水平直距（m） | 主要施工机械名称 | 辅助机械 | 机械施工运距（m） | 最小工作地段长度（m） |
|---|---|---|---|---|---|---|
| （一）路堤 | | | | | | |
| 路侧取土 | <0.75 | <15 | 自动平土机 | 80马力推土机 | | 300～500 |
| 路侧取土 | <3.00 | <40 | 80马力推土机 | | 10～40 | — |
| 路侧取土 | <3.00 | <60 | 100～140马力推土机 | | 10～60 | — |
| 路侧取土 | <6.00 | 20～100 | 6m³拖式铲运机 | | 80～250 | 50～80 |
| 路侧取土 | >6.00 | 50～200 | 6m³拖式铲运机 | | 250～500 | 80～100 |
| 远运取土 | 不限 | <50 | 6m³拖式铲运机 | | <700 | >50～80 |
| 远运取土 | 不限 | 500～700 | 9～12m³拖式铲运机 | | <1000 | >50～80 |
| 远运取土 | 不限 | >500 | 9m³自动铲运机 | | >500 | >50～80 |
| 远运取土 | 不限 | >500 | 自卸汽车运土 | | >500 | （5000m³） |
| （二）路堑 | | | | | | |
| 路侧弃土 | <0.60 | <15 | 自动平土机 | 80马力推土机 | | 300～500 |
| 路侧弃土 | <3.00 | <40 | 80马力推土机 | | 10～40 | — |
| 路侧下坡弃土 | <4.00 | <70 | 100～140马力推土机 | | 10～70 | — |
| 路侧弃土 | <6.00 | 30～100 | 6m³拖式铲运机 | | 100～300 | 50～80 |
| 路侧弃土 | <15.0 | 50～200 | 6m³拖式铲运机 | | 300～600 | >100 |
| 路侧弃土 | >15.0 | >100 | 9～12m³拖式铲运机 | | <1000 | >200 |
| 纵向利用 | 不限 | 20～70 | 80马力推土机 | | 20～70 | — |
| 纵向利用 | 不限 | <100 | 100～140马力推土机 | | <100 | — |
| 纵向利用 | 不限 | 40～600 | 6m³拖式铲运机 | | 80～700 | >100 |
| 纵向利用 | 不限 | <800 | 9～12m³拖式铲运机 | | <1000 | >100 |
| 纵向利用 | 不限 | >500 | 9m³自动铲运机 | | >500 | >100 |
| 纵向利用 | 不限 | >500 | 自卸汽车运土 | | >500 | （5000m³） |
| （三）半填半挖 | | | | | | |
| 横向利用 | 不限 | <60 | 80～140马力斜角推土机 | 1 | 10～60 | — |

注：1. 表中均指中等坚硬类土，如土质坚硬时应选用松土机将土疏松；

2. 1马力=735.498W。

# 工作任务五 路基修整、检查验收与维修

## 学习单元一 路基修整

路基修整应在路基工程陆续完毕，所有排水构造物已经完成并在回填之后进行。承包人应恢复各项标桩，按设计图纸要求检查路基的中线位置、宽度、纵坡、横坡、边坡及

相应的标高等。根据检查结果,编制出整修计划。整修工作应在检查结果及整修计划经监理工程师核查与批准后方能动工。土质路基应用人工或机械刮土或补土的方法整修成型。深路堑边坡整修应按设计要求的坡度,自上而下进行刷坡,不得在边坡上以土贴补。在整修需加固的坡面时,应预留加固位置。当填土不足或边坡受雨水冲刷形成小冲沟时,应将原边坡挖成台阶,分层填补,仔细夯实。如填补的厚度很小(100~200mm),而又是非边坡加固地段时,可用种草整修的方法以种植土来填补。土质路基表面做到设计标高后应采用平地机或推土机刮平,铲下的土不足以填补凹陷时,应采用与路基表面相同的土填平夯实。石质路基表面应用石屑嵌缝紧密、平整,不得有坑槽和松石。修整的路基表层厚150mm以内,松散的或半埋的尺寸大于100mm的石块,应从路基表面层移走,并按规定填平压实。边沟的整修应挂线进行。对各种水沟的纵坡(包括取土坑纵坡)应用仪器检测,修整到符合图纸及规范要求。各种水沟的纵坡,应按图纸及规范要求办理,不得随意用土填补。填土路基两侧超填的宽度应予切除,如遇边坡缺土时,必须挖成台阶,分层填补夯实。在路面铺筑完成后或铺筑时,应立即填筑土路肩,同时按设计要求进行加固。路基整修完毕后,堆于路基范围内的废弃土料应予清除。路基工程完工后路面未施工前及公路工程初验后至终验前,路基如有损毁,承包人应负责维修,并保证路基排水设施完好,及时清除排水设施中的淤积物、杂草等。对中途停工较长时间和暂时不做路面的路基,亦应做好排水设施,复工前应对路基各分项工程予以修整。路基工程完成后,每当大雨、连日暴雨或积雪融化后,应控制施工机械车辆在土质路基上通行。若不可避免时,应将碾压的坑槽中的积水及时排干,整平坑槽,对修复部分重新压实。

## 学习单元二　检查验收与质量标准

　　土质路基验收标准如下:填土经压实后,不得有松散、软弹、翻浆及表面不平整现象;凡有影响路基质量及设计要求换土的路段,必须选点抽查,挖坑检验。坑深至0.8m,如发现不合格,必须重新处理;各类沟槽的回填土不得含污泥、腐植土及其他有害物质;土质路基的压实度必须满足规范要求。检验频率:每摊铺层每1000m²为一组,每组至少为三点,必要时可根据需要加密。检验方法可用环刀法或灌砂法。

### 工程案例

**龙口-青岛公路莱西(沈海高速)至城阳段土建工程项目**
**土方路基施工方案**

一、工程概况:

1. 工程名称:龙口-青岛公路莱西(沈海高速)至城阳段土建工程
2. 合同段:第九合同段
3. 分项工程名称:土方路基工程
4. 计划施工时间:2012年5月1日

## 二、土方路基施工方案

我标段试验段桩号为（K132+520～K132+620），人员和机械配置如下：现场工长2人，技术人员4人，测量人员4人，试验人员3人，施工人员30人。现场配备推土机2台，铲车1台，平地机2台，振动式压路机2台，光轮压路机2台。松铺厚度按30cm进行试验，以确保压实层的均匀性。

### 1．场地清理、填前碾压

①试验准备：路基填筑前，施工人员应对取自挖方、借土场、料场的路基填料进行复查和取样试验，形成试验室标准试验成果汇总表（包括填料的最佳含水量、液限、塑限、标准击实试验、CBR试验等）。

②测量放样：根据原高程控制点和加密导线点用全站仪进行测量放线，放出中桩、边桩，根据填筑层面的高程，放出路基的填筑边线。为保证路基边角的压实，在放线时将路基填筑边线加宽30cm，作为路基填筑范围。

③场地清理：清除施工范围的树木、垃圾、有机物残渣及草皮和表土（原地面以下20～40mm），将原地面压实至设计规定压实标准（≥90%），对路基范围内的坑穴及挖树根后土坑进行分层回填夯平至地面标高，修筑便道及便桥，做好路基临时排水（与永久性排水相结合）。对公路用地范围内妨碍视线、影响行车安全的树木、灌木等均应在路基施工前进行砍伐、移植和清理，取土坑内的树根应全部挖除。清除下来的树木、石头、废料等，应堆放在不影响施工和工程师指定的地点。

④填前碾压：当清表后原地面满足碾压施工条件，平地机整平后，22T压路机先静压一遍，用平地机精平后振动碾压。碾压时先轻后重，以便能适应逐渐增长的土基强度，并且由两边向中央纵向进退式进行横向搭接2/3轮宽，前后相连两区段纵向接头重叠1.5m，做到无漏压，无死角；碾压速度先慢后快以免引起疏松土堆积拥起，碾压过程中严禁压路机在作业面上调头转弯；碾压原则：有两边到中间、由弱振到强振、先慢后快，两台压路机横向重叠区域不小于2/3轮宽，先振动碾压两遍后检测压实度，之后每振动碾压一遍以后立即检测填层压实度，做好记录，直到达到设计规范要求（压实度≥90%）。压路机压实过程中，依据检测的含水量随时调整使其达到最佳压实效果。

## 项目小结

在公路建设中，土质路基施工是一种工程量大、劳动量多、施工条件复杂多变的工程。本项目主要介绍了土质路基的施工方法、土质路基填筑、土质路堑开挖、土方机械化施工、路基修整、检查验收与维修等。通过本项目的学习，同学要了解土质路基施工方法，掌握土质路基填筑及路堑开挖的方式方法，能够正确选择作业机具，熟悉路基修整等工作。

## 基础训练

1. 路基填筑有哪些方式？适用性如何？
2. 为什么要进行路基压实？

3. 影响压实效果的因素有哪些？
4. 何谓最佳含水量和最大干密度？
5. 土基压实机具有哪些类型？
6. 试述土基演示的具体操作。
7. 试述土基压实标准。

**考证训练**

一、单项选择题

1. 以下（　　）填料按有关规定处理后可以用于路堤填筑。
   A. 草皮土　　　　　　　　B. 有机质土
   C. 腐殖质土　　　　　　　D. 生活垃圾

2. 性质不同的填料，应水平分层、分段填筑，分层压实。同一水平层路基的全宽应采用同一种填料，不得混合填筑。每种填料的填筑层压实后的连续厚度宜大于（　　）。
   A. 200mm　　　　　　　　B. 300mm
   C. 400mm　　　　　　　　D. 500mm

3. 下面关于填土路堤施工技术说法错误的是（　　）。
   A. 性质不同的填料，应水平分层、分段填筑，分层压实
   B. 不得在由透水性不好的填料所填筑的路堤边坡上覆盖透水性较好的填料
   C. 同一水平层路基的全宽应采用同一种填料，不得混合填筑
   D. 在有地下水的路段或临水路基范围内，宜填筑透水性好的填料

4. 以下关于填土路堤施工程序正确的是（　　）。
   A. 取土→运输→平地机整平→推土机推平→压路机碾压
   B. 取土→运输→推土机推平→平地机整平→压路机碾压
   C. 取土→运输→压路机碾平→平地机整平→推土机推平
   D. 取土→运输→平地机整平→压路机碾压→推土机推平

5. 推土机开挖土质路堑作业时，推土机开挖土方作业由切土、运土、卸土、折返、空回等过程组成一个循环，影响作业效率的主要因素是（　　）和运土两个环节。
   A. 折返　　　　　　　　　B. 卸土
   C. 空回　　　　　　　　　D. 切土

6. 土质路基压实时，三、四级公路铺筑水泥混凝土路面或沥青混凝土路面时，其压实度应采用（　　）的规定值。
   A. 高速公路　　　　　　　B. 一级公路
   C. 二级公路　　　　　　　D. 三级公路

二、多项选择题

1. 路基按结构类型划分为（　　）几类。
   A. 填方路基　　　　　　　B. 挖方路基
   C. 填石路基　　　　　　　D. 填土路基

E. 半填半挖路基

2. 选择路堤填料时，不得使用的土是（　　）。
A. 膨胀土　　　　　　　　　　　B. 有机土
C. 腐殖质土　　　　　　　　　　D. 盐渍土
E. 草皮土

3. 水平分层填筑法的具体做法是（　　）。
A. 从路基一端或两端按横断面全部高度，逐步推进填筑
B. 按设计断面分成水平层次逐层向上填筑
C. 填筑时按照横断面全宽分成水平层次
D. 每填筑一层，经水准仪检测合格后，再填上一层土
E. 宜在山坡上从填方坡脚向上挖成向内倾斜的台阶

4. 土方路堤填筑时，以下哪些要求是正确的（　　）。
A. 性质不同的填料，应水平分层、分段填筑，分层压实
B. 每种填料的填筑层压实后的连续厚度不宜小于250mm
C. 对潮湿或冻融敏感性小的填料应填筑在路基上层
D. 不得在由透水性较好的填料所填筑的路堤边坡上覆盖透水性不好的填料
E. 路堤填筑时，应从最低处起分层填筑，逐层压实

5. 纵向分层填筑法的具体做法是（　　）。
A. 路段依路线纵坡方向分层　　　B. 路段应沿横坡分台
C. 应逐层向坡向填筑　　　　　　D. 台表碾压密实
E. 台面碾压密实

6. 在填土路路堤施工中，当用不同性质的土填筑时，要求正确的是（　　）。
A. 应水平分层、分段填筑，不得混填
B. 每种填料压实后的连续厚度不宜小于0.5m
C. 每种填料层松铺总厚不宜小于0.5m
D. 每种填料层每层松铺厚度不大于0.5m
E. 填筑路床顶最后一层时，压实后的厚度应不小于0.5m

三、综合选择题

某施工单位承建了一段23km的新建二级公路，其中K0+000～K4+500段为填方路段，路基高度为3m，填料为细砂质粉土，K4+500～K10+500段为半挖半填路段，原地面坡度1：4.5，K10+500～K17+200段为低填方路段，路基高度为1m，填料为细砂质粉土，K17+200～K17+800填方路段，填料为土石混合料，土石混合料中石料含量超过80%，K17+800～终点为挖方路段，平均挖深0.8m。根据场景，回答下列问题：

1. 该公路路基的干湿类型可用（　　）来判别。
A. 分界稠度　　　　　　　　　　B. 分界相对含水量
C. 路基临界高度　　　　　　　　D. 路槽深度80cm的平均含水量

2. 对K0+000～K4+500段路基施工，施工操作程序是（　　）。

A. 取土→运输→推土机初平→平地机整平→压路机碾压

B. 取土→运输→平地机整平→推土机初平→压路机碾压

C. 取土→运输→压路机碾压→平地机整平→推土机初平

D. 取土→运输→推土机初平→压路机碾压→平地机整平

3. 对K4+500～K10+500段路基施工，原地基处理的措施是（　　）。

A. 换填原地基土　　　　　　　　B. 基底坡面应挖成台阶

C. 平整原地基　　　　　　　　　D. 必须设置护脚

4. 对K17+200～K17+800段，施工方法宜采用（　　）。

A. 倾填　　　　　　　　　　　　B. 推土机铺填

C. 人工砌筑　　　　　　　　　　D. 人工铺填

5. K17+800～终点段，施工方法宜采用（　　）。

A. 单层横向全宽挖掘法　　　　　B. 多层横向全宽挖掘法

C. 分层纵挖法　　　　　　　　　D. 分段纵挖法

# 项目四　湿软地基处理

> **任务目标：**
> 　　本项目主要介绍软土的工程定义，了解软土地基及湿软地基的性质特点，总结出常见处理软土地基和湿软地基的方法。
>
> **学习目标：**
> 　　（1）了解软土的工程定义、湿软地基的分类。
> 　　（2）重点掌握软土地基处理的常用方法：换填土层法、挤密法、化学加固法。
> 　　（3）重点掌握湿软地基处理的常用方法：排水固结法。

## 工作任务一　软土的工程定义

　　对软土的定义特征、成因类型及其分类，不同的工程专业部门略有差异。

　　铁路工程设计技术手册《桥梁地基和基础》中，对软土解释为："软土是指在静水或缓慢的流水环境中沉积，经生物化学作用形成的饱和软弱黏性土。"

　　对软土的主要特征描述为："天然含水量高（接近或大于液限），孔隙比大（一般大于1.0），压缩性高 [$a_{1-2}>5$（kPa）$^{-1}$ 或 $a_{1-2}>10$（kPa）$^{-1}$]，强度低（快剪的内摩擦角 $\phi<5°$ 凝聚力 $c<20$ kPa），渗透系数小（$k=10^{-7}\sim10^{-8}$ cm/s）。"

　　对软土的成因类型描述为："在沿海地区为滨海相、三角洲相；在内陆平原或山区为湖塘相等。"

　　《公路工程名词术语》（JTJ 002—1987）中定义软土：主要是由天然含水量大、压缩性高、承载能力低的淤泥沉积物及少量腐殖质所组成的土。

　　对淤泥的解释是，在静水或缓慢的流水环境中沉积并含有机质的细粒土，其天然含水量大于液限，天然孔隙比大于1.5；当天然孔隙比小于1.5而大于1.0时称为淤泥质土。

　　对于泥炭的解释是，喜水植物遗体在缺氧条件下，经缓慢分解而形成的泥沼覆盖层。其特点是持水性大，密度较小。

　　《岩土工程勘察规范》（GB 50021—2001）中规定：天然孔隙比大于或等于1.0，且天然含水量大于液限的细粒土应判定为软土，包括淤泥、淤泥质土、泥炭、泥炭土等，其压缩系数大于0.5MPa，不排水抗剪强度小于30kPa。

　　国内还有对以上的土类的天然含水量、孔隙比、压缩系数、剪切力、摩擦角的界限指标以及分布于塑性图中的位置作出规定的资料，如：

软土：天然含水量$\omega>\omega_L$，孔隙比$e \geqslant 1.0$，压缩系数$a \geqslant 0.5 \mathrm{Mpa}^{-1}$，抗剪强度$\phi \leqslant 7°$。

泥炭：天然含水量一般大于300%，孔隙比一般大于5，快剪内摩擦角一般小于12°，位于塑性图A线以下或以上。

腐殖质土：天然含水量一般大于200%，孔隙比一般大于4，快剪内摩擦角一般小于5°，位于塑性图A线以下或以上。

有机质上常分为淤泥和淤泥质土两类。

淤泥：天然含水量一般大于60%，孔隙比一般大于1.5，快剪内摩擦角一般小于5°，但含有未分解的有机质时则可高达10°，位于塑性图A线以下或以上。

淤泥质土：天然含水量$\omega>\omega_L$，孔隙比$e$为1.0~1.5，快剪内摩擦角一般小于15°，位于塑性图A线以下或以上。

总之，软土是指天然含水量高，孔隙比大，压缩性高，强度低，渗透系数小的地基土。

# 工作任务二　湿软地基处理概述

路基敷设于天然地基上，自身荷载较大，要求地基应具有足够的承载能力，以保持地基稳定，另外应使某些自然因素（如地下水、坑穴、胀缩等）不致产生对路基的有害变形。

当黏土或粉土微小颗粒含量极高，或由孔隙率大的有机土、泥炭、松砂组成的土层，这一类影响填土和构造物稳定或使结构物产生沉降的地基被称为软土地基。

当路基受到地表长期积水，尤其是地下水位较高的影响，渗入路基土体的水分，使土体过湿而降低路基强度。我们把受地表长期积水和地下水位影响较大的软土地基称为湿软地基。

软土地基其自身的工程性质差，往往不能满足路基及桥涵基础的要求，从增大密实度着眼，采取一定的加固处理措施，以提高地基的整体强度和稳定性，减少成形后的沉降与变形。软土地基处理的常用方法有换填土层法、挤密法和化学加固法。而湿软地基除了有增大密实度的要求之外，更重要的是排除路基和地基内水分的影响，两者兼顾的主要方法为排水固结法。

# 工作任务三　湿软地基的分类

## 学习单元一　换填土层法

换填土层法，即采用相应的处理方法，将基底下一定深度范围内的软土层挖去或挤去，换以强度较大的砂、碎（砾石）、灰土或素土，以及其他性能稳定、无侵蚀性的土类，并予以压实。

1. 开挖换土法

当采用挖掘机械,铲除软土层后换填好土,分层压实的方法称为开挖换土法。根据换土范围大小可分为全部挖除换土法和局部挖除换土法。前者把软土层全部铲除换以好土,适用于软土层厚度小于2m的地基;后者适用于软弱层较厚,特别是上部软土层较下部软土层强度低得多,有可能发生滑动破坏或沉降量过大等情况的地基,见图4-1所示。

其施工要点为:

(1)选择良好的填料 应选择强度较大、性能稳定的填料。当软土地基中地下水位较高时,应选择具有良好排水性能的砂、砂砾等粗粒料作为填料,以便处于地下水位以下的地基仍能保持有足够的承载力。

(2)开挖边坡的坡度 应根据开挖深度与土的抗剪强度确定合理的边坡坡度。开挖时用水泵排水,防止边坡坍塌破坏,增加不必要的挖方量。若有不需要压实的良好的填料时,以不排水为宜。

(3)填料应及时运进,随挖随填,防止挖方边坡坍塌。

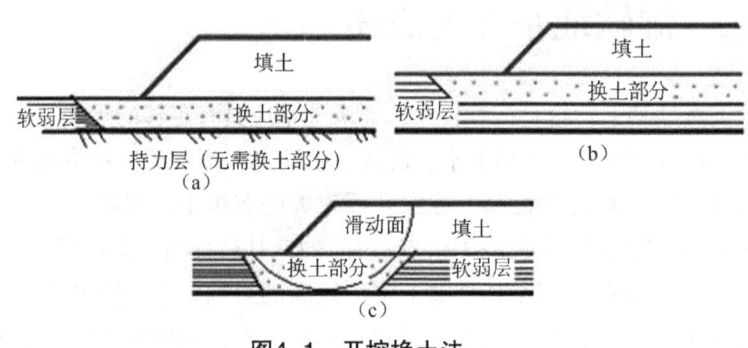

图4-1 开挖换土法

2. 强制换土法

该法是指把好土直接铺撒在软土地基表层,靠土的自重将软土挤向周围,从而换上好土的施工方法,也叫挤出换土法,见图4-2所示。这种方法对于薄软土层特别有效,对于厚软土层,视工程种类及加固目的,有时也仍然是一种有效、经济的方法。

施工时,应从路中线逐渐向两侧填筑。当软土的挤出受阻时,应及时除去路堤两侧隆起的土,同时在路堤上面加载超压。应当注意:对于宽路堤,由于软土厚度不一致,若在路堤下面残留部分软土,完工后会产生不利的不均匀沉降。

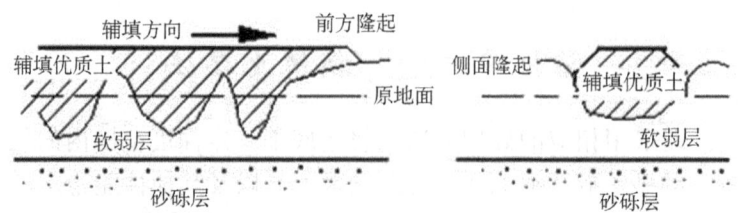

图4-2 强制换土法

### 3. 爆破换土法

爆破换土法是把炸药装入软土层，通过爆破作用将软土挤出的方法，见图4-3所示。这种方法对周围影响很大，只限于爆破对周围构造物或设施没有不良影响的地区使用。并且一般要通过几次爆破使路堤逐渐下沉，两侧挤出隆起的软土要及时挖除，保证爆破效果不致降低。

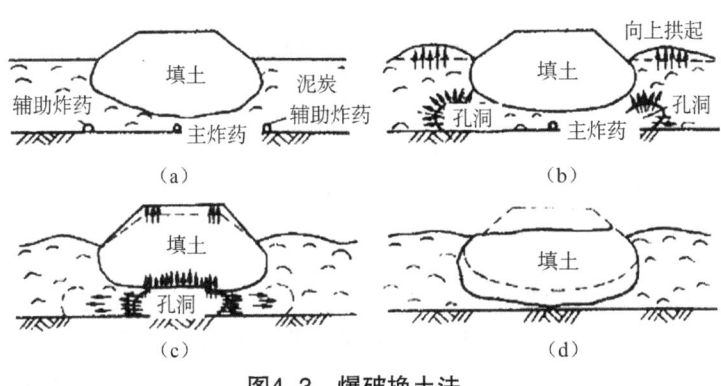

图4-3 爆破换土法

## 学习单元二 挤密法

挤密法以增大密实度为目的。对软土地基加固处理方法可分为三类：一是在地基表面预施静载压力，加速地基（包括路基）完成沉降，达到趋于稳定，这类方法有反压护道法和堆土预压法。二是在地基表面预施冲击动压力，同样达到完成沉降变形，增大地基土密实度，这类方法称重锤夯实法。三是深入地基内钻挤成桩孔，灌以固化剂与软土混合，组成复合地基，此类方法称深层拌和法。

### 1. 反压护道法和堆土预压法

反压护道法主要指路堤在施工中达不到要求的滑动破坏安全系数时，反压主路堤两侧，以期达到路堤稳定的一种处理方法。堆土预压法是指在正式施工前或施工工期内允许的前提下，在软土地基表面预先堆土加压，加速地基的下沉和软土固结，通过挤密增大土体密实度，提高土的抗剪强度。

反压护道的施工一般按图4-4所示的顺序进行，先填筑包括反压护道在内的砂垫层Ⅰ和路堤Ⅱ，接着填路堤Ⅲ。在施工过程中必须注意：

（1）避免一次性高堆填，应分层填筑、分层碾压至规定的密实度。

（2）每层铺筑要有一定的向外倾斜坡度，以利排水。

（3）反压护道的填筑速度不得慢于主路堤。

（4）主路堤在施工中或完工后，如能确定反压护道下面的地基强度已增长到要求的值，则可将反压护道的超载部分挖除，并用这些材料填筑主路堤。

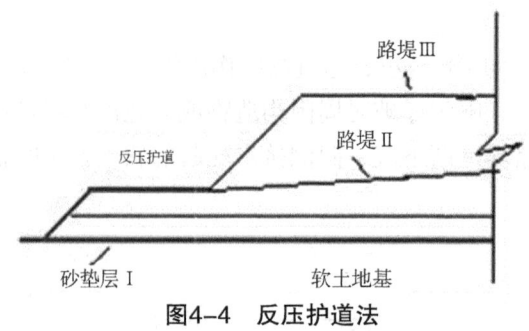

图4-4 反压护道法

堆土预压法是指在正式施工前或施工工期内允许的前提下，在软土地基表面预先堆土加压，加速地基的下沉和软土固结，通过挤密增大土体密实度，提高土的抗剪强度。

**2. 重锤夯实法**

重锤夯实法，一般是以锤底直径为1~1.5m，质量为1.5t或稍重的重锤，从落高为2.5~4.5m处落下，夯实地基。重锤夯实法加固地基，可提高地基表层土的强度，降低地表的湿陷性并减少表层土强度的不均匀性。重锤夯实法适用于地下水位0.8m以下稍湿的一般黏性土、砂土、湿陷性黄土、杂填土等。

重锤夯实法的施工中，重锤的夯击遍数，一般以最后两次的平均夯沉量不超过规定值来控制，即一般黏性土和湿陷性黄土为1~2cm，砂土为0.5~1.0cm。实践结果表明，一般是8~12遍，作用深度约为锤地直径的一倍。

在重锤夯实法的基础上，经过研究和实践，出现所谓强夯法。它是以8~12t（甚至20t）的重锤，8~20cm落距（最高达40cm），对土基进行强力夯击，利用冲击波和动压力，达到土基加固的目的。强夯法具有施工简单、加固效果好、使用经济、运用面较广等优点。资料表明，经强夯法处理的地基，其承载力可提高2~5倍，压缩性降低2~10倍。广泛用于杂填土（各种垃圾）、碎石土、砂土、黏性土、湿陷性换土及泥炭和沼泽土，不但陆地上使用，也可水下夯实。缺点是需要相应的机具设备，操作时噪声和振动较大，不宜在人口密集或附近防震要求高的地点使用。

**3. 深层拌和法**

在地基的成孔桩中，将石灰或水泥等固化剂与土基软土搅拌、混合处理的方法称为拌和法。它可分为表层土拌和法和深层（深度超过20m）拌和法。

在深层拌和法施工前，第一要确定固化剂的种类，是水泥、石灰、水泥浆或其他复合材料；第二根据设计强度的要求，选取施工地段有代表性的土进行固化剂配合比试验，确定施工时固化剂的掺配量；第三检查施工机械运转是否正常，特别是固化剂的排送量，以保证固化剂配比正确。

## 学习单元三　化学加固法

利用化学溶液或胶结剂，采用压力灌注或搅拌混合等措施，使土颗粒胶结起来，达到对软土地基加固的目的，称为化学加固法，又称胶结法。化学加固法所采用的化学溶液主要有：以水玻璃溶液为主的浆液；以丙烯氨为主的浆液；以纸浆溶液为主的浆液以及水泥浆液。目前以水泥浆液使用较多。化学加固法的施工工艺主要有高压喷射注浆法和深层搅拌法两种。

### 1. 高压喷射注浆法

所谓高压喷射注浆，就是利用钻机把带有喷嘴的注浆管钻进至土层的预定位置后，以高压设备使浆液或水成为20MPa左右的高压流从喷嘴中喷射出来，冲击破坏土体。使土粒在喷射流的冲击力、离心力和重力等作用下，与浆液搅拌混合，并按一定的浆土比例和质量大小有规律地重新排列。浆液凝固后，便在土中形成一个固结体。

高压喷射注浆法的施工工艺流程如图4-5所示：

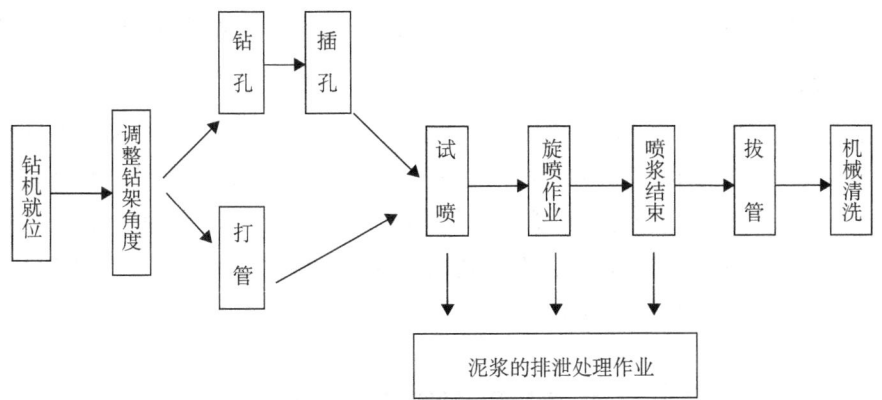

图4-5　高压喷射注浆法施工工艺流程

### 2. 深层搅拌法

深层搅拌法是利用水泥、石灰等材料作为固化剂，通过深层搅拌机将软土和固化剂强制搅拌，利用固化剂和软土之间的一系列物理-化学反应，使软土凝结成具有整体性、水稳性和一定强度的优质地基，如图4-6所示。

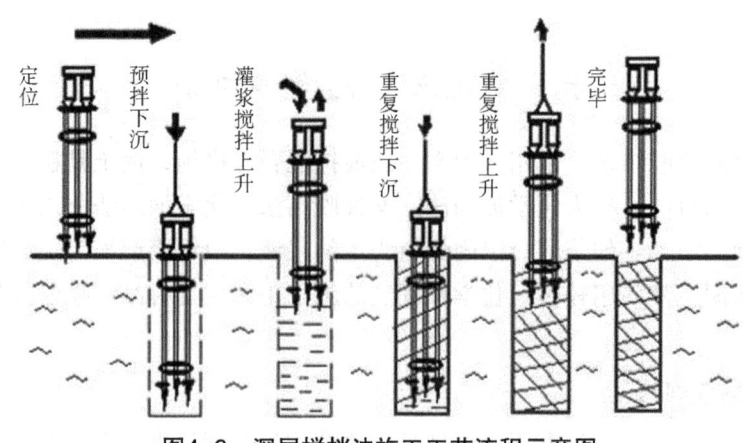

图4-6 深层搅拌法施工工艺流程示意图

## 学习单元四 排水固结法

饱和软土在荷载作用下，排水固结，抗剪强度可得到提高，以达到加固的目的。此法常用于加固湿软地基，包括天然沉积层和人工冲填的土层，如沼泽土、淤泥及淤泥质土、水力冲积土等。排水固结法中目前常用的施工方法有砂垫层法、砂井排水法和塑料板排水法。

### 1. 砂垫层法

砂垫层是指作为湿软土层地基固结所需要的上部排水层，同时又是路堤内土体含水增多的排水层，如图4-7所示。砂垫层的作用是加速软弱土层的排水固结，从而可提高承载力，减少沉降量，同时可防止冻胀，消除膨胀土的胀缩作用，也可处理暗穴。

砂垫层厚度，一般在0.5～1.0m，太厚施工困难，太薄效果较差。砂料以中粗砂为宜，要求级配良好，颗粒的不均匀系数不大于5，含泥量不超过3%～5%。

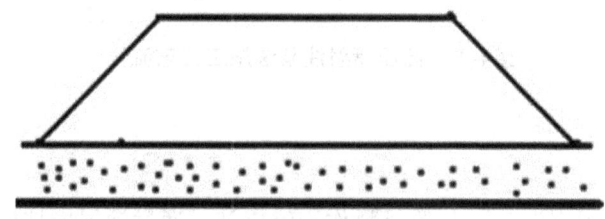

图4-7 砂垫层法

### 2. 砂井排水法

砂井排水法是在湿软地基中人为地设置垂直排水砂井，缩短排水距离，减少固结时间，以达到提高地基抗剪强度的一种方法，如图4-8所示。砂井的布置要根据对地基的固结率和固结度的要求，确定砂井的直径、间距、深度，并布置砂沟或砂垫层。一般情况下砂井直径多为8～10m，间距是井径的6～8倍。施工深度应通过稳定性分析来确定，一般为15～20m。

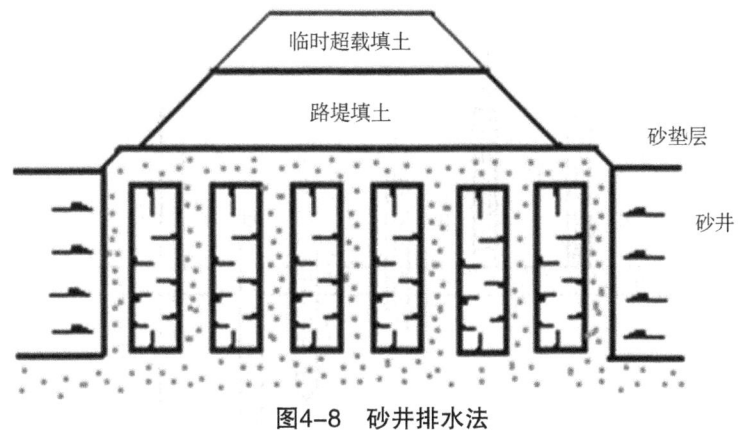

图4-8 砂井排水法

在砂井施工前先在地表均匀地铺设一层0.5~1.2m的砂垫层。砂井的布置可分为梅花形和正方形两种。砂井位置确定后要做好标记。施打砂井施打方法有打入式、射水式、螺钻式和袋装式。

（1）打入式、振动锤式 通常用履带式吊机或特制钢架，砂井直径为30~50cm，施打间距为1.5~3.0m，如图4-9所示。

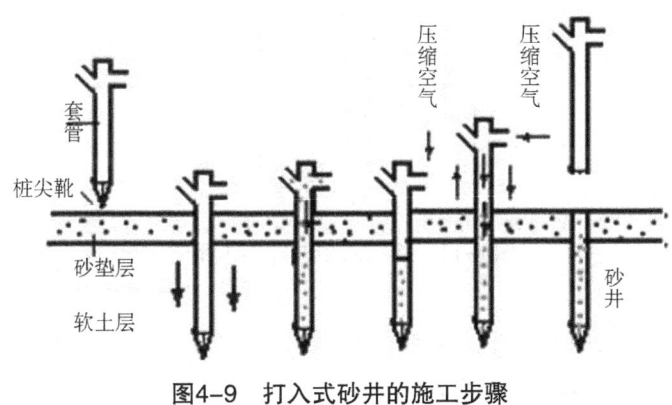

图4-9 打入式砂井的施工步骤

（2）射水式 砂井的优点是对地基扰动小，没有处理排泥的问题，如图4-10所示。

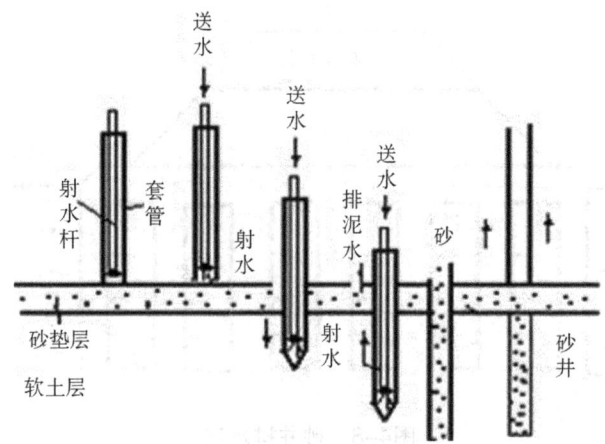

图4-10 射水式砂井的施工步骤

（3）螺钻式　钻成砂井的直径较大，为40～100cm，深度可为15m，但施工速度较慢，如图4-11所示。

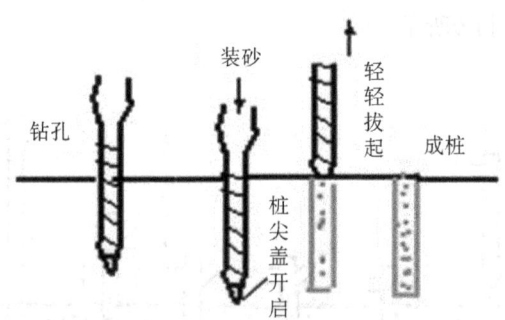

图4-11 螺钻式砂井的施工步骤

（4）袋装式　该法用透水性良好的网状织物做的袋子装砂，沉入井内。这种袋子受荷后能随地基变形，避免了砂桩因断桩而不能排水的缺点，如图4-12所示。

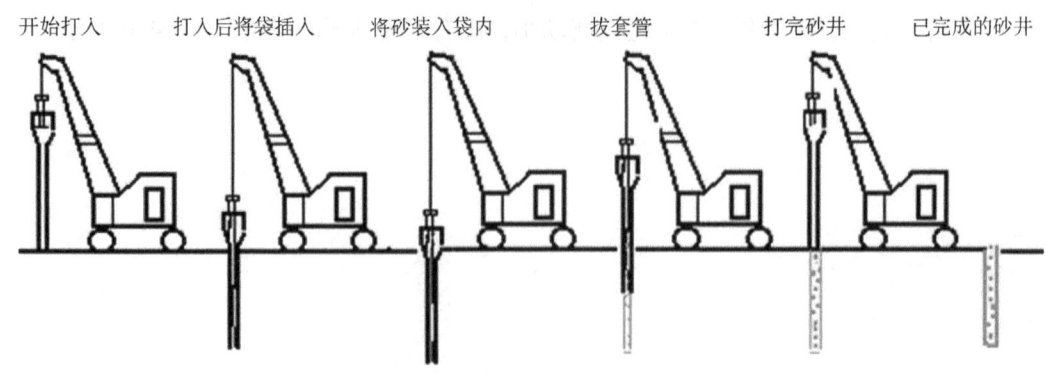

图4-12 袋装式砂井的施工步骤

袋装式砂井的施工工艺流程为：平整原地面→摊铺下层砂垫层→机具定位→打入套管→沉入砂袋→拔出套管→机具移位→埋砂袋头→摊铺上层砂垫层。

### 3. 塑料板排水法

塑料排水板是带有孔道的板状物体，如图4-13所示。具有单孔过水断面大、排水畅通、质量轻、强度高、耐久性好等特点，是一种较理想的竖向排水体，目前在国内得到广泛应用。

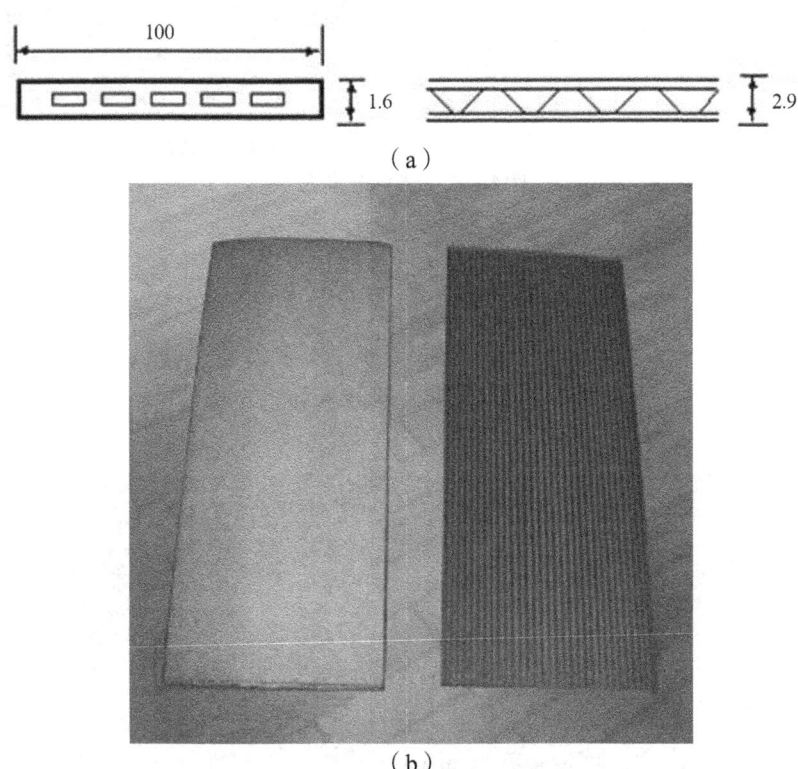

图4-13 塑料排水板

塑料板排水法的施工工艺为：平整原地面→摊铺下层砂垫层→机具就位→塑料排水板穿靴→插入套管→拔出套管→割断塑料排水板→机具移位→摊铺上层砂。施工方法常采用有心轴的插入法。心轴有圆形、多边形等多种形式，通常采用下图形状，用钢制成，中间留有可使塑板材通过的孔洞。如图4-14所示为施工时（a）和施工后的塑料排水板（b）。

（a）施工时　　　　　　　　　（b）施工后

图4-14　塑料排水板

**工程案例1**

宝鸡第二发电厂四座冷却水塔及附属工程
Ⅳ级自重湿陷性地基处理

图4-15　宝鸡第二发电厂四座冷却塔示意图

一、工程概况及地质条件

宝鸡第二发电厂位于陕西省宝鸡市凤翔县石头坡，如图4-15所示，是国家重点建设工程，总投资60亿元，由四台30万kW气轮发电机组组成的国家大型发电厂，该电厂建于千河左岸属Ⅳ级自重湿陷性黄土地基上，湿陷厚度20m，属大厚度湿陷性黄土，由于冷却水塔地基要求较严，该自重湿陷性黄土远不能满足设计要求，需对冷却水塔下20m内自重湿陷性黄土地基进行处理。

设计院和建设单位经过对多种地基处理方案在技术、质量、工期和造价等方面比较后，决定采用孔内深层强夯（DDC）技术对该地基进行处理。

施工时间1996年，成桩数量：四座冷却水塔及附属建筑4万多根。

二、地基处理的目的和要求

1．Ⅳ级自重湿陷性全部消除；2．处理后地基承载力$f_k \geq 250kPa$。

三、地基处理方法

1．采用孔内深层强夯（DDC）灰土桩；

2．成孔直径$\phi 400mm$，平均成桩直径$\phi 600mm$，桩深20m；

3．桩体填料为灰土（白灰+施工现场废弃土）。

四、处理效果

经建设单位委托第三方国家级检测单位进行检测，检测结论为：Ⅳ级自重湿陷性全部消除，复合地基承载力$f_k \geq 250kPa$，满足设计要求。

五、结论

专家们认为：宝鸡第二发电厂的Ⅳ级自重湿陷性地基，在我国西部大面积湿陷性黄土地基中极具有代表性，如此厚（20m）自重湿陷性黄土全部消除湿陷，在质量、技术、工期及造价上是其他地基处理技术无法比拟的。

### 工程案例2

## 北京公路五环阜石路立交桥大厚度杂填土地基处理

一、工程概况及地质条件

北京公路五环老山北路-阜石路主路及阜石路立交桥位于北京西郊石景山区，拟建场地分布在大型杂土坑上，原为采石场，上部的砂石已采空，最深处达三十多米，最浅处有十余米深，形成深浅不一、大小不等的采石坑。后经工业垃圾、建筑垃圾（混凝土块径最大2~3m）、生活垃圾回填，回填时间有长有短，填土厚度不一，分布范围广，堆积自重固结还未形成，软硬不均，因而变形大，并具有湿陷性。其承载力标准值仅有100kPa，压缩模量为5.0kPa，该大厚度杂填土地基远远不能满足设计要求。

经设计单位和专家论证，建设单位决定采用孔内深层超强夯（SDDC）技术对该地基进行处理。

施工时间：2001年，成桩数量：638根。

二、地基处理的目的和要求

1．要求处理后的复合地基承载力必须达到$f_k \geq 200kPa$；

2．地基处理的整体刚度均匀。

三、地基处理方法

1．采用孔内深层超强夯（SDDC）碴土桩；

2．成孔直径$\phi 1400mm$，平均成桩直径$\phi 2000mm$，处理深度（10~20m）；

3．桩体填料为：碴土（碎砖瓦、混凝土块、石料、工业无毒废料以及它们的混合物等）。

### 四、处理效果

由建设单位委托第三方国家级检测单位进行检测,检测结论为:承载力标准值 $f_k \geqslant 200\text{kPa}$,整体刚度均匀,满足设计要求。

### 五、结论

本工程采用孔内深层超强夯(SDDC)碴土桩进行施工,在施工中穿透了由各种垃圾回填的大厚度杂填土坑,取得了较好的技术效果,处理后的地基刚度均匀。这一实例说明,孔内深层超强夯(SDDC)技术在处理大厚度杂填土地基,具有其他技术无法比拟的优势。

## 项目小结

本项目主要介绍了软土的工程定义、湿软地基处理包括软土地基和湿软地基。重点讲解了处理软土地基的常用方法有换填土层法、挤密法、化学加固法;处理湿软地基的常用方法有排水固结法。此外,具体介绍了每种方法的施工方式及工艺流程等。

## 基础训练

1. 软土地基与湿软地基的区别,各自常用的处理方法有哪些?
2. 试述换填土层法、挤密法、化学加固法、排水固结法的概念。
3. 换填土层法中常用有哪些具体加固方法?
4. 挤密法对软土地基加固可分为哪三类具体方法?
5. 排水固结法中常用的施工方法有哪些?

## 考证训练

### 一、单项选择题

1. 下面特性不属于软土的工程特性的是(  )。
   A. 天然强度低　　　　　　　B. 流变性显著
   C. 具有触变性　　　　　　　D. 压缩性低
2. 软土地基处理施工时,在软土层顶面铺砂垫层,主要起(  )作用。
   A. 深层水平排水　　　　　　B. 浅层水平排水
   C. 浅层纵向排水　　　　　　D. 深层纵向排水
3. 在塑料排水板进行软土处理施工工艺程序中,其施工工艺中最后一个步骤是(  )。
   A. 割断塑料排水板　　　　　B. 拔出套管
   C. 摊铺上层砂垫层　　　　　D. 机具移位
4. 软土地基处理技术较多,下面处理方法不需要振动打桩机进行施工的是(  )。
   A. 旋喷桩　　　　　　　　　B. 塑料排水板
   C. 砂井　　　　　　　　　　D. 袋装砂井

### 二、多项选择题

1. 修建在软土地区的路基病害主要是路堤填筑荷载引起(  )。

A. 软基滑动破坏的稳定问题
B. 路基边坡的开裂问题
C. 软基量大且时间长的沉降问题
D. 软基段大面积的塌陷问题
E. 软基段桥梁等构造物破坏

2. 以下关于软土工程特性不正确的是（　　）。

A. 天然含水量高　　　　　　B. 孔隙比小
C. 透水性差　　　　　　　　D. 压缩性低
E. 有触变性

3. 以下关于软土的工程特性正确的是（　　）。

A. 抗剪强度低　　　　　　　B. 抗压强度高
C. 有触变性　　　　　　　　D. 流变性显著
E. 天然含水量高

4. 以下关于换填法的做法正确的是（　　）。

A. 直接用砂、砾、卵石、片石等渗水性材料置换部分软土
B. 先采用人工或机械挖除公路路堤下全部软土
C. 换填良好的土质
D. 换填砂、砾
E. 换填卵石、片石

5. 袋装砂井施工中桩体可采用以下（　　）材料。

A. 矿粉　　　　　　　　　　B. 石粉
C. 中、粗砂　　　　　　　　D. 粉砂
E. 聚丙烯编制料制成的袋

6. 具有排水功能的软基处置措施有（　　）。

A. 砂垫层　　　　　　　　　B. 砂井
C. 袋装砂井　　　　　　　　D. 塑料插板
E. 抛石挤淤

# 项目五　石质路基施工

**任务目标：**
　　本项目主要任务是介绍石质路基的施工方法，认知石质路基施工中填石路堤施工、石质路堑开挖、坡面防护工程施工、路基石方爆破等。

**学习目标：**
　　（1）了解填石路基施工中，填料的选择、填筑工艺、压实及质量标准。
　　（2）熟悉公路石质路基开挖的三种方法：爆破法、松土法、破碎法。
　　（3）掌握坡面防护工程施工的主要方法：抹面、锤面、喷浆与喷射混凝土、灌浆与勾缝、护面墙、浆砌片石护坡。
　　（4）了解路基石方爆破的原理和常用方法。

## 工作任务一　填石路堤施工

　　在山丘地区，路基石方占有相当大的比例，石质路堤是一种最常见、最普遍的路基形式。因此，研究石质路堤的施工具有重要的意义。

### 学习单元一　填料的选择

　　填石路堤一般是指用石质挖方路段的开挖石块填筑的路堤。
　　暴露在大气中容易风化的石块通常不宜作为路堤填料。在料源困难而需采用时，应视作填土，边坡坡度和形状按土质路堤处理。填筑必须分层，较大石块应大面朝下摆平放稳，石块之间要用碎石和石屑填满铺平，采用重型振动压路机认真碾压，尽量将能压碎的风化石块压碎。
　　用不易风化的石块填筑路堤，其边坡坡度和形状按填石路堤考虑。填石路堤一般也应分层填筑，每层厚度对高速公路或一级公路不宜超过0.5m，其他公路不要超过1m。填石路堤的石料强度不应小于15MPa；用于护坡的不应小于20MPa。填石路堤的石料最大粒径应不大于500mm，并不宜超过层厚的2/3，不均匀系数宜为15～20。高速公路、一级公路填石路堤路床顶面以下50cm范围内的填料最大粒径不大于10cm，并分层填筑分层压实。有关技术要求，详见《公路路基施工技术规范》。其中大石块大于填筑层厚度2/3时，应予解小，或码砌于坡脚，路堤边坡坡脚应用粒径大于30cm的硬质石料码砌。压实前需用大型推土机将层面推平，局部要用细石粒人工找平。然后用12t以上的振动压路机碾压，或用2.5t以上的夯锤夯击，碾压或夯击的遍数可通过试验确定，以达到要求密实度为准，通常，路堤上部碾压6～7遍，下部可以少碾压1～2遍。

特殊情况下允许采用倾填办法施工，例如用推土机将爆破后的石块直接推入路堤。这时，要求倾填前先用较大石块码砌大于6m时，其码砌厚度不小于2m，当填石路堤高度小于6m，其码砌厚度不小于1m。以免边坡部分松散不实。但路槽底面以下4m范围内仍应采用分层填筑，以提高密实度，减少不均匀沉陷。

路槽底面以下30cm范围内，不得含有粒径大于15cm的石块，以利路面受力均匀和结构良好。路床填料粒径应小于100mm。

## 学习单元二　填筑工艺

路堤宜采用水平分层填筑，即按照横断面全宽分成水平层次，逐层向上填筑。如原地面不平，应从最低处分层填起，每填一层经过压实符合规定要求后，再填上一层。原地面纵坡大于12%地段，可采用纵向分层填筑法施工，沿纵坡分层，逐层填压密实。但填至路堤的上部，仍应采用水平分层填筑法。水平分层填筑是填筑路基的基本方法，它最能保证填土质量，一般均应采用。

在同一路段上要用到不同性质填料时，应注意：

（1）不同性质的填料要分别分层填筑，不得混填，以免内部形成水囊或薄弱面，影响路堤稳定。

（2）路堤上部受车辆荷载的作用影响较大，故一般宜将水稳性冻稳性较好的土填在路堤的上部；但路堤的下部可能受水浸淹时，也宜用水稳性好的土填筑。

（3）透水性较大的土填在透水性较小的土之下时，如果两者粒径相差悬殊，应在层间加铺过渡垫层，以免上层的细颗粒散落到下层内；如果透水性较小的土填在透水性较大的土之下时，其顶面应做成4%的双向向外横坡，以免积水。

（4）沿纵向同层次要改变填料种类时，应做成斜面衔接，且将透水性好的填料置于斜面的上面为宜。

（5）填方相邻作业段交接处若非同时填筑，则先填地段应按1∶1坡度分层留好台阶；若同时填筑，则应分层相互交叠衔接，搭头长度不得少于2m。

**1. 石质路堤填筑应满足的要求**

（1）路堤施工前，应先修筑试验路段，确定满足表5-1中孔隙率标准的松铺厚度、压实机械及组合、压实速度及压实遍数、沉降差等参数。

（2）路床施工前，应先修筑试验路段，确定能达到最大压实干密度的松铺厚度、压实机械及组合、压实速度及压实遍数、沉降差等参数。

（3）二级及二级以上公路的填石路堤应分层填筑压实。二级以下砂石路面公路在陡峻山坡地段施工特别困难时，可采用倾填的方式将石料填筑于路堤下部，但在路床底面以下不小于1.0m范围内仍应分层填筑压实。

（4）岩性相差较大的填料应分层或分段填筑。严禁将软质石料与硬质石料混合使用。

（5）中硬、硬质石料填筑路堤时，应进行边坡码砌。码砌边坡的石料强度、尺寸及码砌厚度应符合设计要求。边坡码砌与路基填筑宜基本同步进行。

（6）压实机械宜选用自重不小于18t的振动压路机。

（7）在填石路堤顶面与细粒土填土层之间应按设计要求设过渡层。

表5-1 填石路堤压实质量标准

| 分区 | 路床顶面以下深度（m） | 硬质石料孔隙率（%） | 中硬石料空隙率（%） | 软质石料空隙率（%） |
| --- | --- | --- | --- | --- |
| 上路堤 | 0.8~1.5 | ≤23 | ≤22 | ≤20 |
| 下路堤 | >1.5 | ≤25 | ≤24 | ≤22 |

**2. 施工工序**

（1）施工准备

①对原地面处理：清除原地面草皮、耕作物、树根、淤泥、腐植土等有害物质，用压路机碾压至规定的压实度，检测合格后进行下一道工序；

②确定取料场的位置，制定采集方案，配备自卸车及附属机械，规划便道；

③对填料作标准试验，同一作业段材料尽量材质均匀，达到填石路堤的质量要求，集料比例、细料含量、塑性指数等符合规定；

④每一种填料开始填筑前应做试验路段，验证压路机型、铺填厚度、碾压遍数、检测质量方法和控制方法。

（2）测量放样

①复核中桩线位、水准点高程和中桩标高。

②按纵向设计标高和横断面设计图，逐桩放样。

③钉出中心桩和边桩，设置标杆，标出每层的填筑高度，挂线施工；

④设置好观测沉降量的基准点和桩位。

（3）按指定位置，并经监理工程师批准的取料场，用推土机清除覆盖后，用推土机或装载机或挖掘机按填料要求进行备料，监理工程师签认"材料许可证"。

（4）选用大吨自卸汽车运料至施工路段内，运用"车推法"摊铺。即首先进一车石料卸在填筑地段，推土机马上根据填石路堤容许松铺厚度处起铲摊平，然后将第2车料卸在第1车料推平的末端，第1车料的石块就均匀地被压在下面，细料在表面嵌缝，这样填石路堤表面看不见突石，既平整又顺适，且便于压实。

（5）分层填筑用推土机配合人工整平

①逐层填筑时，应安排好石料运输路线派人指挥，按水平分层，先低后高，先两侧后

中间卸料，并用大型推土机摊平。个别不平处应配合人工用细石块、石屑找平。虚铺厚度按规定一般路床以下0～50 cm为30cm；50cm以下为40cm。

②如石块天然级配较差，粒径大，石块间的空隙较大时，可于每层表面的空隙里扫入石渣、石屑、中粗砂或砂砾，再以压力水将砂冲入下部，反复数次，使空隙填满。

③对于大于20cm的石块进行人工检出或砸碎。如填料颗粒非常均匀，无细料填充时，可人工再用小石块找平，石屑塞缝，最后压实。

④填料中如果粒径在20cm以上的石块较多时，边坡外侧可选用未风化的坚硬石料砌筑，厚度不小于1.0m，可以起到封路基的作用。

（6）洒水　填石路堤不同于土质路基，难以确定最大干密度和最佳含水量，在路堤填筑过程中根据填料颗粒组成和石料性质，经现场监理人员同意，可适量洒水，使路基表面平整。

（7）碾压和整形　填石路堤密实程度，只有选用振动压路机，才能达到最佳压实度。碾压速度不宜大于3km/h，碾压时直线段由两边向中间，小半径曲线段由内侧向外侧，纵向进退式进行。纵向接头搭重压不小于2m，横向接头轮迹重叠1/3，直到无漏压、无死角，确保碾压均匀。

按设计断面进行边坡整修，达到平整、无悬石。每层填筑时，留有超宽（每侧各25cm），边坡坡度按1∶5控制，施工时路拱2%，路床顶面按1.5%控制。

（8）检查压实度　填石路堤的压实度检测采用"沉降量观测法"，沿路纵向每20m一处，横向不小于3点（即左、中、右各一点），但每100m$^2$不少于10点，定点观测每层压实后表面标高。

**3. 填石路堤施工工艺流程图**

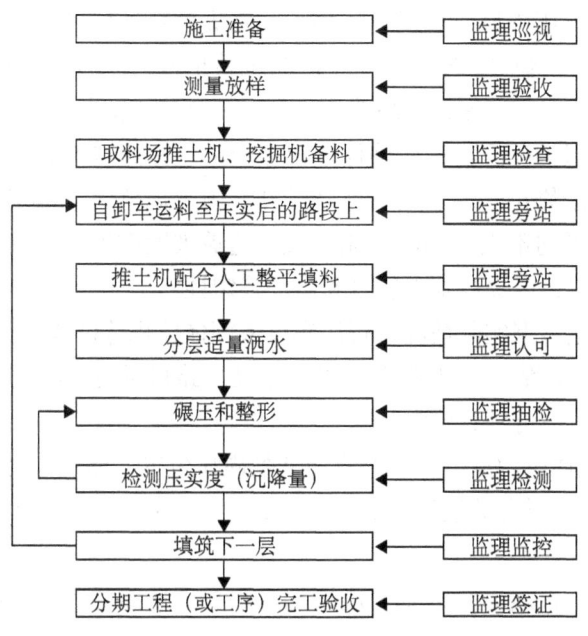

图5-1　填石路堤施工工艺流程图

## 学习单元三 压实及质量标准

填石路堤的密实度用判断方法检查,即重型振动压路机分层碾压,达到用锹难于挖动,须用撬棍才能松动且坑壁稳定,或者重锤下落不下沉及发生弹跳时,均可认为密实度已满足要求。

(1)当填料中大于30cm颗粒的含量不大于30%时,应采用灌砂法或布袋法检测压实度。压实标准:路床顶面以下0～8cm不小于95%,上路堤(80～150cm)不小于94%,下路堤(150cm以下)不小于92%,检测频率与土质路堤的规定相同。最大干容重宜采用表面振动压实仪法或重型击实法测定。

(2)当填料中大于38mm颗粒的含量大于30%时,采用工艺法控制与检测压实质量。填筑层按规定的碾压遍数(不少于6遍)碾压至无明显轮迹时,再用激振力25kN以上的振动压路机振压二遍,分别测量基准点标高(基准点用特制的蘑菇头道钉,长20～25cm,直径1.5cm,在压实前埋入压实层中,同填料一起碾压),两次标高之差即为压沉值。

压实标准:各测点压沉值平均值不大于5mm,标准差不大于3mm,表示达到压实度要求。

检测频率:施工单位每100m$^2$检测10点,监理、施工单位可用同一基准点,同时进行平行检测,但必须采用两部以上仪器独立观测,独立记录。

(3)路床顶面应测定弯沉值,检验其整体强度,必须用承载板测定回弹模量。

(4)沉降量(压沉值)的机理:沉降量观测法又称表面标高点测量法,此种方法在石路堤施工中质量控制是较为实用的,施工时首先确定碾压机具和虚铺厚度(松铺系数一般为1.15～1.20),用振动压路机经不同碾压遍数后,压实效果可用表面标高点变化进行检查。

松铺的石料,在振压机械荷载反复作用下,路堤填料产生竖向压缩变形和横向位移,随着振碾遍数的增加,填料竖向压缩量和横向位移值随之增加,大颗粒空隙被小颗粒填充,当碾压遍数达到一定时,累计压缩趋于稳定,填料整体密实强度增大。

为从严要求,确保工程质量,应确保全幅振压两遍标高差不大于3mm进行控制,并注意加强观测,及时总结修正。鉴于现行路基设计、施工规范尚未确定填石工艺检测,通过试验路段其标高差按平均不大于5mm控制为宜。边坡坡度在填石路基施工中易被忽视,应作为实测指标进行检查,以提高施工质量和路堤稳定性。

对于土石混填路基,据实际情况进行压实度或固体体积等试验,检验路堤压实质量。

(5)填石路堤密实程度宜以通过12t以上振动压路机进行压实试验,当压实顶面稳定不再下沉(无轮迹)时,可判为密实状态。

(6)压路机碾压往返两遍后,压路机应变换碾压位置,但压带之间的重叠宽度必须不大于1/2的滚动压宽度,压实的速度控制在3km/h左右,碾压顺序:无超高路段以低的一边向较高一边。

填石路堤碾压后,高度减少,则密度增加。根据碾压前的密度和碾压后的压缩量,可粗略计算各层压后的密度(不考虑侧向变形)。

# 工作任务二　石质路堑开挖

路基石方除软石的松软部分可用大马力推土机松动，或人力使用撬棍、十字镐、大锤松动开挖外，软石的紧密部分及次坚石、坚石通常采用爆破法开挖。有条件时宜采用松土法开挖，局部情况亦可采用破碎法开挖。松土法及破碎法均属于非爆破开挖石方的施工方法。

## 学习单元一　爆破法开挖

山区公路路基石方工程量大而且集中，据统计一般占土石方总量的45%～75%。爆破是石方路基施工最有效的方法，爆破还可以用于爆松动土、淤泥、开采石料等。在公路工程中如能采用综合爆破施工方法，不但能保证功效高、工期短、占用劳动力少、成本降低，而且可以取顺直的路线布置方案，很值得提倡。

## 学习单元二　松土法开挖

开挖岩石除了采用爆破法之外，松土法也愈来愈被广泛采用。松土法是充分利用岩体自身存在的各种裂面和结构面，用推土机牵引的松土器将岩体翻碎，再用推土机或装载机与自卸汽车配合，将翻松了的岩块搬运出去。松土法避免了爆破法所具有的危险性，而且有利于开挖边坡的稳定及附近建筑物的安全。一般来说，松土法的作业效率比较高。随着推土机和松土器的大型化，能够采用松土法施工的范围也愈来愈广，从国外的实践和发展趋势看，只要能够使用松土法施工的场合，就尽量不用爆破法施工。

砂岩、石灰岩、页岩等沉积岩是比较容易松开的岩石，因为这些岩石都有沉积层面，层厚愈薄者愈容易松开。花岗岩、玄武岩、安山岩等岩浆岩不成层状或带状，松开比较困难。片麻岩、片岩、石英岩等变质岩，松开的难易程度视岩体破裂面情况而异。

松土法的作业效率与岩体的裂面和风化程度有关。岩体被裂面分隔成较大块时，松开效率较好；岩体已裂成小块或粒状时，只能劈成沟槽，效率不高。

松土器的选择可以用上述岩石性质进行分析判断；也可以根据岩石的室内试验（抗压强度、抗拉强度）来判断各种型号松土器的劈开性能。由于室内试验是用单块岩石做的，所得数据比实际的大，判断时应考虑到这一点。以上各种判断选择松土器型号的方法，都有很大的局限性，最好的办法还是在现场用松土器直接进行松劈操作试验，从而得出切合实际的结果。

松土作业方向应尽可能顺着岩层的下坡方向。松土间隔一般为1.0～1.5m。遇到较坚硬的岩石，松土器难于贯入，或引起机械后部翘起及履带打滑，这时可用另一台推土机在后面顶推。若岩石较为完整与坚硬，也可以先进行适当的浅孔松动爆破，然后进行松土作业。

## 学习单元三　破碎法开挖

破碎开挖法是用破碎机凿碎岩块。凿子装在推土机或挖掘机上。它利用活塞的冲击作用，使凿子产生冲击力，因此，其破碎岩块的能力决定于活塞的大小。破碎法宜用于岩体裂缝较多、岩块体积较小、抗压强度低于100MPa的岩石。破碎法的工作效率不高，不宜作为开挖岩石的主要方法，仅用于不能使用爆破法或松土法施工的局部场合。

# 工作任务三　坡面防护工程施工

## 学习单元一　抹面与捶面

### 1. 抹面

适用于尚未严重风化的各种易风化岩石边坡，但对由煤系岩层及成岩作用很差的红色黏土岩组成的边坡不适用。边坡坡度不受限制，但坡面应较干燥。抹面使用年限较短，一般为8~10年。

（1）抹面要求及材料配合比

①抹面工程的周边与未防护的坡面衔接处应严格封闭。为此可在边坡顶部作断面为20cm×20cm的小型截水沟，沟底及沟帮可用砂浆抹面，厚度为10cm；亦可在坡顶凿槽，槽深不小于10cm，并和相衔接边面平顺；坡脚宜设1~2m高的浆砌片石护披。

②在软硬岩层相间的边坡上，仅对软岩层抹面时，在软硬分界处，抹面应嵌入硬岩层至少10cm。

③大面积抹面时，每隔5~10m应设伸缩缝一道。缝宽1~2cm，缝内用沥青麻筋或油填充。

④根据当地的气候条件，若需增强抹面的抗冲蚀能力和防止表面开裂而对外观要求不高时，可在表面涂沥青保护层。

⑤抹面材料的配合比，可根据当地的材料情况选择。水泥砂浆1：3~1：4（体积比），水泥石灰砂浆1：2：9（体积比）。

（2）抹面施工注意事项

①抹面前边坡上大的凹陷应用浆砌片石嵌补，宽的裂缝应灌浆。

②抹面作业前，须将边坡表面的风化岩石清刷干净，并用清水将边坡浮土冲洗干净，使边坡湿润后再开始抹面。采用石灰炉渣浆抹面时，在灰浆抹上后，稍干即进行夯拍，直至表面出浆为止，然后磨平并涂上速凝剂，盖草洒水养护。

③抹面不宜在严寒季节、雨天及日照强烈时施工，其适宜的气温为4~30℃。

④抹面工程应经常检查维修，如发现裂纹或脱落，要及时灌浆修补。

## 2. 捶面

适用于易受冲刷的土质边坡或易风化剥落的岩石边坡,边坡坡度不大于1∶0.5,使用年限为10～15年。

捶面厚度为10～15cm,一般采用等厚截面,当边坡较高时,采用上薄下厚截面。捶面护坡与未防护坡面衔接处应封闭,其措施与抹面相同。坡脚设1～2m高的浆砌片石护坡。

(1)捶面材料及配合比

①捶面材料常用石灰土、二灰土和水泥炉渣混合土。其中水泥宜用低强度等级的;砂子应用中粗砂;石灰应符合三级石灰的要求。

②材料配合比应根据材料的情况选择,一般情况下为水泥∶石灰∶砂子∶炉渣=1∶3∶6∶9(质量比);石灰∶粘土∶砂子∶炉渣=1∶2.5∶5∶9(质量比);水泥∶砂子∶炉渣=1∶3∶7(质量比);石灰∶粘土∶炉渣=1∶1∶4(体积比)。

(2)施工注意事项

①捶面前应清理坡面,当边坡有坑凹时,应填补处理。在土质边坡上,为使捶面与坡面贴牢,可在坡面挖小台阶或锯齿,齿深5～10cm,间隔50～100cm。

②捶面施工时先洒石灰水润湿坡面,捶面夯拍用力要均匀,提浆要及时,提浆后2～3h进行洒水养护3～5d。

③在寒冷地区施工不宜在冬季进行。

④捶面在使用时应经常养护检查,发现开裂和脱落时应及时修补。

# 学习单元二 喷浆与喷射混凝土

适用于易风化但尚未严重风化的岩石边坡,坡面较干燥。对高而陡的边坡,上部岩层较破碎而下部岩层完整的边坡和需大面积防护的边坡,采用此种类型更为经济。对成岩作用差的黏土岩边坡不宜采用。

## 1. 施工要点

喷浆施工的砂浆强度不应低于M10,厚度宜为5～7cm;喷射水泥混凝土的强度不应低于C15,厚度宜为10～15cm。在喷射过程中应添加速凝剂以促使早凝固。施工时需要专用喷射机械设备,并在坡面上每隔2～3m设置泄水孔,对大面积坡面防护还应设置伸缩缝。

喷浆或喷射混凝土防护的周边与未防护面衔接处应严格封闭,做法与抹面、捶面相同。坡脚岩石风化比较严重时,应设高1～2m,顶宽40cm的浆砌片石护裙。

## 2. 材料的技术要求及配合比

(1)水泥

应采用强度等级不低于42.5的普通硅酸盐水泥。

(2)砂

喷浆采用粒径为0.1～0.25mm的纯净细砂;喷射混凝土采用粒径为0.25～0.5mm的中粗砂,砂的含量不得超过5%。

(3）混凝土粗集料

喷射混凝土的粗集料应采用纯净的卵石或碎石，最大粒径不得大于25mm，大于15mm的颗粒应控制在20%以下，针片状颗粒含量不得超过15%。

(4）速凝剂

速凝剂应采购信誉好的厂家生产的产品，掺量应根据需要通过试验确定。

(5）配合比

水泥砂浆及混凝土的配合比应根据施工机械及当地的材料供应情况通过试验确定。以下为常用的配合比（质量比）：

水泥砂浆：1:4（水泥:砂）；

水泥石灰砂浆：1:1:6（水泥:石灰:砂）；

混凝土：1:2:2～1:2:3（水泥:砂:粗集料）。

### 3. 施工注意事项

(1）施工前应将坡面浮土、碎石清除，并用水冲洗。

(2）喷浆及喷射混凝土的机械设备，在正式施工作业前应进行试喷，以便调整施工配合比。当水灰比过小时，灰体表面颜色灰暗，出现干斑，有粉尘飞扬；水灰比过大时，则喷射灰体表面起皱、拉毛、滑动或流淌；水灰比合适时，喷射灰体呈黏糊状，表面光泽平整。集料分布均匀，回弹量小。

(3）为保证施工安全，喷枪手应配带防护面罩。穿防护服，戴防尘口罩。其他参加施工人员也应戴防尘口罩。

(4）喷射作业应自下而上进行。喷枪咀应垂直坡面，并与坡面保持0.6～1.0m的距离。喷射混凝土厚度大时，应分2～3次喷射。

(5）为防止堵塞，输料管直径以20～30cm为宜。其喷射工作压力为0.15～0.20MPa。喷咀供水压力要比喷射工作压力大0.05～0.10 MPa，以保证水与干料拌和均匀。

(6）喷浆灰体初凝后应立即洒水养生，养生时间应持续7～10d。

(7）喷射作业时应按要求制取试件，在标准条件下养护28d后试压，作为喷浆或喷射混凝土的强度凭证。

(8）喷射作业严禁在结冰季节及大雨天进行。

(9）喷浆及喷射混凝土防护工程应经常检查维修，有杂草及时拔除，开裂处要及时灌浆勾缝，脱落处要及时补喷。

### 4. 挂网喷射

当岩石坡面的岩体破碎时，为加强喷浆及喷射混凝土的防护效果，可采用挂网喷射。铁丝网采用$\phi 4$～10mm的圆钢筋编制而成，孔径视边坡岩石情况而定，一般为10cm。铁丝网平铺于坡面上，与坡面距离不得小于20mm，并用钢筋锚钉固定。为了节省钢筋，可用高强度聚合物土工格栅代替钢筋网。土工格栅是工厂生产的岩土工程材料，其原料为高强度聚合物聚乙烯，经热压成型，具有强度高、质量轻、耐腐蚀等特点，是新型的路基、路面加固和边坡防护材料。常用的CE系列土工格栅，运输铺设均很方便。土工格栅挂网喷浆在一些工点上曾做过试验，结果是成功的，但因时间还比较短，其长期防护效果尚待时间检验。但其价格低、操作简便、效率高的特点是比较明显的。以CE131型土工格栅与直径10mm的钢筋网比较，土工格栅价格仅为钢筋网价格的1/4~1/5，因而其在公路路堑边坡防护中有广阔的推广前景。

喷浆厚度不宜小于5cm，喷射混凝土厚度不小于5cm，以8cm为宜。沿框条延伸方向每隔10~20m设一道伸缩缝，缝宽2cm，用沥青麻筋填塞。

施工注意事项：在灌注固定锚杆的砂浆时，要捣密实；喷浆及喷射混凝土的厚度要均匀，防止铁丝网及锚钉头外露。

## 学习单元三　灌浆与勾缝

灌浆适用于较坚硬的、裂缝较大较深的岩石路堑边坡；勾缝适用于较硬、不宜风化、节理裂缝多而细的岩石路堑边坡。

灌浆可用1:4或1:5的水泥砂浆，裂缝很宽时可用混凝土灌注。

勾缝用1:2或1:3的水泥砂浆，也可用1:0.5:3或1:2:9的水泥石灰砂浆（灰浆比例为体积比）。

灌浆和勾缝的作用是借灰浆的黏结力把裂开的岩石黏结为一整体，以免其坠落或坍塌；同时防止雨水及有害杂质侵入裂缝而促使岩石的风化和裂缝的扩大，进而破坏边坡的稳定。

灌浆和勾缝前应先用水清洗坡面，并清除裂缝内的杂草和泥土。

## 学习单元四　护面墙

浆砌片石护面墙能防治比较严重的坡面变形，适用于各种土质边坡及易风化剥落而破碎的岩石边坡。

根据边坡的高度、坡度及岩石破碎情况，可采用不通型式的浆砌片石护面墙。一般土质及破碎岩石边坡采用实体护面墙；边坡缓于1:0.75时可采用孔窗式护面墙，孔窗内采用捶面或干砌片石；边坡岩层较完整且坡度较陡时，宜采用肋式护面墙；当边坡下部岩层较完整而需防护上部边坡时，应采用拱式护面墙。

**1. 实体护面墙**

实体护面墙分等截面和变截面两种。

（1）高度

等截面护面墙高度，当边坡为1:0.3时，不宜超过6m；当边坡缓于1:0.5~1:1时，不宜超过10m。

变截面护面墙高度，单级不宜超过20m，否则应采用双级或三级护面墙，但总高度一般不宜超过30m。双级或三级护面墙的上墙高不应大于下墙高，下墙的截面应比上墙大，上下墙之间应设错台，其宽度应使上墙修筑在坚固牢靠的基础上，错台宽度一般不宜小于1m。

（2）厚度

等截面护面墙厚度一般为0.5m，变截面护面墙顶宽$b$一般为0.4m，底宽$B$根据墙高$H$而定：

$$B = b + \frac{H}{10} \tag{5-1}$$

或

$$B = b + \frac{H}{20} \tag{5-2}$$

采用$\frac{H}{10}$还是$\frac{H}{20}$应根据边坡坡度及墙基承载力的要求确定。边坡陡于或等于1∶0.5时，采用$\frac{H}{10}$；边坡为1∶0.75～1∶0.5时，采用$\frac{H}{20}$。

（3）护面墙基础

护面墙基础应置于冻结线以下，地基承载力一般不宜小于0.3MPa，否则应采取加固措施。一般将墙底做成倾斜的反坡，其倾斜度，土质地基采用0.1～0.2，岩石地基采用0.2或等于墙面坡度。

（4）耳墙

为增加护面墙的稳定性，当护面墙高度超过8m时，在墙背中部设置耳墙一道；护面墙高度超过13m时，设置耳墙两道，间距4～6m。当墙背坡度陡于1∶0.5时，耳墙宽0.5m；墙背坡度缓于1∶0.5时，耳墙宽1.0m。

### 2. 孔窗式护面墙

孔窗通常为半圆拱型，高2.5～3.5m，宽2.0～3.0m，圆拱半径1.0～1.5m。

### 3. 拱式护面墙

当拱跨大于5.0m时，多采用混凝土拱圈。拱圈厚度应根据拱圈上部护面墙垂直高度而定，墙高5m时，采用20cm；10m时采用24cm；15m时采用30cm。拱矢高为81cm。

当护面墙为变截面时，拱圈以下的肋柱采用等厚截面。

当拱跨为2～3m时，拱圈可采用M10水泥砂浆砌块石。拱的高度视边坡下部岩层的完整程度而定。

### 4. 浆砌片石护面墙施工

（1）护面墙施工前应先清除边坡松动岩石，清理边坡上的凹陷部分，不可采用片石回填或干砌片石，应采用与墙体相同的砂浆砌筑。

（2）各式护面墙墙顶均应设置25cm厚的墙帽，并使其嵌入边坡20cm，以防雨水灌入。

（3）护面墙每10～20m应设伸缩缝一道。护面墙基础建在不同地基上时，在相接处应设沉降缝。沉降缝及伸缩缝的宽度为2cm，可用沥青麻筋或沥青木板填塞。

（4）护面墙应设10cm×10cm或直径为10cm的泄水孔，泄水孔上下左右间隔2～3m交错布置，泄水孔纵坡5%，孔后应设反滤层。有地下水时，应酌情增设泄水孔。

（5）护面墙高度等于或大于6m时，应设置检查梯和栓绳环，多级护面墙还应在上下检查梯之间的错台上设置安全栏杆,以便于养护维修。

(6)护面墙施工应重视洒水养生工作。

## 学习单元五　浆砌片石护坡

适用于各种易风化的岩石边坡。若用于路堤边坡上,应待路堤沉实后再施工;边坡坡度不宜陡于1∶1。

浆砌片石护坡一般采用等截面,其厚度视边坡高度及陡度而定,一般为0.3～0.4m。边坡过高时应分级设平台,每级高度不宜超过20m,平台宽度视上级护坡基础的稳固要求而定,一般不小于1m。当护坡面积大,且边坡较陡时,为增强护坡的稳定性,可采用肋式护坡。

护坡沿线路方向每隔10～20m应设伸缩缝,在护坡的下部应留泄水孔。为便于养护维修检查,应在坡面适当位置设置0.6m宽的台阶形踏步。

浆砌片石时,应利用片石的形状相互交错地衔接在一起,应先铺砂浆再安放片石,经左右揉动几下后再用手锤轻击,将下面砂浆挤压密实。在已砌好片石侧面继续砌筑时,除坐浆外应在相临石块倾面铺抹砂浆再砌片石。

片石应分层砌筑,宜以2～3层砌块组成一工作层。每一工作层的水平缝应大致找平,各工作层竖缝应相互错开,不得贯通。

片石的使用应有计划。角石、面石应先选择形状较为方正且尺寸较大的片石备用,砌筑时应长短相间地里外层砌块咬接。

砌缝宽度一般不应大于4cm,用小石子混凝土砌筑时,可为3～7cm。竖缝较宽时应在砂浆中塞以小石块,但不得在石块下面用高于砂浆砌缝的小石片支垫。

# 工作任务四　路基石方爆破

石质路基施工,指利用爆破的方法进行石质路堑的开挖。在山岭或丘岭地区开挖石质路堑时,如遇到坚硬的岩层,利用机械开挖不能进行施工时,通常都采用爆破的方法来进行,这是石质路基施工最有效的方法。在土石方大量集中的地段以及挖除冻土和大孤石时,也常用爆破的方法进行施工。爆破的目的是将坚石、孤石或冻土进行破碎或松动,然后利用推土机将其堆集,装载机装车运走。被破碎的石料多数用做填筑路堤,或被用做砌石工程及破碎成碎石料使用。

## 学习单元一　爆破原理

**1. 炸药在岩石中的爆破作用**

为了爆破岩石,在其中或表面放置一定数量的炸药,称为药包。药包放置在无限介质内爆炸时，炸药在瞬时间内通过化学反应转化为气体状态的爆炸产物，由于膨胀作用，体积增加800倍乃至数千倍，产生15000MPa的静压力，温度高达1500～4500℃，并以每秒千米的冲击波自药包中心按球面等量向外扩散，传递给周围介质，使介质产生各种不同程度的破坏和振动现象，这种现象随着距药包中心的距离增大而逐渐消失。按破坏程度的不同，大致可分为四个爆破作用圈（如图5-2）。

（1）压缩圈

图5-2中的$R_压$表示压缩圈半径，在这个作用圈范围内，介质直接承受药包爆炸，产生极其巨大的作用力。如果介质是可塑性的土，便会遭到压缩形成空腔；如果是坚硬的脆性岩石，便会被粉碎。所以把$R_压$这个球形区叫做压缩圈或破碎圈。

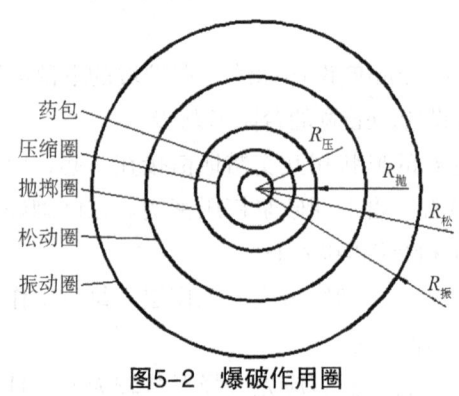

图5-2 爆破作用圈

（2）抛掷圈

在压缩圈范围以外至$R_抛$的区间，所受的爆破作用力虽较压缩圈内小，但介质原有结构受到破坏，分裂成为不同尺寸和形状的碎块，而且爆炸力尚有余力，足以使这些碎块获得运动速度。如果在有限介质内，这个区间的某一部分，处在临空的自由条件下，破坏了的介质碎块便会产生抛掷现象，因而叫作抛掷圈。

（3）松动圈

在抛掷圈以外至$R_松$的区间，爆炸力大大减弱，但能使介质结构受到不同程度的破坏，因而叫做松动圈，但没有余力使破碎岩石产生抛掷运动。

（4）振动圈

在松动圈以外至$R_振$所包括的区间，微弱的爆破作用力不能使介质产生破坏，这时介质只能在冲击波的传播下，发生振动现象，因而叫作振动圈。振动圈以外爆破作用的能量就完全消失了。

**2. 爆破漏斗**

药包在有限介质内爆破后，在临空一面的地面上会出现一个爆破坑，一部分炸碎的土石被抛至坑外，一部分仍落在坑底。由于爆破坑形状如同漏斗，称为爆破漏斗。

爆破漏斗的形状和大小，不但与药包量大小、炸药性能、介质的性质等有关，同时还与临空面的数量和所处的边界条件有关。爆破漏斗一般用以下几个要素表示：

最小抵抗线$W$——药包中心至临空面最短距离；

爆破漏斗口半径$r_0$——漏斗口上圆周半径；

抛掷漏洞半径$R$——从药包中心沿漏斗边缘至坑口的距离；

爆破作用的性质通常用爆破作用指数$n$来表示，即爆破漏斗口径与最小抵抗线之比。

$$n=\frac{r_0}{W} \qquad (5\text{-}3)$$

当$r_0=W$时，$n=1$，称为标准抛掷爆破，在水平边界条件下，其抛掷率$E$为27%，标准抛漏斗的顶部夹角为直角；

若$r_0>W$，则$n>1$，抛掷率$E>27\%$，漏斗的顶部夹角大于90°，称为加强抛掷爆破；

若$r_0<W$，则$n<1$，抛掷率$E<27\%$，漏斗的顶部夹角小于90°，称为减弱抛掷爆破。

所谓平坦地形的抛掷率，是指可见的爆破漏斗体积$V_{\text{MDL}}$与爆破漏斗体积$V_{\text{MOL}}$之比，一般用百分数$E$表示，平坦地形爆破漏斗示意图如图5-3所示。

$$E=\frac{V_{\text{MDL}}}{V_{\text{MOL}}}\times 100\% \qquad (5\text{-}4)$$

从爆破实践中证实，当$n<0.75$时，不能形成显著的漏斗，不发生抛掷现象，岩层只能发生松动和突起，通常将：

$n=0.75$称为标准松动爆破；

$n<0.75$称为减弱松动爆破；

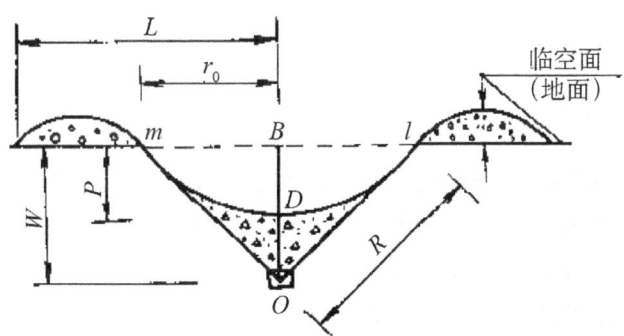

$W$—最小抵抗线深度；$R$—爆破作用半径；$r_0$—爆破漏斗口半径；$L$—抛掷距离；$P$—最大可见爆破漏斗深度

图5-3 平坦地形爆破漏斗示意图

## 学习单元二 常用爆破方法

开挖岩石路基所采用的爆破方法，要根据石方的集中程度、地质、地形条件及路基断面形状等具体情况而定，一般可分为小炮和洞室炮两大类。小炮主要包括钢钎炮、葫芦炮、猫洞炮等；洞室炮则随药包性质、断面形状和地形的变化而不同。用药量在1000kg以上为大炮，以下为中小炮。习惯上称洞室炮为大炮，药壶炮、猫洞炮为中炮，钢钎炮为小炮。

### 1. 钢钎炮（炮眼法）

在路基工程中，钢钎炮通常指炮直径和深度分别小于70mm和5m的爆破方法。这种炮由于炮眼直径小，装药量受限制，一般最多装药为眼深的1/3～1/2，故爆破的石方量不大，一般不超过10m³。因此在石方量大时，应需钻凿许多炮眼，爆破次数多，钻眼工作量大且生产率低，个别石块飞得很远。因此，在路基石方工程集中时，应尽可能少用这种炮型。但是，由于此法操作简便，对设计边坡外的岩体震动损害小，平均耗药量也少，机动灵活，因而它又是一种不可缺少的炮型。特别是在工程分散石方量小以及整修边坡、开挖边沟、炸孤石时非常适用。此外，也常用此法为大型炮创造有利地形。

炮眼位置应选择在临空面多的地方。炮眼方向不要与岩石的节理和裂缝相平行，面应与之垂直，不可避免时则炮眼应离裂缝有一定距离，如图5-4所示，否则爆炸气体将会沿裂缝逸出。

图5-4 炮眼布置图

### 2. 深孔法爆破

深孔爆破法就是采用圆柱形炮眼，其孔径大于75mm，深度在5m以上，并使用延长药包的中型爆破。其炮眼钻凿工作需用大型潜孔凿岩机或穿孔机，如能配以挖运机械清理石方，则可以作为高速施工的一个发展方向。此法的爆破效率较高，一次爆破虽较大，爆破时对路基边坡的影响比大型爆破要小，如果辅以采用控制抵抗线和药量的预裂或光面爆破方法，预先炸出一条裂缝，将拟爆体与山体分开，则边坡平整又稳定，所以深孔爆破比较安全，爆破效果亦易于控制，但爆破后仍有10%～25%的大石块，需要第二次小爆破进行破碎，以便于清方。

进行深孔爆破，要事先将地面修成台阶形的梯段，相当于在采石场内的"膛口"，其倾角最好为60°～75°，高度宜在5～15m。炮孔分竖孔和斜孔两种（图5-5），孔径在公路工程中以100～150mm为宜，超钻长度$h$大致是梯段高度的10%～15%，岩石坚硬者取大值。

目前，深孔爆破已开始用于石方集中与地形较平缓的垭口或深路堑，它的单位耗药量为4.41～7.35kg/m³，平均每米钻孔可爆岩石11～20m³。

### 3. 葫芦炮（药壶炮或轰膛炮）

葫芦炮是指炮眼径口为35～40mm，在深2.5～3.0m以上的炮眼底部，用一次或多次烘膛，使炮眼底部扩大成药壶形（或称葫芦形），将炸药集中装入"药壶"中进行爆破的爆

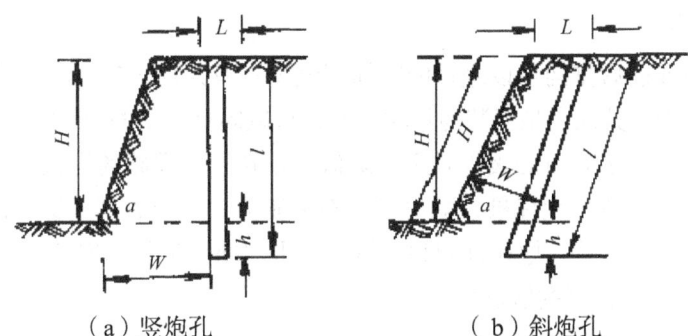

(a）竖炮孔　　　　　　　（b）斜炮孔

$c$—炮孔深度，$h$—超钻长度；$H$—台阶高度；$W$—抵抗线深度；$a$—倾斜角；$L$—阶梯顶边缘至炮眼距离

**图5-5　竖炮孔和斜炮孔梯段断面图**

破方法。由于炮眼底部容积增大，装药较多，又是集中药包，爆炸能量集中作用于周围介质，因而可克服钢钎炮的缺点，增加爆破能量的利用率，从而提高爆破效果，所以它为公路施工所常用，如图5-6及图5-7。

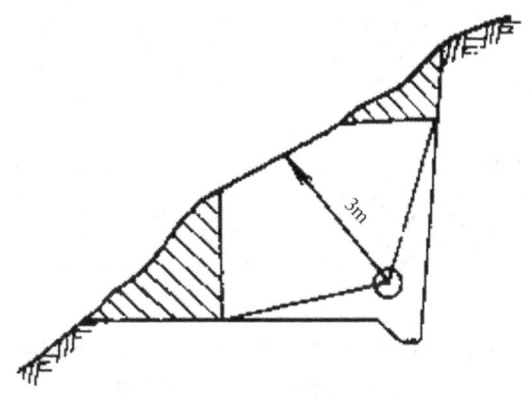

**图5-6　葫芦炮布置**

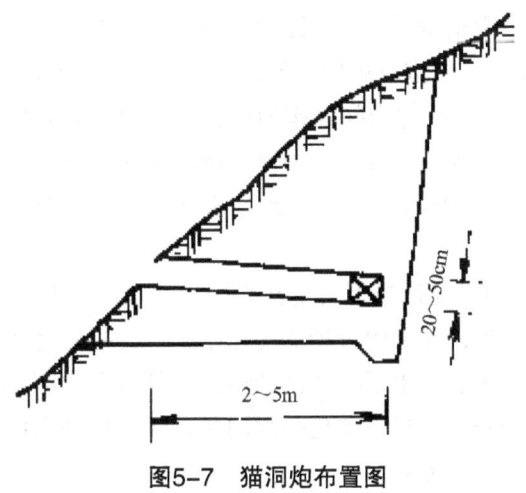

**图5-7　猫洞炮布置图**

### 4. 微差爆破

两相邻药包或前后排药包以毫秒的时间间隔（一般为15~75ms）依次起爆，称微差爆破，亦称毫秒爆破。其优点是当装药量相等时，可减震1/3~2/3；前发药包为后发药包开创了临空面，从而加强了岩石的破碎效果；降低多排孔一次爆破的堆积高度，有利于挖掘机作业；由于逐发或逐排依次爆破，减少了岩石夹制力，可节省炸药20%，并可增大孔距，提高每米钻孔的炸落方量。炮孔排列和起爆顺序根据断面形状和岩性有如图5-8所示几种。多排孔微差爆破是浅孔、深孔爆破发展方向。

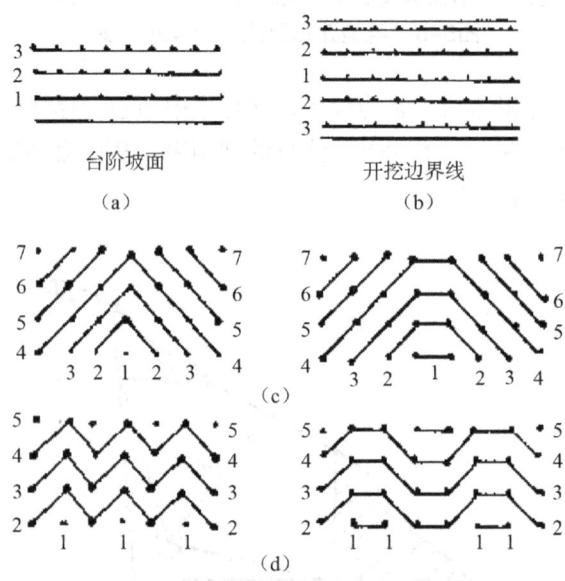

（a）直排一次顺序起爆法；（b）直排中心掏槽起爆法；（c）"V"形起爆网络；（d）波形起爆网络

图5-8 微差爆破起爆网络图

### 5. 光面爆破和预裂爆破

光面爆破是在开挖界限的周边，适当排列一定间隔的炮孔，在有侧向临空面的情况下，用控制抵抗线和药量的方法进行爆破，使之形成一个光滑平整的边坡。

预裂爆破是在开挖界限处按适当间隔排列炮孔，在没有侧向临空面和最小抵抗线的情况下，用控制药量的方法，预先炸出一条裂缝，使拟爆体与山体分开，作为隔震减震带，起保护和减弱开挖界限以外山体或建筑物的地震破坏作用。光面与预裂爆破后，在边坡壁上通常均留下半个炮孔的痕迹。

进行光面或预裂爆破时，应严格保持炮孔在同一平面内，炮孔间距$a$和抵抗线$W$之比应小于0.8，装药量应适当控制，并采用合理的药包结构，通常使炮孔直径大于药卷直径1~2倍，或采用间隔药包、间隔钻孔装药。预裂炮的起爆时间在主炮之前，光面炮在主炮之后，其间隔时间可取25~50ms。同一排孔必须同时起爆，最好用传爆线起爆，否则会影响爆破质量。其炮孔布置如图5-9所示。

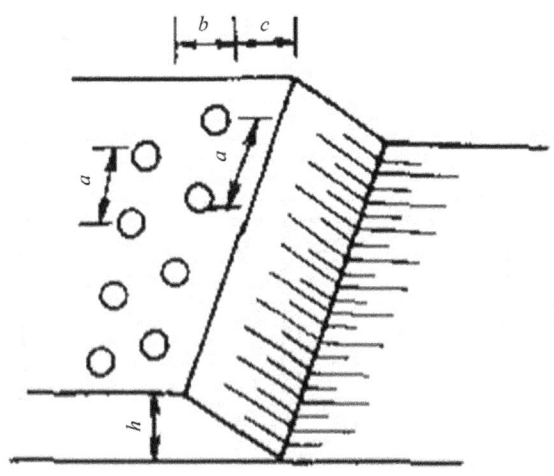

*a*—炮孔间距； *b*—炮孔排距； *c*—第一排炮孔至台阶边缘距离； *h*—台阶高度
图5-9 炮孔布置立面图

#### 6. 洞室炮（药室法）

大型洞室爆破，威力大，效率高，可以缩短工期，节约劳力，技术安全可靠性也大；但是，如果使用不当，则可能破坏山体平衡，造成路基后遗病害。对于不良地质，如滑坡体、岩堆、断层破碎带、软弱地基以及在周围有重要建筑物、人烟稠密的村镇等路段，不宜进行大型洞室爆破。

洞室炮是先开挖导洞通向药室，导洞断面一般为$1.0 \times 1.2 m^2 \sim 1.5 \times 1.8 m^2$。导洞可分为竖井与平洞：竖井定位、测量方便，堵塞质量高，爆破效果好，但通风不良，排水、支撑及出渣困难；平洞通风、排烟及排水方便，出渣、支撑工作容易，但开挖工程量较多，堵塞困难。根据不同的条件先用平洞或竖井（图5-10）。药室一般设在最小抵抗线长1/4以上的地点为宜，应避免设在最小抵抗线上，以免发生冲天炮。

洞室爆破主要用于石方大量集中、地势险要或工期紧迫的路段。根据地形条件和路基断面形式，可分别选用以下洞室炮：

（1）扬弃爆破（平坦地形的抛掷爆破）

适用于平坦地面或地面坡角小于15°的地形，如平地拉槽路堑，石质大多是软石，为使石方大量扬弃到路基两侧，通常采用稳定的加强抛掷爆破。抛弃率一般在80%左右。由于耗药量大，炸药费用一般占工程造价的80%左右，且爆后对路堑边按的稳定性影响很大，故在公路工程中尽量少用。

（2）斜坡地形的抛掷爆破

自然地面按角*α*在15°～30°，如傍山的深挖路堑及半填半挖路堑，岩石也较松软，临空面大，爆破时石块向低方向抛掷，抛掷率*n*值一般设计在60%左右，余下的土石在爆破的瞬间由上向下坍落，爆破作用指数为1～1.5，关键工程，可加大*n*值，最多可抛掷80%石方。抛掷爆破耗药量甚大，单位耗药量大于$1 kg/m^3$，因此，炸药费用占整个路基工程造价

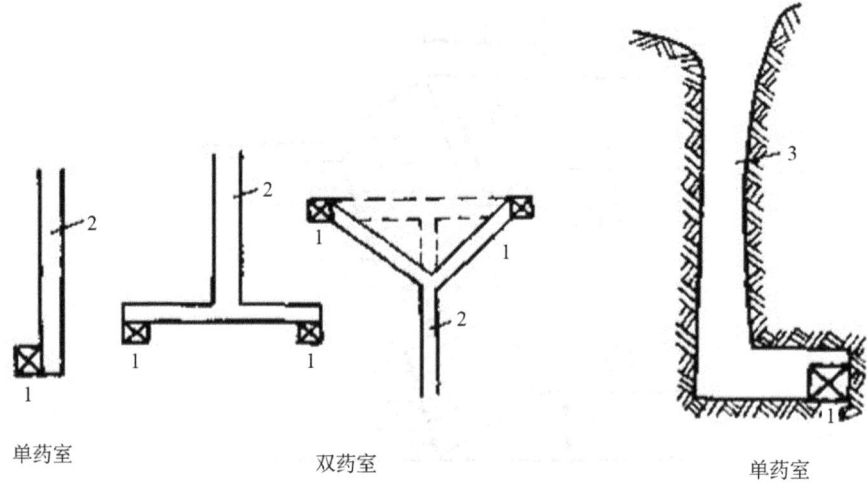

1—药室；2—平洞；3—竖井
图5-10 导洞与药室布置图

的60%以上。同时，对路堑边坡的稳定性，亦有较大影响，选用时要慎重。

（3）抛坍爆破

运用于自然地面坡度大于30°，地形地质条件复杂的半填半挖路堑。在陡坡地段，岩石被炸碎后，上部岩层在下部岩层松动之后，借重力滑出路基，提高了爆破效果。抛坍率一般为45%～85%，单位耗药量为0.98～4.02kg/m³。炸药费用不到总造价的40%，而工效可达6～15m³/工日，比小炮工效高2～4倍，总的路基工程造价可降低16%以上，爆破后路堑边坡稳定，是路基石方工程中的一种有效爆破方法。

（4）定向爆破

定向爆破不受地面坡度限制，而根据地形地质条件和施工要求，利用炸药在有限介质中爆炸的最小抵抗线原理，配合天然地形布置药包，使爆破后的大量土石，按最小抵抗线方向抛掷到一定地点，并堆积成一定形状。它减少了挖、装、运、夯等工序，生产率极高。在公路工程中用于以借为填或移挖作填地段，特别是在深挖高填相间、工程最大的鸡爪形地区，采用定向爆破，一次可形成百米以至数百米路基。

（5）松动爆破

大型松动爆破主要用于不宜采用抛掷爆破的次坚石、软石路基，并配合机械化清方的地段。在坚石中，宜采用深孔炮。

（6）不宜进行大爆破的工程地质条件

①岩堆、滑坡体、坡顶上部堆积的覆盖层较厚而倾向路基的不良地区。

②断层破碎带、侵入体与围岩的接触带、节理破碎带及可能引起坍方的地质软弱面地段。

③当软弱面通过路基的后方或下方时，爆破不易形成路基的地段。

④层理面、错动面以及其他构造软弱面，倾向路基，层面胶结不良的地段。

⑤山脊较薄,山后有良好临空面,不选出半径可使整个山头破坏,引起坍方的地段。此外,对周围环境亦需考虑,如有良田、果树、重要建筑物等,在无法确保其安全时,不宜采用大爆破。

**7. 选用各种爆破方法的基本原则**

为了充分发挥各种爆破方法的持点,利用不同的地形、地质的客观条件,在路基石量工程中采用综合爆破,选用各种爆破方法,组织炮群,有计划、有步骤地爆破拟开挖的石方是十分重要的。各种炮型综合运用按以下原则:

(1)全面规划、重点设计

应根据石方集中的程度、中心开挖深度来考虑采用炮型,中心挖深大于6m时,可采用洞室炮;3~5m时采用葫芦炮;3m以下来用钢钎炮。葫芦炮与钢钎炮等中小炮型的联合开炸,可适用于任何高度和地形中,尤以阶梯高度4~5m的半路堑的开挖最为适宜。

(2)利用有利地形,打开工作面

从路基面开挖培养高阶梯,可选有利地形,先用小炮炸开工作面,造成高阶梯,为深孔炮、药壶炮或猫洞炮创造有利条件。

(3)综合利用小炮群,分段分批爆破

①在半填半挖的斜坡地形,采用一字排炮;在自然坡度较缓的地形,先用钢钎炮切脚,改造后再采用一字排炮。

②路线横切小山包时,采用钢钎炮三面切脚,改造地形后,再在中间用葫芦炮爆破。

③遇路基加宽、阶梯较高的地形,采用上下互相配合的小炮群,如图5-11所示。

④遇拉沟路堑,采用两头开挖时,可用立眼揭盖、平眼扫底的梅花炮,如图5-12所示。

⑤机械化清方时,如遇坚石,可用眼深2m以上的钢钎炮,组合成30~40个的排多层炮群,或采用深孔炮。在坚硬岩石中,为使岩石破碎程度满足清方的要求,可以采用微差爆破或间隔药包。遇软石或节理发育的次坚石,可用松动爆破。

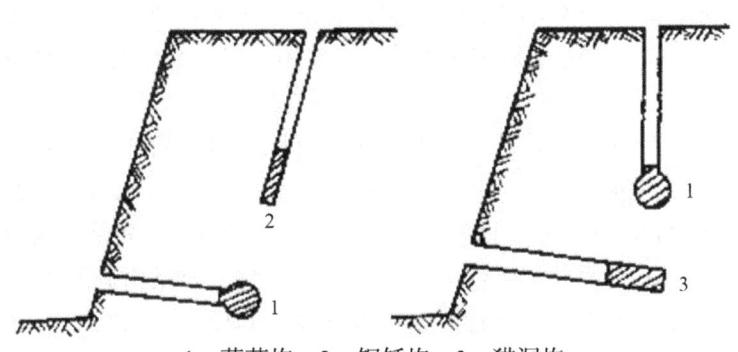

1—葫芦炮;2—钢钎炮;3—猫洞炮

图5-11 小炮群的配合

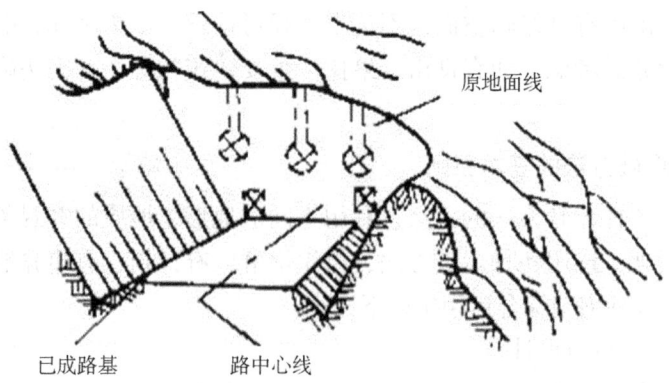

图5-12 拉沟路堑使用的梅花形立眼和平眼的混合炮群

## 学习单元三 炸药、起爆器材及起爆方法

### 1. 炸药

炸药是一种不稳定的化合物和混合物。它能在引爆器材的作用下,或外界因素的影响下产生爆炸,从而使石方被分解、破碎。爆破用的炸药种类很多,按爆炸过程中的分解速度大小,可分为烈性炸药(爆速大于2000m/s)与普通炸药(爆速小于2000m/s)两种;按外观色泽又可分为黑色、黄色两个主要品种。道路工程中用的炸药,应具有敏感性低、爆炸效能大、化学稳定性高,以及制造、储存、运输方便等优良的品质。所谓敏感性系指炸药对起爆能的反应能力。炸药对撞击、摩擦等作用的稳定性愈高,则敏感性愈低;也就是需要较大的起爆能,方能引起爆炸。所谓化学稳定性系指炸药在外界自然因素、温湿度变动影响下,能较长期不失效、不爆炸的性能。

黑色炸药是一种由硝酸钾、硫磺和木炭经分别研细、配制而成的机械混合物。其配合比各地不一致,大体说来按6:3:1较为合适。这种炸药爆速低,撞击不会爆炸,但易于因密闭、摩擦和火花影响而起爆,同时还易于因受潮而降低爆炸效果。一般当含水量大于2%时引爆发生困难,若含水量达7%就完全失效。它常用于爆破的导火索芯药以及局部小型爆破工程。

黄色炸药主要指TNT(三硝基甲苯),通常有压榨的、鳞片的和熔铸的三种。它的爆速大、敏感性低、爆破力强,一般冲击和摩擦不易引起爆炸,因而运送、储存较安全、方便。除块状的TNT适于水中爆破外,其余均易受潮而失去效能,故应注意防护。

另一种黄色炸药(浅黄或灰白色)是硝铵炸药。它主要是由硝酸铵、TNT及其他易燃物混合而成,外观呈粉末状,有毒但爆烟毒气少,其他性质与TNT近似,宜用于隧道爆破。

此外,还有一种铵油炸药,它与硝铵炸药的不同之处就是用柴油代替TNT。它的爆破力虽稍低但抛掷效果好,特别是由于柴油的黏度小,有良好渗透性,从而使炸药的成分混合比较均匀,再加上混合时柴油仅沿着硝酸铵的表面分布成一层薄膜,这就大大有利于克服硝铵炸药吸湿性强、易受潮结块的缺点。因此，对其运送、储存更方便，且造价也较低。近几年来采用这种炸药的日益增多。使用这种炸药通常由于它的敏感性较硝铵炸药还低，因此需借助硝铵炸药作起爆药包。

几种常用炸药性能见表5-2。

表5-2　几种常用炸药性能比较

| 炸药名称 | 组成 | | | 密度（g/cm³） | 爆速（m/s） | 爆力（mL） | 爆点（℃） | 爆温（℃） | 爆热（kJ/kg） | 生成气体容积（L/kg） |
|---|---|---|---|---|---|---|---|---|---|---|
| | TNT | 柴油 | 木粉 | 硝酸铵 | | | | | | |
| 2号铵油 | | 2kg | 7kg | 100kg | 0.8~1.0 | 2330~2400 | 283 | 300 | | 3762 | 973 |
| 2号硝铵 | 11% | | 4% | 85% | 0.8~1.0 | 3200~3500 | 280 | 300 | 2000~2200 | 2926~3762 | 700~930 |
| 黑火药 | | | | | 0.9~1.0 | 400 | | 270~300 | 2600 | 2424 | 280 |

**2. 起爆器材**

引爆材料有导火线、导爆索、火雷管（也叫普通雷管、电雷管）。下面仅简单介绍普通雷管及电雷管。

（1）普通雷管

普通雷管按雷汞含量多少分为10号，号数愈高，雷汞含量愈大，起爆能力也愈大，一般选用6~8号为多。

（2）电雷管

电雷管是借电流通过时产生的高热而爆炸的一种雷管。通常按起爆快慢要求分为瞬发与迟发两种：瞬发雷管与电接通后立即产生爆炸；而迟发雷管因在点火剂与起爆药间装有燃烧速度相当准确的柱形缓燃剂，而可延迟雷管爆炸时间。一般迟发雷管可分2s、4s、6s、8s、10s及12s等几种，可根据要求起爆的情况选用。选用时应注意在同一电爆网回路上，必须用同厂、同批、同牌号的电雷管。各管之间，当电阻均在1.25Ω以下时，电阻差不超过0.25Ω；在1.25~2.0Ω时，电阻差不超过0.3Ω，使用前，应用小型欧姆表导通检查。导通时应将电雷管埋入土中或放在厚铁挡板后面，以防爆炸伤人。

**3. 起爆方法（装药爆破方式）**

石方路基爆破，在其他条件相同的情况下，应根据所需要的爆破效果选用不同的装药爆破方式，即采用不同的装药量和埋药深度，见图5-13。

（1）暗洞装药

若药包埋置很深，即其深度大于$R_{松}$时，爆炸所产生的气体压力较弱，不能克服最小阻力线，只是药包处形成暗洞。此种方法又可称为"隐蔽式"爆破。它多用于扩大炮眼、直井等工作。

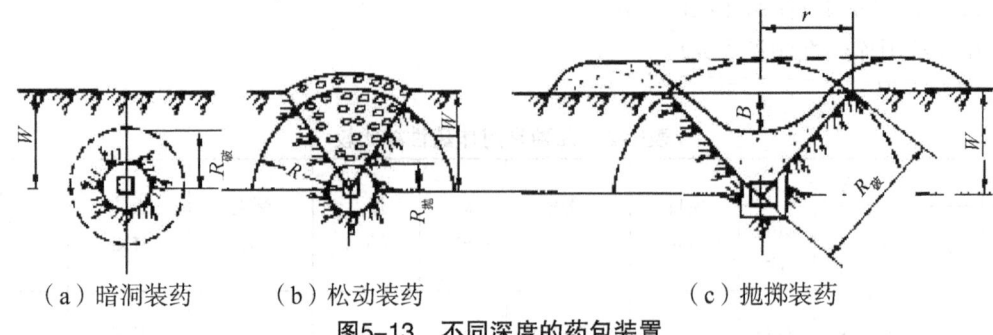

(a) 暗洞装药　　　(b) 松动装药　　　(c) 抛掷装药

图5-13　不同深度的药包装置

(2) 松动装药爆破

当埋置药包深度小于$R_{松}$时，通常$n<0.8$，爆破时只是将岩石炸松，不会抛出，又可称为"膨肚"式爆破。它多用于一般路基与采石场工程。

(3) 抛掷装药爆破

当药包埋置在地表面下的深度小于$R_{抛}$时，爆破结果将形成一个倒置的圆锥形漏斗坑，碎裂岩石被抛出。它多用于大爆破工程。这种药包装药量越大，则爆炸形成的漏斗也愈大。其效果大小可用漏斗口的半径$r$和最小阻力线的长度$W$（即装药中心点至岩层表面临空面的最短距离，称为最小抵抗线）之比值$n=\dfrac{r}{W}$表示；$n$称为抛掷指数。当$n=1$时，称为标准抛掷；$n>1$时，称为加强抛掷；$n<1$时，称为减弱抛掷。

## 学习单元四　边坡清刷及路床检验要求

石质路堑边坡清刷及路床检验，应符合下列要求：

(1) 石质挖方边坡应顺直、圆滑、大面平整。边坡上不得有松石、危石、凸出于设计边坡线的石块，其凸出尺寸不应大于20cm，超爆凹进部分尺寸也不应大于20cm。对于软质岩石，凸出及凹进尺寸不应大于10cm，否则应进行相应处理。

(2) 挖方边坡应从开挖面往下分级清刷边坡，下挖2～3m时，应对新开挖边坡刷破，对于软质岩石边坡可用人工或机械清刷，对于坚石和次坚石，可使用炮眼法、裸露药包法爆破清刷边坡，同时清除危石、松石。清刷后的石质路堑边坡不应陡于设计规定。

(3) 石质路堑边坡如因过量超挖而影响上部边坡岩体稳定时，应用浆砌片石补砌超挖的坑槽。如石质路堑边坡系易风化岩石，还应砌筑碎落台。

(4) 石质路堑路床高差应符合设计要求，开挖后的路床基岩面标高与路基设计标高之差应符合表5-3的要求，如过高，应凿平；过低，应用开挖的石屑或灰土碎石填平并碾压密实。

表5-3　石方路基允许偏差

| 项次 | 检查项目 | 允许偏差 | |
|---|---|---|---|
| | | 高速公路、一级公路 | 其他公路 |
| 1 | 纵断高程（mm） | 10　－30 | 10　－50 |
| 2 | 中线偏位（mm） | 50 | 100 |
| 3 | 宽度（mm） | 不小于设计值 | 不小于设计值 |
| 4 | 平整度（mm） | 30 | 50 |
| 5 | 横坡（%） | ±0.5 | ±0.5 |
| 6 | 边坡（mm） | 不陡于设计值 | 不陡于设计值 |

（5）石质路堑路床顶面宜使用密集小型排炮施工，炮眼底标高宜低于设计标高10~15cm，装药时宜在孔底留5~10cm空眼，装药量按松动爆破计算。

（6）石质路床超挖大于10cm的坑洼当有裂隙水时，应采用渗沟连通，渗沟宽不宜小于10cm，渗沟底略低于坑尘底，坡度不宜小于6‰，使可能出现的裂隙水或地表渗水由浅坑洼渗入深坑洼，并与边沟连接。如渗沟底低于边沟底则应在路肩下设纵向渗沟，沟底应于深坑洼底至少10cm，宽不小于60cm，纵向渗沟由填方路段引出。渗沟应填碎石，并与路床同时碾压到规定的要求。

**工程案例**

## 兰新铁路第二双线（新疆段）路基工程石质路堑施工方案

一、作业准备

1．内业技术准备

作业指导书编制后，应在开工前组织技术人员认真学习实施性施工组织设计，阅读、审核施工图纸，澄清有关技术问题，熟悉规范和技术标准。制订施工安全保证措施，提出应急预案。对施工人员进行技术交底，对参加施工人员进行上岗前技术培训，考核合格后持证上岗。

2．外业技术准备

施工作业层中所涉及的各种外部技术数据收集。修建生活房屋，配齐生活、办公设施，满足主要管理、技术人员进场生活、办公需要。

3．技术要求

（1）开挖前应先检查坡顶、坡面，并对危石、裂缝或其他不稳定情况妥善处理。

（2）开挖应从上而下进行，严禁掏底开挖。

（3）风沙地区路基宜在风速较小或有雨季节分段集中施工，并在大风来临前配套完成。

（4）施工中应采取措施保护线路两侧防护范围内原有的地表植被和硬壳。当施工使其受损时，应按设计要求配置覆盖防护。

4．施工程序与工艺流程

（1）施工程序

表层土方开挖前堑顶排水系统先行施工，以拦截地表水并随时注意检查，用人力配合推土机施工,石方地段采用深孔爆破,两侧边坡线采用预裂爆破,以确保边坡稳定,坡度符合施工设计,对于较长路堑,采用分段施工。对于平缓、短而浅的土石路堑采用全断面开挖。推土机配合反铲挖掘机装碴,自卸汽车运输。

施工方法以钻爆为主,开挖前按要求清理场地,复测地面标高,复核填挖断面。人工清理危及施工安全的所有危石及树木。工地布置时尽可能增加开挖工作面和运输线,充分利用和保持装运地势高差,加快装车速度。

爆破孔网参数选择:施工过程中根据岩石软硬程度通过试爆调整孔网参数。

起爆网路:起爆网路采用非电微差分段并联起爆网路,降低爆破振动,能确保临近建筑物安全。

当表层为全-强风化砂岩地层时采用大功率挖掘机、带松土器的大功率推土机开挖,开挖时自上而下分层拉槽开挖。开挖顺序见下图5-14所示。

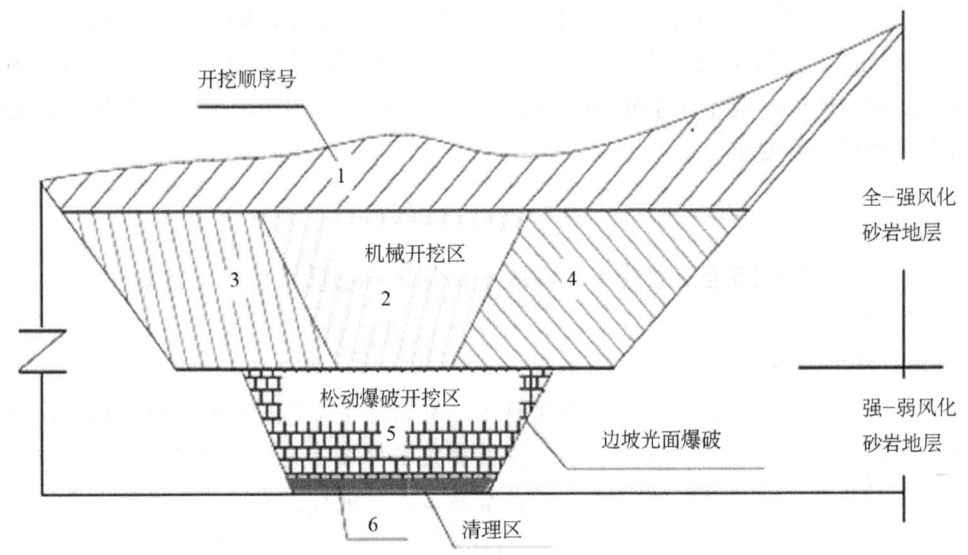

图5-14 顺层路堑全-弱风化层基岩开挖示意图

当下层为强-弱风化层砂岩基岩时采用松动爆破开挖,边坡采用光面爆破。边坡光爆孔孔距控制在40～50cm,松爆孔距控制在50～70cm,炸药用量控制在0.4～0.6kg/m³。

当路堑较深时,采用深孔爆破,钻孔深度5～7m。现场进行爆破施工前,应先对该段石质进行爆破试验,确定适当的爆破参数,提高爆破效果,使每次爆破产生的岩石大小满足装运机械工作要求,并适于路基填筑。深路堑石方爆破开挖见图5-15所示。

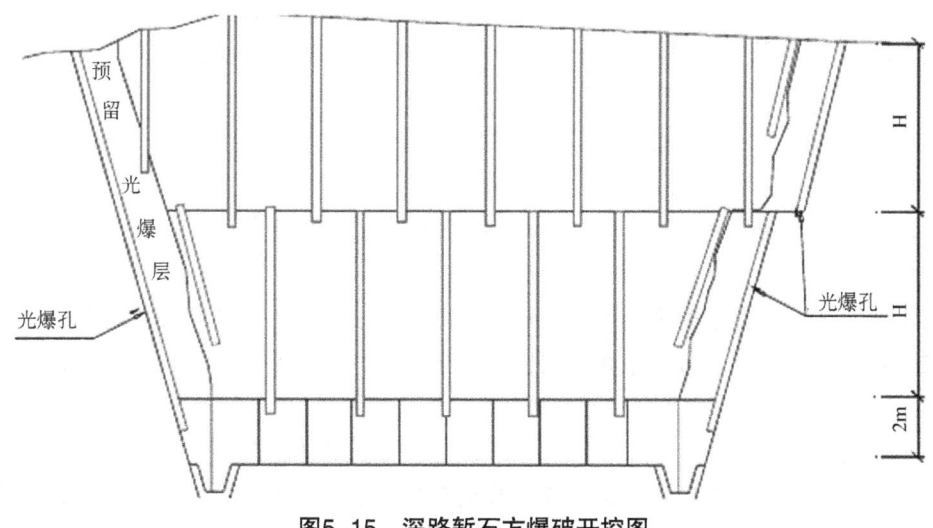

图5-15 深路堑石方爆破开挖图

(2)施工流程

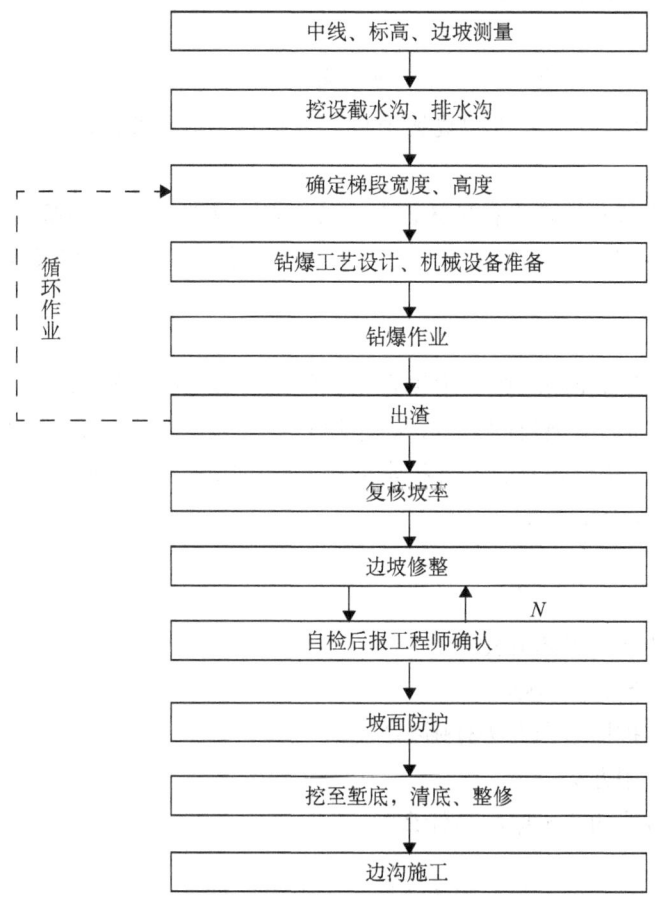

图5-16 施工流程

5.施工要求

路堑开挖、基床处理、排水系统和弃土等，应根据地形、地质、气象、水文实际情况合理安排施工。

路堑开挖施工前应核对地质资料，开挖后如发现与地质资料不符时应及时反馈设计和监理单位。

路堑开挖应根据地形情况、岩层产状、断面形式、路堑长度、施工季节和环境保护要求，并结合土石方调配选用下列方式开挖：

（1）全断面开挖适用于平缓地面上短而浅的路堑，用挖装、车运机具施工。

（2）横向台阶开挖适用于平缓横坡上的一般路堑，用挖装、车运机具施工；较深路堑宜分层开挖。

（3）逐层顺坡开挖适用于石质路堑，用铲运、推土机械施工。

（4）纵向台阶开挖适用于傍山路堑，边坡较高时宜分级开挖；路堑较长时，可适当开设马口。对边坡较高的软弱、松散岩质路堑，宜采用分级开挖、分档开挖、分级防护的坡脚预加固措施。

（5）对岩石的走向、倾斜不利于边坡稳定及施工安全的地段，应按设计要求开挖，并采取减弱施工振动的措施；在设有支挡结构的地段，应采取短开挖或马口开挖，并设临时支护措施。

（6）开挖及爆破应按岩性、产状、边坡高度选择适当方法，严格控制药量。爆破后应达到边坡和堑顶山体稳定，基床和边坡平顺、不破碎、不松动；凸凹不平处应用混凝土或浆砌片石补齐。

（7）兰新二线部分线路处在风区，弃土场、取土场应设置在路基的背风一侧。当其设有防护时，应于取、弃土后立即施工。固沙、阻沙设施应随路基主体工程及时配套完成。

## 项目小结

本项目主要介绍石质路基施工中填石路堤施工、石质路堑开挖、坡面防护工程施工、路基石方爆破等。通过本项目的学习，熟悉填石路基施工方法，重点掌握填石路基开挖方法、坡面防护施工方法、路基石方开挖常采用的爆破方式，了解炸药、起爆器材、起爆方法、边坡清刷及路床检验要求等。

## 基础训练

1. 填石路堤的施工工艺流程？
2. 石质路堑开挖方法有哪些？
3. 石质坡面防护措施和方法有哪些？
4. 列举爆破常用方法。
5. 选用爆破方法的基本原则是什么？

## 考证训练

### 一、单项选择题

1. 以下关于土石路堤的施工要领，说法错误的是（　　）。
   A. 填土石路堤填筑应分层填筑，分层压实
   B. 压实机械宜选用自重不小于18t的振动压路机
   C. 当土石混合料中石料含量超过70%时，宜采用人工铺填
   D. 当土石混合料中石料含量小于70%时，可用推土机铺填，最大层厚80cm

2. 在地形艰险及爆破量较小地段（如打水沟、开挖便道、基坑等），应优先选择以下（　　）种爆破方式。
   A. 钢钎炮　　　　　　　　　B. 深孔爆破
   C. 药壶炮　　　　　　　　　D. 猫洞炮

3. 以下（　　）特点不属于钢钎炮的特点。
   A. 每次爆破的方数少，并全靠人工清除
   B. 不利于爆破能量的利用
   C. 是采用延长药包的一种爆破方法
   D. 在综合爆破中是一种改造地形，为其他炮型服务的辅助炮型

4. 以下（　　）特点不属于深孔爆破的特点。
   A. 孔径大于75mm，深度在5m以上
   B. 是采用延长药包的一种爆破方法
   C. 需用大型的凿岩穿孔机钻孔
   D. 在综合爆破中是一种改造地形，为其他炮型服务的辅助炮型

5. 以下（　　）特点不属于药壶炮的特点。
   A. 主要用于露天爆破
   B. 使用大量炸药烘膛，使眼底成葫芦形，将炸药集中装入药壶中进行爆破
   C. 如果自然地面坡度较缓，一般先用钢钎炮切脚，炸出台阶后再使用
   D. 是小炮中最省工、省药的一种方法

6. 以下（　　）特点不属于猫洞炮的特点。
   A. 是充分利用岩体本身的崩塌作用的一种爆破方法
   B. 是能用较浅的炮眼爆破较高的岩体的一种爆破方法
   C. 爆能利用率好
   D. 适用于在有裂缝的软石坚石中，阶梯高度大于4m的地方使用

### 二、多项选择题

1. 填石路堤施工时，正确的施工要点是（　　）。
   A. 二级及二级以上公路的填石路堤应分层填筑压实
   B. 施工前，应先修筑试验路段，确定松铺厚度、压实遍数等施工参数
   C. 在填石路堤顶面与细粒土填土层之间应按设计要求设过渡层
   D. 接近路堤设计标高时，改用土石混填

E. 岩性相差较大的填料应分层或分段填筑
2. 土石路堤填筑时应该注意的施工要点是（　　）。
A. 土石路堤应采用倾填方法
B. 碾压前应使大粒径石料均匀分散在填料中
C. 压实后透水性差异大的土石混合材料，应分层或分段填筑
D. 中硬、硬质石料的土石路堤，应进行边坡码砌
E. 软质石料土石路堤的边坡按土质路堤边坡处理
3. 路堑爆破施工中，钢钎炮具有的特征有（　　）。
A. 炮眼直径大于7cm　　　　　B. 深度小于5m
C. 炮眼直径小于7cm　　　　　D. 深度大于5m
E. 用钢钎装药
4. 路堑爆破施工中，深孔爆破具有的优点是（　　）。
A. 劳动生产率高，一次爆落的方量多，施工进度快
B. 用药少，比较灵活
C. 作为其他炮型服务的辅助炮型
D. 采用延长药包的一种爆破方法，爆破时比较安全
E. 作为其他炮型服务的先导炮
5. 路堑爆破施工中，药壶炮的使用条件是（　　）。
A. 岩石应在Ⅺ级以下　　　　　B. 岩石需含少量水分
C. 自然地面坡度在70°左右　　D. 阶梯高度（$H$）小于10～20m
E. 装药量一般介于10～60kg，最多可超过100kg
6. 路堑爆破施工中，综合爆破方法是根据下列（　　）特点来确定的。
A. 石方的集中程度　　　　　　B. 地质、地形条件
C. 公路路基断面的形状　　　　D. 工人数量
E. 工程造价

三、综合选择题

某地区一条50km长的二级公路项目，路基填挖基本平衡，路基填筑可选材料主要有石质土、砂土、强膨胀土和重粉质黏土。其中A段路堤长2.4km，以饱水的软弱黏性土沉积为主的鱼塘与稻田地段，路基平均填土高度4.5m；B段路堑长1.5km，主要为石方路段，挖方高度2～8m，采用钢钎炮与深孔爆破等钻孔爆破施工。根据场景，回答下列问题：

1. 该项目路堤原基底处理的压实度应不小于（　　）%。
A. 75　　　　　　　　　　　　B. 80
C. 85　　　　　　　　　　　　D. 90
2. 场景中不能直接作为路基填筑材料的是（　　）。
A. 砂土　　　　　　　　　　　B. 石质土
C. 强膨胀土　　　　　　　　　D. 重粉质土
3. A段路基属于（　　）。

A. 软土地区路基 B. 湿黏土路基
C. 膨胀土地区路基 D. 泥石流地区路基

4. 填土路基最佳含水量检测是（　　）。
A. 灌砂法 B. 击实试验法
C. 环刀法 D. 贝克曼梁法

5. B段路堑爆破施工技术属于（　　）。
A. 小炮 B. 洞室炮
C. 药壶炮 D. 猫洞炮

6. 雨期开挖B段路堑，炮眼应尽量（　　）设置。
A. 垂直 B. 水平
C. 错开 D. 梅花形

# 项目六　路基排水工程

**任务目标：**
　　本项目主要介绍路基排水工程，重点介绍排水的目的与要求、路基排水布置的一般原则、地表排水及地下排水。

**学习目标：**
　　（1）熟悉路基排水的目的与要求、布置的一般原则。
　　（2）掌握边沟、截水沟、排水沟、跌水、急流槽、拦水带、蒸发池的施工要点。
　　（3）掌握暗沟、渗沟、渗井、检查井的施工要点。

# 工作任务一　路基排水工程简介

## 学习单元一　排水的目的与要求

　　水是影响路基强度和稳定性的另一重要因素，许多路基病害是由水的侵蚀造成的，路基内水分过多，会降低土基的承载力。地下水会使路基软化，不但会降低土基强度，还会造成边坡坍塌，严重时还会造成整个路基滑塌，严重影响公路的运营和使用。另外，为了保证路基及边坡的坚固和稳定，从保护环境、不损害当地农田水利设施考虑，也必须做好路基排水，同沿线的桥梁和涵洞形成一个完好的排水系统，并与地区排水规划相协调。在路基施工中，应重视施工排水，防止因各种原因造成的水患，给路基、路面施工造成不必要的损失。

　　路基的水主要是大气降水、水渠、自然沟渠中的水及地下水，所以路基的排水设施也分为地表排水和地下排水。相对而言，地下排水较困难，设计不易发现，施工时不但要按设计认真施工，还要深入了解地下水可能造成的危害而加以防治。路基地面排水设施的作用是将可能停滞在路基范围内的地面水迅速排除，并防止路基范围外的地面水流入路基内。

　　路基施工中，首先应校核全线路基排水系统的设计是否完备和妥善，必要时应予以补充或修改，应重视排水工程的质量和使用效果。此外，应根据实际情况与需要，设置施工现场的临时性排水措施，以保证路基土石方及附属结构物在正常条件下进行施工作业，消除路基基底和土体内与水有关的隐患，保证路基工程质量，提高施工效率。

路基养护中，对排水设施应定期检查与维修，以保证排水设施正常使用，水流畅通，并根据实际情况不断改善路基排水条件。

路界地表排水的目的是把降落在路界范围内的表面水有效地汇集并迅速排除出路界，同时把路界外可能流入的地表水拦截在路界范围外，以减少地表水对路基和路面的危害以及对行车安全的不利影响。通常地表排水可以划分为路面表面排水、中央分隔带排水、坡面排水三部分。中央分隔带排水，视其宽度和表面横向坡度倾向，可以包括中央分隔带和左侧边缘带，或者仅为中央分隔带，而在设置超高路段，它还包括上侧半幅路面的表面水。坡面排水包括路堤坡面、路堑坡面和倾向路界的自然坡面的排水。

## 学习单元二　路基排水布置的一般原则

（1）排水设施要因地制宜、全面规划、合理布局、综合治理、讲究实效、注意经济，并充分利用有利地形和自然水系。一般情况下地面和地下设置的排水沟渠，宜短不宜长，以使水流不过于集中，做到及时疏散，就近分流。

（2）各种路基排水沟渠的设置，应注意与农田水利相配合，必要时可适当地增设涵管或加大涵管孔径，以防农业用水影响路基稳定，并做到路基排水有利于农田排灌。路基边沟一般不应用作农田灌溉渠道，两者必需合并使用时，边沟的断面应加大，并予以加固，以防水流危害路基。

（3）设计前必须进行调查研究，查明水源与地质条件，重点路段要进行排水系统的全面规划，考虑路基排水与桥涵布置相配合，地下排水与地面排水相配合，各种排水沟渠的平面布置与竖向布置相配合，做到路基路面综合设计和分期修建。对于排水困难和地质不良的路段，还应与路基防护加固相配合，并进行特殊设计。

（4）路基排水要注意防止附近山坡的水土流失，尽量不破坏天然水系，不轻易合并自然沟溪和改变水流性质，尽量选择有利地质条件布设人工沟渠，减少排水沟渠的防护与加固工程。对于重点路段的主要排水设施，以及土质松软和纵坡较陡地段的排水沟渠，应注意必要的防护与加固。

（5）路基排水要结合当地水文条件和道路等级等具体情况，注意就地取材，以防为主，既要稳固适用，又必须讲究经济效益。

# 工作任务二　地表排水

最常采用的地面排水设施是边沟、截水沟、排水沟、跌水、急流槽、拦水带及蒸发池等。这些排水设施，分别设在路基的不同部位，各自的排水功能、布置要求或构造形式，均有所差异。

对于高速公路和一级公路上的排水沟渠，一般都要求铺砌防护。普遍采用浆砌片石加固，而水泥混凝土预制板块也开始广泛应用。高速公路和一级公路通过水网地段的路基，过去逢沟设涵的做法在一些地方有了改进,对路线两侧的灌溉沟渠重新系统布置,免去了穿越路线的排灌涵洞,从而提高了路基的工程质量。

### 1. 边沟

设置在挖方路基的路肩外侧或低路堤路基的坡脚外侧,用以汇集和排除路基范围内和流向路基的少量地面水的沟槽称为边沟。挖方地段和填土高度小于边沟深度的填方地段均应设置边沟,用以汇集和排除路基范围内或流向路基的少量地面水。

一般情况下,边沟不宜与其他沟渠合并使用,如特殊情况需排入时,则应加大边沟断面,并予以加固。为控制边沟中的水不致过多,一般每隔300～500m(特殊情况200m)设排水涵一道,用以及时将边沟水排至路基范围之外。边沟沟底纵坡通常与路线纵坡一致;平坡路段,边沟宜保持不小于0.5%的纵坡,特殊情况容许采用0.3%,但边沟口间距宜减短。边沟出水口附近,以及排水困难路段,如回头曲线和路基超高较大的平曲线等处,边沟应进行特殊设计,以免水流阻滞淤塞边沟。当纵坡大于3%时,应考虑加固,以免发生冲刷。边沟长度一般不宜超过300m,三角形边沟不宜超过200m,尽量使沟内水流就近排至路旁自然水沟或低洼地带,必要时设置涵洞,将边沟水横穿路基从另一侧排出。当纵坡超过6%时,水流速度大而冲刷严重,可采用跌水或急流槽的形式缓冲水流。另外,在设置超高的平曲线区段内,由于挖方地段路基内侧标高的改变,可能形成边沟积水,危害路基,因此应注意使平曲线段边沟沟底与曲线前后沟底平顺衔接。

边沟的横断面形式,有梯形、矩形及三角形,如图6-1所示。边沟横断面一般采用梯形,梯形边沟内侧边坡为1:1.0～1:1.5,外侧边坡坡度与挖方边坡坡度相同。石方路段的边沟宜采用矩形横断面,其内侧边坡直立,坡面应采用浆砌片石防护,外侧边坡坡度与挖方边坡坡度相同。少雨浅挖地段的土质边沟可采用三角形横断面,其内侧边坡宜采用

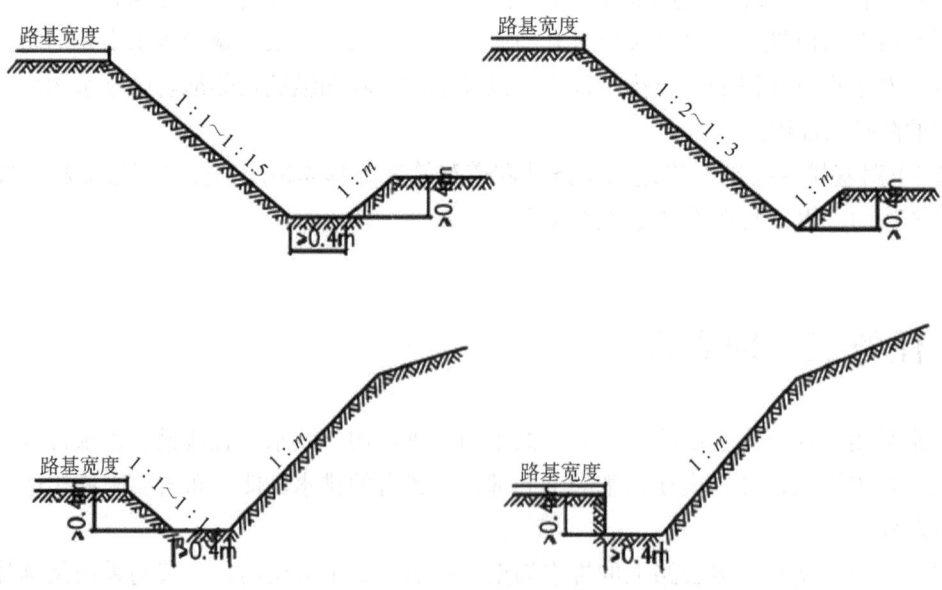

图6-1 边沟的横断面形式示意图

1∶2～1∶3，外侧边坡坡度与挖方边坡坡度相同。三角形边坡的水流条件较差，流量较大时沟深宜适当加大。

梯形边沟的深度和底宽一般不应小于0.4m，干旱地区及分水点可采用0.3m，一般取0.4～0.6m。降水量集中或地势偏低的路段、高速公路和一级公路的边沟断面应大一些，其深度和底宽可用0.8～1.0m。取高限或更大一些。流线形边沟，是将路堤横断面的边角整修圆滑，可以防止路基旁侧积砂或堆雪，适用于沙漠或积雪地区的路基。边沟可采用浆砌片石，栽砌卵石，水泥混凝土预制块防护。砌筑用的砂浆强度，对于高速公路、一级公路采用M7.5，其他等级公路采用M5。边沟出水口附近，水流冲刷比较严重，必须慎重布置和采取相应措施。

图6-2所示是路堑与高路堤衔接处的边沟排水布置图，由于边沟泄出水流流向路堤坡脚处，两者高差大，必须因地制宜，根据地形与地质等具体条件，将出水口延伸至坡脚以外，以免边沟水冲刷填方坡脚。

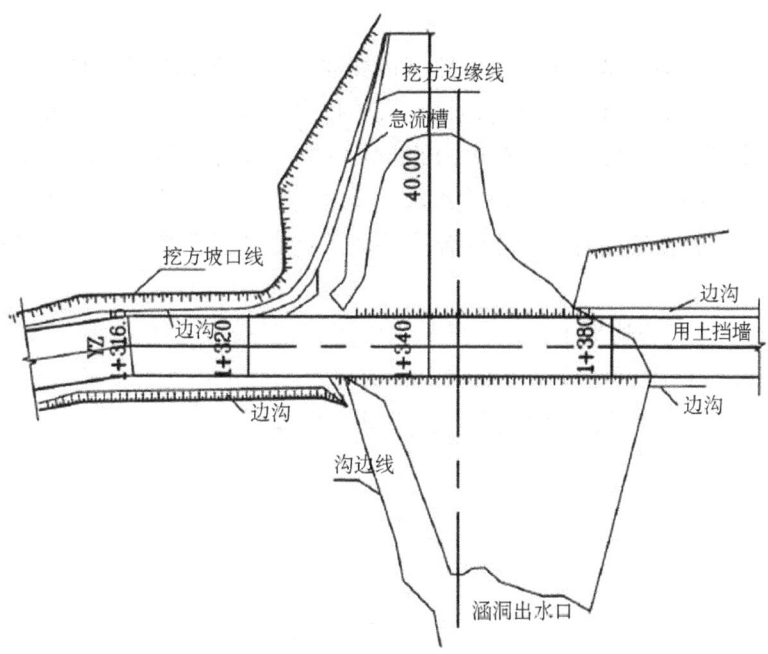

**图6-2 路堑与高路堤的边沟出口布置图**

边沟水流流向桥涵进水口时，为避免边沟流水产生冲刷，应作适当处治，图6-3是涵洞进口设置窨井的一例。此外还应根据地形等条件，在桥涵进口前或在其他水流落差较大处，设置急流槽与跌水等结构物，将水流引入桥涵或其他指定地点。

当边沟水流流至回头曲线处，一般边沟水较满，且流速较大，此时宜顺着边沟方向沿山坡设置引水沟，将水引至路基范围以外的自然沟中，或设急流槽或涵洞等结构物，将水引下山坡或路基另一侧，以免对回头曲线路段冲刷。

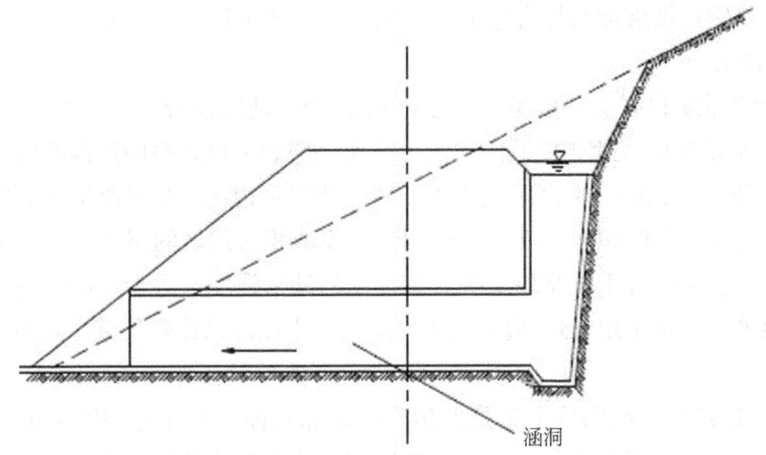

图6-3 边沟泄水流入涵前窨井剖面图

## 2. 截水沟

截水沟，又称天沟，是设置在挖方路基边坡坡顶以外或山坡路堤的上方，垂直于水流方向，用以截引路基上方流向路基的地面径流的排水设施。截水沟可以防止地表径流冲刷和侵蚀挖方边坡和路堤坡脚，并减轻边沟的泄水负担。降水量较少或坡面坚硬和边坡较低以致冲刷影响不大的路段，可以不设截水沟；反之，如果降水量较多，且暴雨频率较高，山坡覆盖层比较松软，坡面较高，水土流失比较严重的地段，必要时可设置两道或多道截水沟。

图6-4是路堑段挖方边坡上方设置的截水沟图例之一，图中截水沟至坡顶边沿距离$d$，一般应大于5.0m，地质不良地段可取10.0m或更大。截水沟下方一侧，可堆置挖沟的土方，要求作成顶部向沟倾斜2%的土台。路堑上方设置弃土堆时，截水沟的位置及断面尺寸，如图6-5所示。

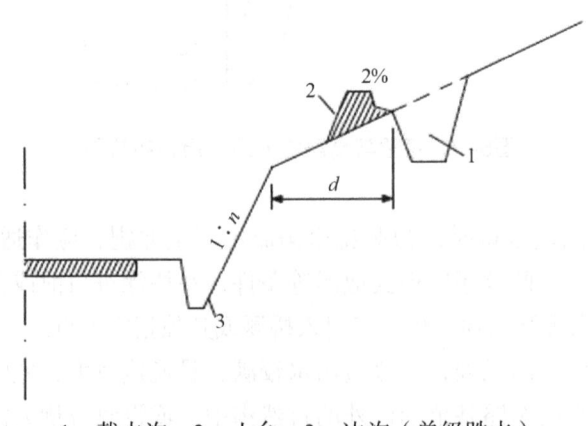

1—截水沟；2—土台；3—边沟（单级跌水）
图6-4 挖方路段截水沟示意图

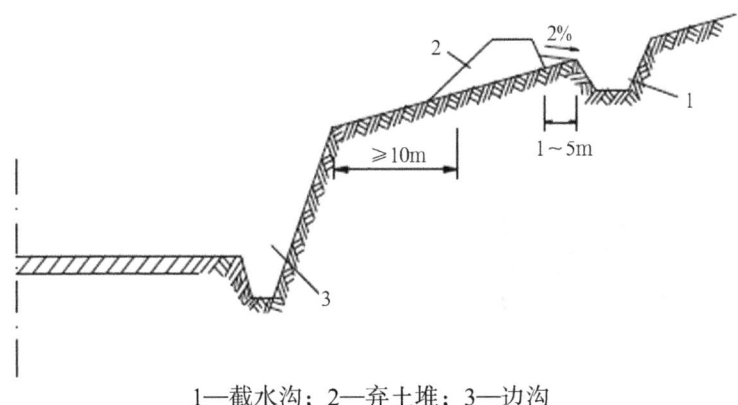

1—截水沟；2—弃土堆；3—边沟
**图6-5 挖方路段弃土堆与截水沟关系图**

山坡填方路段可能遭到上方水流的破坏作用，此时必需设截水沟，以拦截山坡水流保护路堤。如图6-6 所示，截水沟应与坡脚之间，要有不小于2.0m 的间距，并做成2%的向沟倾斜横坡，确保路堤不受水害。

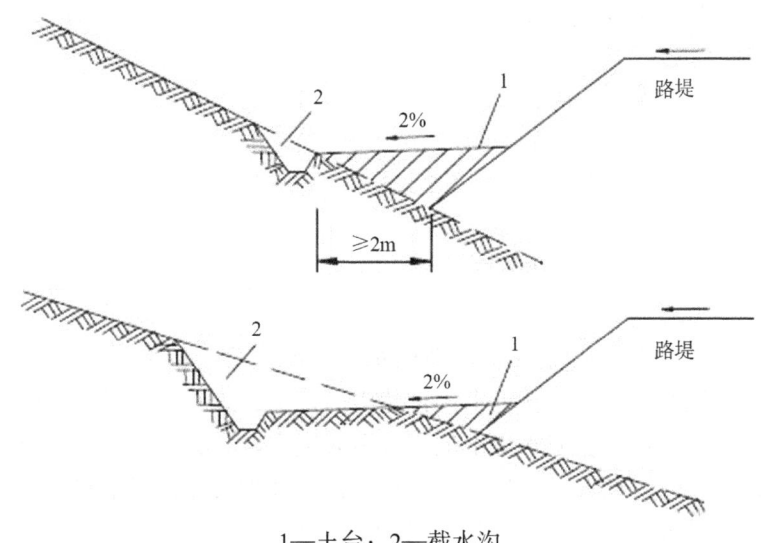

1—土台；2—截水沟
**图6-6 填方路段上的截水沟示意图**

截水沟的横断面形式，一般为梯形，沟的边坡坡度，因岩土条件而定，一般采用1∶1.5～1∶1.5，如图6-7 所示。沟底宽度$b$不小于0.5m，沟深$h$按设计流量而定，亦不应小于0.5m。

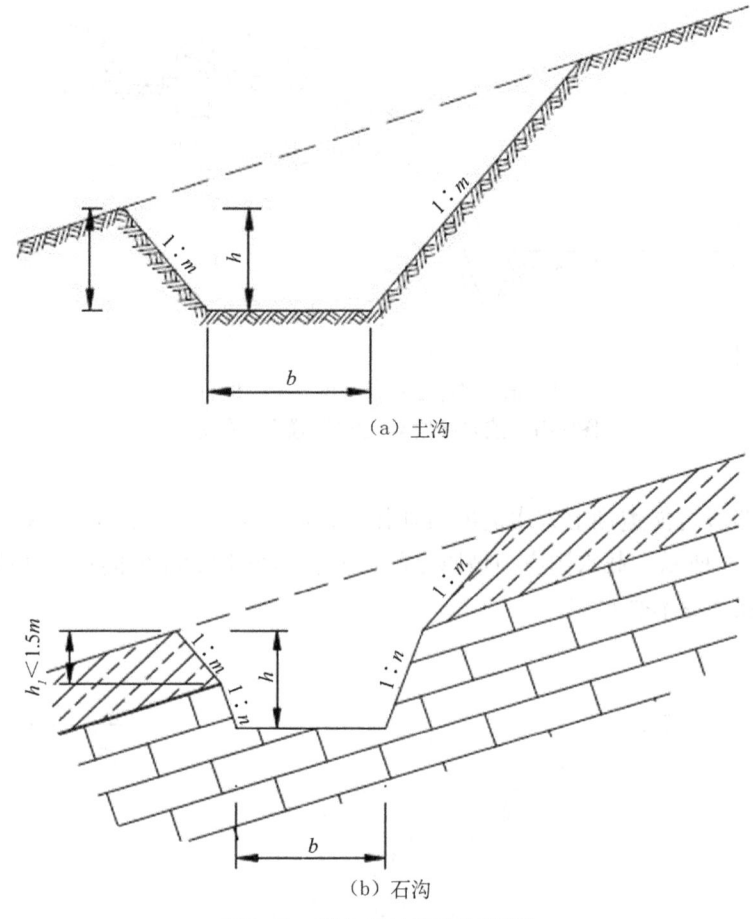

(a) 土沟

(b) 石沟

图6-7 截水沟的横断面图例

截水沟的位置，应尽量与绝大多数地面水流方向垂直，以提高截水效能和缩短沟的长度。截水沟应保证水流畅通，就近引入自然沟内排出，必要时配以急流槽或涵洞等泄水结构物将水流引入指定地点。截水沟水流不应引入边沟，当必须引入时，应增大边沟横断面，并进行防护。沟底应具有0.5%以上的纵坡，沟底和沟壁要求平整密实、不滞流、不渗水，必要时予以加固和铺砌。截水沟的长度以200～500m为宜。

### 3. 排水沟

排水沟的主要用途在于引水，将路基范围内各种水源的水流（如边沟、截水沟、取土坑、边坡和路基附近积水），引至桥涵或路基范围以外的指定地点。当路线受到多段沟渠或水道影响时，为保护路基不受水害，可以设置排水沟或改移渠道，以调节水流，整治水道。

排水沟的横断面，一般采用梯形，尺寸大小应经过水力水文计算选定。用于边沟、截水沟及取土坑出水口的排水沟，横断面尺寸根据设计流量确定，底宽与深度不宜小于0.5m，土沟的边坡坡度为1:1～1:1.5。

排水沟的位置，可根据需要并结合当地地形等条件而定，离路基尽可能远些，距路基坡脚不宜小于2m，平面上应力求直接，需要转弯时亦应尽量圆顺，做成弧形，其半径不宜小于10～20m，连续长度宜短，一般不超过500m。

排水沟水流注入其他沟渠或水道时，应使原水道不产生冲刷或淤积。通常应使排水沟与原水道两者成锐角相交，交角不大于45°，有条件可用半径$R=10b$（$b$为沟顶宽）的圆曲线朝下游与其他水道相接，如图6-8所示。

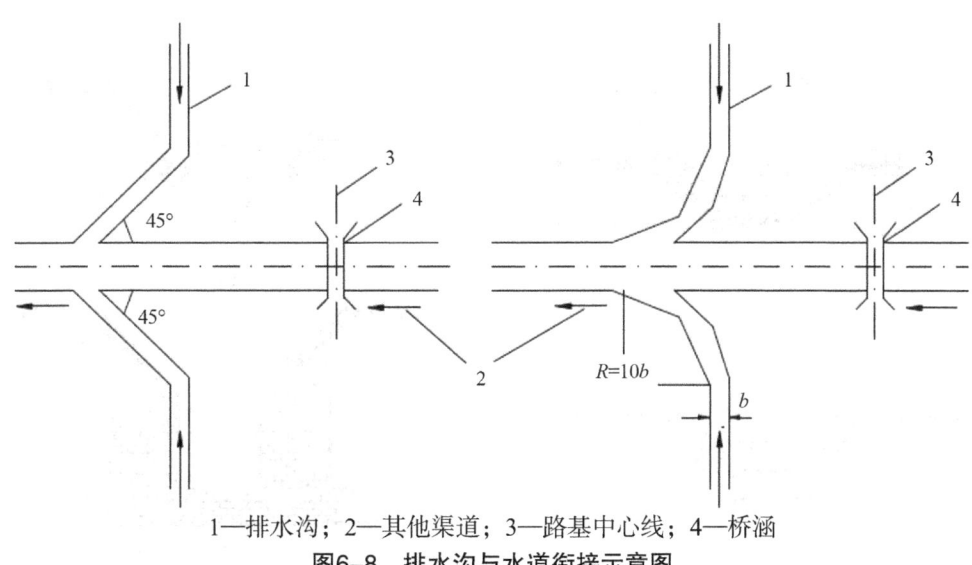

1—排水沟；2—其他渠道；3—路基中心线；4—桥涵

**图6-8　排水沟与水道衔接示意图**

排水沟应具有合适的纵坡，以保证水流畅通，不致流速太大而产生冲刷，亦不可流速太小而形成淤积。一般情况下，可取0.5%～1.0%，不小于0.3%，亦不宜大于3%。

#### 4. 跌水与急流槽

设置于需要排水的高差较大而距离较短或坡度陡峻地段的阶梯形构筑物，称为跌水。其作用主要是降低流速和消减水的能量。急流槽是具有很陡坡度的水槽，其作用主要是在很短的距离内，水面落差很大的情况下进行排水。

跌水与急流槽是路基地面排水沟渠的特殊形式，用于陡坡地段，沟底纵坡可达45°。一般在重丘、山岭地区，地形险峻，排水沟渠纵坡较陡，水流湍急，冲刷力强，为减小其流速，降低其能量，防止对路基造成危害，要求跌水与急流槽的结构必需稳固耐久，通常应采用浆砌块石或水泥混凝土预制块砌筑，并具有相应的防护加固措施，如图6-9所示。

跌水的构造，有单级和多级之分，沟底有等宽和变宽之别。单级跌水适用于排水沟渠连接处，由于水位落差较大，需要消能或改变水流方向，图6-10表示路基边沟水流通过涵洞排泄时，采用单级跌水（相当于雨水井）的示例之一。较长陡坡地段的沟渠，为减缓水流速度，并予以消能，可采用多级跌水，图6-11即为示例之一。多级跌水底宽和每级长度，可以采用各自相等的对称形，亦可根据实地需要，做成变宽或不等长度与高度。

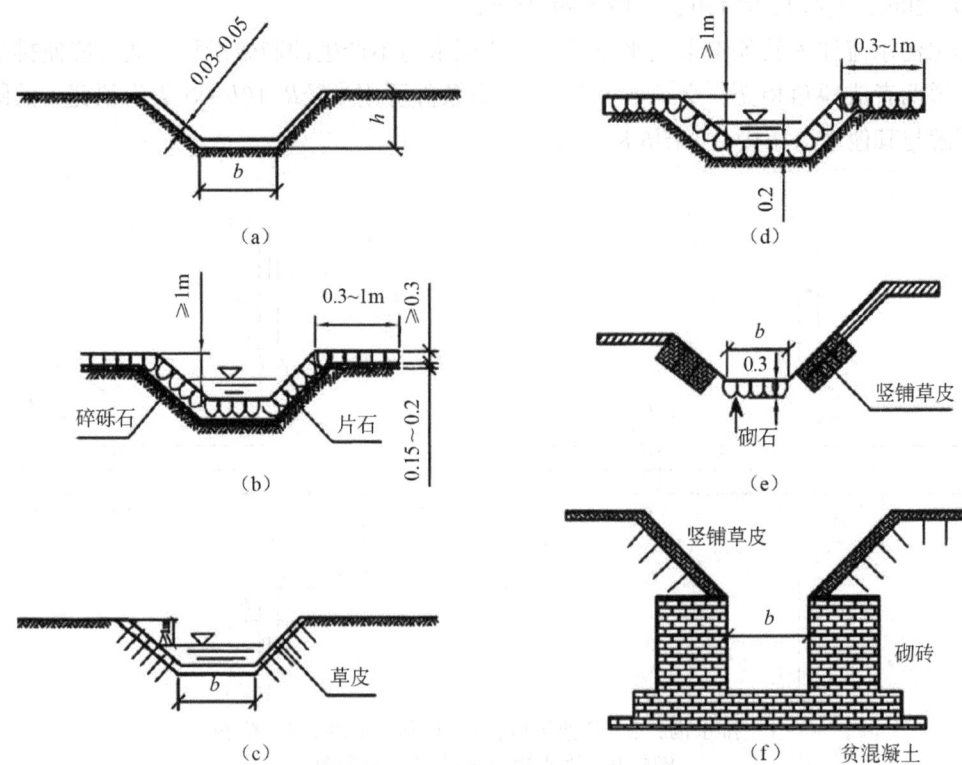

（a）石灰三合土抹平层；（b）干砌片石（碎石垫平）；（c）平铺草皮；
（d）浆砌片石（碎石垫平）；（e）竖铺草皮，砌石底；（f）砖砌水槽
图6-9 沟渠加固断面图（单位：m）

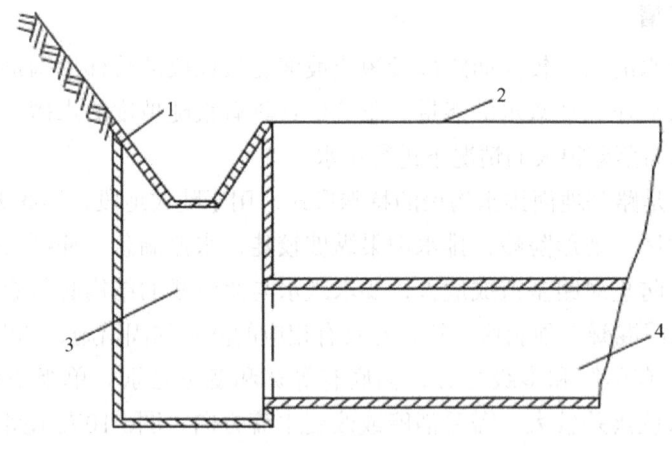

1—边沟；2—路基；3—跌水井；4—涵洞
图6-10 边沟与涵洞单级跌水连接图

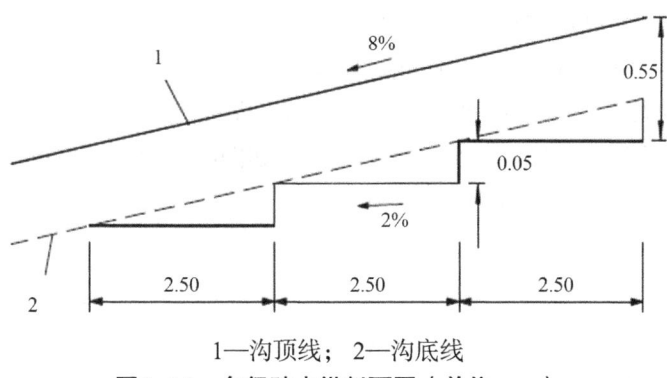

1—沟顶线；2—沟底线

图6-11 多级跌水纵剖面图（单位：m）

按照水力计算特点，跌水的基本构造可分为进水口、消力池和出水口三个组成部分，如图6-12所示。各个组成部分的尺寸，由水力计算而定。一般情况下，如果地质条件良好，地下水位较低，设计流量小于1.0～2.0m³/s，跌水台阶（护墙）高度$P$，最大不超过2.0m。常用的简易多级跌水，台高0.4～0.5m，护墙用石砌或混凝土结构，墙基埋置深度为水深$a$的1.0～1.2倍，并不小于1.0m，且应深入冰冻线以下，石砌墙厚0.25～0.30m。消力池起消能作用，要求坚固稳定，底部具有1%～2%的纵坡，底厚0.35～0.30m，壁高应比计算水深至少大0.20m，壁厚与护墙厚度相仿。消力池末端设有消力槛，槛高$c$依计算而定，要求低于池内水深，为护墙高度$P$的1/4～1/5，即$c=(0.2～0.25)P$，一般取$c$=15～20cm。消力槛顶部厚度为0.3～0.4m，底部预留孔径为5～10cm的泄水孔，以利水流中断时排泄池内的积水。

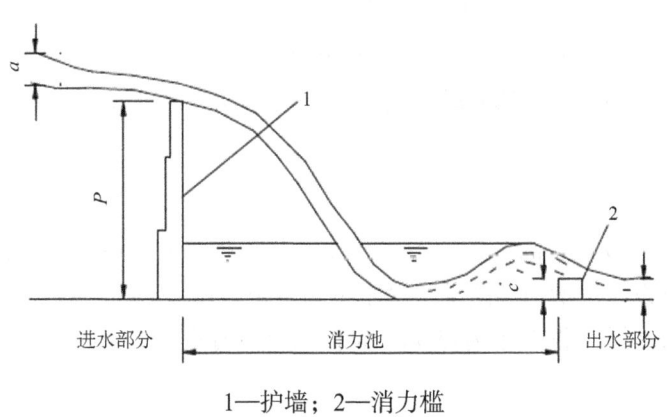

1—护墙；2—消力槛

图6-12 跌水构造示意图

跌水两端的土质沟渠，应注意加固，保持水流畅通，不致产生水流冲刷和淤积，以充分发挥跌水的排水效能。

急流槽的纵坡，比跌水的平均纵坡更陡，结构的坚固稳定性要求更高，是山区公路回头展线，沟通上下线路基排水及沟渠出水口的一种常见排水设施。急流槽主体部分的纵坡，依地形而定，一般可达67%（1∶1.5），如果地质条件良好，需要时还可更陡，但结构要求更严，造价亦相应提高，设计时应通过比较而定。

急流槽多用砌石（抹面）和水泥混凝土结构，亦可利用岩石坡面挖槽。如临时急需时，可就近取材，采用竹木结构。急流槽的构造，如图6-13所示。按水力计算特点，亦由进口、主槽（槽身）和出口三部分组成。

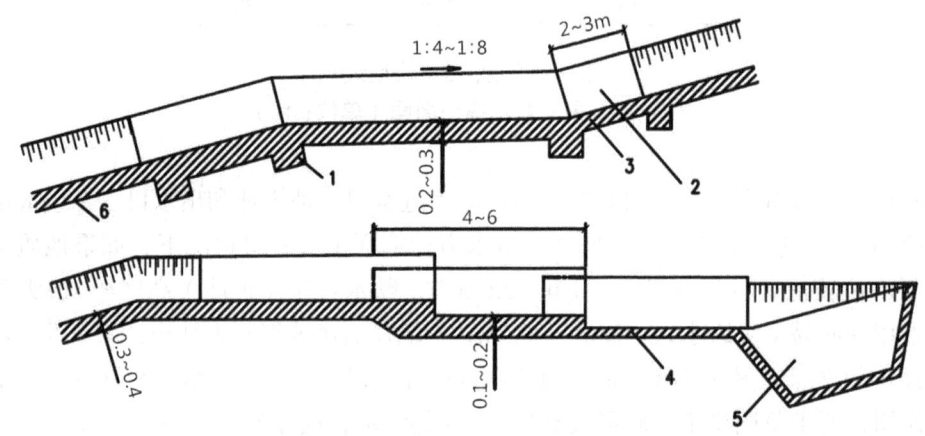

1—耳墙；2—消力池；3—混凝土槽底；
4—钢筋混凝土槽底；5—横向沟渠；6—砌石护底

图6-13 急流槽构造示意图（单位：m）

急流槽的进出口与主槽连接处，因沟槽横断面不同，为了能平顺衔接，可设过渡段，出口部分设有消力池。各个部分的尺寸，依水力计算而定。对于设计流量不超过$1.0m^3/s$，槽底倾斜为1∶1～1∶1.5的小型结构。急流槽的基础必须稳固，端部及槽身每隔2～5m，在槽底设耳墙埋入地面以下。槽身较长时，宜分段砌筑，每段长5～10m，预留伸缩缝，并用防水材料填缝。

5. 拦水带

为避免高路堤边坡被路面汇集的雨水冲坏，可在路肩上作拦水带，将水流拦截至挖方边沟或在适当地点设急流槽引离路基。拦水带高出路肩15～20cm，埋入25～30cm，拦水带顶宽，浆砌片面为25cm，混凝土为15cm。设拦水带的内侧路肩应适当加固。

6. 蒸发池

气候干旱、排水困难地段，可利用沿线的集中取土坑或专门设置蒸发池排除地表水。蒸发池与路基边沟（或排水沟）间应设排水沟连接。蒸发池边缘与路基边沟距离不应小于5m，面积较大的蒸发池不得小于20m。池中水位应低于排水沟的沟底。

蒸发池的容量应以一个月内路基汇流入池中的雨水能及时完成渗透与蒸发作为设计依据。每个蒸发池的容水量不宜超过200～300$m^3$，蓄水深度不应大于1.5～2.0m。蒸发池的设置不应使附近地面形成盐渍化或沼泽化。

# 工作任务三　地下排水

路基及边坡土体中的上层滞水，或埋藏很浅的潜水称为地下水，当地下水影响路基、路面强度或边坡稳定时，应设置暗沟（管）、渗沟、检查井等地下排水设施。

常用的路基地下排水设施有：盲沟、渗沟和渗井等，其特点是排水量不大，主要是以渗流方式汇集水流，并就近排出路基范围以外。对于流量较大的地下水，应设置专用地下管道予以排除。

由于地下排水设施埋置地面以下，不易维修，在路基建成后又难以查明失效情况，因此要求地下排水设施能牢固有效。

**1. 暗沟**

相对于地面排水的明沟而言，暗沟又称盲沟，具有隐蔽工程的含义。从盲沟的构造特点出发，由于沟内分层填以大小不同的颗粒材料，利用渗水材料透水性将地下水汇集于沟内，并沿沟排泄至指定地点，此种构造相对于管道流水而言，习惯上称之为盲沟，在水力特性上属于紊流。

图6-14为一侧边沟下面所设的盲沟，用以拦截流向路基的层间水，防止路基边坡滑坍和毛细水上升危及路基的强度与稳定性。

图6-15是路基两侧边沟下面均设盲沟，用以降低地下水位，防止毛细水上升至路基工作区范围内，形成水分积聚而造成冻胀和翻浆，或土基过湿而降低强度等。

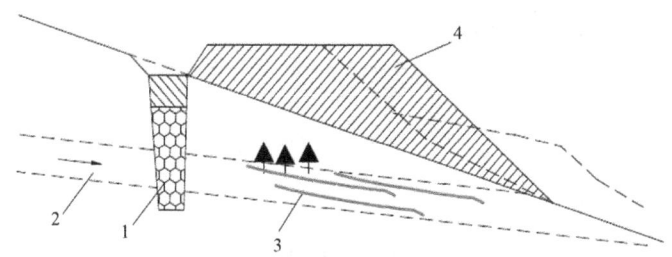

1—盲沟；2—层间水；3—毛细水；4—可能滑坡线
图6-14　一侧边沟下设盲沟

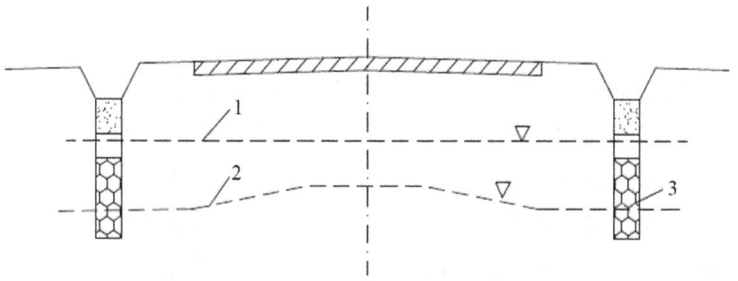

1—原地下水位；2—降低后地下水位；3—盲沟
图6-15　两侧边沟下设盲沟

图6-16是设在路基挖方与填方交界处的横向盲沟,用以拦截和排除路堑下面层间水或小股泉水,保持路堤填土不受水害。

以上所述的盲沟,沟槽内全部填满颗粒材料,可以理解为简易盲沟,其构造比较简单,横断面成矩形,亦可做成上宽下窄的梯形,沟壁倾斜度约1:0.2,底宽$b$与深度$h$大致为1:3,深1.0～1.5m,则底宽0.3～0.5m。盲沟的底部中间填以粒径较大(3～5cm)的碎石,其空隙较大,水可在空隙中流动。粗粒碎石两侧和上部,按一定比例分层(层厚约10cm)填以较细粒径的粒料,逐层粒径比例大致按6倍递减。盲沟顶部和底面,一般设有厚30cm以上的不透水层,或顶部设有双层反铺草皮。

简易盲沟的排水能力较小,不宜过长,沟底具有1%～2%的纵坡,出水口底面标高应高出沟外最高水位20cm,以防水流倒渗。

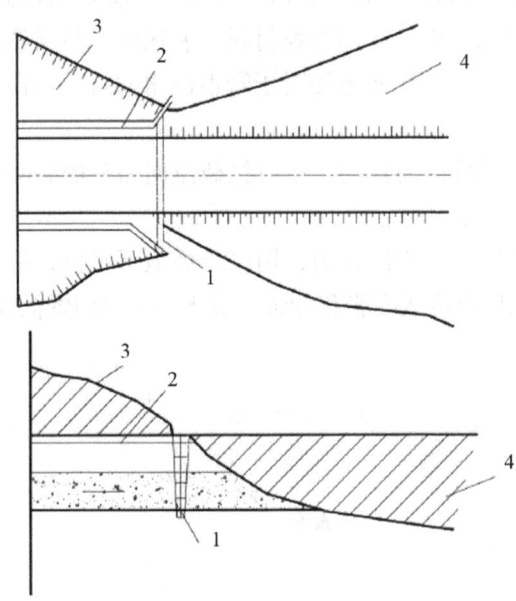

1—盲沟;2—边沟;3—路堑;4—路堤
图6-16 挖填交界处横向盲沟

寒冷地区的暗沟,应做防冻保温处理或将暗沟设在冻结深度以下。

**2. 渗沟**

采用渗透方式将地下水汇集于沟内,并通过沟底通道将水排至指定地点,此种地下排水设施统称为渗沟,它的作用是降低地下水位或拦截地下水,其水力特性是紊流,但在构造上与上述简易盲沟有所不同。渗沟有三种结构形式,如图6-17所示。

盲沟式渗沟与上述简易盲沟相似,但构造更为完善。当地下水流量较大,要求埋置更深,可在沟底设洞或管,前者称为洞式渗沟,后者称为管式渗沟。

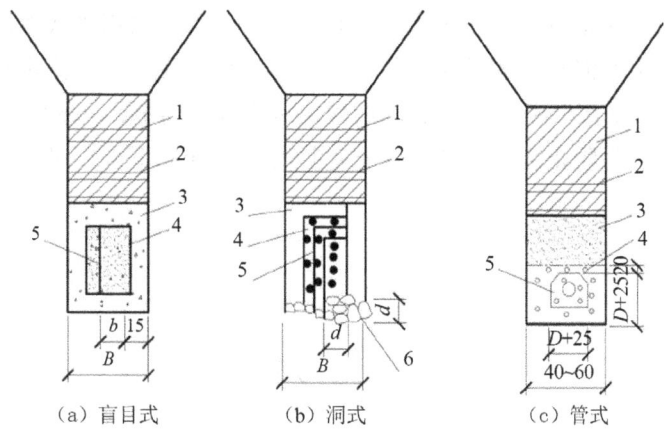

(a) 盲目式　　(b) 洞式　　(c) 管式

1—黏土夯实；2—双层反铺草皮；3—粗砂；4—石屑；
5—碎石；6—浆砌片石沟洞；7—预制混凝土管

**图6-17　渗沟结构图式（单位：cm）**

渗沟的位置与作用，视地下排水的需要而定，大致与图6-14～图6-16所示的简易盲沟相仿，但沟的尺寸更大，埋置更深，而且要进行水力计算确定尺寸。公路路基中，浅埋的渗沟在2～3m，深埋时可达6m以上。

渗沟底部设洞或管，底部结构相当于顶部可以渗水的涵洞。图6-18是洞式渗沟结构图例之一，其洞宽$b$约20cm，高20～30cm；盖板用条石或混凝土预制板；板长约为$2b$，板厚$P\not<15cm$，并预留渗水孔，以便渗入沟内的水汇集于洞内排出。洞身要求埋入不透水层内，如果地基软弱还应铺设砂石基础；洞身埋在透水层中时，必要时在两侧和底部加设隔水层，以达到排水的目的。洞底设置不小于0.5%的纵坡，使集水通畅排出。

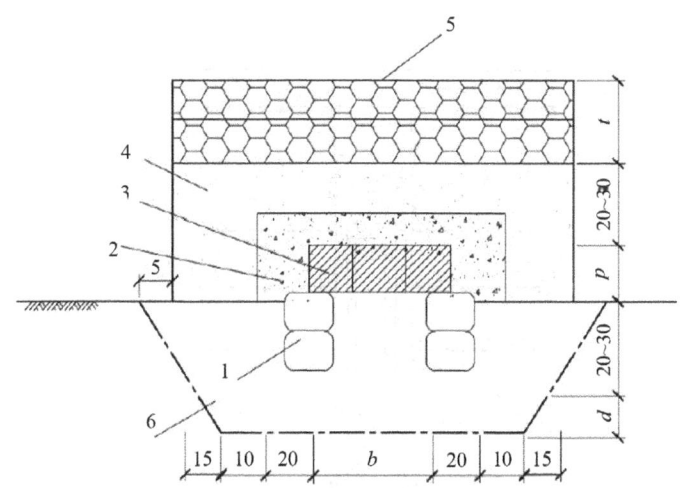

1—浆砌块石；2—碎砾石；3—盖板；4—砂；
5—双层反铺草皮或土工布；6—基础

**图6-18　洞式渗沟结构示意图（单位：cm）**

当排除地下水的流量更大，或排水距离较长时，可考虑采用管式渗沟。渗沟底部埋设的管道，一般为陶土或混凝土的预制管，管壁上半部留有渗水孔，渗水孔交错排列，设于边沟下的管或渗沟，如图6-19所示。管的内径由水力计算而定，一般0.4～0.6m，管底设基座。对于冰冻地区，为防止冻结阻塞，除管道埋在冰冻线以下外，必要时采取保温措施，管径亦宜较大一些。

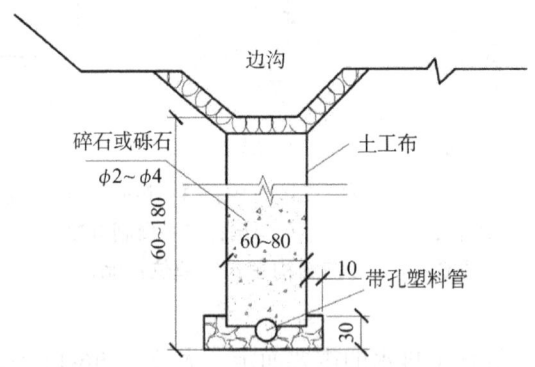

图6-19 管式渗沟（尺寸单位：cm）

### 3. 渗井

渗井属于水平方向的地下排水设备，当地下存在多层含水层，其中影响路基的上部含水层较薄，排水量不大，且平式渗沟难以布置，采用立式（竖向）排水，设置渗井，穿过不透水层，将路基范围内的上层地下水，引入更深的含水层中去，以降低上层的地下水位或全部予以排除。图6-20为圆形渗井的结构与布置图例。

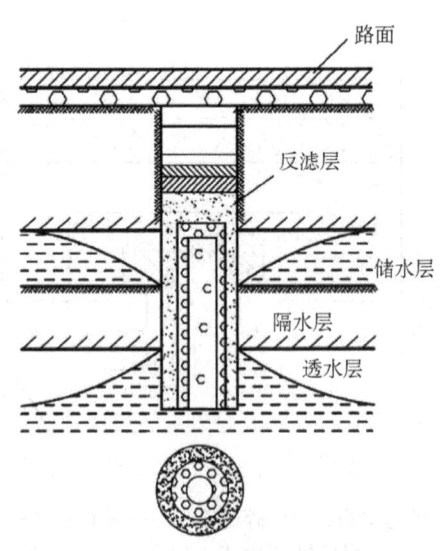

图6-20 渗井结构与布置图例

渗井的平面布置，以及孔径与渗水量，按水力计算而定，一般为直径1.0～1.5m的圆柱形。亦可是边长为1.0～1.5m的方形。井深视地层构造情况而定，井内由中心向四周按层次，分别填入由粗而细的砂石材料，粗料渗水，细料反滤。

填充料要求筛分冲洗，施工时需用铁皮套筒分隔填入不同粒径的材料，要求层次分明，不得粗细材料混杂，以保证渗井达到预期排水效果。

鉴于渗井施工不易，单位渗水面积的造价高于渗沟，一般尽量少用。有时，因土基含水量较大，严重影响路基、路面的强度，其他地下排水设备不易布置，其他技术措施如隔离层的造价较高，此时渗井可作为方式之一，设计时应进行分析比较，有条件地选用。

#### 4. 检查井

检查井用于检查维修渗沟。一般采用圆形，内径不小于1.0m，在井壁处的渗沟底应高出井底0.3～0.4m，井底铺一层厚0.1～0.2m的混凝土。井基如遇不良土质，应采取换填、夯实等措施。兼起渗井作用的检查井的井壁，应在含水层范围设置渗水孔和反滤层。深度大于20m的检查井，除设置检查梯外，还应设置安全设备。井口顶部应高出附近地面0.3～0.5m，并设井盖。

**工程案例**

### 新建沪昆客专贵州段CKGZZTJ-12标路基排水与边坡防护施工方案

一、适用范围：适用于D1K934+092～DK949+230.78段路基排水与边坡防护工程。

二、工程概况

1. 排水工程概述

本线路基工程排水系统由地面排水系统及地下排水系统组成。地面排水系统包括：排水沟、侧沟、天沟、吊沟、平台截水沟，地下排水系统主要由盲沟及检查井组成。除盲沟外均采用钢筋混凝土浇筑。

三、地质情况

沿线主要位于盘县境内，属云贵高原剥蚀-溶蚀低中山、低山丘陵和高原盆地地貌，总体地势东低西高，地形起伏较大，地面高程1600～1927m，相对高差一般100～300m，山势陡峻，沟谷深切，自然坡度一般20°～45°，基岩多裸露，岩溶形态千姿百态，有高耸林立的峰丛、低矮的溶丘、宽阔平坦的坡立谷、溶沟溶槽等岩溶形态。所处斜坡上覆土层较厚，坡面上多杂草、灌木及缓坡处多辟为旱地、水田、种植以玉米、稻谷为主的农作物。路基地层主要有第四系全新统坡残积、三叠系下统永宁镇组一段（T1yn1）、二段（T1yn2）地层。地下水主要为第四系孔隙水及基岩裂隙水，不发育。不良地质主要为岩溶、软土、松软土和红黏土（膨胀土）。

四、施工方案

（一）施工准备

1. 技术准备

（1）技术人员根据设计及实际地形进行施工放样，严格按设计几何尺寸开挖基坑，设置模板时，基坑尺寸符合实际操作要求即可。注意控制沟底标高，确保水沟排水通畅。局部地形做好施工前临时排水设施的施工调查，做好基坑开挖过程中，避免雨水浸泡。

（2）试验人员根据规范要求，做好试验检测各项准备工作。做好施工前检测仪器校核工作，做好施工过程中自检、报检工作，做好施工各工序结束后的试验数据填写、记录工作。

（3）资料员根据施工技术规范，结合施工现场进度，做好施工各项检验批台账，施工数据记录工作。

2．施工场地准备

（1）施工现场做到"三通一平"，对路幅范围内、取土坑的原地面表层腐殖土、表土、草皮等进行清理，清除边坡危岩，排查除各项危险源。填方地段还应按设计要求整平压实。

（2）施工现场管理人员协调好机械、人员、材料，做好统一安排，确保施工进度。

（二）排水工程

1．矩形侧沟类型与设置要求

矩形侧沟分为A型、B型两类。

A型侧沟适用于地下水位距路肩小于3m并设置纵向盲沟的路堑地段；B型侧沟适用于地下水位大于3m的一般土质、软质岩路堑地段及地下水小于3m的弱风化硬质岩路堑地段。

（1）侧沟采用钢筋混凝土现浇，沿线路每隔10～20m设置一道伸缩缝，缝宽2～3cm，缝内采用沥青麻筋填塞。

（2）侧沟接路堤时，需与路堤排水沟顺接。若路堤段为路肩墙或桩板墙等下挡结构时，且侧沟由路堤方向排水时，则需要在挡土墙外侧采用排水沟形式将水引入自然沟渠中。

（3）侧沟接桥台时，若未向桥台方向排水。则末端封闭；若需向桥台方向排水，则需采用排水沟形式将水引入自然沟渠中或接入桥台排水系统。

（4）侧沟接隧道时，需与隧道排水沟顺接，不允许侧沟向隧道方向排水。侧沟具体尺寸如图6-21所示。

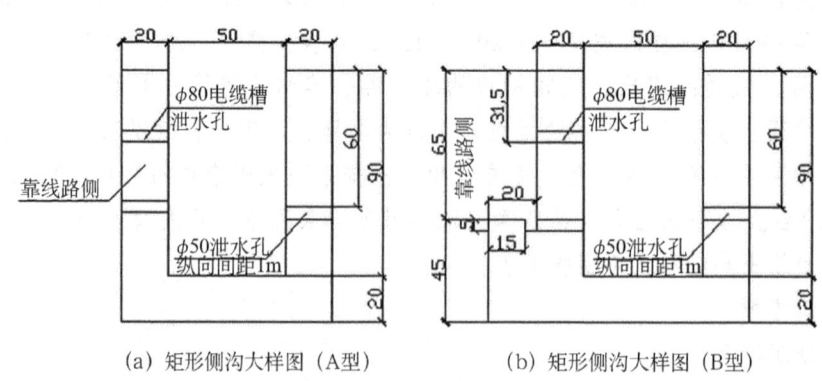

图6-21 侧沟具体尺寸示意图

## 2. 梯形排水沟的设置要求

梯形排水沟适用于一般地段的路堤排水。

（1）排水沟采用钢筋混凝土现浇，沿线路每隔10～20m设置一道伸缩缝，缝宽2～3cm，缝内采用沥青麻筋填塞。

（2）排水沟靠山侧沟壁不得高出地面，且沟定于地面必须顺接，以汇入地表水。

（3）排水沟纵向排水坡度不应小于2‰，单面排水坡度长度不宜大于400m，必要时应增设横向排水设施引入自然沟渠或涵洞，不得直接冲入农田。

（4）排水沟接路肩墙或桩板墙等下挡结构时，且排水沟向挡墙方向排水时，则需要在挡墙外侧采用排水沟形式将水引入自然沟渠中。

（5）排水沟接桥台时，若未向桥台方向排水，则末端封闭；若需向桥台方向排水，则需采用排水沟形式将水引入自然沟渠中或接入桥台排水系统。

（6）排水沟引入涵洞排水时，若发现排水沟底高程低于涵洞泄水高程，应及时通知项目部核实，并上报相关单位处理后，再行排水沟及涵洞施工。

排水沟具体尺见下图。

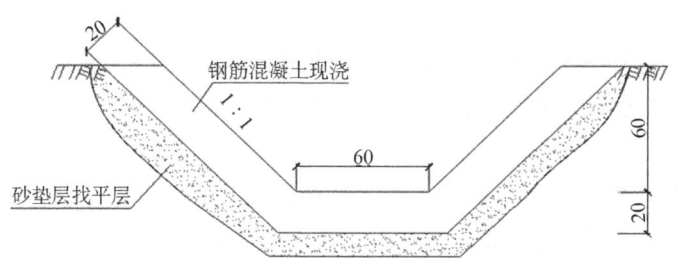

**图6-22 排水沟大样图**

## 3. 盲沟、检查井的设置要求

盲沟一般设置在地下水位发育地段，位于侧沟或排水沟下。内埋设DN/OD200mmPCV带孔双壁波纹管，上部回填洁净碎石并用土工布包裹，两侧均铺设0.1m厚砂砾石和0.1m厚中粗砂，出水口处设C25混凝土端墙，端墙外接路基排水沟或盲沟排水管直接接入涵洞内。盲沟基地采用混凝土浇筑，每隔10～20m设置一道伸缩缝，缝宽2cm，缝内采用沥青麻筋填塞；检查井设置一般在长大盲沟地段设置，检查井每隔30m左右或平台纵向边坡点处设置一处。

盲沟尺寸及相关设置见下图。

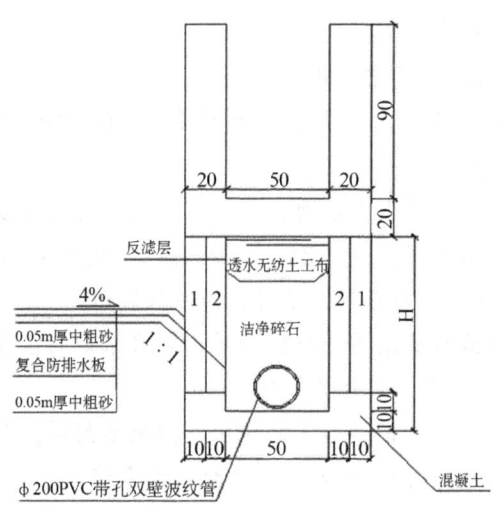

图6-23 纵向盲沟详图

五、施工工艺

1．测量放样

测量人员根据设计文件，放样施工中线，复核标高，确定无误后，报测量监理，测量专业监理工程师同意后，做好现场技术交底，方可开挖施工。

2．基坑开挖

施工现场管理人员根据现场技术交底，组织机械、人员开挖基础，开挖过程中，做好临时排水设施。根据不同的地质情况采取不同的开挖方法。

3．钢筋绑扎

在基础达到设计要求尺寸后，应将基础松动杂石及浮渣清除干净后方可进行钢筋绑扎安装。

（1）钢筋制作下料前应进行除锈、调直等，且经检验合格后方可使用，钢筋进入现场后应分类储存于地面以上的平台，用垫木支撑，彩条布遮盖，立好标牌。

（2）钢筋采用现场绑扎的方式进行，在绑扎时注意预留伸缩缝的位置。

（3）钢筋焊接接头需错开分散布置，同一截面钢筋接头数不得超过钢筋总根数的1/2。

4．立模

基坑开挖验收合格后，按构筑物几何尺寸进行模板安装。由于水沟属于小体积混凝土，漏浆将严重影响结构强度和外观，特别注意模型的密封，确保浇筑过程中不出现漏浆。

5．混凝土浇筑及养护

（1）沟底有盲沟的侧沟应先施工盲沟再进行下步施工。

（2）混凝土浇筑施工工艺流程：混凝土搅拌→混凝土运输→混凝土浇筑→拆模→混凝土养护。

（3）混凝土搅拌：所有用于构筑物浇筑的混凝土均由混凝土拌和站统一加工，不得用人工进行拌和。

（4）混凝土运输：从拌和站用混凝土罐车运至施工点，工地附近的混凝土水平运输采用手推车或机动翻斗车进行运输。混凝土垂直运输采用汽车吊运输。或者采用混凝土泵车进行浇筑。

（5）混凝土卸落：混凝土卸落可通过溜槽、溜管进行，直接卸料高度不得大于2m。

（6）混凝土浇筑：混凝土浇筑应根据混凝土的结构形状、卸料方式和振捣方法等情况，按顺序分层浇筑，分层厚度一般为30cm，采用插入式振捣器振捣，振捣棒移动距离不应超过其作用半径的1.5倍，并与侧模保持5~10cm的距离，切勿漏振或过振。

（7）混凝土养护：混凝土浇筑完成，混凝土初凝后，应进行覆盖浇水养护，一般养护时间不宜少于7d。

（8）拆模：混凝土终凝后即可拆除模板，以加速模板的周转。但拆模时间不可过早，拆模时间应满足有关技术规范要求。

（9）排水沟背后回填：排水沟浇筑完成后，应根据混凝土背后的地形地貌及基坑开挖情况进行适当的回填夯实，以保证排水沟的稳固和功能的完善。

## 项目小结

本项目主要介绍排水的目的与要求、路基排水布置的一般原则、地表排水和地下排水的类型。重点掌握边沟、截水沟、排水沟、跌水、急流槽、拦水带、蒸发池、暗沟、渗沟、渗井、检查井的施工要点等。

## 基础训练

1. 路基排水布置的一般原则是什么？
2. 地表排水主要有哪些形式？
3. 边沟、排水沟、截水沟的布置要点是什么？何谓跌水和急流槽？
4. 蒸发池有何作用？
5. 地下排水主要有哪些形式？

## 考证训练

### 一、单项选择题

1. 可用于排地下水和地面水的排水设施是（　　）。
   A. 排水沟　　　　　　　　B. 暗沟
   C. 渗沟　　　　　　　　　D. 蒸发池

2. 下面哪种排水设施主要作用之一是将路基范围内的地下水位降低（　　）。
   A. 截水沟　　　　　　　　B. 渗沟
   C. 急流槽　　　　　　　　D. 拦水带

3. 下面哪种排水设施主要作用是将可能停滞在路基范围内的地面水迅速排除（　　）。
   A. 渗沟　　　　　　　　　B. 暗沟
   C. 暗管　　　　　　　　　D. 边沟

4. 排水沟施工线形要平顺，应尽可能采用直线形，转弯处宜为弧线形，其半径不宜小于（　　）。

A. 10m B. 20m
C. 30m D. 40m

5. 洞式渗沟填料顶面宜高于地下水位。洞式渗沟顶部必须设置（　　）。

A. 土工布 B. 封闭层
C. 砂砾层 D. 排水板

6. 填石渗沟石料应洁净、坚硬、不易风化。砂宜采用（　　）。

A. 石粉 B. 粉砂
C. 细砂 D. 中砂

二、多项选择题

1. 路基工程的地下排水设施主要有（　　）。

A. 排水沟 B. 倒虹吸
C. 暗沟 D. 渗沟
E. 跌水

2. 用于路基工程地下排水设施主要有（　　）。

A. 渗沟 B. 渗井
C. 检查井 D. 涵洞
E. 急流槽

3. 当地下水位较高，潜水层埋藏不深，为了截流地下水及降低地下水位，可采用的排水设施为（　　）。

A. 渗沟 B. 渗井
C. 排水沟 D. 检查井
E. 截水墙

4. 排水沟的施工要点有（　　）。

A. 排水沟长度根据实际需要而定，通常不宜超过500m
B. 排水沟线形要平顺，转弯处宜为弧线形，其半径不宜小于5m
C. 排水沟沟底纵坡不宜小于0.3%，与其他排水设施的连接应顺畅
D. 排水沟沟壁外侧应填以黏性土或砂浆阻水
E. 排水沟的出水口，应设置跌水和急流槽将水流引出路基或引入排水系统

5. 在渗沟的迎水面设置粒料反滤层时，粒料反滤层应用颗粒大小均匀的（　　），分层填筑。

A. 粉砂 B. 细砂
C. 中砂 D. 碎石
E. 砾石

6. 为防止水流下渗和冲刷，（　　）地段的截水沟应进行严密的防渗和加固。

A. 地质不良地段 B. 土质松软地段

C. 透水性较大地段 　　　　　　D. 裂隙较多的岩石路段
E. 无裂隙的岩石路段
7. 边沟施工应注意的要点有（　　）。
A. 路堤靠山一侧的坡脚应设置不渗水的边沟
B. 边沟一般设置于高填方地段
C. 土质地段的边沟纵坡大于3%时应采取加固措施
D. 边沟设置于挖方地段和填土高度小于边沟深度的填方地段
E. 平曲线处边沟施工时，沟底纵坡应与曲线前后沟底纵坡跌水衔接

# 项目七 防护与支挡工程施工

**任务目标:**
　　本项目主要介绍路基防护系统的意义、边坡坡面防护、边坡冲刷防护、支挡结构物的类型及特点、重力式挡土墙、加筋土挡土墙以及路基不同防护工程的施工等。

**学习目标:**
　　(1) 了解路基防护目的,路基挡土墙的作用及设置方式,加筋挡土墙的概念。
　　(2) 掌握坡面防护及冲刷设施、重力式挡土墙的组成与设置。
　　(3) 掌握路基防护工程施工的工艺、质量要求。

## 工作任务一　路基防护系统

### 学习单元一　路基防护的意义

　　由岩土所筑成的路基,大多暴露于自然中,长期受自然因素的作用(雨、雪、风蚀、日晒等),浸水后湿度增大,土的强度降低;岩性差的岩体,在水温变化条件下,加剧风化;路基表面在温差作用下形成膨缩循环,在湿差作用下形成干湿循环,可导致强度衰减和剥蚀;地表水流冲刷,地下水流侵入,使岩土表层失稳,易造成和加剧路基的水毁病害;沿河路堤在水流冲击、淘刷和侵蚀作用下,易遭破坏。因此,路基防护显得非常重要。
　　路基支挡工程是一种能够抵抗侧向土压力、防止边坡或路基主体坍塌而设置在路旁的结构物。在公路工程中,支挡工程常用于以下几方面:
　　(1) 收缩路堤坡脚,减少填方数量或减少拆迁或少占农田,修建护脚、护堤或挡土墙。
　　(2) 降低挖方边坡的高低,减少挖方的数量,避免山体失稳崩塌而建路堑挡土墙。
　　(3) 防止沿河路基的边坡被水冲刷,修建路肩挡土墙。
　　(4) 岩堆地区防止山坡覆盖层下滑,修建山坡挡土墙。
　　(5) 滑坡地区防止滑坡体向下滑动,修建抗滑支挡结构。
　　(6) 防止隧道洞口塌方,修建洞口挡墙。
　　(7) 便于桥梁与路堤相接,修建桥头挡墙。
　　(8) 为保护古建筑,或其他特殊需要的,而修建支挡结构物。

路基防护与支挡的意义在于防治路基病害，保证路基稳固，改善环境，保护生态平衡，美化路容，提高公路的使用品质。

## 学习单元二　边坡坡面防护

路基边坡坡面防护又称边坡防护，主要保证路基边坡表面免受降水、日照、风力等自然力的破坏。通过将边坡隔绝或隔离，避免或减缓与大气直接接触，阻止岩土进一步风化，防止或减缓地面水流对边坡的冲刷和淘刷。从而提高边坡的稳固性，并可美化路容，达到防护边坡之目的。

**1. 植物防护**

植物防护主要适用于允许流速小于1.2m/s的季节性水流冲刷及较缓的土质边坡，依靠成熟植物的发达根系，深入土层，使表土固结。植物根、茎、叶可以调节表土的湿度，阻滞地表径流，防止或减缓冲刷，防洪保堤。沙漠或积雪地区路基两侧植树，可成为防砂栅或防雪栅。不同的植物，还可起到交通诱导、安全、防眩、吸尘、隔声作用，同时美化路容、协调环境。因此，在适宜于植物生长的土质边坡上，应优先采用植物防护。

（1）种草

适用于不陡于1:1的草类生长的土质边坡和严重风化的软质岩石边坡。一般选用根部发达、茎干低矮、枝叶茂盛、生长力强、多年生长的草种，并尽量采用几种草籽混合。

（2）铺草皮

适用于边坡较陡、冲刷严重、径流速度大于0.6m/s、附近草皮来源较易地区的路基，草皮品种与种草相仿。草皮规格以不过于破坏根系、便于存活与运输而定，一般为20cm×60cm，厚为6~10cm。铺草皮前应将坡面整平，必要时加铺6~10cm种植土层。草皮铺砌形式有叠铺（分水平、垂直和倾斜叠置）、平铺（平行与坡面满铺）和方格网式等，如图7-1所示。每块草皮钉2~4根竹木梢桩，使草皮与坡面固结。

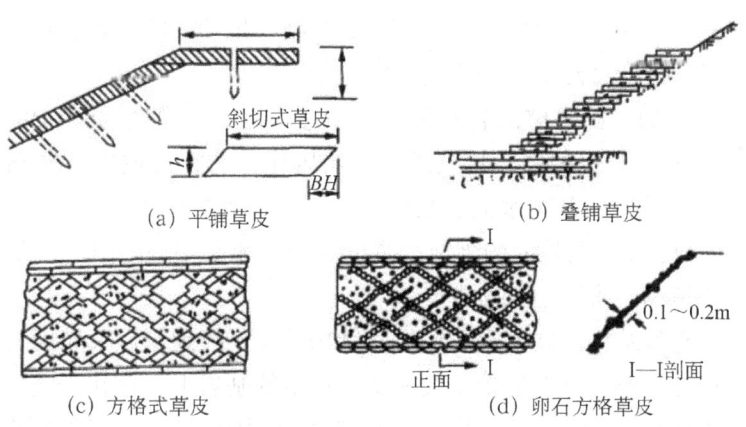

图7-1　草皮防护示意图

（3）植树

主要作用是加固边坡、防止减缓水流冲刷。林带可以防汛、防沙和防雪，调节气候、美化路容，增加木材收益。在坡面上植树和铺草皮相结合，可以使坡面形成一个良好的覆盖层。品种，以根系发达、枝叶茂盛、生长迅速的低矮灌木为主。沿河路堤植树，树种应具有喜水性。

## 2. 工程防护

（1）砌石防护

为防止地面径流或河流冲刷，公路填方边坡、沿河路堤浸水部位坡面、土质路堑边坡下部的局部，以及桥涵附近坡面，可采用砌石防护。砌石防护可分为干砌和浆砌两种。干砌片石护坡适用于易受水流侵蚀的土质边坡，严重剥落的软质岩石边坡、周期浸水及受水流冲刷较轻，流速小于2m/s 的河岸或水库岸坡的坡面防护。干砌片石护坡一般可分为单层铺砌和双层铺砌两种。

为提高路堤整体强度，防止水流侵入，干砌片石宜用砂浆勾缝。当水流流速较大，波浪作用强，有漂浮物等冲击时，不宜采用干砌片石护坡的边坡，宜采用浆砌片石护坡。无论是干砌片石或浆砌片石，均应在片石下面设置0.1～0.15m 厚的碎（砾）石或砂砾混合物垫层，以起到整平作用，并可防止水流将干砌片石层下面的边坡细土粒带走，能使结构层具有一定弹性，增加对波浪、流冰及漂浮物的抵抗力。石砌护坡坡脚应修筑墁石基础。在无河水冲刷时，基础埋深深度一般为护坡厚度的1.5 倍。沿河受水流冲刷时，基础应埋置在冲刷线以下0.5～1.0m 处，或采用石砌深基础。

（2）抹（捶）面与勾缝

抹面适用于易风化软质岩石挖方边坡。一般选用石灰炉渣灰浆、石灰炉渣三合土、四合土等复合材料较为经济。抹面可以分片或满布。勾缝适用于质地坚硬，不易风化但节理裂缝多而细的岩石边坡，以防水流渗入岩石内造成病害。

（3）灌浆和喷浆

灌浆适用于质地坚硬、局部存在较大、较深的缝隙或洞穴，并有进一步扩展而影响边坡稳定性的岩石路堑边坡。其目的是借助灰浆的黏结力把裂开的岩石黏在一起，增强整体性并防止风化作用引起更大破坏，以保证边坡稳定。

喷浆适于易风化的新鲜平整的岩石坡面。通过喷涂一层厚度为5～10cm 的砂浆，将岩石坡面封闭，形成一个保护层，达到阻止面层风化，防止边坡岩土层剥落与碎落。砂浆可用水泥浆或水泥砂浆，甚至水泥石灰砂浆。其质量配合比为水泥∶石灰∶河砂∶水＝1∶1∶6∶3，为了增加喷浆与坡面的黏结，防止脱落与剥落，可采用锚喷混凝土防护。

（4）锚杆挂网喷浆（混凝土）防护

适用于坡面为碎裂结构的硬质岩石或层状结构的不连续地层以及坡面岩石与基岩分开并有可能下滑的挖方边坡。先在清挖出的密实、稳定的基岩上，钻孔、安装锚杆、灌浆，然后挂上纤维网柱或钢丝网柱，最后用高压泵射喷厚度为10～25cm 的C15 混凝土。

（5）护面墙

护面墙适用于易风化或严重风化破碎，容易产生碎落坍方的岩石路堑边坡或易受冲刷，膨胀性较大的不良土质路堑边坡，其目的是使边坡免受自然因素影响，防止雨水下渗，以保护边坡。护面墙沿着边坡坡面修建，不能承受土侧压力。所以边坡不宜陡于1∶0.5（窗孔式护面墙防护边坡不应陡于1∶0.75）。表7-1列出了护面墙常用尺寸。若为冰冻地基，墙基应埋置在冰冻线以下0.25m；若为软基，可设拱形结构物跨过。

表7-1 护面墙的厚度参考表

| 护面墙高度$H$（m） | 路堑边坡 | 护面墙厚度（m） | |
|---|---|---|---|
| | | 顶宽$b$ | 底宽$d$ |
| ≤2 | 1∶0.2 | 0.40 | 0.04 |
| ≤6 | >1∶0.5 | 0.40 | 0.04+$H$/10 |
| 6～10 | 1∶0.5～1∶0.75 | 0.40 | 0.04+$H$/20 |
| 10～16 | 1 0.75～11 | 0.60 | 0.06+$H$/20 |

墙体纵向每隔10～15m设缝宽2cm的伸缩缝一道，缝内用沥青麻筋填塞。墙身上下左右每隔2～3m设10cm×10cm方形或直径为10cm圆形泄水孔，孔后设砂砾反滤层。为增加墙体稳定性，墙背每3～6m高设一宽度为0.5～1.0m耳墙。

根据边坡基岩或土质的好坏，每6～10m高为一级，设宽度不小于1.0m的平台，在缺乏石料地区，墙身可采用片石铺砌成方格或拱式边框、方格或框内用石灰炉渣、三合土或四合土等混合料抹面。图7-2为护面示意图。

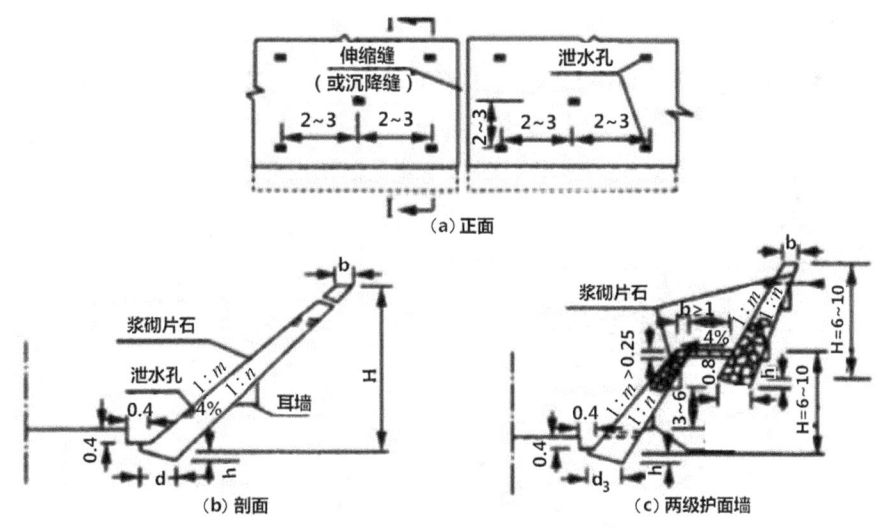

图7-2 护面墙示意图（单位cm）

## 学习单元三　边坡冲刷防护

### 1. 直接防护

直接防护是在稳定的边坡上直接加固的一种措施,其特点是不干扰或很少干扰原来的水流性质。除了坡面防护和砌石护坡外,抛石、石笼、驳岸及浸水挡墙均属直接防护。由于坡面防护和砌石护坡已在前面介绍过,所以在这里只介绍抛石、石笼。当水流流速为3.0～5.0m/s 时,宜采用抛石防护;流速大于5.0m/s,或过多压缩河床,造成上游壅水时,则改用石笼防护或设置驳岸、浸水挡土墙等支挡结构物。

（1）抛石防护

抛石防护是指为防止河岸或构造物受水流冲刷而抛填较大石块的防护措施,类似于陡坡路堤在坡脚处设置石垛,如图7-3 所示。其中图（a）适用于新建公路;图（b）适用于旧路路堤抛石垛。流速大、水很深、波浪高的路段,抛石应采用较大粒径的石块。抛石垛的边坡坡度不应陡于抛石浸水后的天然休止角（1.25～1.3）,最小石料粒径应大于0.3m（一般不超过0.5m）。抛石顶宽不应小于所用最小石料粒径的2倍。

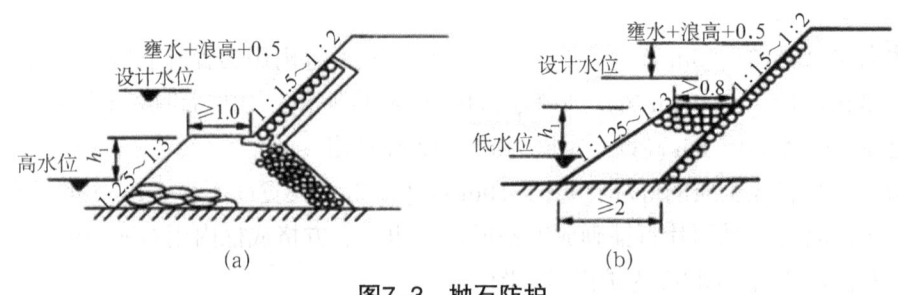

图7-3　抛石防护

（2）石笼防护

石笼防护是指为防止河岸或构造物受水流冲刷而设置的装填石块的笼子,如图7-4 所示。一般河段,常用镀锌铁丝、高强度聚合物土工格栅或竹木石笼;激流滚石河段,可在铁丝笼内灌注小石子水泥混凝土,或采用钢筋混凝土框架石笼。

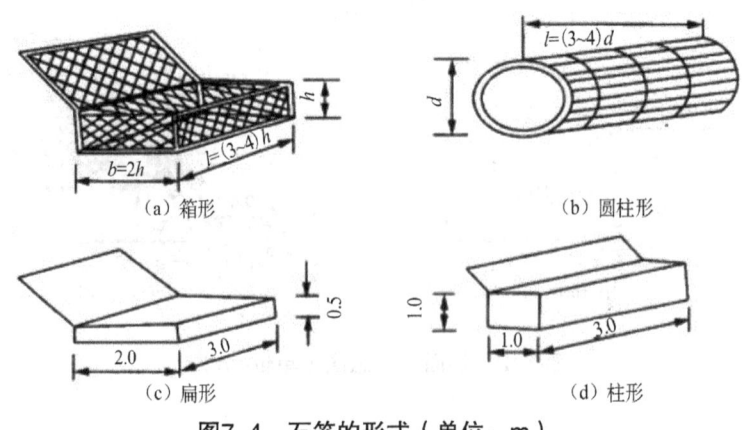

图7-4　石笼的形式（单位：m）

## 2. 间接防护

间接防护是利用植物防护、工程防护及其他工程设施，改变或削弱外界影响因素的破坏作用，达到对路基等拟防护工程的保护目的的防护措施。如沿河路堤修筑导治构筑物、整治河道，将危害路基的较大水流引向指定位置，以减小水流对路基的直接冲刷。

导治构筑物是以改变水流方向为主的构筑物。在路基工程防护中采用导治构筑物，是水流轴线方向偏离路基岸边，或减低防护处所的流速，甚至促使其淤积，从而起到对路基的安全保护作用。但导治构筑物的设置涉及水流改向，影响范围较大，工程费用也高，务必慎重。

改河工程，一般限于小型工程，如裁弯取直、挖滩改道、清除孤石等，可在小河的局部段落上进行。

常用导治构筑物有丁字坝、顺坝、格坝等。可单独使用也可联合使用。

（1）丁字坝

丁字坝大致与堤岸垂直或斜交，起"挑水"作用，将水流挑离岸堤，束河归槽，改善流态，亦称挑水坝。丁字坝可单设，也可沿堤岸多设，如图7-5所示。

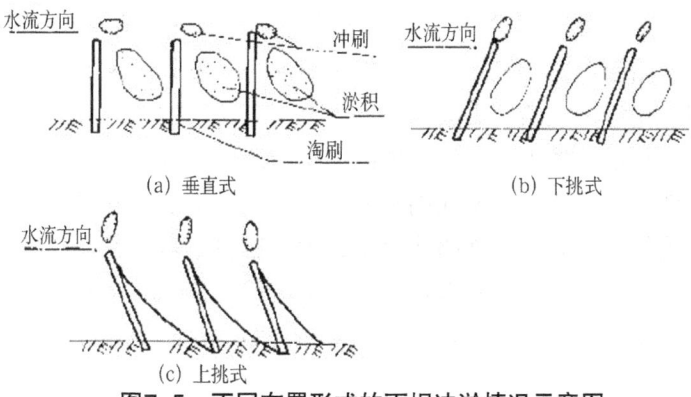

图7-5 不同布置形式的丁坝冲淤情况示意图

（2）顺坝

顺坝布置大致与岸堤平行，其主要作用是导流、束水、调整流水曲度及改善流态，顺坝又称导流坝（图7-6）。

（3）格坝

格坝在平面上成网格状，设于顺坝与堤岸之间。防止高水位时水流溢入冲刷坝内岸坡和坡脚，并促进格间淤积（图7-6）。

（4）河流清理、整治

道路工程中河流改道的主要目的有：将直接冲刷路基的水流引向旁出；路基占用河槽后，需要拓宽河道；挖滩改河，清除孤石，改移河道以保护路基；裁弯取直，有利布置路线和桥涵。这些措施如经论证可行，确有必要且效益高时，方可通过设计计算，最后实施。

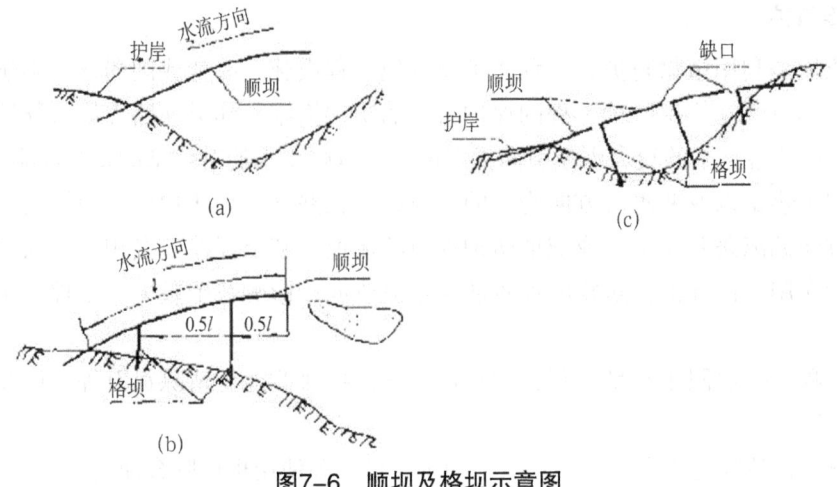

图7-6 顺坝及格坝示意图

## 学习单元四 支挡结构物的类型及特点

路基支挡工程类型较多,包括各种类型的挡土墙与其他具有承重作用的支撑结构物(护肩、护脚、砌石路基、抗滑桩等)。就挡土墙而言,按其设置的位置可以分为路堑挡土墙、路肩挡土墙、路堤挡土墙、山坡挡土墙等;按其所在的地区可以分为一般挡土墙、浸水地区挡土墙、地震地区挡土墙,滑坡地区的抗滑挡土墙等;按其结构形式可以分为重力式及衡重式挡土墙、悬臂式及扶壁式挡土墙、锚杆式挡土墙、桩板挡土墙、带卸荷板的柱板式及框架挡土墙等。在公路、铁路建设中,由于石料丰富,就地取材方便,施工方法简单等诸方面的原因,石砌重力式和衡重式挡土墙应用得最多。结构新颖的加筋土挡土墙由于具有其他挡土墙所不可比拟的优点,近年来在公路、铁路的建设中得到了较为广泛的应用。

各种结构形式挡土墙的适用范围列于表7-2。

表7-2 不同形式挡土墙的适用范围

| 类型 | 特点 | 结构示意图 | 适用范围 |
| --- | --- | --- | --- |
| 重力式 | 1. 依靠墙身自重抵抗土压力。<br>2. 形式简单,取材容易,施工简单。 | (墙顶、墙面、墙背、基底示意图) | 1. 盛产砂石地区。<br>2. 墙高6m以下,地基良好,非地震区和沿河受水冲刷时可采用干砌。<br>3. 其他情况宜用浆砌。 |

续表

| 类型 | 特点 | 结构示意图 | 适用范围 |
|---|---|---|---|
| 石砌衡重式 | 1. 利用衡重台上部填土的下压作用和墙重心的后移,增加墙身稳定,节约断面尺寸。<br>2. 墙面陡直,下墙墙面倾斜,可降低墙高,减少基础开挖。 | | 1. 盛产砂石地区。<br>2. 山区、地面横坡陡峻的路肩墙。<br>3. 也可用于路堑墙,兼有拦挡坠石的作用。<br>4. 亦可用于路堤墙。 |
| 半重力式 | 用混凝土浇筑,在墙背设少量钢筋,并将墙趾展宽(必要时设少量钢筋),或基底设凸榫,以减薄墙身,节省圬工。 | | 1. 缺乏石料的地区。<br>2. 一般适应于矮墙。 |
| 锚杆式 | 1. 由立柱、挡板和锚杆三部分组成,靠锚杆锚固在山体内拉住立柱。<br>2. 断面尺寸小。<br>3. 立柱挡板可预制。 | | 1. 高挡墙(大于12m)。<br>2. 备有钻岩机、压浆机等设备。<br>3. 较宜用于路堑墙,也可用于路肩墙。 |
| 柱板式 | 1、由立柱、底梁、拉杆、挡板、底板(卸荷板)和基座组成,借底板上的土重平衡全墙。<br>2. 基础开挖较悬臂式和扶壁式少。<br>3. 断面尺寸小。<br>4. 可预制拼装,快速施工。 | | 1. 高挡墙。<br>2. 较适合路堑墙,特别适用于支挡土质路堑高边坡或处理边坡坍滑。 |

续表

| 类型 | 特点 | 结构示意图 | 适用范围 |
|---|---|---|---|
| 钢筋混凝土悬臂式 | 1. 由立壁、墙趾板和墙踵板3件悬臂梁组成，断面尺寸较小。<br>2. 墙高时，立壁下部弯矩大，消耗钢筋多，不经济。 | | 1. 缺乏石料地区。<br>2. 普通高度（不大于6m）的路肩墙。<br>3. 地基情况可以差些。 |
| 钢筋混凝土扶壁式 | 沿悬臂式墙的墙长方向，隔一段距离加一道扶壁，使立壁与墙踵板连接起来，更好受力。 | | 高挡土墙时较悬臂式经济。<br>其余同上。 |
| 加筋式挡土墙 | 1. 由加筋条、墙面板和填土三部分组成，靠筋带与填料之间的摩擦力保持墙身稳定。<br>2. 施工简便，造型美观。<br>3. 对地基的适应性强，占地少。 | | 1. 缺乏石料地区。<br>2. 适用于石质土、砂性土和黄土地区修建较高的路肩墙和路堤墙。 |

## 学习单元五 重力式挡土墙

重力式挡土墙以墙身自重来维持平衡，因此墙身断面大，圬工数量也大，在软弱地基上修建时往往受到承载力的限制。如果墙体过高，材料耗费多，也不经济。重力式挡土墙多用浆砌片（块）石砌筑，当地基较好，墙高不大，且当地又有石料时，应优先选用重力式挡土墙。

常用的重力式挡土墙由墙身、基础、排水设施与沉降伸缩缝等部分构成。

### 1. 墙身

墙身由墙背、墙面、墙顶等部分组成。

（1）墙背

重力式挡土墙按墙背倾角的不同可分为仰斜、垂直、俯斜、凸形折线及衡重式几种，如图7-7所示。

以仰斜、垂直和俯斜三种不同的墙背所受的土压力分析，在其他条件相同时，仰斜墙背所受的土压力为最小，断面经济。开挖回填量也较小，适用于路堑墙。墙背坡度不宜缓于1∶0.15～1∶0.40（即8°32′≤α≤21°48′）。在地面横坡陡峻时可采用陡直墙面，借以减小墙高。也可使墙背作成台阶，以增大墙背与填料的摩擦力。垂直墙背的特点介于仰斜和俯斜墙背之间。

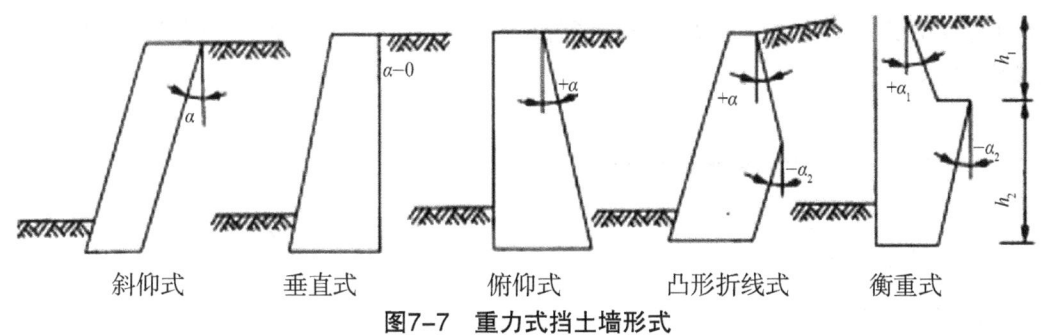

**图7-7 重力式挡土墙形式**

凸形折线式是将仰斜式墙背的上部改为俯斜，以减小上部墙身断面尺寸，多用于路堑墙，也可用于路肩墙。

衡重式是在上下墙之间设衡重台，并用陡直墙面，适用于山区陡峻处路肩墙和路堤墙。亦用于路堑墙。一般上、下墙高的比例为$h_1∶h_2=2∶3$。

（2）墙面

墙面一般均为平面，其陡坡应与墙背坡度相协调。墙面坡度直接影响挡土墙的高度。因此，在地面横坡较陡时，墙面坡度一般为1∶0.50～1∶0.20，矮墙可采用陡直墙面；地面平缓时，一般采用1∶0.20～1∶0.35较为经济。

（3）墙顶

墙顶最小宽度，浆砌块（片）石为0.5m，平砌时为0.6m。路肩挡土墙加混凝土或粗料石帽时，帽的厚度不小于0.4m，顶部帽檐悬出的宽度为0.10m。如不做顶帽，或路堤墙和路堑墙，墙顶应以大块石砌筑，并用砂浆勾缝，或用5号砂浆抹平顶面，砂浆厚2cm。干砌挡土墙墙顶50cm高度内，应用M2.5号砂浆砌筑，以增加墙身稳定。干砌块（片）石挡土墙的高度一般不宜大于6m。

（4）护栏

为保护交通安全，在非封闭性公路上，挡土墙高于6m且挡土墙连续长度大于20m，或挡土墙外为悬崖，或地面横坡陡于1∶0.75且挡土墙连续长度大于20m，靠近居民点或行人较多的路段且挡土墙高于3m时的路肩挡土墙,墙顶应设置人行防护栏杆,为保持路肩最小宽度,护栏内侧边缘距路面边缘的距离,二、三级公路不应小于0.75m;四级公路一般不应小于0.5m,外侧距墙顶边缘不应小于0.1m;高速公路、一级公路防撞护栏设在土路肩宽度内。

2. **基础**

实践表明,挡土墙的破坏大多是由于基础不当而引起的。因此,设计时应对地基条件做充分的调查(钻探、挖探),然后确定基础类型和埋置深度。

(1)基础形式

绝大多数挡土墙,都直接修筑在天然地基上。

当地基较弱,地形平坦,而墙身又超过一定高度时,为了减小基底压应力,增加抗倾覆的稳定性,可在墙趾处伸出一台阶,以拓宽基底(见图7-8)。墙趾台阶的宽度,视基底应力需减小的程度而定,但不得小于20cm。台阶的高宽比,可采用3:2或2:1。若基底应力超出地基容许承载力过多而需加宽很多时,为避免台阶过高,可采用钢筋混凝土底板,如图7-9所示。

图7-8 墙趾台阶　　　　　　　图7-9 钢筋混凝土底板

地基为软弱土层(如淤泥质土、杂填土等)时,可用砂砾、碎石、矿渣或灰土等质量较好的材料换填,以扩散基底压应力。

墙趾处地面横坡较陡,而地基为较完整坚硬的岩石层时,基础可做成台阶形,以减少基坑开挖量和圬工(见图7-10)。台阶的尺寸按具体的地形地质条件确定,使基础不受侧压力的作用。台阶的高宽比不应大于2:1,台宽不宜小于50cm。

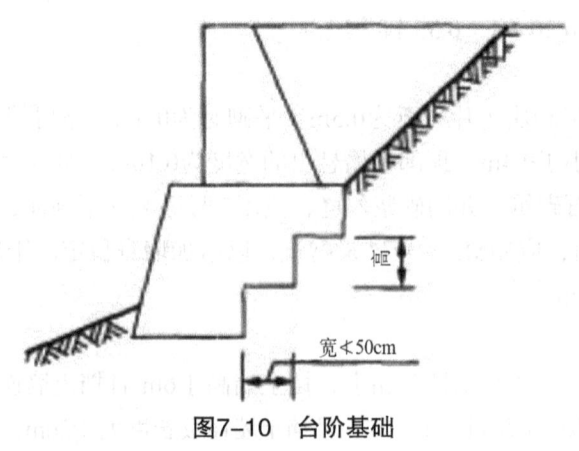

图7-10 台阶基础

地基若有短段缺口（如深沟等）或挖基困难（如需水下施工等），可采用拱形基础，以拱圈跨过，再于拱圈上砌筑墙身，但应注意土压力不宜过大，以免横向推力导致拱圈开裂，故设计时，对拱圈应作验算。亦可采用旱桥、垛式挡墙。当横坡陡峻、岩层坚硬、基础悬空、施工困难、路基宽度不足时，可采用半边桥或悬出露台。

（2）基础埋置深度：

基础埋置深度应按地基的性质、承载力的要求、冻胀的影响、地形和水文地质等条件确定。

土质地基基础埋置深度应符合下列要求：

一般情况下，地表下不小于1m（土层密实稳定时，可酌情况减小）。受水流冲刷时，基础应埋置在冲刷线以下不小于1m，当施工困难时，应采取其他措施，如增设混凝土基础，并在临河一侧采用可靠的护脚，或设桩基础。

受冻胀影响时，应在冻结线以下不小于0.25m；当冻结深度超过1m时，可在冻结线下0.25m内换填不冻胀材料，但埋置深度应不小于1.25m。基底应夯实一定厚度（≥0.25m）的砂砾或碎石垫层。

碎石、卵石、中砂或粗砂等不冻胀土层中的地基基础，基础深度不宜小于0.5（密实时）～1.0m（疏松时）。

挡土墙基础置于硬质岩石地基上时，应置于风化层以下，基础嵌入基岩的深度不小于0.15～0.60m（按岩层的坚硬度和抗风化能力选定）。当风化层较厚，难以全部清除时，可根据地基的风化程度及其相应的承载力将基底埋于风化层中。置于软质岩石地基上时，埋置深度不小于0.8m。路垫挡土墙基础顶面应低于边沟底面不小于0.5m。

挡土墙基础置于斜坡地面时，墙趾前应留有足够的襟边宽度，以防止地基剪切破坏。襟边宽可按嵌入深度的1～2倍考虑。墙趾部埋入深度和距地面的水平距离应符合表7-3的要求。

表7-3 墙趾埋入斜坡地面的最小尺寸

| 地层类别 | $H$（m） | $L$（m） | 图式 |
| --- | --- | --- | --- |
| 较完整的硬质岩层 | 0.25 | 0.25 | |
| 一般硬质岩层 | 0.60 | 0.6～1.5 | |
| 软质岩层 | 0.70 | 1.0～2.0 | |
| 土层 | ≥1.00 | 1.5～2.5 | |

（3）排水措施及防水层

挡土墙排水的作用在于：疏干墙后土体和地表水下渗后积水，以免墙后积水致使墙身承受额外的静水压力；减少季节性冰冻地区填料的冻胀压力；消除黏性填料浸水后的膨胀压力。

挡土墙的排水措施通常由地面排水和墙身排水两部分组成。地面排水主要是防止地表水渗入前后土体或地基。地面排水措施有：

①设置地面排水沟，截引地表水。

②夯实回填土顶面和地表松土，防止雨水和地面水下渗，必要时可设铺砌层。

③路堑挡土墙墙趾前的边沟应予以铺砌加固，以防边沟水渗入基础。

墙身排水主要是为了排除墙后积水，通常在墙前地面以上设一排泄水孔。墙高时，可在墙上部适当高度处加设布置一排或数排泄水孔，如图7-11所示。排水孔的尺寸可视泄水量大小分别采用$0.05m \times 0.1m$、$0.1m \times 0.1m$、$0.15m \times 0.2m$的方孔或直径为$0.05 \sim 0.2m$的圆孔。孔眼间距一般为$2 \sim 3m$，孔眼应上、下交错设置，最下一排泄水孔的出水口应高出地面$0.3m$；如为路堑挡土墙，应高出边沟水位$0.3m$；渗水挡土墙则应高出常水位$0.3m$。下排泄水孔进水口的底部，应铺设$0.3m$厚的黏土层并夯实，以防水渗入基础。泄水孔的进水口部分应设置粗粒料反滤层，以防止孔道淤塞。干砌挡土墙可不设泄水孔。

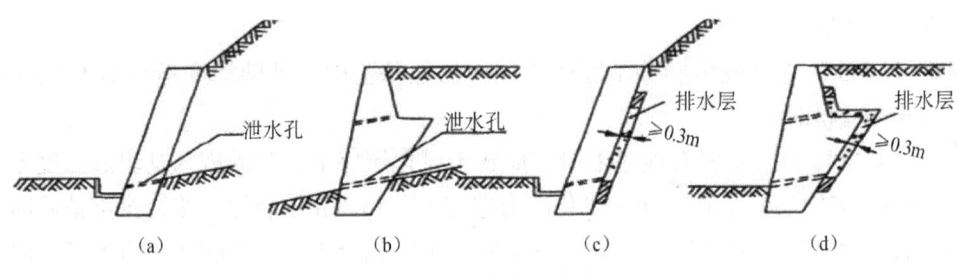

图7-11 泄水孔及排水层

当墙后填料为黏土时，水不易渗入泄水孔排走。若存在透水性不良或可能发生冻胀的可能，应在填料与墙背之间，于最低一排泄水孔至墙顶一下$0.5m$的高度范围内，填筑不小于$0.3m$厚的砂砾石或碎石加土工织物等渗水性材料作连续式排水层，以疏干墙后填土中的水；泄水量大时，还可在排水层底部加设纵向渗沟，配合排水层将水排出墙外。排水层的顶部和底部应用$0.3 \sim 0.5m$厚的胶泥（或其他不透水性材料）封闭，以防止水流下渗。

墙背一般不设防水层，只需用水泥砂浆把墙背表面的缝隙及凹处抹平。但在严寒地区，应做防水处理，在墙背先抹一层$2cm$厚的M5号砂浆，再涂$2mm$厚的热沥青。

（4）沉降缝与伸缩缝

为避免因地基不均匀沉陷而引起墙身开裂，根据墙高和地基性质的差异、墙身断面的变化情况需设置沉降缝。在平曲线地段，挡土墙可按折线形布置，并在转折处以沉降缝断开。同时，为了减少圬工砌体因收缩硬化和温度变化作用而产生裂缝，需设置伸缩缝。

设计中一般将沉降缝和伸缩缝合并设置，沿路线方向每隔$10 \sim 15m$设置一道，岩石地基亦不宜超过$25m$，如图7-12所示，当墙身位于平曲线外侧时，受力情况与平行路基的直线挡土墙不同，受力后沿墙线延长切线方向产生，容易出现竖向裂缝，宜缩短伸缩缝间距（或考虑其他措施），缝宽为$2 \sim 3cm$，自墙顶做到基底。对于高速公路、一级公路，或在渗水量大、填料易于流失和冻害严重地区，缝内宜采用沥青麻筋或沥青木板等具有弹性的材料；对于二级及二级以下公路，也可采用胶泥，沿内、外、顶三侧填塞，填塞深度不宜小于0.15m；当墙背为岩石路堑或填石路堤，且为冻害不严重的地区，也可不填塞，即设置空缝。干砌挡土墙可不设沉降缝与伸缩缝。

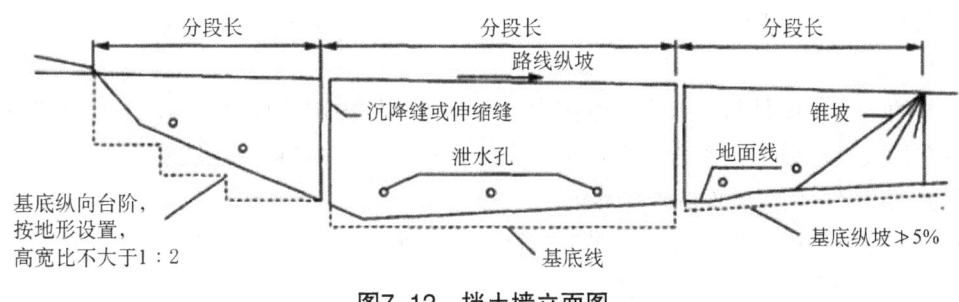

图7-12 挡土墙立面图

# 学习单元六 加筋土挡土墙

## 1. 加筋土技术

加筋土是在土中加入加筋材料（或称筋带）的一种复合土，在土中加入加筋材料可以提高土的抗剪强度，增加土体工程的稳定性。

加筋土技术广泛应用于土木工程，其特点大致可归纳为：

（1）施工简便，加筋土的组成构件（面板、拉筋、路缘石、栏杆、条形基础等）均可以预先制作，除需砸石机械外，施工时一般不需配备其他机械，且易于掌握，同时可缩短工期和节省劳力。

（2）加筋土最大的特点是可以做成很高的垂直填土墙，这样可以减少占地面积，对填土放坡困难的地区，城市的郊区道路以及土地珍贵的地区，有着巨大的经济意义。

（3）投资省，加筋土挡墙的面板薄，基础尺寸小，与重力式挡墙相比，可节省圬土数量95%～97%，造价可比石砌重力式挡墙和钢筋混凝土挡墙减少20%～60%以上，挡土墙高度越大，节省资金越多。

（4）抗地震，由于加筋土结构所独有的柔性能吸收地震的能量，故具有刚性结构物无法与之比拟的耐震性能。

（5）造型美观，墙面板型式可以根据需要、受力特点需用各种设计造型，并使之拼装成造型美观的建筑物，改善道路景观。

## 2. 加筋土结构组成

（1）加筋土填料

填料是加筋土工程的主体材料，对填料的一般要求如下：

①易压实。

②能与拉筋产生足够的摩擦力。

③满足化学和电化学标准。

④水稳定性好（浸泡工程）。

有一定级配的砾类土、砂类土，与拉筋之间的摩擦力大，且透水性能好，应优先选用；砾石土、黄土、中低液限黏性土和稳定土也可采用；腐质土、冻结土等影响拉筋和面板的使用寿命，应禁止应用。

（2）筋带

拉筋的主要作用是与填料产生摩擦力，并承受结构内部的拉力。因此，拉筋必须具有以下特性：较高的强度，受力后变形小；表面粗糙，能与填料产生足够的摩擦力；抗腐蚀性好；加工，接长和与版面的连接简单。

筋带可分为钢带，钢筋混凝土带和聚丙烯土工带三种。高速公路和一级公路上的加筋土工程应采用钢带或钢筋混凝土带。

①扁钢带：扁钢带一般用于软钢（3号钢）轧制而成，按其型号又分为光面带和有筋带两种，断面为扁矩形，宽度不应小于30mm，厚度不应小于3mm，钢带埋在土中容易生锈，因此，钢带表面一般采用镀锌或采取其他措施进行防锈处理。

②钢筋混凝土带：钢筋混凝土带的平面为长方形和楔形，断面为扁巨矩形，宽10～25cm，厚6～10cm。为了施工方便，钢筋混凝土带应分节预制，分节长度一般宜小于300cm，为防止混凝土断裂，应在混凝土内布设钢丝网。预制件所用混凝土的强度等级不宜低于C18，钢筋直径不得小于8mm。预制件的接长或与板面连接，可采用焊接或螺栓结合，结点处应做好防锈处理。筋带设计拉力由钢筋带承担，钢筋截面应考虑锈蚀影响。

③聚丙烯土工带：聚丙烯土工带的宽度应大于18mm，厚度应大于0.8mm。为提高土工带与填土间的摩擦力，其表面应压有粗糙花纹。填料中有尖锐棱角的粗粒料会刺穿或隔断土工带，因此，在含有尖锐棱角的粗粒料中不得使用聚丙烯土工带作为拉筋。

（3）面板

面板的主要作用是防止端部土体从拉筋间挤出。

①一般规定：面板设计应满足坚固、美观、运输方便和易于安装等要求。面板一般采用混凝土预制件，其强度等级不应低于C18，厚度不小于8cm。

面板上的筋带结点，可采用预埋钢拉环、钢板锚头或预留穿筋孔等形式，钢拉环应采用直径不小于10mm的Ⅰ级钢筋，钢板锚头应采用厚度不小于3mm的钢板。露于混凝土外部的钢拉环、钢板锚头应做防锈处理，聚丙烯土工带与钢拉环的接触面应做隔离处理。

面板四周应设企口和相互连接的装置。当采用插销连接装置时，插销直径不应小于10mm。

②混凝土面板的外形：混凝土面板的外形可采用十字形、槽型、六角形、L形和矩形等，一般尺寸如表7-4所示。墙顶或角隅处可采用异形面板和角隅面板。

表7-4 面板的外形尺寸(单位:cm)

| 类型 | 简图 | 高度 | 长度 | 壁厚 |
|---|---|---|---|---|
| 十字形 | | 50~150 | 50~150 | 8~22 |
| 槽形 | | 30~75 | 100~200 | 14~20 |
| 六角形 | | 60~120 | 70~80 | 8~22 |
| L形 | | 30~50 | 100~200 | 8~12 |
| 矩形 | | 50~100 | 100~200 | 8~22 |

注:1. L形面板下缘宽度一般采用20~25cm,厚度8~12cm。
2. 槽形面板的底板和翼缘厚度不小于5cm。

③面板的厚度确定:计算面板厚度时,可假定每块面板单独受力,土压力均匀分布并由拉筋平均承担。较高加筋体的面板,其厚度可按不同墙高分段设计,但分段不宜多。

**3. 加筋土挡土墙**

加筋土挡土墙一般由加筋体、基础、排水设施和沉降伸缩缝等几部分构成,如图7-13所示。

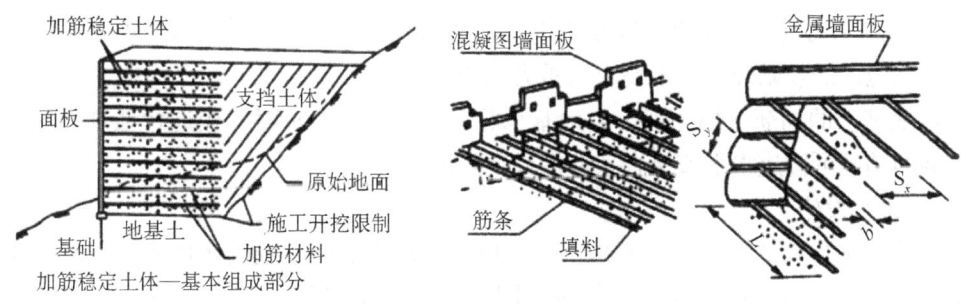

图7-13 加筋土挡墙结构示意图

加筋挡土墙利用水平、相间、成层地布置在填料中的拉筋与填料之间的摩擦力来稳定土体。面板的作用是为了防止拉筋间填土从侧面被挤出并使结构具有一定形状,美化结构的外观造型。面板本身是刚性的,但墙面体系是柔性的,故墙体可根据要求布置成曲线形。面板需与拉筋连接,以便使面板受到的侧向土压力传递给锚固在土体中的拉筋。

（1）加筋体

加筋体墙面的平面线形可采用直线、折线和曲线。相邻墙面的内夹角不宜小于70°。加筋体筋带一般应水平布设并垂直于面板，当第一个结点有两条以上筋带时，应扇状分开。当相邻墙面夹角小于90°时，宜将不能垂直布设的筋带逐渐斜放，必要时在角膜处增设加强筋带。当双面加筋土挡土墙的筋带相互插入时，应错开铺设避免重叠。在拱涵顶部的双面加筋土挡土墙，其下部应增加筋带用量或采用防止拱两端墙面变化的其他措施。

加筋体的横断面形式一般应采用矩形。当地形、地质条件限制时也可采用上宽下窄或下窄上宽的阶梯形。断面尺寸由计算确定，底部筋带长度不应小于3m，同时不小于$0.4H$。

加筋土挡土墙顶部一般应按路线要求设置纵坡；对路堤式挡土墙，也可调整两端与路线水平距离，变更墙高，将墙顶设计成平坡。设置纵坡的加筋土挡土墙顶部可按纵坡要求设置异形面板，也可将虚设异形面板的缺口用浆砌片石或现浇混凝土补齐。

加筋体填料的压实度是保证加筋体稳定性的重要因素之一，应按相关规范的要求采用。浸水地区的加筋体应采用渗水性良好的土作为填料。在面板内侧应设置反滤层或铺设透水土工织物。季节性冰冻地区的加筋体宜采用非冻胀性土填料，否则应在墙面板内侧设置不小于0.5m的砂砾防冻层。

加筋土挡土墙高度大于12m时，填料应慎重选择。墙高的中部宜设宽度不小于1m的错台。墙高大于20m时，应进行特殊设计。

（2）基础

加筋体墙面下部应设置宽度不小于0.3m，厚度不小于0.2m的混凝土基础，但属下列情况之一者不可设：

①面板筑于石砌圬工或混凝土之上。

②地基为基岩。

加筋体面板基础底面的埋置深度，对于一般土质地基不应小于0.6m，当设置在岩石上时应清除表面风化层。当风化层很厚难以全部清除时，可采用土质地基的埋置深度。浸水地区和冰冻地区的基础埋置深度要求与重力式挡土墙相同。

软弱地基上的加筋土挡土墙，当地基承载力不能满足要求时，应进行地基处理。加筋土挡土墙的基底可做成水平或结合地形做成台阶形。

（3）排水设施

对可能危害加筋体的地表水和地下水，应采取适当的排水或防水措施。当加筋体背后有地下水渗入时，应设置通向加筋体的排水层，如图7-14所示。排水层采用砂砾，其厚度不小于0.5m。

当加筋体顶面有渗水可能时，应采用防渗封闭措施。

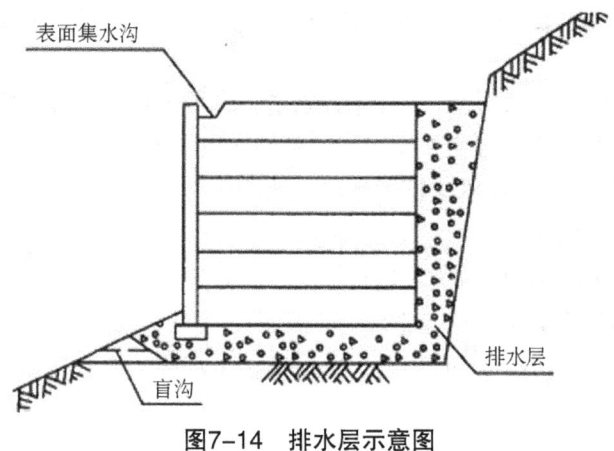

图7-14 排水层示意图

（4）沉降伸缩缝

加筋土挡土墙应根据地形、地质、墙高等条件设置沉降缝，沉降缝间距：土质地基为10～20m，岩石地基可适当增大。当设置整体式路沿板时，应酌情设置伸缩缝，其间距一般与沉降缝一致。

沉降缝、伸缩缝宽度一般为2～3cm，可采用沥青板、软木板或沥青、麻絮等填塞。

# 工作任务二　路基防护工程施工

## 学习单元一　路基防护工程施工工艺框图

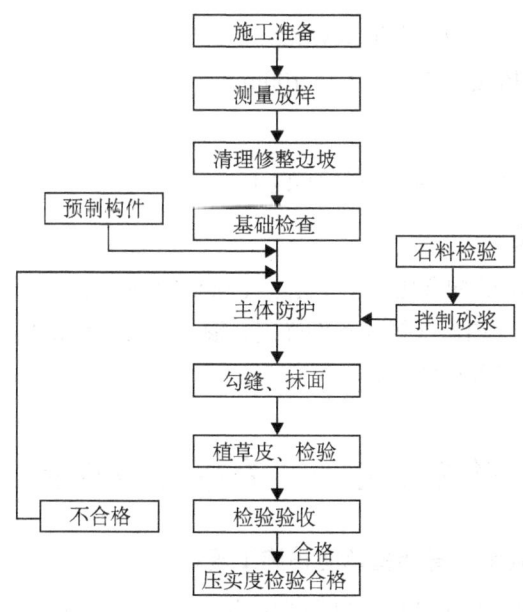

图7-15　路基防护工程施工工艺框图

## 学习单元二  防护工程施工的一般规定

（1）路基防护工程宜与路基挖填方工程紧密、合理衔接，开挖一级防护一级，并及时进行养护。各类防护和加固工程应置于稳定的基础或坡体上。

（2）应根据开挖坡面地质水文情况逐段核实路基防护设计方案，应尽量采用边坡自然稳定下的植物防护或不防护。

（3）坡面防护施工前，应对边坡进行修整，清除边坡上的危石及不密实的松土。坡面防护层应与坡面密贴结合，不得留有空隙。

（4）在多雨地区或地下水发育地段，路基防护工程施工中，应采取有效措施截排地表水和导排地下水。

（5）临时防护措施应与永久防护工程相结合。

## 学习单元三  坡面防护

### 1. 植物防护施工规定

（1）植被施工：铺、种植被后，应适时进行洒水、施肥等养护管理，直到植被成活。

（2）种草施工：草籽应洒布均匀，同时做好保护措施。

（3）灌木（树木）应在适宜季节栽植。

（4）养护用水应不含油、酸、碱、盐等有碍草木生长的成份。

### 2. 三维植被网防护施工规定

（1）三维植被网中的回填土应符合设计要求，宜采用客土，或土、肥料及腐殖质土的混合物。

（2）三维植被网应符合设计及有关标准。

（3）三维植被网的搭接宽度不宜小于100mm。

### 3. 湿法喷播施工

喷播后应及时养护，成活率应达到90%以上。

### 4. 客土喷播施工规定

（1）喷播植草混合料的配合比（植生土、土壤稳定剂、水泥、肥料、混合草籽、水等）应根据边坡坡度、地质情况和当地气候条件确定，混合草籽用量每1000$m^2$不宜少于25kg。

（2）气温低于12℃不宜喷播作业。

## 学习单元四  骨架植物防护

### 1. 浆砌片石（或混凝土）骨架植草防护施工规定

（1）骨架内应采用植物或其他辅助防护措施。植草草皮下宜有50～100 mm厚的种植土,草皮应与坡面和骨架密贴。

(2)应及时对草皮进行养护。

### 2.水泥混凝土空心块护坡施工规定

(1)预制块铺置应在路堤沉降稳定后方可施工。

(2)预制块铺置前应将坡面整平。

(3)预制块经验收合格后方可使用。

(4)预制块应与坡面紧贴,不得有空隙,并与相邻坡面平顺。

### 3.锚杆混凝土框架植物防护施工质量规定

表7-5 土钉支护质量标准

| 序号 | 检测项目 | 质量标准 | 检测频率和检测方法 |
|---|---|---|---|
| 1 | 水泥(砂)浆强度 | 满足设计要求 | 每工作班1组试件 |
| 2 | 喷射混凝土 | 强度满足设计要求 | $100m^3$一组抗压试件,不足$100m^3$留一组抗压试件 |
| 3 | 水泥混凝土 | 强度满足设计要求 | 每工作台班2组试件 |
| 4 | 钢筋网网格 | ±10mm | 抽检 |
| 5 | 钢筋网连接 | 绑接长度应不小于一个网格间距或200mm,搭焊焊缝长不小于网筋直径的10倍 | 抽检 |
| 6 | 土钉抗拔力 | 平均值不小于设计值,低于设计值的土钉数20%,最低抗拔力不小于设计值的90% | 见表注 |
| 7 | 土钉间距、倾角、孔深 | 孔位不大于150mm,钻孔倾角不大于2°,孔径:+20、-5mm,孔深:+200、-50mm | 工作土钉的3%,钢尺、测钎和地质罗盘仪量测 |
| 8 | 喷射混凝土面层厚度 | 允许偏差-10mm | 每10m长检查一个断面,每3m长检查一个点。钻孔取芯或激光断面仪测量 |
| 9 | 网格梁、地梁、边梁 | 外观平整,无蜂窝麻面,尺寸允许偏差+10mm,-5m | 每$100m^2$检查一个点,钢尺量测 |

## 学习单元五 封面、捶面防护

### 1.封面防护施工规定

(1)封面防护不宜在严寒冬季和雨天施工。

(2)封面前岩体表面要冲洗干净,土体表面要平整、密实、湿润。

(3) 封面厚度应符合设计要求,封面应分两层进行施工,底层为全厚的2/3,面层为全厚的1/3。封面厚度要均匀,表面光滑,封面与坡面应密贴稳固。

(4) 大面积封面宜每隔5～10m设伸缩缝,缝宽10～20mm。

(5) 封面初凝后应立即进行养护。

(6) 按设计要求做好边坡封顶和排水设施。

2. 捶面护坡施工规定

(1) 嵌补填平边坡坑凹、裂缝。

(2) 厚度要均匀,表面光滑,捶面与坡面应密贴稳固。

(3) 伸缩缝设置、边坡封顶、排水、养护方法、气候要求与封面防护施工要求相同。

3 封面、捶面防护施工质量规定

表7-6 封面、捶面防护施工质量标准

| 检查项目 | 允许偏差 | 检查方法与频率 |
| --- | --- | --- |
| 厚度 | +20%、-10% | 每10m检查1个断面,每3m检查2个点 |

# 学习单元六 沿河路基防护

(1) 沿河路基防护工程基础应埋设在局部冲刷线以下不小于1m或嵌入基岩内。

(2) 导流构造物施工前,应根据现场具体情况,采取相应措施,避免冲刷农田、村庄、公路和下游路基。

(3) 植物防护施工应符合下列规定:

①经常浸水或长期浸水的路堤边坡,不宜采用种草防护。

②沿河路堤边坡铺草皮防护,宜采用平铺、叠铺草皮的方法,坡面及基础部分的铺置应符合设计要求。基础部分的铺置层的表面应与地面齐平。

③植树防护宜采用带状或条形。防护河岸路基或防御风浪侵蚀,宜采用横行带状;防护桥头引道路堤,宜采用纵行带状。

④植树应选用喜水性树种,林带应由多行树木组成,乔灌木要密植。

⑤植树后,应采取有效措施加以保护。

(4) 砌石或混凝土防护除应符合有关规定外,还应符合下列规定:

①石料应选用未风化的坚硬岩石。

②开挖基坑时,应核对地质情况,与设计要求不符时,应进行处理。基础完成后应及时用符合设计要求的材料回填。

③铺砌层底面的碎石、砂砾石垫层或反滤层,应符合设计要求。

④坡面密实、平整、稳定后方可铺砌。砌块应交错嵌紧,严禁浮塞。砂浆应饱满、密实,不得有悬浆。

⑤每10~15m宜设伸缩缝,基底土质变化处应设沉降缝,并按设计要求做好伸缩缝、沉降缝及泄水孔。

⑥采用干、浆砌片石时,不得大面平铺,石块应彼此交错搭接,不得松动。采用干、浆砌河卵石时,必须长方向垂直坡面,成横行裁砌牢固。采用铺砌混凝土预制块时,应按设计规格和要求检验合格后方可铺筑。就地浇筑混凝土板时,宜采取措施提高早期强度,混凝土表面应平整、光滑。

(5) 护坦防护施工中,护坦顶面应埋入计算河床以下0.5~1.0m。

(6) 抛石防护施工应符合下列规定:

①抛石体边坡坡度和石料粒径应根据水深、流速和波浪情况确定,石料粒径应大于300mm,宜用大小不同的石块掺杂抛投。坡度应不陡于抛石石料浸水后的天然休止角。

②抛石厚度,宜为粒径的3~4倍;用大粒径时,不得小于2倍。

③抛石石料应选用质地坚硬、耐冻且不易风化崩解的石块。

④抛石防护除特殊情况外,宜在枯水季节施工。

(7) 石笼防护施工应符合下列规定:

①根据设计要求或根据不同情况和用途,合理选用石笼形状。

②应选用浸水不崩解、不易风化的石料。

③基底应大致整平,必要时用碎石或砾石垫层找平。

④石笼应做到位置正确,搭叠衔接稳固、紧密,确保整体性。

## 学习单元七  改移河道

改移河道施工应符合下列规定:

(1) 改移河道工程应在枯水时期施工。一个旱季不能完成时,应采取防洪措施。

(2) 河道开挖应先挖好中段,然后再开挖两端,确认新河床工程已符合要求后,方可挖通其上游河段。

(3) 利用开挖新河道的土石填平旧河道时,在新河道未通流前,旧河道应保持适当的流水断面。

(4) 通流时,改河上游进口河段的河床纵坡宜稍大于设计坡度。

(5) 河床加固设施及导流构造物的施工应合理安排,及时配套完成。

## 学习单元八  挡土墙

### 1. 一般规定

(1) 挡土墙施工前,应做好截、排水及防渗设施。

(2) 在岩体破碎、土质松软或地下水丰富地段修建挡土墙,宜避开雨季施工。

(3) 明挖基坑应符合下列规定:

①施工过程中应对地质情况进行核对,与设计不符时,应及时处理。
②基坑开挖宜分段跳槽进行。
③坑内积水应随时排干。
④采用倾斜基底时,基底标高应按设计控制,不得超挖填补。

(4) 基底检验合格后,应及时进行下道工序施工。

(5) 挡土墙端部伸入路堤或嵌入地层部分应与墙体同时砌筑。挡土墙顶应找平抹面或勾缝,其与边坡间的空隙应用黏土或其他材料夯填封闭。

(6) 挡土墙与桥台、隧道洞门连接应协调施工,必要时应加临时支撑,确保与墙相接的填方或山体的稳定。

## 2. 重力式挡土墙

(1) 基础施工应符合下列规定:
①应将基底表面风化、松软土石清除。
②硬质岩石基坑中的基础,宜满坑砌筑。
③雨季在土质或易风化软质岩石基坑中砌筑基础时,应在基坑挖好后及时封闭坑底。当基底设有向内倾斜的稳定横坡时,应采取临时排水措施,辅以必要座浆后安砌基础。
④采用台阶式基础时,台阶与墙体应连在一起同时砌筑,基底及墙趾台阶转折处不得砌成垂直通缝,砌体与台阶壁间的缝隙砂浆应饱满。
⑤基坑应随砌筑分层回填夯实,并在表面留3%的向外斜坡。

(2) 墙身施工应符合下列规定:
①墙身要分层错缝砌筑,砌出地面后基坑应及时回填夯实,并完成其顶面排水、防渗设施。
②伸缩缝与沉降缝内两侧壁应竖直、平齐,无搭叠;缝中防水材料应按设计要求施工。
③泄水孔应在砌筑墙身过程中设置,确保排水畅通,并应保证墙背反滤、防渗设施的施工质量。
④当墙身的强度达到设计强度的75%时,方可进行回填等工作。在距墙背0.5~1.0m,不宜用重型振动压路机碾压。

## 3. 悬臂式和扶壁式挡土墙

(1) 凸榫必须按照设计尺寸开挖,并与墙底板一同灌注混凝土。

(2) 现场整体浇筑时,每段墙的底板、面板和肋的钢筋应一次绑扎,宜一次完成混凝土灌注。当采用现场分段浇筑时,应按设计要求进行施工,并预埋好连结钢筋,连接处混凝土面应严格凿毛,并清洗干净。

(3) 灌注混凝土后,应按有关规定进行养护。墙体达到设计强度的75%以后方可进行墙背填土,并应按设计要求的填料和密实度分层填筑、压实;墙背排水设施应随填土及时施工。

## 4. 锚杆挡土墙

(1) 锚杆应按设计尺寸下料、调直、除污、加工。

（2）按照设计要求，在施工前应作锚杆抗拔力验证试验。

（3）钻孔施工应符合下列规定：

①施工前，应清除岩面松动石块，整平墙背坡面。

②根据设计孔径及岩土性质合理选择钻孔机具。

③孔轴应保持直线，孔位允许偏差为±50mm，深度允许偏差为-10～+50mm。

④钻孔后应将孔内粉尘、石渣清理干净。

（4）安装普通砂浆锚杆应符合下列规定：

①锚杆应安装在孔位中心。

②锚杆未插入岩层部分，必须按设计要求做防锈处理。

③有水地段安装锚杆，应将孔内的水排出或采用早强速凝药包式锚杆。

④砂浆应随拌随用。

⑤宜先插入锚杆然后灌浆，灌浆应采用孔底注浆法，灌浆管应插至距孔底50～100mm，并随水泥砂浆的注入逐渐拔出，灌浆压强宜不小于0.2MPa。

⑥砂浆锚杆安装后，不得敲击、摇动。普通砂浆锚杆在3天内，早强砂浆锚杆在12小时内，不得在杆体上悬挂重物。必须待砂浆达到设计强度的75%后方可安装肋柱、墙板。

（5）安装墙板时，应边安装墙板边进行墙背回填及墙背排水系统施工。

**5. 锚定板挡土墙**

（1）拉杆使用前应按规定取样试验。拉杆埋于土中部分，必须进行防锈处理。

（2）吊装时应保证肋柱不前倾。

（3）拉杆及锚定板埋设，应先填土后挖槽就位；挖槽时，锚定板比设计位置宜高30～50mm。锚定板前方超挖部分宜用C10水泥混凝土或灰土回填夯实。严禁直接碾压拉杆和锚定板。

（4）肋柱、锚定板上的锚头及螺丝杆应作防锈处理和防水封闭。

（5）分级平台应按设计要求进行封闭，并设2%的外倾排水坡。

**6. 加筋土挡土墙**

（1）安装直立式墙面板应按不同填料和拉筋预设仰斜坡，仰斜坡一般为1∶0.02～1∶0.05，墙面不得前倾。

（2）拉筋应有粗糙面，并按设计布置呈水平铺设，当局部与填土不密贴时应铺砂垫平。钢拉筋与钢材外露部分应作防锈处理。连续敷设的拉筋接头应置于其尾部；拉筋尾端宜用拉紧器拉紧，各拉筋的拉力应大体均匀，但应避免拉动墙面板。

（3）墙背拉筋锚固段填料宜采用粗粒土或改性土等填料。墙背填土必须满足设计压实度要求。

（4）填料摊铺、碾压应从拉筋中部开始平行于墙面碾压，先向拉筋尾部逐步进行，然后再向墙面方向进行，严禁平行于拉筋方向碾压。

（5）填土分层厚度及碾压遍数，应根据拉筋间距、碾压机具和密实度要求，通过试验确定，严禁使用羊足碾碾压。靠近墙面板1m范围内，应使用小型机具夯实或人工夯实，不得使用重型压实机械压实。

（6）当采用聚丙烯土工带时，拉带应平顺，不得出现打折、扭曲等现象，不得与硬质、棱角填料直接接触。

（7）施工过程中随时观测加筋土挡土墙异常变化。

**工程案例**

新建沪昆客专贵州段CKGZZTJ-12标边坡防护施工方案（同项目六）

一、适用范围：适用于D1K934+092～DK949+230.78段路基排水与边坡防护工程。

二、防护工程概述

本管段路基防护工程类型主要有：植草护坡、人字型截水骨架护坡、锚杆框架梁、喷混植生、六边形空心砖和主动柔性防护网等防护措施。

三、坡面防护工程

1．锚杆框架梁

我部锚杆框架梁采用矩形布置，主梁与线路方向垂直。膨胀土路堑边坡地段，框架梁节点间距$D_1$=2.0m，截面尺寸为0.4m×0.3m；深路堑土质及顺层地段，框架梁节点间距$D_2$=3.0m，截面尺寸为0.4m×0.35m。在一般硬质岩及软质岩路堑地段：节点间距$D_3$=3.5m，截面尺寸为0.4m×0.35m。我部路基地段地质情况主要为一般土质、软质岩及风化硬质岩，框格梁间距$D_2$=3.0m。锚杆采用$\phi$32HRB400螺纹钢制作，长度$L$=8m。锚杆体与水平面的夹角为下倾20°，锚孔直径$\phi$110mm，锚杆长度为8m，框架梁现场立摸浇筑施工。

2．人字形截水骨架护坡

我部人字形截水骨架采用混凝土浇筑，挡水缘采用与骨架同强度混凝土一并现浇。骨架由支骨架和主骨架组成，主骨架作成槽形，支骨架作成L形，用以分流排除地表水。主骨架和支骨架成45°，按人字形铺设。本部人字形截水骨架根据地质情况及路基地段按结构尺寸分为两种。

路堤地段骨架结构尺寸：主骨架净间距5m，厚0.6m，宽0.6m，顶面沟槽两侧设置0.1m厚的混凝土挡水缘，支骨架净间距3m，厚0.6m，宽0.5m，顶面沟槽下侧设置0.1m厚的混凝土挡水缘。

路堑地段骨架结构尺寸：主骨架净间距5m，厚0.7m，宽0.6m，顶面沟槽两侧设置0.1m厚的混凝土挡水缘，支骨架净间距3m，厚0.7m，宽0.5m，顶面沟槽下侧设置0.1m厚的混凝土挡水缘。

3．喷播植草护坡

施工工艺流程见图7-16。

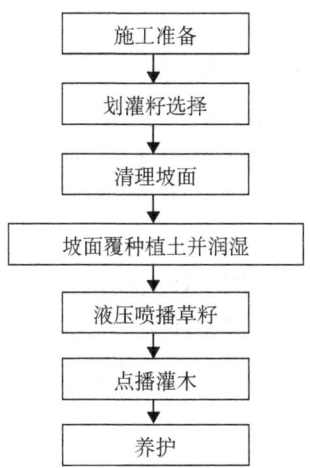

**图7-16 液压喷播植草护坡施工工艺流程图**

4. 主动柔性防护网：施工工艺流程图如图7-17所示。

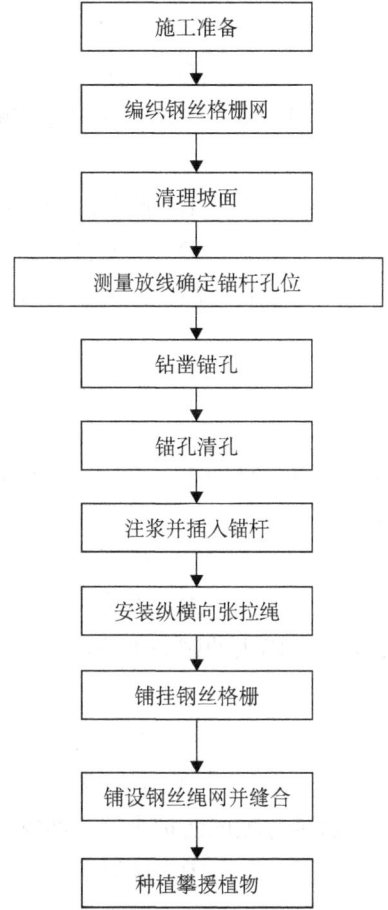

**图7-17 主动柔性防护网施工工艺流程图**

## 项目小结

本项目主要介绍路基防护系统及路基防护工程的施工方法。要求熟悉植物防护和工程防护主要有哪些类型、直接防护和间接防护的方法、了解支挡结构物的类型及特点、重点掌握重力式挡土墙和加筋土挡土墙、掌握路基不同防护工程的施工方法等。

## 基础训练

1. 坡面防护有哪些类型？适应范围是什么？
2. 冲刷防护有哪些类型？适应范围是什么？
3. 重力式挡土墙由哪几部分组成？加筋土挡土墙由哪几部分组成？
4. 路基防护工程施工工艺流程？
5. 路基防护工程的一般规定？

## 考证训练

一、单项选择题

1. 下面哪种防护属于对沿河河堤河岸冲刷的间接防护（　　）。
   A. 砌石　　　　　　　　　　　B. 植物
   C. 石笼　　　　　　　　　　　D. 丁坝

2. 某沿河路段修筑有石笼、丁坝、砌石护坡，并在边坡铺草皮，在河滩大量植树，上述结构和措施属于（　　）。
   A. 路基防水工程　　　　　　　B. 路基加固工程
   C. 路基防护工程　　　　　　　D. 路基挡土工程

3. 某二级公路土质路堤边坡基本稳定，坡面只有轻微冲刷，最适合于此处的坡面防护措施是（　　）。
   A. 铺草防护　　　　　　　　　B. 种草防护
   C. 植树防护　　　　　　　　　D. 抹面防护

4. 一段易风化、裂隙和节理发育、坡面不平整的岩石挖方边坡采用喷射混凝土防护，除此之外还可采用哪一种效果较好的防护工程（　　）。
   A. 抹面　　　　　　　　　　　B. 捶面
   C. 护面墙　　　　　　　　　　D. 喷浆

5. 某道路工程的边坡主要为易受雨水冲刷的土质边坡和易风化的岩石边坡，对这些边坡进行防护最适用的方法是（　　）。
   A. 抹面防护　　　　　　　　　B. 捶面防护
   C. 喷射混凝土防护　　　　　　D. 护面墙

6. 某工程为土质边坡，对于这种边坡的防护采用下面哪种防护措施为好（　　）。
   A. 框格防护　　　　　　　　　B. 抹面防护
   C. 喷浆防护　　　　　　　　　D. 喷射混凝土防护

7. 依靠圬工墙体的自重抵抗墙后土体的侧向推力，以维持土体的稳定的挡土墙是

（　　）。
- A. 加筋挡土墙
- B. 锚杆挡土墙
- C. 重力式挡土墙
- D. 锚定板式挡土墙

二、多项选择题

1. 沿河路基抢修工程常采用抛石直接防护，它的作用是（　　）。
- A. 防护护坡基础
- B. 改移河道
- C. 防护浸水路基坡脚
- D. 防护深水路基坡脚
- E. 防护绿化带

2. 膨胀土边坡路段防护宜用（　　）配合使用。
- A. 封面
- B. 种草
- C. 抹面
- D. 喷射混凝土
- E. 护面墙

3. 下列情况适于采用锚杆铁丝网喷浆或喷射混凝土护坡的是（　　）。
- A. 坡面为碎裂结构的硬岩
- B. 层状结构的不连续地层
- C. 坡面岩石与基岩分离并有可能下滑的挖方边坡
- D. 填方边坡
- E. 软土边坡

4. 下列情况适于采用护面墙的形式来防护的是（　　）。
- A. 易产生滑动的边坡
- B. 陡于1∶0.5的挖方边坡
- C. 坡面易受侵蚀的土质边坡
- D. 防护易风化的软质石
- E. 防护风化严重的软质石

5. 在路基边坡修筑挡土墙的目的是为了（　　）。
- A. 加固边坡
- B. 支挡边坡
- C. 挡地下水
- D. 防护边坡
- E. 维持土体稳定

# 项目八　路基病害处治

---

**任务目标：**
　　本项目主要介绍了路基病害的类型及其产生的原因，并针对公路工程中常见的病害类型提出其具体的处理方法。

**学习目标：**
　　（1）了解路基常见病害类型及产生原因。
　　（2）掌握路基病害原因的综合分析。
　　（3）掌握路基工程中常见病害的处理方法。

---

## 工作任务一　路基病害的成因

### 学习单元一　路基病害的类型

　　路基在自重、行车荷载及许多自然因素的作用下，会产生各种各样的破坏、变形及其他缺陷，统称病害。路基所经过地区的地形、地质及水文地质等条件的影响，其主要病害类型有：剥落和溜塌、崩塌、坍塌、滑坡、滑移、沉落、沉缩、冻胀与翻浆。

　　坡面的剥落和溜塌等表浅病害，起初可能不妨碍交通，但堵塞边沟，影响排水，若逐渐扩展，危及路基稳定，进而产生病害。崩塌、坍塌、滑坡、滑移属于坡体失稳，其规模大，破坏性强，被迫需改线。冻胀与翻浆统称冻害，往往使路面遭到严重破坏，行车受到阻塞。

**1. 剥落和溜塌**

　　易风化的软质岩石边坡或含易溶盐多的土质（黄土）边坡，其表面薄层岩土因物理风化易松碎而同母体分离，在重力等作用下呈片状碎屑逐渐脱落下来，称为剥落。

　　黏土质边坡的表面土被水饱和或迅速融化而沿坡面下溜，称为溜塌。

**2. 崩塌**

　　陡峻的斜坡上，岩土体在自重作用下突然而迅猛地从高处崩落和倒塌下来的现象，称为崩塌。崩塌属于坡体破坏，较为严重。

　　崩塌形成的原因主要有：

（1）地形：大多出现在路堑边坡高陡处。
（2）岩性：岩石节理多，并有软弱面且倾角较大的地段。
（3）降水：渗入裂隙中水分的破坏作用。
（4）此外：冲刷、地震、人为开挖也可引起崩塌。

### 3. 坍塌

路基边坡的土体发生推移和坍落的现象，称为坍塌，亦称堆塌。坍塌较崩塌土体的运动速度慢些。很少翻滚，无固定滑动面，无明显的软弱面。边坡坡度太陡，路基排水不良，坡脚受水冲刷，坡体易失稳而发生坍塌。

### 4. 滑坡

山坡岩土体被水侵蚀或下部支撑力量受到削弱，在重力作用下缘着一定的软弱面整体向下滑动的现象，称为滑坡，亦称滑坍。规模大的滑坡体移动常是缓慢的，间歇性的，但有时也会急剧下滑。山谷间缓坡地带，有软弱面倾向的地段，地下水，地面水，不恰当的填挖路基，易形成滑坡。

塌方滑坡主要有：
（1）堆积层滑坡。主要是由地下水引起的。
（2）残积层滑坡。由于强烈的化学风化作用，使坚硬的基岩风化成土和碎石而形成的。
（3）黄土滑坡。由于黄土对谁的不稳定而引起的。

### 5. 滑移

在较陡的山坡上填筑路基，如果原地面未经处理而为水所浸湿，下侧边坡坡脚又未加必要的支挡，则堤身就可能在自重等作用下缘原地面向下滑移。

### 6. 沉陷

路基沉陷是指路基在垂直方向产生较大的沉落，从而引起局部路段的破坏，影响交通。路基沉陷有两种：沉落和沉缩。

在泥沼及软土地基上填筑较高的路堤时，由于地基土压缩性大，抗剪强度不足，路堤自重作用下使地基沉降或再侧向挤出，而引起堤身向下沉落。

路基因填料不当，填筑方法不合理和压实不足，在水分、自重和行车作用下，基身会逐渐压密而出现沉缩。其下沉量同压实程度和填土高度有关，下沉不均匀易产生裂缝。

### 7. 冻胀与翻浆

在季节性冰冻地区，路基土质不良并有水分供给时，冬季的负气温作用使路基内的水分不断向上积聚而冻结，导致路基体积膨胀和路面隆起开裂，形成冻胀。

春融期间，路基上层的土首先化冻，因含水过多而变得稀软，在行车作用下泥浆沿路面裂缝冒出，形成翻浆。

造成路基冻胀与翻浆的条件是：
（1）土质　采用粉性土质做路基，便构成了冻胀与翻浆的内因，粉性土质毛细上升速度快，作用强烈，为水分向上积聚创造了条件。

（2）水文　地面排水困难，路基填土高度不足，边沟积水或利用边沟作农田灌渠，路基靠近坑塘，地下水位较高的路段，为水分积聚提供充足的水源。

（3）气候　多雨的秋天，暖和的冬天，骤热的晚春，春融期降雨等都是加剧湿度积聚和翻浆现象的不利气候。

（4）行车　通行大的交通量或过重的汽车，能加速翻浆发生。

（5）养护　不及时排泄积水，弥补裂缝，会促成或加剧翻浆的出现。

### 8. 泥石流

泥石流是一种突发性的含大量泥砂石块的洪流。泥石流对路基的维护主要是通过堵塞、淤埋、冲刷、撞击等造成的，也可通过压缩、堵塞河路使水位壅升，淹没上流沿河路基，或者迫使主河槽改道，引起对岸的冲刷，造成间接水毁。

泥石流的形成原因主要有：

（1）流域内有丰富的松散固体物质。

（2）地形陡峻，沟槽纵坡较大；

（3）流域中上游有大量的降雨、急剧消融的冰雪或渠道、水库的溃决。

## 学习单元二　病害原因的综合分析

综合以上几种病害类型，分析出路基病害形成的原因主要有：

（1）路基的岩土条件是产生病害的内部原因和基本前提。

（2）水是路基病害的直接肇因。

（3）自然因素，如气温、风雪、地形、地震及荷载的作用。

（4）使用中的各种因素：设计不合理、施工不妥当、养护不及时、排水不畅等。

# 工作任务二　路基病害的处理方法及施工工艺

路基病害的处治应贯彻"预防为主，综合治理"的原则。地质、气候和水位等自然因素每时每刻都对路基产生影响，这就势必加剧病害的扩大与发展。调查发生病害的成因是治理病害的起点，而同一病害在不同时间、不同场所发生时，其根源往往不全相同。因此，深入现场，综合分析，才能因地制宜地采取有效的措施。

## 学习单元一　崩塌的防治

崩塌的防治措施主要有加固边坡、拦截构造物、支挡构造物。

### 1. 加固边坡

对于土质路基，可种草或植树；对于风化的软质岩层，可修建干砌或浆砌片石护墙。

同时，还应及时清除滑塌的土石方。

### 2. 拦截构造物

在小型崩塌地段，若基岩破坏严重，可采用落石平台、落石槽、拦石堤、拦石墙等构造物。

### 3. 支挡构造物

支挡构造物主要防治公路上方的危岩、危石等，应根据地形和岩层情况，采取嵌补、支顶、支护、支撑等构造物进行加固。

## 学习单元二  滑坡的防治

滑坡的防治措施主要有排水、减重、支挡措施。

### 1. 排水

滑坡体上及以外的地表水，应拦截引离，可采用截水沟、明沟、渗沟等排水构造物；地下水可采用支撑渗沟、边坡渗沟及截水渗沟等措施。

### 2. 减重

在滑坡体后沿挖除一定量滑坡体，以减小下滑力。此法常与其他方法配合使用。减重的弃土，应尽量堆填与滑坡前沿，以稳定滑坡；减重后的坡面，应注意整平、排水及防渗。

### 3. 支挡措施

根据滑坡性质，可采用干砌石垛、重力式防护挡土墙、锚杆及加筋挡土墙等构造物进行处理，具体可参见挡土墙施工部分的有关内容。

## 学习单元三  沉陷处治

路基沉陷一般可用换土法、粉喷桩法、灌浆法等进行处治。

### 1. 换土法

换土法是先将路基一定范围内的松软土挖去，然后回填分层夯实的砂砾石或素土等强度较高的填土材料。其主要施工要点如下：

（1）基坑开挖。

（2）选用良好的填料，严禁用腐蚀土或有草根的土块，应分层填筑、分层夯实。

（3）填石路堤从下而上，应用由大到小的石块按序填筑，并用石渣或石屑填筑空隙。

（4）设置路基排水设施。

（5）原地面为软弱土层时，路堤高度较低且可中断行车时，应挖除换上良好的土料然后按原高度填平夯实；路堤高度较高，且又不能中断行车时，可采用打砂桩、凝土桩或松木桩。

### 2. 粉喷桩法

粉喷桩法主要施工要点如下：

（1）放样定位。

（2）移动钻机，准确对孔。对孔误差不得大于50mm。

（3）利用支腿油缸调平钻机，钻机主轴垂直度误差应不大于1%。

（4）启动主电动机，根据施工要求，按Ⅰ、Ⅱ、Ⅲ挡逐级加速的顺序，正转预搅下沉钻至接近设计深度时，应用低速慢钻。钻机应原位钻动1～2min。为保持钻杆中间的送风通道的干燥，从预搅下沉开始直到喷粉为止，应在钻杆内连续输送压缩空气。

（5）粉体材料及掺合量　使用粉体材料，除水泥外，还有石灰、石膏及矿渣等，也可使用粉煤灰等作为掺加料。在国内工程中普通硅酸盐水泥，其掺合量常为180～240kg/m³。

（6）提升喷粉搅拌　在确认加固料已喷至孔底时，按0.5m/min的速度反转提升。当提升到设计停灰高程时，应慢速原地搅拌1～2min。

（7）重复搅拌　为保证粉体搅拌均匀，须再次将搅拌头下沉到设计深度。提升搅拌时，其速度控制为0.5～0.8m/min。

（8）为防止空气污染，在提升喷粉距地面0.5m处应减压或停止喷粉。在施工中，孔口应设喷灰防护装置。

（9）提升喷灰过程中，须有自动计量装置。该装置为控制和检验喷粉桩质量的关键，应予以足够的重视。

（10）钻具提升至地面后，钻机移位对孔，按上述步骤进行下一根桩的施工。

### 3. 灌浆法

灌浆法主要施工要点如下：

（1）钻孔　对于较浅的软土，可采用螺旋结，较深则宜采用回转式钻机。为防止冒浆，孔径宜小一些，一般为75～110mm，垂直偏差<1%。

（2）制浆　根据材料试验确定配比、选择浆体，制浆时应注意以下几点：

①按程序加料，准确计量，掌握浆液性能，控制浆量。

②浆液应进行充分搅拌，并坚持灌浆前不断地搅拌，防止再次沉淀，影响浆液质量。

（3）灌浆　灌浆是通过灌浆设备、输浆管路，将浆液注入到目的层中。用于公路软弱地基处治工程的灌浆方法有：

①自下而上式孔口封闭灌浆法。这种工序一次成孔，孔口用三角楔止浆塞封口，分段自下而上灌浆，灌浆段高度为1.5～2.0m。该方法对于黏性土层较多或地层下部分有少量中粗砂土层的软弱土层较为适用。

②自上而下式孔口封闭灌浆法。这种方法一次只钻成一段灌浆孔，孔口用三角楔止浆塞封口，分段自上而下灌浆，灌浆段为1.5～2.0m。该方法对于上部中粗砂土层较多的软弱土层较为适用。

在开始灌浆前，应进行现场灌浆试验，确定单孔灌浆量，然后按照所采用的灌浆工艺施工。在灌浆顺序上，先施工边缘帷幕孔，再施工加固孔，并宜按序次施工，即先注第1序次孔，再注第2序次孔，最后注第3序次孔。当灌浆达到设计要求时可终止灌浆。边缘帷幕孔孔距应为一般流浆孔孔距的1/2，以确保灌浆工程的质量。

在边缘帷幕孔施工后，应根据处治段水文地质情况决定是否施工排水孔。在地下水位较高地区，应在处治范围内用钻机钻成1~3个排水孔，其目的是将边缘帷幕孔所围范围内的地下水随灌浆施工排出，以便能更有效地保证灌浆质量。当排水孔周围灌浆施工时，排水孔内见到灌浆浆液时，可将该排水孔用灌浆浆液灌实，并封孔。

在灌浆过程中，当地面隆起或地面有跑浆现象时，应停止灌浆，分析其原因，对下一个灌浆段宜减少灌浆量，并检查封孔装置、灌浆设备等，如仍然有地面隆起或地面跑浆应结束该孔灌浆施工。

## 学习单元四　翻浆处治

路基一旦发生了翻浆，可适当地选用下面的方法处治。

### 1. 挖渗水坑

在翻浆路段的中心线上，顺路向每隔4~6m挖一个圆坑，坑洞直径30~40cm，深要挖到冻土层以下10cm左右，以便把融化的冰水引至坑内，然后掏除。适用于土路及粒料路面。但要设立交通安全标志，以保证行车安全。

### 2. 挖换土

将翻浆路段上的土挖出来，至稳定层，摊在路肩晾干后回填。翻浆严重地段，挖出翻浆土换以水稳定性好的土。

### 3. 换铺粒料

挖除稀泥，用碎石、炉渣等粒料换填，表面整平后直接通车，或在下面铺一层干土，再铺土粒料，整平后通车。此法也适用于翻浆严重地段。

### 4. 掺石灰

在翻浆路段上，撒铺石灰块，并用木棍捣夯，使石灰进入路基里面去。此法适用于已经翻浆破坏了的路段。

## 学习单元五　泥石流的防治

泥石流的防治措施主要有水土保持和跨越。

### 1. 水土保持措施

在易发生泥石流地区植树造林，平整填洼，修筑截水沟、边坡渗沟等排水工程，设置支挡工程。

### 2. 跨越措施

以桥梁、涵洞、过水路面、明洞、渡槽等形式跨越泥石流区域。

> **工程案例**

武广高铁工务（路基）常见病害案例

一、堑坡溜坍

案例：武广高铁下行K1497+530～560堑坡溜坍

1. 检查经过

2010年6月19日武广高铁K1512+947雨观测点连续雨量及日雨量212.2mm，1小时雨强53.4mm，达到限速警戒值，18：23限速160km/h，后限速80km/h。

2010年6月22日8：38长沙南路桥车间长沙南路桥工区武广高铁防洪巡查小组雨后巡查发现武广高铁下行K1497+530～560堑坡溜坍。

2. 现场调查水害情况

现场调查情况如下：

①水害地点：武广高铁下行K1497+530～560。

②堑坡高度：侧沟平台至堑顶高差10.0m左右。

③既有边坡防护及支挡情况：该水害地段未设片石混凝土挡墙等支挡工程，但水害地段往北同高度路堑坡脚设有2.5m高片石混凝土挡墙；边坡防护为全浆砌片石加植草窗植草防护。

④水害情况：严重地段从距堑顶2.0m处裂缝、错台，最大错台0.8m，侧沟平台宽度2.0m，坍体坡脚向侧沟方向有小量位移。武广高铁下行K1497+530～560正面病害如图8-1所示：

图8-1 武广高铁下行K1497+530～560正面病害

3. 原因分析

①降雨量大：5月19日K1512+947雨监测点连续降雨量212.2mm，1小时雨强53.4mm。防灾系统工务终端显示动车组限速80km/h。

②路基支挡工程欠缺：10.0m高路堑坡脚未设支挡工程进行防护，只设有边坡防护。

③排水系统不完善：二级平台截水沟未接通吊沟或引出路基外，水直接冲刷路堑边坡。

4．临时抢修方案

①接长二级平台截水沟20.0m，并将地表水引向路基边坡外。

②路堑坡脚在侧沟平台用编织袋装土码砌坡脚。

③白天及夜间加强检查。

5．水害复旧方案

①利用天窗时间在侧沟平台处设临时栅栏200m，完成临时栅栏施工后，水害复旧施工在白天进行。

②在路堑坡脚设锚固桩6根，间距6.0m，断面尺寸1.5m×2.0m，桩长6.0m。

③锚固桩间设片石混凝土挡墙。

④边坡设拱形骨架护坡进行加固。

6．施工方案

利用天窗设临时栅栏隔离后施工，临时栅栏设置如图8-2所示：

图8-2　临时栅栏设置

7．整治效果

该工程整治完成已1年，现检查堑坡排水系统完好，堑坡稳定无裂缝。达到了整治效果。

二、堑坡滑坡

案例：武广高铁上行K1634+985～K1635+041堑坡滑坡

1．检查经过

2010年7月8日0：30株洲西路桥工区雨后检查发现武广高铁上行右侧K1634+985～K1635+041挡墙位移0.1m，一级平台多处裂缝宽0.05m、二级平台上多处裂缝宽0.07m，栅栏外6～7.0m处山坡裂缝深1.6m。

2．水害具体情况

①既有边坡情况：侧沟平台上电缆沟盖板挤出，隆起高度0.3m，既有钢筋混凝土侧沟外墙裂缝如图8-3所示：

图8-3　钢筋混凝土侧沟外墙裂缝

栅栏内堑坡高度13～14.0m，二级边坡，其中：一级边坡高度8.0m，二级边坡5～6.0m，边坡坡度1∶1.75，边坡采用骨架护坡防护。栅栏外边坡坡度1∶6左右，总高度约6.0m。

②水害情况：滑坡主裂缝在栅栏外水平距离6～7.0m处，主裂缝深1.6m，宽0.3m，滑体约6000m³。

3．原因分析

①降雨量大：7月6日连续雨量88.5mm，一小时最大雨量35.8mm。

②路堑高度较高，土压力大。

③地质不良：施工中曾发生基坑溜坍。

4．临时抢修方案

①栅栏外砍柴，夯实裂缝。

②彩条布覆盖栅栏外裂缝部分土体。

③栅栏内骨架及平台裂缝用水泥砂浆封闭。

④病害地段24小时看守。

5．水害复旧方案

①利用天窗时间用临时栅栏进行物理隔断后白天进行水害复旧施工。

②堑坡刷坡减载。

③设抗滑桩加固，桩长12.5m，断面尺寸2m×2.5m。

6．施工方案

利用天窗设临时栅栏隔离后施工，临时栅栏设置如图8-4所示：

图8-4 临时栅栏设置

7. 整治效果

该工程整治完成已1年，现检查堑坡排水系统完好，堑坡稳定无裂缝。达到了整治效果。

### 项目小结

由于所处地区的差异，产生的路基病害也是多种多样的，本项目中介绍了路基最常见的病害有边坡崩塌、滑坡、沉陷、翻浆等。路基病害产生的原因涉及土质、人为破坏、养护和管理等因素。彻底控制路基病害的产生是不现实的，因此，通过本项目的学习，要了解路基常见病害产生的原因，掌握路基病害防治方法，采取一系列切实可行的措施，将其产生的可能性降到最低程度。

### 基础训练

1. 路基病害的类型有哪些？形成各自病害的原因是什么？
2. 路基病害原因的综合分析。
3. 滑坡的处治方法有哪些？
4. 沉陷的处治方法有哪些？

### 考证训练

单项选择题

1. 陡峻的斜坡上，岩土体在自重作用下突然而迅猛地从高处崩落和倒塌下来的现象，称为（　　）。
   A. 溜塌　　　　B. 剥落　　　　C. 崩塌　　　　D. 坍塌
2. 黏土质边坡的表面土被水饱和或迅速融化而沿坡面下溜，称为（　　）。
   A. 溜塌　　　　B. 剥落　　　　C. 崩塌　　　　D. 坍塌

3. 易风化的软质岩石边坡或含易溶盐多的土质（黄土）边坡，其表面薄层岩土因物理风化易松碎而同母体分离，在重力等作用下呈片状碎屑逐渐脱落下来，称为（　　）。

  A. 溜塌　　　　　B. 剥落　　　　　C. 崩塌　　　　　D. 坍塌

4. 路基边坡的土体发生推移和坍落的现象，称为（　　）。

  A. 溜塌　　　　　B. 剥落　　　　　C. 崩塌　　　　　D. 坍塌

5. 山坡岩土体被水侵蚀或下部支撑力量受到削弱，在重力作用下缘着一定的软弱面整体向下滑动的现象，称为（　　）。

  A. 滑移　　　　　B. 沉缩　　　　　C. 沉落　　　　　D. 滑坡

6. 路基因填料不当，填筑方法不合理和压实不足，在水分、自重和行车作用下，基身会逐渐压密而出现（　　）。

  A. 滑移　　　　　B. 沉缩　　　　　C. 沉落　　　　　D. 滑坡

7. 在较陡的山坡上填筑路基，如果原地面未经处理而为水所浸湿，下侧边坡坡脚又未加必要的支挡，则堤身就可能在自重等作用下缘原地面向下移动，称为（　　）。

  A. 滑移　　　　　B. 沉缩　　　　　C. 沉落　　　　　D. 滑坡

8. 在泥沼及软土地基上填筑较高的路堤时，由于地基土压缩性大，抗剪强度不足，路堤自重作用下使地基沉降或再侧向挤出，而引起堤身向下（　　）。

  A. 滑移　　　　　B. 沉缩　　　　　C. 沉落　　　　　D. 滑坡

# 项目九　路面基层施工

**任务目标:**
　　本项目主要任务是介绍路面基层的施工方法，认知半刚性材料、半刚性基层施工、粒料类基层施工、基层质量控制与检查验收、柔性基层与刚性基层。

**学习目标:**
　　(1) 了解公路路面基层施工材料的分类、材料质量要求、混合料组成设计。
　　(2) 重点掌握公路路面基层施工的方法有厂拌法施工、路拌法施工，及其施工中应注意的问题。
　　(3) 掌握粒料类基层及材料质量要求，及相应的施工方法。
　　(4) 了解基层施工质量控制、检查验收。
　　(5) 认知柔性基层、刚性基层。

## 工作任务一　半刚性基层材料

　　半刚性路面基层是指在路面基层材料中掺入一定比例的石灰、水泥、粉煤灰或其他工业废渣等结合料，加水拌和形成的混合料经摊铺压实及养生后形成的路面基层，与传统的全柔性路面基层（级配碎石、级配砾石、填隙碎石等）相比，具有较高的强度、刚度及良好的板体性、水稳性和一定的抗冻性，大大提高了路面的承载能力，因而被称为半刚性材料。自20世纪中叶以来，在国内外被广泛用作路面基层，特别是理化、力学性能优越的水泥稳定粒料与石灰、粉煤灰稳定粒料（通常称为二灰稳定粒料），被广泛用作高等级道路路面的基层与底基层。因其强度大、承载能力高，对适应较薄的沥青面层，适当减薄沥青面层厚度，具有很大的现实意义与经济意义。半刚性基层材料以其强度高、原材料来源广、修建成本低等优势成为我国公路建设中的主导路面基层类型。以往半刚性基层材料组成设计指标、材料结构单一，致使所设计的基层抗裂、抗冲刷能力不足，降低了其应用效果。长安大学长期对半刚性基层研究发现：半刚性基层性能改善的经济、有效途径在于改进材料的组成设计，并提出了基于材料结构设计要求的半刚性基层材料组成设计新理念和基于多指标控制的材料组成设计新方法。

# 学习单元一　半刚性基层分类

无机结合料稳定类又称为半刚性型或整体型，用作基层的材料主要有：水泥稳定类、石灰稳定、工业废渣稳定类。

按照土中单个颗粒的粒径大小和组成，将土分为细粒土、中粒土和粗粒土三种。

目前，我国高等级公路的基层使用最多的是水泥稳定碎石、水泥稳定砂砾，其次是二灰碎石、二灰砂砾，其他还有水泥稳定砂掺碎石、水泥稳定砂砾掺碎石，个别也有粉煤灰土加水泥。底基层以石灰土为最多。其次还有水泥稳定土、水泥石从稳定土、水泥石灰粉煤灰稳定土等。

# 学习单元二　材料质量要求

组成半刚性基层的原材料主要有：土、碎石、砂砾、工业废渣、水泥、石灰、粉煤灰和水。

### 1. 原材料试验项目

（1）含水量　用烘干法、含水量快速测定仪或酒精法确定材料含水量。

（2）颗粒分析　用筛分法（含土材料用湿筛分析法）测定级配是否符合要求并确定材料配合比。

（3）液限与塑限　计算塑性指数并审定是否符合规定（100g平衡锥测液限，搓条法测塑限）。

（4）相对密度与吸水率　用多孔网篮或容积1000$cm^3$以上的比重瓶测定相对密度与吸水率，用以评定粒料质量。

（5）压碎值　评定石料的抗压碎能力是否符合要求（压碎值仪测定）。

（6）有机质和硫酸盐含量　确定土是否适宜于用石灰或水泥稳定（对土有怀疑时做此试验）。

（7）有效钙镁含量确定石灰质量　常用滴定法或钙电极法测定。

（8）水泥强度和终凝时间　确定水泥的质量，是否适宜应用。

（9）烧失量强度　确定粉煤灰是否适用。

### 2. 对原材料的一般要求

（1）土质

对土的一般要求是易于粉碎，满足一定级配，便于碾压成型。

①液限与塑性指数：水泥稳定类时，土的液限不宜超过25%，塑性指数不宜超过6；用水泥稳定粒径较均匀的砂时，难于碾压，可在砂中掺入少量塑性指数小于12的黏性土（亚黏土）；二灰稳定类时，土的塑性指数为12～20；石灰稳定类时，土的塑性指数为15～20。

②颗粒组成：用作基层时，集料最大粒径不应超过30mm（方孔筛，下同）；用作底

基层时,集料最大粒径不应超过40mm。最大粒径太大,拌和、摊铺、压实均有困难,表面平整度也难达到要求。最大粒径太小,则动稳性不足且投资增加。水泥稳定类材料用作底基层时,土的均匀系数应大于5,实际上宜选用均匀系数大于10(均匀系数指通过量为60%的筛孔与通过量为10%的筛孔尺寸的比值)。水泥稳定类集料的颗粒组成应满足表9-1的要求。表中2号级配可用于基层,1号可用于底基层。二灰稳定类集料适宜的级配组成见表9-2。

表9-1 水泥稳定类集料的颗粒组成范围

| 筛孔尺寸(mm) | | 40 | 26.5 | 16 | 9.5 | 4.75 | 2.36 | 0.6 | 0.075 |
|---|---|---|---|---|---|---|---|---|---|
| 通过百分率(%) | 1 | 100 | 90~100 | 75~90 | 50~70 | 30~55 | 15~35 | 10~20 | 0~7 |
| | 2 | | 100 | 90~100 | 60~80 | 30~50 | 15~30 | 10~20 | 0~7 |

集料中0.5mm以下细粒土有塑性指数时,小于0.075mm的颗粒含量不应超过5%;细粒土无塑性指数时,小于0.075mm的颗粒含量不应超过7%。

表9-2 二灰稳定类集料的颗粒组成范围

| 编号 | 通过下列筛孔(mm)的质量百分比(%) | | | | | | | | |
|---|---|---|---|---|---|---|---|---|---|
| | 40 | 30 | 20 | 10 | 5 | 2 | 1 | 0.5 | 0.075 |
| 1 | 100 | 90~100 | 60~85 | 50~70 | 40~60 | 27~-47 | 20~40 | 10~30 | 0~15 |
| 2 | | 100 | 90~100 | 55~80 | 40~65 | 28~50 | 20~40 | 10~20 | 0~10 |

③压碎值:半刚性基层材料所用的碎、砾石应具有一定的抗压碎能力。二级和二级以下公路的集料压碎值不大于35%(底基层可放宽至40%);一级、高速公路的集料压碎值不大于30%。

④硫酸盐与腐殖质:水泥稳定时,土的腐殖质含量不应大于2%,硫酸盐含量不应大于0.25%。腐殖质含量超过2%以及塑性指数偏高的土,不应单用水泥稳定,若需采用这种土,必须先用石灰进行处理之后,方可用水泥稳定。石灰及二灰稳定类所用土的有机质含量不应超过10%,硫酸盐含量不应超过0.8%。

(2)无机结合料

无机结合料目前最常用的是水泥、石灰和粉煤灰。

①水泥:普通硅酸盐水泥、硅酸盐水泥、矿渣水泥或火山灰水泥都可用于稳定土,但应选用终凝时间较长(宜在6h以上)的水泥。快凝水泥、早强水泥以及受潮变质的水泥不应使用。宜采用强度低的水泥(如325)。

②石灰:石灰质量应符合合格品以上的生石灰或消石灰的技术指标。实际使用时,要尽量缩短石灰的存放时间,如需存放较长时间,应采取覆盖封存措施妥善保管。

③粉煤灰:粉煤灰的主要成分是$SiO_2$、$Al_2O_3$、$Fe_2O_3$、$CaO$,前两种成分的总含量应

大于70%。根据CaO含量的大小，粉煤灰可分为硅铝粉煤灰（CaO含量一般在2%～6%）和高钙粉煤灰（CaO含量为10%～40%）。我国的粉煤灰含CaO、MgO量较少，约3%～5%，因此，不具备自行结硬的特性。粉煤灰的烧失量一般小于10%，有的在20%以上，烧失量过大，将明显降低混合料的强度，有的甚至难于成型。粉煤灰的粒径变化范围0.001～0.3mm，但大部分在0.01～0.1mm，其比表面积一般在2000～35000$cm^2$/g。干粉煤灰和湿粉煤灰都可以应用。干粉煤灰如堆在空地上，要加水，防止飞扬造成污染。湿粉煤灰的含水量不宜超过35%。使用时，应将凝固的粉煤灰块打碎或过筛，同时清除有害杂质。一般人、畜饮用的水源均可使用。

## 学习单元三　混合料组成设计

### 1. 一般原则

混合料组成设计所要达到的目标是：所设计的混合料组成在强度上满足设计要求、抗裂性达到最优且便于施工。

混合料组成设计的基本原则是结合料剂量合理、尽可能采用综合稳定以及集料应有一定级配。

混合料组成中，结合料的剂量太低则不能成为半刚性材料，剂量太高则刚度太大，容易脆裂。实际上，限制低剂量是为了保证整体性材料具有基本的抗拉强度，以满足荷载作用的强度要求。限制高剂量可使模量不致过大，避免结构产生太大的拉应力，同时降低收缩系数，使结构层不会因温度变化而引起拉伸破坏。

采用水泥、石灰综合稳定时，混合料中有一定水泥可提高早期强度，有一定石灰可使刚度不会太大，掺入一定数量的粉煤灰可以降低收缩系数，必要时可根据材料性质和施工季节，加入早强剂或其他外掺剂。

集料应有一定的级配。集料数量以达到靠拢而不紧密为原则，其空隙让无机结合料填充，形成各自发挥优势的稳定结构。因此，较为理想的基层材料应是石灰、粉煤灰、水泥综合稳定粒料类半刚性材料。半刚性基层材料中结合料和集料种类繁多，应以就地取材为前提，并根据以上原则通过试验求得合理组成，以充分发挥其优势。

### 2. 混合料试验项目

（1）重型击实试验　确定最佳含水量和最大干密度，以规定工地碾压时的合适含水量和应达到的最大干密度；确定制备强度试验和耐久性试验的试件所应该用的含水量和干密度；确定制备承载比试件的材料含水量。

（2）承载比　求工地预期干密度下的承载比，确定材料是否适宜做基层或底基层。

（3）抗压强度　进行材料组成设计，选定最适宜于用水泥或石灰稳定的材料（包括土），规定施工中所用的结合料剂量，为工地提供质量评定标准。

（4）耐久性　用于湿循环或冻融循环试验确定适宜于用石灰或水泥稳定的材料，探索石灰、水泥稳定材料在潮湿冰冻条件下的使用性能。

## 3. 半刚性基层材料组成设计的现行方法

现行混合料组成设计的主要内容是根据表9-3的强度标准值（七·五研究成果），通过试验选取适宜于稳定的材料，确定材料的配比以及最大干密度和最佳含水量。表中所列数值指龄期为7d（温养6d、浸水1d）的无侧限抗压强度。

表9-3  无机结合料稳定类材料的抗压强度（单位：MPa）

| 公路等级 | | 高速、一级公路 | 二级及二级以下公路 |
| --- | --- | --- | --- |
| 水泥稳定类材料 | 基层 | 3.0~4.0 | 2.0~3.0 |
| | 底基层 | ≥1.5 | ≥1.5 |
| 石灰稳定类材料 | 基层 | | ≥0.8 |
| | 底基层 | ≥0.8 | ≥0.5~0.7<sup>注</sup> |
| 二灰稳定类材料 | 基层 | ≥0.8 | ≥0.6 |
| | 底基层 | ≥0.5 | ≥0.5 |

注：低限与高限分别用于塑性指数小于12和大于12的黏性土。

具体设计步骤如下：

（1）制备同一种土样、不同结合料剂量的混合料，水泥和石灰的剂量可参考表9-4、9-5所列数值。

表9-4  水泥剂量参考值

| 土类 | 层位 | 水泥剂量（%） | | | | |
| --- | --- | --- | --- | --- | --- | --- |
| 中粒土和粗粒土 | 基层 | 3 | 4 | 5 | 6 | 7 |
| | 底基层 | 3 | 4 | 5 | 6 | 7 |
| 塑性指数小于12的土 | 基层 | 5 | 7 | 8 | 9 | 11 |
| | 底基层 | 4 | 5 | 6 | 7 | 9 |
| 其他细粒土 | 基层 | 8 | 10 | 12 | 14 | 16 |
| | 底基层 | 6 | 8 | 9 | 10 | 12 |

二灰稳定类混合料试件的制备可根据不同情况进行。对硅铝粉煤灰，采用石灰粉煤灰做基层或底基层时，石灰与粉煤灰之比可以是1:2~1:9。采用石灰粉煤灰土做基层或底基层时，石灰与粉煤灰的比常用1:2~1:4（对于粉土，以1:2为宜）。石灰粉煤灰与细粒土的比例可以是30:70~90:10。采用石灰粉煤灰粒料做基层或底基层时，石灰与粉煤灰的配比常用1:2~1:4，石灰粉煤灰与级配粒料（中粒土和粗粒土）的配比可以是1:6~1:4，石灰粉煤灰与粒料的配比也可以用1:1左右，但后者可能强度较低，裂缝较多。

表9-5 石灰剂量参考值

| 土类 | 层位 | 石灰剂量（%） | | | | |
|---|---|---|---|---|---|---|
| 砂砾土和碎石土 | 基层 | 3 | 4 | 5 | 6 | 7 |
| 塑性指数小于12的黏性土 | 基层 | 10 | 12 | 13 | 14 | 16 |
| | 底基层 | 8 | 10 | 11 | 12 | 14 |
| 塑性指数大于12的黏性土 | 基层 | 5 | 7 | 9 | 11 | 13 |
| | 底基层 | 5 | 7 | 8 | 9 | 11 |

（2）采用重型击实试验确定各种混合料的最佳含水量和最大干密度，至少做三个不同水泥或石灰剂量混合料的击实试验，即最小剂量、中间剂量和最大剂量。其他剂量混合料的最佳含水量和最大干密度用内插法确定。

（3）按工地预定达到的压实度，分别计算不同结合料剂量时试件应有的干密度。

（4）按最佳含水量和计算得到的干密度制备试件，进行强度试验。作为平行试验的试件数量应符合表9-6中的规定。如试验结果的偏差系数大于表中规定的值，则应重做试验，并找出原因，加以解决。如不能降低偏差系数，则应增加试验数量。

表9-6 最少的试验数量

| 稳定土类型 | 下列偏差系数时的试验数量 | | |
|---|---|---|---|
| | 小于10% | 10%～15% | 小于20% |
| 细粒土 | 6 | | |
| 中粒土 | 6 | 9 | |
| 粗粒土 | | 9 | 13 |

（5）试件在规定温度下保湿养生6d，浸水1d，进行无侧限抗压强度试验，试验温度为：冰冻地区（20±2）℃，非冰冻地区（25±2）℃。计算试验结果的平均值和偏差系数。

（6）根据表9-3的强度标准，选定合适的结合料剂量。按比例剂量制作试件，室内试验结果的平均设计抗压强度满足式（9-1）要求：

$$R_a = R_d / (1 - Z_\alpha C_v) \tag{9-1}$$

式中　$R_d$——设计抗压强度；

　　　$C_v$——试验结果的偏差系数（以小数计）；

　　　$Z_\alpha$——标准正态分布表中随保证率（或置信度）而变的系数。高等级公路上应取保证率95%，此时$Z_\alpha = 1.645$。

工地实际采用的石灰或水泥剂量应较室内试验确定的剂量多0.5%～1.0%。

石灰土稳定碎石和石灰土稳定砂砾，仅对其中的石灰土进行组成设计，对碎石和砂砾，只要求它具有较好的级配。石灰土与碎石砂砾的质量比宜为1∶4。二灰稳定粒料的组成设计，则应包括全部混合料（或25mm以下的粒料）。条件不具备时，可仅对二灰进行组成设计，确定二灰的配合比后，在二灰中掺入一定比例的粒料。

**4. 无机结合料稳定粒料类材料组成设计新方法**

对无机结合料类的材料组成设计，现行方法是按重型击实法进行。当粒料含量不高时（35%以下），现行方法可得出正确的结果，但费工费时。当粒料含量高时（50%以上），由于击实筒空间的限制，现行方法就不能得出真正的最大干密度。若以它为准，按施工规范要求的压实度成型，所测得的强度和有关参数太小，据此进行设计，势必造成浪费。同样，如以此为准进行施工质量控制，必然要求太低，不能保证施工质量。因此，需要寻求更科学的方法。

（1）集料用量的确定

为使石灰与二灰稳定粒料类混合料中的结合料胶结和集料嵌挤共同发挥作用，一实方体中最多只能用一松方集料，剩余空隙全为结合料所填充（即填充理论），经充分压实后，可得到强度大、收缩系数小的半刚性基层材料。集料太多，结合料填不满空隙，导致强度不足；集料少，温缩系数增大，容易开裂。根据填充理论的基本思想，集料最佳组成的计算公式为：

$$结合料：集料 = \frac{\rho_{1(1-V)}}{\rho_0} : \frac{\rho_c}{\rho_0} \quad (9\text{-}2)$$

式中　$\rho_c$——集料的松方干密度（$g/cm^3$）；

　　　$\rho_1$——试验中所用结合料的最大干密度（$g/cm^3$）；

　　　$V$——集料在半刚性材料中所占的体积；

　　　$\rho_0$——该混合料的最大干密度（$g/cm^3$）。

其中，$V=\rho_c/\gamma$（$\gamma$为集料的平均相对密度）

$$\rho_0 = \rho_1(1-V) + \rho_c$$

根据公式（9-2）计算集料松方密度为1.4~1.68g/cm³时，灰土砂砾的集料最佳含量为63%~72%，二灰砂砾的集料最佳含量为70%~78%。此最佳含量也是集料的最大含量，超过这个含量，材料的整体性反而下降，施工拌和均匀性也难保证。

水泥稳定粒料类混合料的集料组成设计应满足最大干密度原则，并以水泥胶结和填充其部分空隙为准。因此，集料应具有一定的级配。

（2）结合料剂量的确定

作为结合料的石灰土、二灰的配比按常规方法通过试验确定。但掺入集料后，应考虑集料裹覆、吸收石灰的剂量，一般应加集料含量的3%。此时，混合料的石灰含量$a$为：

$$a = Ab + 3B \quad (9\text{-}3)$$

当集料为天然砂砾，且含土量较大时，应对天然砂砾中小于2mm的土做试验，得出最佳含灰量C%，则混合料的石灰剂量$a$为：

$$a = Ab + 3Bm + B(1-m)C \quad (9\text{-}4)$$

式中　$m$——集料中大于2mm的颗粒百分比（以小数计）；

　　　$A$、$B$、$b$——意义同前。

施工中，石灰剂量应增加0.5%，对二灰稳定粒料，还应增加粉煤灰2%。

水泥稳定类材料的强度随水泥剂量的增加而增大。但从抗裂性角度考虑，当水泥含量为5%~6%时，水泥稳定粒料抗温缩和抗干缩的性能都很好；当水泥剂量为7%时，抗裂性反而降低；当水泥剂量为3%时，抗温缩性能急剧下降。因此，水泥稳定粒料的水泥含量一般应为4%~6%，具体视各地气候而定。其水泥的最佳剂量可通过试验确定。

（3）用计算法确定最大干密度和最佳含水量

①石灰土、二灰稳定粒料：根据室内试验测得结合料的最大干密度$\rho_1$和集料的平均相对密度$\gamma$，把已确定的结合料与集料的质量比换算为击实后体积比$V_1:V_2$，则混合料的最大干密度$\rho_0$为：

$$\rho_0 = V_1\rho_1 + V_2\gamma \tag{9-5}$$

石灰土、二灰稳定粒料的最佳含水量$W_0$是结合料的最佳含水量$W_1$和集料饱水裹覆含水量$W_2$的加权值，可按下式计算：

$$W_0 = W_1A + W_2B \tag{9-6}$$

式中 $A$、$B$——结合料和集料的质量百分比，以小数计。

饱水裹覆含水量是指把集料浸水饱和后取出，不擦去表面裹覆水时的含水量，除吸水率特大的集料外，此值对于砾石可以取3%，碎石可取4%。

②水泥稳定粒料：此类材料的最大干密度$\rho_0$与集料的最大干密度$\rho_G$和水泥浆硬化后的水泥质量有关，即：

$$\rho_0 = \rho_G \bigg/ \left[1 - \frac{(1+k)a}{100}\right] \tag{9-7}$$

式中 $\rho_G$——集料在震动台上加载震动而得到的最大干密度（g/cm³）；

$a$——水泥含量（%）

$k$——水泥水化时水的增量，视水泥品种不同而异，一般为水泥质量的10%~25%，以小数计。

水泥加水拌匀后，在105℃烘箱中烘干，称试验前水泥重和烘干后硬化的水泥重，即可求得水泥水化的水增量。

研究表明：当工地没有震动台设备时，击实法结果可当作95%的压实度，并可直接以其测定结果成型试件作强度及有关参数测定，不再作压实度折减。施工质量控制，也应要求达到击实法的干密度，不作压实度折减。

因水泥中含有水化水，故用烘箱法不能正确测出水泥稳定粒料的最佳含水量。根据比较试验，水泥稳定粒料的最佳含水量$W_0$由水泥的水化水、集料的饱水裹覆含水量和拌和水泥所需要的水（水灰比为0.5）三者组成，即

$$W_0 = (0.5+k)a + W_2(1-a/100) \tag{9-8}$$

式中 $a$——水泥含量（%）；

$W_2$——集料饱水裹覆含水量（%），同式（9-5）中规定；

$k$——水泥水化水增量，以小数计，同式（9-6）。

### 5. 二灰稳定类材料的早强问题

二灰稳定类材料后期强度高，隔温性和水稳性好，但其早期强度低，影响交通开放，在重交通道路上也常因早强不足而导致路面早期破坏。在低温条件下，其强度增长率更低，这就限制了基层的施工季节。因此，如何提高二灰稳定类材料的早期强度，是目前公路工程技术人员较为关注的问题之一。

掺加少量水泥或化学添加剂可提高二灰稳定类材料的早期强度。掺入少量水泥可提高早期强度，但不足之处在于工艺上有初、终凝时间限制，且其早期强度的提高主要来源于水泥水化产物的形成，而粉煤中含有的$SiO_2$、$Al_2O_3$并未得到充分的发挥和利用。因此，用掺加化学添加剂提高二灰稳定类的早期强度是有效途径之一。

研究表明：掺用微量化学添加剂能提高二灰稳定类混合料的pH，增大离子浓度，降低胶团的动电位，形成晶体或粘结性物质，进而使二灰稳定类材料获得早强。NaOH、$Na_2CO_3$和$Na_2SiO_3$三种单一早强剂在常温养生条件下具有显著的早强效果。NaOH-$Na_2CO_3$、NaOH-$Na_2SiO_3$和$Na_2CO_3$-$Na_2SiO_3$三种复合早强剂不论常温或低温其早强效果均较理想。从经济和强度两方面考虑，早强剂适宜剂量为1%～2%。

对二灰稳定类材料的早强问题，也有异议，认为二灰稳定类材料后期强度很高，有超过水泥稳定类材料的趋势，若开放交通初期适当限制重车，不会引起路面结构的早期破坏，而且有的高等级公路竣工通车时，二灰稳定类基层的龄期已达2～3个月，强度绰绰有余。根据我国近年来高等级公路修筑的实践，建议高速公路与一级公路二灰稳定类材料基层的抗压强度采用0.8～1.0MPa，底基层抗压强度大于0.5MPa。当然，在施工中应注意避免重型施工机具在基层上通行。

# 工作任务二　半刚性基层施工

## 学习单元一　厂拌法施工

在我国，高等级公路半刚性基层施工中，混合料的拌和方式有路拌法和厂拌法，其摊铺方式有人工和机械两种。从施工程序来看，一般是先通过修筑试验路段，制订标准施工方法后进行大面积施工。

### 1. 修筑试验路段

在进行大面积施工之前，修筑一定长度的试验路段是很必要的。目前在我国高等级公路基层修筑实践中，许多施工单位通过修筑试验路段，进行施工优化组合，把主要问题找出来，并加以解决，由此提出标准施工方法用以指导大面积施工，从而使整个工程施工质量高、进度快，经济效益显著。

修筑试验路段的任务是：检验拌和、运输、摊铺、碾压、养生等计划投入使用设备的可靠性；检验混合料的组成设计是否符合质量要求及各道工序的质量控制措施；提出用于大面积施工的材料配合比及松铺系数；确定每一作业段的合适长度和一次铺筑的合理厚度；提出标准施工方法。标准施工方法主要内容包括：集料与结合料数量的控制；摊铺方法；合适的拌和方法、拌和速度、拌和深度与拌和遍数；混合料最佳含水量的控制方法；整平和整型的合适机具与方法；压实机械的组合、压实的顺序、速度和遍数；压实度检查方法及每一作业段的最小检查数量。若采用集中厂拌和摊铺机摊铺，应解决好机械的选型与配套问题。

### 2. 厂拌法施工

厂拌法施工前，应先调试拌和设备。调试的目的在于找出各料斗闸门的开启刻度（简称开度）以确保按设计配合比拌和。先要测定各种原材料的流量——开度曲线。然后按厂拌设备的实际生产率及各种原材料的设计质量比计算各自的要求流量，从流量——开度曲线上可查出各个闸门的刻度。按得出的刻度试拌一次，测定其级配、含水量及结合料剂量，如有误差则个别调整后再试拌。一般试拌一、二次即可达到要求。拌和生产中，含水量应略大于最佳值，使混合料运到现场摊铺后碾压时的含水量不小于最佳值，按照合同或规范要求，在拌和厂抽检混合料的配合比。将拌和好的混合料送到现场，如运距远，车上混合料应覆盖，以防水分损失过多。用平地机、摊铺机、摊铺箱或人工按松铺厚度摊铺均匀，如有粗细颗粒离析现象，应以机械或人工补充拌和，如果采用摊铺机施工，厂拌设备的生产率、运输车辆及摊铺机的生产率应尽可能配套，以保证施工的连续性。其他工序同路拌法。

目前，我国高等级公路的半刚性基层施工多采用集中厂拌和摊铺机摊铺，修筑的基层平整度、高程、路拱、纵坡和厚度都达到了规范或合同的要求。从而避免了人工或平地机施工中配料不准、拌和不匀、反复找平、厚度难以控制等问题，不仅提高了工程质量，而且加快了工程进度。实践证明：提高高等级公路基层施工质量的根本出路在于机械化。因此建议基层施工应尽可能采用集中厂拌和摊铺机摊铺的。

## 学习单元二  路拌法施工

半刚性基层或底基层路拌法施工的主要工序为：准备下承层—施工测量—备料—推铺—拌和—整平与碾压成型—初期养护。

### 1. 下承层准备与施工测量

施工前对下承层（底基层或土基）按质量验收标准进行验收，并精心加工。之后，恢复中线，直线段每20～25m设一桩，平曲线段每10～15m设一桩，并在两侧路面边缘外0.3～0.5m处设指示桩，在指示桩上用红漆标出基层（或底基层）边缘设计标高及松铺厚度的位置。

### 2. 备料

所用材料应符合质量要求，并根据各路段基层（底基层）的宽度、厚度及预定的干密度，计算各路段需要的干燥集料数量。根据混合料的配合比、材料的含水量以及所用车辆的吨位，计算各种材料每车料的堆放距离，对于水泥、石灰等结合料，常以袋（或小翻斗车）为计量单位，故应计算出每袋结合料的堆放距离。也可根据各种集料所占的比例及其松干密度，计算每种集料松铺厚度，以控制集料施工配合比，而对结合料（水泥、石灰等）仍以每袋的摊铺面积来控制剂量。

### 3. 摊铺与拌和

用平地机、推土机或人工按试验路段所求得的松铺系数进行摊铺，摊铺力求均匀。摊铺工作就绪后，就可使用稳定土路拌机进行拌和作业。路拌时，首先调整液压分配阀的控制手柄，使路拌机的工作装置渐渐深入混合料之中直至达到标尺要求的深度，这样拌和机就可以工作速度开始作业，工作速度以1.2~1.5km/h最为适宜。当然，不同的拌和条件，最佳拌和速度是不同的。在拌和开始阶段要反复检查拌和深度，是否留有"夹层"或切入下承层太深。拌和路线应自基层的最外沿向中心线靠拢。拌和中适时测定含水量，如含水量大于最佳值，应进行自然蒸发，使含水量达到最佳值。若含水量小于最佳值，应补充洒水进行拌和。一般在摊铺洒水时，用水量应稍大些，这样可避免二次拌和所造成的浪费。

### 4. 碾压

拌和好的混合料以平地机整平，并刮出路拱，然后进行压实作业。无机结合料稳定类结构层应用12t以上的压路机碾压。用12~15t三轮压路机碾压时，每层的压实厚度不应超过15cm；用18~20t的三轮压路机碾压时，每层的压实厚度不应超过20cm。对于稳定中粒土和粗粒土，采用能量大的振动压路机时，每层的压实厚度根据试验确定，压实厚度超过上述规定时，应分层铺筑，每层的最小压实厚度为10cm。压实应遵循先轻后重、先慢后快的原则。直线段，由两侧路肩向路中心碾压，即先边后中；平曲线段，由内侧路肩向外侧路肩进行碾压。

碾压过程中，如有"弹簧"、松散、起皮等现象，应及时翻开重新拌和，或用其他方法处理，使其达到质量要求。在碾压结束之前，用平地机再终平一次，使其纵向顺适，路拱和超高符合设计要求。终平应仔细进行，必须将局部高出部分刮除并扫出路外，对于局部低洼之处，不再进行找平，留待铺筑沥青层时处理。

### 5. 养生与交通管理

重视保湿养生，养生时间应不少于7d。水泥稳定类混合料碾压完成后，即刻开始养生，二灰稳定类混合料是在碾压完成后的第二或第三天开始养生。养生期结束，应立即铺筑沥青面层或做下封层。基层上未铺封层或面层时，不应开放交通。当施工中断，临时开放交通时，也应采取保护措施。

## 学习单元三　施工中应注意的问题

### 1. 施工季节

无机结合料稳定类结构层宜在春末或夏季组织施工，施工期的最低气温应在5℃以上，并保证在冻前有一定成型期,即第一次重冰冻(-3~5℃)到来之前的半月至一个月(水泥类)及一个月至一个半月(石灰与二灰类)完成。若不能完成则应覆盖土层以防冻融破坏。

在雨季施工水泥稳定类结构层时,应特别注意气候变化,勿使水泥混合料遭雨淋,并采取措施排除表面水,勿使运到路上的集料过分潮湿。

**2. 水泥稳定类材料施工作业长度的确定**

确定水泥稳定类混合料的作业长度,应综合考虑水泥的终凝时间、延迟时间对施工质量的影响、施工机械的效率及气候条件等因素,并尽可能减少接缝。水泥稳定类混合料从拌和到碾压之间延迟时间宜控制在3~4h。必须延长延迟时间时,不应超过水泥终凝时间。因此,必须采用流水作业法,各工序必须紧密衔接,尽量缩短从拌和到完成碾压之间的延迟时间。一般情况下,每一流水作业段长以200m为宜。

**3. 路拌法施工中土与粉煤灰用量的控制**

在二灰稳定类基层施工中,石灰剂量可以检测,土与粉煤灰的比例只能在施工中加以控制,若控制不好,不仅影响强度,还会使压实度检测失去意义。实际上,土与粉煤灰不同于砂砾和碎石,后者在装卸或摊铺过程中体积变化不大,而土和粉煤灰经装卸、运输和摊铺等,都能使密度发生变化,室内测量的松干密度总是偏小。如用其松干密度计算虚铺厚度将使工地用量偏多。此外,工地的运土工具较杂,难以用堆土距离控制。因此,可用稳压厚度控制配比的方法,即固定稳压的压路机型及遍数,实测稳压后土及粉煤灰的干密度。反过来,通过抽检稳压厚度来控制土与粉煤灰的比例。

**4. 接茬处理**

石灰、二灰稳定类基层施工中,两工作段的衔接处应搭接拌和。即前一段拌和后,留5~8m,不进行碾压。后一段施工时,将前段留下未压部分,一起再进行拌和。对于水泥稳定类基层,当天两工作段的衔接处理方法同前,但应对前一段未压部分要再加水泥,重新拌和。当天最后一段水泥稳定类基层施工完后,将已压成段末端切成垂直断面,在第二天摊铺下段时,应在前一天余留未碾段内添加部分水泥,并与下段一起拌和。

拌和机及其他机械不宜在已成型的结合料稳定层上"调头"。若必须在其上"调头"时,应采取保护措施(加铺覆盖层等)。

**5. 养生期的探讨**

当半刚性基层分层施工时,下层碾压完后,可立即铺筑上层,不需专门的养生期,但在铺筑上层之前,应始终保持下层表面湿润。

基层完工后,养生期一般不宜少于7d。养生期结束,方可铺筑沥青面层或做封层。在近年来高等级公路半刚性基层路面修筑实践中,一些施工单位在基层混合料中掺入早强剂,养生不到7d,就已做上面层,但禁止重车通行。还有一些施工单位在半刚性基层施工后2~3d内就铺筑面层,这种做法的理由是基层板体性形成前,铺筑面层并压实是对基层的进一步压实,不会引起破坏,而且因沥青面层覆盖,减少了基层水分蒸发,基层的强度形成所需的水分自身能够满足。对二灰稳定类,基层因其强度形成较慢,更适于基层与面层的连续施工。但也有人认为：沥青混合料摊铺温度较高，加速了基层表面水分蒸发，沥青面层未压实前，水分从沥青混合料孔隙中蒸发，影响基层强度的形成。关于这一问题，目前仍无定论，还需进一步研究。缩短养生期以加快工程进度，是无机结合料稳定类基层施工中必须解决的现实问题。

# 工作任务三　粒料类基层施工

粒料类基层按强度构成原理可分为嵌锁型与级配型。嵌锁型包括泥结碎石、泥灰结碎石、填隙碎石等；级配型包括级配碎石、级配砾石、符合级配的天然砂砾、部分砾石经轧制掺配而成的级配砾、碎石等。国外有些国家的高等级公路上用级配碎石或级配砾石修筑基层或底基层，级配碎石也可用作沥青面层与半刚性基层之间的联结层。从力学角度来看，粒料类基层强度形成有嵌锁型和级配型。

### 1. 嵌锁型

嵌锁型基层，其强度主要依靠碎石颗粒之间的嵌锁和摩阻作用所形成的内摩阻力，而颗粒之间的黏结力是次要的，即这种结构层的抗剪强度主要取决于剪切面上的法向应力和材料内摩阻角。它由三项因素构成：粒料表面的相互滑动摩擦；剪切时体积膨胀而需克服的阻力；粒料重新排列而受到的阻力。

研究表明：单一粒料在另一粗糙面但表面平整的粒料上滑动，其摩阻角大多小于30°；许多粒料相互紧密接触，沿某一剪切面相互变位时，因体积膨胀和粒料重新排列而多耗的功，可使摩阻角增至45°～50°。

因此，嵌锁型结构强度主要取决于石料的强度、形状、尺寸、均匀性、表面粗糙度以及施工时的压实程度。当石料强度高、形状接近立方体、有棱角、尺寸均匀、表面粗糙、压实度高时，基层的强度就高。

### 2. 级配型

级配型粒料基层的强度和稳定性取决于内摩阻力和黏结力的大小。因此，其强度与稳定性在很大程度上取决于集料的类型（碎石、砾石或碎砾石）、集料的最大粒径和级配以及混合料中0.55mm以下细料的含量及塑性指数。同时，还与其密实度有很大关系。因此，对级配型，主要控制最大粒径、细料含量及其塑性指数和现场压实度。

## 学习单元一　粒料类基层及材料质量要求

粒料类基层主要指级配碎石基层，所谓级配碎石就是当其颗粒组成符合密实级配要求时，粗细碎石集料和石屑各占一定比例的混合料。级配碎石基层的材料要求如下：

### 1. 碎石

级配碎石用作基层时，碎石的最大粒径不应超过30mm。粒径过大，石料易离析，也不利于机械摊铺、拌和及整平。碎石中的扁平、长条颗粒的总含量应不超过20%，材料应清洁。用作基层时，级配碎石的颗粒组成见表9-7，其中2号级配可用作联结层。级配曲线应接近圆滑，避免同一种尺寸的颗粒过多或过少。

级配碎石所用石料的压碎值应满足：一级和高速公路的基层小于26%；一级、高速公路的底基层和二级公路的基层小于30%；二级公路底基层和二级以下公路的基层小于35%。

表9-7 级配碎石基层的集料级配范围

| 编号 | 通过下列筛孔（mm）的重量百分率（%） | | | | | | | | 液限（%） | 塑性指数 |
|---|---|---|---|---|---|---|---|---|---|---|
| | 40 | 30 | 20 | 10 | 5 | 2 | 0.5 | 0.75 | | |
| 1 | 100 | 90～100 | 75～90 | 50～70 | 30～55 | 15～35 | 10～20 | 9～10 | <28 | <6或9 |
| 2 | | 100 | 85～100 | 60～80 | 30～50 | 15～30 | 10～20 | 2～8 | <28 | <6或9 |

注：1. 潮湿多雨地区的基层采用塑性指数不大于6，其他地区的基层采用塑性指数不大于9。
2. 对于无塑性的混合料，小于0.075mm的颗粒含量应接近高限，使压实后的基层透水性小。

### 2. 石屑或其他细集料

石屑或其他细集料可以使用一般碎石场的细筛余料，也可用轧制沥青表处和贯入式用石料时的细筛余料，或专门轧制的细碎石。

当级配碎石中细料塑性指数偏大时，塑性指数与0.5mm以下的细料含量的乘积应符合：在年降雨量小于600mm的中干和干旱地区，地下水位对土基没有影响时，应不大于120；在潮湿多雨地区，应不大于100。

## 学习单元二 施工方法

粒料类基层施工方法有路拌法施工和中心站集中厂拌法施工两种。

### 1. 路拌法施工

级配碎石路拌法施工的工艺流程应符合图9-1的顺序。在准备下承层时，下承层不宜做成槽式断面，有关事项要符合施工技术规范相关要求。

施工过程中应注意：

（1）材料用量计算

①级配碎石或级配碎砾石用做二级和二级以下公路的基层时，其颗粒组成和塑性指数应满足表9-7中1号级配的规定。级配碎石用做高速公路和一级公路的基层时，其颗粒组成和塑性指数应满足表9-7中2号级配的规定。同时，级配曲线宜为圆滑曲线。

②级配碎石用做中间层时，其颗粒组成和塑性指数应符合表9-7中2号级配的规定。

③根据各路段基层或底基层的宽度、厚度及规定的压实干密度并按确定的配合比分别计算各段需要的未筛分碎石和石屑的数量或不同粒级碎石和石屑的数量，并计算每车料的堆放距离。

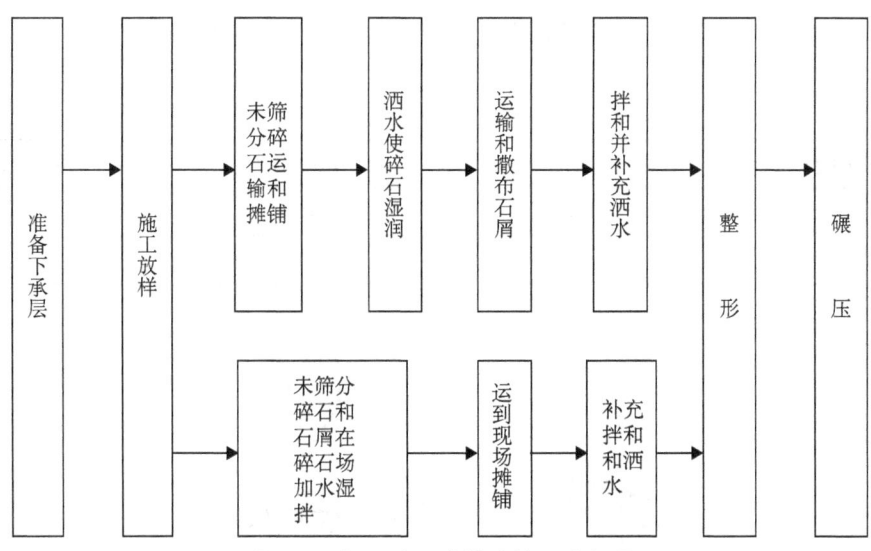

图9-1 级配碎石路拌法施工流程图

④未筛分碎石的含水量较最佳含水量宜大1%左右。未筛分碎石和石屑可按预定比例在料场混合，同时洒水加湿，使混合料的含水量超过最佳含水量约1%。

（2）运输和摊铺集料

①集料装车时，应控制每车料的数量基本相等。

②在同一料场供料的路段内，宜由远到近卸置集料。卸料距离应严格掌握，避免料不够或过多。未筛分碎石和石屑分别运送时，应先运送碎石。

③料堆每隔一定距离应留一缺口。

④集料在下承层上的堆置时间不应过长。运送集料较摊铺集料工序宜只提前数天。

⑤应事先通过试验确定集料的松铺系数并确定松铺厚度。人工摊铺混合料时，其松铺系数为1.40~1.50；平地机摊铺混合料时，其松铺系数为1.25~1.35。

⑥用平地机或其他合适的机具将料均匀地摊铺在预定的宽度上，表面应力求平整，并具有规定的路拱。应同时摊铺路肩用料。

⑦检查松铺材料层的厚度，必要时，应进行减料或补料工作。

⑧未筛分碎石摊铺平整后，在其较潮湿的情况下，将石屑按规范计算的距离卸置其上。用平地机并辅以人工将石屑均匀摊铺在碎石层上，并摊铺均匀。

⑨采用不同粒级的碎石和石屑时，应将大碎石铺在下层，中碎石铺在中层，小碎石铺在上层。洒水使碎石湿润后，再摊铺石屑。

（3）拌和及整形

对于二级及二级以上公路，应采用专用稳定土拌和机拌和级配碎石。对于二级以下的公路，在无稳定土拌和机的情况下，可采用平地机或多铧犁与缺口圆盘耙相配合进行拌和。

①用稳定土拌和机应拌和两遍以上。拌和深度应直到级配碎石层底。在进行最后一遍拌和之前，必要时先用多铧犁紧贴底面翻拌一遍。

②用平地机进行拌和，宜翻拌5~6遍，使石屑均匀分布于碎石料中。平地机拌和的作

业长度,每段宜为300～500m。平地机刀片的安装角度宜符合表9-8和图9-2的要求。

表9-8 平地机刀片安装角度

| 拌和条件 | 平面角α（度） | 倾角β（度） | 切角γ（度） |
| --- | --- | --- | --- |
| 干拌 | 30～50 | 45 | 3 |
| 湿拌 | 35～40 | 45 | 2 |

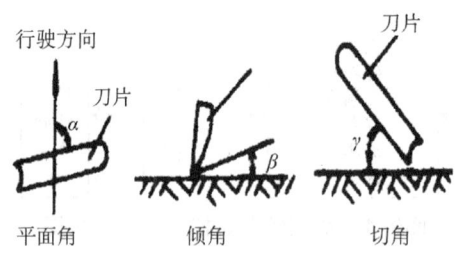

图9-2 平地刀片安装示意图

拌和结束时，混合料的含水量应均匀，并较最佳含水量大1%左右，同时应没有粗细颗粒离析现象。

③用缺口圆盘耙与多铧犁相配合拌和级配碎石时，用多铧犁在前面翻拌，圆盘耙紧跟在后面拌和，即采用边翻边耙的方法，共翻耙4～6遍。应随时检查调整翻耙的深度。用多铧犁翻拌时，第一遍由路中心开始，将混合料向中间翻，同时机械应慢速前进。第二遍从两边开始，将混合料向外翻。拌和过程中，应保持足够的水分。拌和结束时，混合料的含水量和均匀性应符合本款②的要求。

④使用在料场已拌和均匀的级配碎石混合料时，摊铺后混合料如有粗细颗粒离析现象，应用平地机进行补充拌和。

⑤用平地机将拌和均匀的混合料按规定的路拱进行整平和整形，在整形过程中，应注意消除粗细集料离析现象。

⑥用拖拉机、平地机或轮胎压路机在已初平的路段上快速碾压一遍，以暴露潜在的不平整，再用平地机进行整平和整形。

（4）碾压

①整形后，当混合料的含水量等于或略大于最佳含水量时，立即用12t以上三轮压路机、振动压路机或轮胎压路机进行碾压。直线和不设超高的平曲线段，由两侧路肩开始向路中心碾压；在设超高的平曲线段，由内侧路肩向外侧路肩进行碾压。碾压时，后轮应重叠1/2轮宽；后轮必须超过两段的接缝处。后轮压完路面全宽时，即为一遍。碾压一直进行到要求的密实度为止。一般需碾压6～8遍，应使表面无明显轮迹。压路机的碾压速度，头两遍以1.5～1.7km/h为宜，以后用2.0～2.5km/h。

②路面的两侧应多压2～3遍。

③严禁压路机在已完成的或正在碾压的路段上调头或急刹车。

④凡含土的级配碎石层，都应进行滚浆碾压，一直压到碎石层中无多余细土泛到表面为止。滚到表面的浆（或事后变干的薄土层）应清除干净。

（5）横缝的处理

两作业段的衔接处，应搭接拌和。第一段拌和后，留5～8m不进行碾压，第二段施工时，前段留下未压部分与第二段一起拌和整平后进行碾压。

（6）纵缝的处理

应避免纵向接缝。在必须分两幅铺筑时，纵缝应搭接拌和。前一幅全宽碾压密实，在后一幅拌和时，应将相邻的前幅边部约30cm搭接拌和，整平后一起碾压密实。

**2. 中心站集中厂拌法施工**

级配碎石混合料可以在中心站用多种机械进行集中拌和，如强制式拌和机、卧式双转轴桨叶式拌和机、普通水泥混凝土拌和机等。对用于高速公路和一级公路的级配碎石基层和中间层，宜采用不同粒级的单一尺寸碎石和石屑，按预定配合比在拌和机内拌制级配碎石混合料。不同粒级的碎石和石屑等细集料应隔离，分别堆放。细集料应有覆盖，防止雨淋。在正式拌制级配碎石混合料之前，必须先调试所用的厂拌设备，使混合料的颗粒组成和含水量都能达到规定的要求。

在采用未筛分碎石和石屑时，如未筛分碎石或石屑的颗粒组成发生明显变化，应重新调试设备。将级配碎石用于高速公路和一级公路时，应用沥青混凝土摊铺机或其他碎石摊铺机摊铺碎石混合料。摊铺机后面应设专人消除粗细集料离析现象。用振动压路机、三轮压路机进行碾压，碾压方法应符合规范要求。

级配碎石用于二级和二级以下公路时，如没有摊铺机，也可用自动平地机（或摊铺箱）摊铺混合料。

（1）根据摊铺层的厚度和要求达到的压实干密度，计算每车混合料的摊铺面积。

（2）将混合料均匀地卸在路幅中央，路幅宽时，也可将混合料卸成两行。

（3）用平地机将混合料按松铺厚度摊铺均匀。

（4）设一个三人小组跟在平地机后面，及时消除粗细集料离析现象。对于粗集料"窝"和粗集料"带"，应添加细集料，并拌和均匀；对于细集料"窝"，应添加粗集料，并拌和均匀。

用平地机摊铺混合料后的整形和碾压均与路拌法施工相同。

集中厂拌法施工时的横向接缝按下述方法处理：

（1）用摊铺机摊铺混合料时，靠近摊铺机当天未压实的混合料，可与第二天摊铺的混合料一起碾压，但应注意此部分混合料的含水量。必要时，应人工补充洒水，使其含水量达到规定的要求。

（2）用平地机摊铺混合料时，每天的工作缝可按路拌法方式处理。

应避免纵向接缝。如摊铺机的摊铺宽度不够，必须分两幅摊铺时，宜采用两台摊铺机一前一后相隔5～8m同步向前摊铺混合料。在仅有一台摊铺机的情况下，可先在一条摊铺带上摊铺一定长度后,再开到另一条摊铺带上摊铺,然后一起进行碾压。

在不能避免纵向接缝的情况下,纵缝必须垂直相接,不应斜接,并按下述方法处理:

(1)在前一幅摊铺时,在靠后一幅的一侧应用方木或钢模板做支撑,方木或钢模板的高度与级配碎石层的压实厚度相同;

(2)在摊铺后一幅之前,将方木或钢模板除去;

(3)如在摊铺前一幅时未用方木或钢模板支撑,靠边缘的30cm左右难于压实,而且形成一个斜坡,在摊铺后一幅时,应先将未完全压实部分和不符合路拱要求部分挖松并补充洒水,待后一幅混合料摊铺后一起进行整平和碾压。

# 工作任务四　基层质量控制与检查验收

## 学习单元一　施工质量控制

基层或底基层的质量控制可分为原材料标准试验、不同类型基层或底基层施工过程质量控制和外形尺寸管理三个方面,下面分别作一介绍。

**1. 原材料标准试验**

在组织现场施工以前以及在原材料(包括土)或混合料发生变化时,必须对拟采用的材料进行规定的基本性质试验。以评定材料质量是否符合要求,以及某种土是否适宜用水泥或石灰稳定。一般地,对用做基层或底基层的原材料。应按表9-9所列的试验项目及方法进行检验。对初步确定使用的基层或底基层混合料,包括掺配后不用结合料稳定的材料,应按表9-10所列的试验项目进行检验。

表9-9　底基层和基层原材料的试验项目

| 试验项目 | 材料名称 | 目　的 | 频　度 | 仪器和试验方法 |
| --- | --- | --- | --- | --- |
| 含水量 | 土、砂砾、碎石等集料 | 确定原始含水量 | 每天使用前测2个样品 | 烘干法、酒精燃烧法、含水量快速测定仪 |
| 颗粒分析 | 砂砾、碎石等集料 | 确定级配是否符合要求,确定材料配合比 | 每种土使用前测2个样品,使用过程中每2000m³测2个样品 | 筛分法 |
| 液限、塑限 | 土、级配砾石或级配碎石中0.5mm以下的细土 | 求塑性指数,审定是否符合规定 | 每种土使用前测2个样品,使用过程中每2000m³测2个样品 | 液限塑限联合测定法测液限;滚搓法塑限试验测塑限 |
| 相对毛体积密度、吸水率 | 砂砾、碎石等 | 评定粒料质量,计算固体体积率 | 使用前测2个样品,砂砾使用过程中每2000m³测2个样品,碎石种类变化重做2个样品 | 网篮法或容积1000ml以上的比重瓶法 |

续表

| 试验项目 | 材料名称 | 目的 | 频度 | 仪器和试验方法 |
|---|---|---|---|---|
| 压碎值 | 砂砾、碎石等 | 评定石料的抗压碎能力是否符合要求 | 同上 | 集料压碎值试验 |
| 有机质和硫酸盐含量 | 土 | 确定土是否适宜于用石灰或水泥稳定 | 对土有怀疑时做此试验 | 有机质含量试验,易溶盐试验 |
| 有效钙、氧化镁 | 石灰 | 确定石灰质量 | 做材料组成设计和生产使用时分别测2个样品,以后每月测2个样品 | 石灰的化学分析 |
| 水泥标号和终凝时间 | 水泥 | 确定水泥的质量是否适宜应用 | 做材料组成设计时测1个样品,料源或标号变化时重测 | 水泥胶砂强度检验方法,水泥凝结时间检验方法 |
| 烧失量 | 粉煤灰 | 确定粉煤灰是否适用 | 做材料组成设计前测2个样品 | 烧失量试验 |

表9-10 底基层和基层混合料的试验项目

| 试验项目 | 目的 |
|---|---|
| 重型击实试验 | 求最佳含水量和最大干密度,以规定工地碾压时的合适含水量和应该达到的最小干密度,确定制备强度试验和耐久性试验的试件所应该用的含水量和干密度;确定制备承载比试件的材料含水量 |
| 承载比 | 求工地预期干密度下的承载比,确定材料是否适宜做基层或底基层 |
| 抗压强度 | 进行材料组成设计,选定最适宜于用水泥或石灰稳定的土(包括粒料);规定施工中所用的结合料剂量;为工地提供评定质量的标准 |
| 延迟时间 | 对已定水泥剂量的混合料,确定延迟时间对混合料密度和抗压强度的影响,并据此确定施工允许的延迟时间 |

**2. 施工过程质量控制**

施工过程质量控制的主要项目有:含水量、集料级配、石料压碎值、结合料剂量性、压实度、弯沉值等。表9-11中列出了主要测定频度和质量标准。

**3. 外形尺寸管理**

外形尺寸主要靠日常管理。外形管理的测量频度和质量标准列于表9-12中。质量控制的项目、频度和质量标准应符合表9-11的要求。

表9-11 质量控制的项目、频度和质量标准

| 工程类别 | 项目 | 频度 | 质量标准 |
|---|---|---|---|
| 无结合料底基层 | 含水量 | 据观察，异常时随时试验 | 在规范规定范围内 |
| | 级配 | 据观察，异常时随时试验 | 在规范规定范围内 |
| | 拌和均匀性 | 随时观察 | 无粗细集料离析现象 |
| | 压实度 | 每一作业段或不大于2000m²检查6次以上 | 96%以上，填隙碎石以固体体积率表示，不小于83% |
| | 塑性指数 | 每1000m²1次，异常时随时试验 | 小于规范规定值 |
| | 承载比 | 每3000m²1次，据观察，异常时随时增加试验 | 不小于规范规定值 |
| | 弯沉值检验 | 每一评定段（不超过1km）每车道40~50个测点 | 95%（二级及二级以下公路）或97.7%（高速公路和一级公路）概率的上波动界限不大于计算得的容许值 |
| 无结合料基层 | 含水量 | 据观察，异常时随时试验 | 在规范规定范围内 |
| | 级配 | 每2000m²1次 | 在本规范规定范围内 |
| | 拌和均匀性 | 随时观察 | 无粗细集料离析现象 |
| | 压实度 | 每一作业段或不大于2000m²检查6次以上 | 级配集料基层98%，中间层100%，填隙碎石固体体积率85% |
| | 塑性指数 | 每1000m²1次，异常时随时试验 | 小于规范规定值 |
| | 集料压碎值 | 据观察，异常时随时试验 | 不超过规范规定值 |
| | 承载比 | 每3000m²1次，据观察，异常时随时增加试验 | 不小于规范规定值 |
| | 弯沉值检验 | 每一评定段（不超过1km）每车道40~50个测点 | 95%（二级及二级以下公路）或97.7%（高速公路和一级公路）概率的上波动界限不大于计算得的容许值 |
| 水泥或石灰稳定土及综合稳定土 | 级配 | 每2000m²1次 | 在规范规定范围内 |
| | 集料压碎值 | 据观察，异常时随时试验 | 不超过规范规定值 |
| | 水泥或石灰剂量 | 每2000m²1次，至少6个样品，用滴定法或用直读式测钙仪试验，并与实际水泥或石灰用量校核 | 不小于设计值-1.0% |
| | 含水量（水泥稳定土／石灰稳定土） | 据观察，异常时随时试验 | 在规范规定范围内 |
| | 拌和均匀性 | 随时观察 | 无灰条、灰团，色泽均匀，无离析现象 |

续表

| 工程类别 | 项目 | | 频度 | 质量标准 |
|---|---|---|---|---|
| 水泥或石灰稳定土及综合稳定土 | 压实度 | 稳定细粒土 | 每一作业段或不大于2000m²检查6次以上 | 二级及二级以下公路93%以上，高速公路和一级公路95%以上 |
| | | 稳定中粒土和粗粒土 | | 二级及二级以下公路的底基层95%，基层97%；高速公路和一级公路的底基层96%，基层98% |
| | 抗压强度 | | 稳定细粒土，每一作业段或每2000m² 6个试件；稳定中粒土和粗粒土，每一作业段或每2000m² 6个或9个试件 | 符合规范规定要求 |
| 石灰工业废渣稳定土 | 延尺时间 | | 每个作业段1次 | 不超过本规范规定 |
| | 配合比 | | 每2000m² 1次 | 石灰剂量不小于设计值-1%（当石灰剂量少于4%时，为不小于设计值-0.5%）以内 |
| | 级配 | | 每2000m² 1次 | 在本规范规定范围内 |
| | 含水量 | | 据观察，异常时随时试验 | 最佳含水量±1%（二灰土为±2%） |
| | 拌和均匀性 | | 随时观察 | 无粗细集料离析现象 |
| | 压实度 | 二灰土 | 每一作业段或不大于2000m²检查6次以上 | 二级及二级以下公路93%以上，高速公路和一级公路95%以上 |
| | | 其他含粒料的石灰工业废渣 | | 二级及二级以下公路底基层95%或93%，基层97%以上；高速公路和一级底基层97%或95%，基层98%以上 |
| | 抗压强度 | | 稳定细粒土，每一作业段或每2000m² 6个试件；稳定中粒土和粗粒土，每一作业段或每2000m² 6个或9个试件 | 符合规定要求 |

表9-12 外形管理的测量频度和质量标准

| 工程类别 | 项目 | | 频度 | 质量标准 | |
|---|---|---|---|---|---|
| | | | | 高速公路和一级公路 | 一般公路 |
| 底基层 | 纵断高程（m） | | 二级及二级以下公路每20延米1点；高速公路和一级公路每20延米1个断面，每个断面3～5个点 | +5，-15 | +5，-20 |
| | 厚度（mm） | 均值 | 每1500～2000m² 6个点 | -10 | -12 |
| | | 单个值 | | -25 | -30 |
| | 宽度（mm） | | 每40延米1处 | +0以上 | +0以上 |
| | 横坡度（%） | | 每100延米3处 | ±0.3 | ±0.5 |
| | 平整度（mm） | | 每200延米2处，每处连续10尺（3m直尺） | 12 | 15 |
| 基层 | 纵断高程（m） | | 二级及二级以下公路每20延米1点；高速公路和一级公路每20延米1个断面，每个断面3～5个点 | +5，-10 | +5，-15 |
| | 厚度（mm） | 均值 | 每1500～2000m² 6个点 | -8 | -15 |
| | | 单个值 | | -10 | -20 |
| | 宽度（mm） | | 每40延米1处 | +0以上 | +0以上 |
| | 横坡度（%） | | 每100延米3处 | ±0.3 | ±0.5 |
| | 平整度（mm） | | 每200延米2处，每处连续10尺（3m直尺） | 8 | 12 |
| | 连续式平整度仪的标准差（mm） | | | 3.0 | — |

对于无机结合料稳定基层，应取钻件（俗称路面芯样）检验其整体性。水泥稳定基层的龄期7～10d时，应能取出完整的钻件。二灰稳定基层的龄期20～28d时，应能取出完整的钻件。

如果路面钻机取不出水泥稳定基层或二灰稳定基层的完整钻件，则应找出不合格基层的界限，进行返工处理。

## 学习单元二 检查验收

检查验收的目的是判定完成的路面结构层是否满足设计文件与施工规范的要求。

基层或底基层险查内容包括竣工后的外形、质量，通常以1km长的路段为评定单位，采用大流水作业法施工时，也可以每天完成的段落为评定单位。抽样检查必须是随机的，不能带有任何倾向性。竣工外形的检查项目、频率和质量标准值见表9-13。

表9-13 竣工工程外形的检查项目、频度和质量标准值

| 工程类别 | 项目 | | 频度 | 质量标准 | |
|---|---|---|---|---|---|
| | | | | 高速公路和一级公路 | 二级和二级以下公路 |
| 路基 | 高程（mm） | | 每200m4点 | +10，-15 | +10，-20 |
| | 宽度（mm） | | 每200m4个断面 | 不小于设计值 | 不小于设计值 |
| | 横坡度（%） | | 每200m4个断面 | ±0.5 | ±0.5 |
| | 平整度（mm） | | 每200m2处，每处连续10尺（3m直尺） | ≤15 | ≤20 |
| 底基层 | 高程（mm） | | 每200m4点 | +5，-15 | +5，-20 |
| | 厚度（mm） | 均值 | 每200m每车道1点 | -10 | -12 |
| | | 单个值 | | -25 | -30 |
| | 宽度（mm） | | 每200m4个断面 | +0以上 | +0以上 |
| | 横坡度（%） | | 每200m4个断面 | ±0.3 | ±0.5 |
| | 平整度（mm） | | 每200m2处，每处连续10尺 | 12 | 15 |
| 基层 | 高程（mm） | | 每200m4点 | +5，-10 | +5，-15 |
| | 厚度（mm） | 均值 | 每200m每车道1点 | -8 | -10 |
| | | 单个值 | | -15 | -20 |
| | 宽度（mm） | | 每200m4个断面 | +0以上 | +0以上 |
| | 横坡度（%） | | 每200m4个断面 | ±0.3 | ±0.5 |
| | 平整度（mm） | | 每200m2处，每处连续10尺 | 8 | 12 |
| | | | 连续式平整度仪的标准差（mm） | 3.0 | — |

厚度检查后，应按式（9-9）和式（9-10）分别计算其平均值$\bar{X}$和标准差$S$：

$$\bar{X} = \frac{X_1 + X_2 + \cdots + X_n}{n} \quad (9-9)$$

$$S = \sqrt{\frac{(X_1 - \bar{X})^2 + (X_2 - \bar{X})^2 + \cdots + (X_n - \bar{X})^2}{n-1}} \quad (9-10)$$

式中 $X_1$、$X_2 \cdots X_n$——每次检查得的厚度值；

$n$——检查数量。

按式（9-10）计算算术平均值的下置信限$\bar{X}_L$：

$$\bar{X}_L = \bar{X} - t_\alpha \frac{S}{\sqrt{n}} \quad (9-11)$$

式中：$t_\alpha$——$t$分布表中随自由度和保证率（或置信度$\alpha$）而变的系数，对高速公路和一级公

路应取保证率99%，对其他公路可取保证率95%。厚度平均值的下置信限（$\bar{X}_L$）应不小于设计厚度减去均值允许误差，应按表9-14对工程质量进行检查验收。

表9-14 质量合格标准值

| 工程类别 | 检查项目 | 检查数量 | 标准值 | 极限低值 |
|---|---|---|---|---|
| 路基 | 压实度 | 200m 4处（灌砂法） | 重型压实标准，二级和二级以下公路93%以上，高速公路和一级公路不小于95% | 二级和二级以下公路88%，高速公路和一级公路90% |
| | 碾压检验① | 全面随时 | 无"弹簧"现象 | |
| | 弯沉值 | 第一评定段（不超过1km）每车道40~50个测点② | | |
| 无结合料底基层 | 压实度 | 6~10②处 | 96% | 92% |
| | 弯沉值 | 每车道40~50个测点② | | |
| 级配碎石（或砾石） | 压实度 | 6~10②处 | 基层98% | 94% |
| | | | 底基层96% | 92% |
| | 颗粒组成 | 2~3② | 规定级配范围 | |
| | 弯沉值 | 每车道40~50个测点② | | |
| 填隙碎石 | 压实度（固体体积率） | 6~10②处 | 基层85% | 82% |
| | | | 底基层83% | 80% |
| | 弯沉值 | 每车道40~50个测点② | | |
| 水泥土、石灰土、二灰、二灰土 | 压实度 | 6~10②处 | 93%（95%） | 89%（91%） |
| | 水泥或石灰剂量（%） | 3~6②处 | 设计值 | 水泥1.0% 石灰2.0% |
| 水泥稳定土、石灰稳定土、石灰工业废渣稳定土 | 压实度 | 6~10②处 | 基层98%（97%） | 94%（93%） |
| | | | 底基层96%（95%） | 92%（91%） |
| | 颗粒组成 | 2~3 | 规定级配范围 | |
| | 水泥或石灰剂量（%） | 3~6②处 | 设计值 | 设计值-1.0% |

注：①对于路基，碾压检验是最重要的。用重型压路机在准备验收的路基上错轮碾压3~4遍，能暴露潜在的薄弱位置，以便及时进行必要的处理。

②以每天完成段落为评定单位时，检查数量可取低值，以1km为评定单位时，检查数量应取高值。

测量弯沉后,考虑一定保证率测量值的上波动界限按式(9-12)计算:

$$l_r = \bar{l} + Z_\alpha S \qquad (9-12)$$

式中 $l_r$——测量值的上波动界限(即代表弯沉值);

$\bar{l}$——标准车测得的弯沉的平均值;

$Z_\alpha$——与要求保证率有关的系数,高速公路和一级公路可取$Z_\alpha=2.0$,二级公路取$Z_\alpha=1.645$,二级以下公路取$Z_\alpha=1.5$。

在计算观测值的平均值和标准差时,可将超出$[\bar{l}\pm(2\sim3)S]$的弯沉特异值舍弃。舍弃后,计算得的代表弯沉值应不大于容许的弯沉值。

对舍弃的弯沉值过大的点,应找出其周围界限,并进行局部处理。

压实度检查后,其下置信限$\bar{K}_L$应不小于标准值置$K_d$。

水泥或石灰剂量测定后,其下置信限应不小于设计值。对超出极限值的点,应找出其范围并进行局部处理。

# 工作任务五　柔性基层与刚性基层

## 学习单元一　柔性基层

柔性基层主要采用沥青处治的级配碎石和无结合料的级配碎石修筑基层。通常沥青碎石适用于中等交通、重交通、特重交通等级的柔性基层;而无结合料的级配碎石适用于轻交通的沥青路面基层,柔性基层由于其力学特性与沥青面层一样属于柔性基层,因此在应力应变传递的协调过渡方面比较顺利,同时由于结构材料均为颗粒状材料级配成型,所以结构排水畅通,路面结构不易受水损害。柔性基层的缺点在于基层本身刚度较低,由此沥青面层将承受较多的荷载弯矩,在同样交通荷载作用之下,沥青面层应采用较厚的结构层,柔性基层施工方法参照沥青混合料、无结合料的粒料类材料相应的施工方法。

## 学习单元二　刚性基层

刚性基层是采用低强度等级混凝土修筑基层混凝土板,板上铺筑沥青面层。

刚性基层沥青路面的基层混凝土板承受了绝大部分车轮荷载,沥青面层的弯拉应力很小,主要考虑表面的功能效应,即满足路面平整度、抗车辙、防水、抗渗等要求。刚性基层沥青路面同样存在基层收缩裂缝向上反射而形成沥青面层横向裂缝等病害的可能性,其施工方法参照水泥混凝土路面施工。

> **工程案例**

**路面基层专项施工方案**

一、工程概况

江门市东华大桥（省道S272肇珠线江门市区复线）位于江门市蓬江区东侧，毗邻白水带风景区，桥位距下游的蓬江大桥约2.3km，距离上游江门大桥南岸约1.2km，是连接江门市中心区（蓬江区）和江海区的重要桥梁。东华大桥西岸通过东华路与省道S272相连接，向东跨越江门河后，东岸与省道S272相接于江海路。项目主线全长0.94km，道路等级为城市主干路I级，设计时速60km/h；匝道全长为1.737km，设计时速为30km/h。

本工程路面基层主要分为底基层与基层，基层采用36cm，5.4%水泥稳定级配碎石，底基层采用20cm，4%水泥稳定石屑。

起讫桩号：主线K0+000.000～K0+247.510、K0+669.053～K+824.000；

辅道ZK0+000.000～ZK0+240.122、YK0+189.000～YK0+265.000；

匝道AK0+180.810～AK0+303.414、BK0+000.000～BK0+241.808、

BK0+309.141～BK0+373.598、CK0+000.000～CK0+147.137、

DK0+070.069～DK0+502.275；

其中方渠路段YK0+000.000～YK+182.000基层采用钢筋水泥混凝土板。

表9-15 施工配合比及数量表

| 项目 | 石粉 | 碎石 | 水泥 | 数量（m²） |
| --- | --- | --- | --- | --- |
| 4%水泥稳定石屑 | 70% | 30% | 4% | 27826 |
| 4%水泥稳定级配碎石 | 65% | 35% | 4% | 27338 |
| 5%水泥稳定级配碎石 | 65% | 35% | 5% | 26361 |
| 钢筋水泥混凝土板 | | | | 1534 |

二、施工方案

1．准备工作

（1）准备下承层

在水泥稳定层施工前，要对承受层进行全面检查，承受层表面平整、坚实，并具有规定路拱，所有浮石、杂物全部清除干净，不能有积水、松散、翻浆、弹簧等现象。

如底基层、土基已遭破坏，则必须作如下处理：

①对土基必须用12～15t三轮压路机或等效的碾压机械进行碾压检验（压3～4遍）。在碾压过程中，如发现土过干、表层松散，应适当洒水；如土过湿，发生"弹簧"现象，应采取挖开晒、换土、掺石灰或粒料等措施进行处理。

②底基层、土基上的低注和坑洞，应仔细填补及压实，达到平整。

③逐一断面检查底基层、土基标高是否符合设计要求，平整度、路拱是否符合规范，且应没有任何松散的材料和软弱地点。

④应注意在槽式断面的路段，两侧路肩上每隔一定距离（5～10m）应交错开挖排水沟，以便排出路基积水。

（2）稳定土拌制

因现场施工工地狭小，租用附近的工厂进行材料拌和，然后用自卸汽车运送到施工现场。路面底层的水泥石屑稳定层必须按配比拌制，并及时摊铺碾压成型板块。

（3）配合比设计

在正式开工前，组织人员对除业主供应材料外，其他材料作深入调查，选取有实力及质量稳定的材料供应商，在监理工程师旁站签证下取样，送中心试验室作垫层、调平层、基层相关的材料质量检定，作确定各结构层的配合比，重型击实试验，无侧限强度试验等项目。在开始施工前将各项检验结果及配合比报监理工程师审批。

（4）试验路段

以主线K0+000.000～K0+100.000作为试验路段的施工，以检验拌和设备的生产能力及摊铺碾压施工工艺，确定摊铺时的虚铺厚度、松铺系数及压实遍数，以保证压实厚度及密度，同时检查各种机械是否匹配，能否满足工程质量和施工进度要求，发现有影响质量及进度等因素的问题时，及时作出修正，以便利以后的施工。施工单位会同监理工程师根据现场踏勘情况，共同选择具有代表性的路段进行试验段的施工，在施工中应有针对性地收集松铺厚度、压实度和碾压遍数等施工数据，试验路段结束后，编制试验路段施工总结并及时上报监理工程师及业主，认可后方可进行大面积的施工。

（5）原材料的验收

各种原材料均应按规范规定的检验频率作出抽检，各项指标应与送样的相符，并将检验结果报监理工程师，不合格的原材料坚决不进场。

2．主要施工工序及技术要求

（1）测量放线

首先是在底基层、土基上恢复中线。直线段每15～20m设一桩，平曲线段每10～15m设一桩，并在对应断面路肩外侧设指示桩。

其次是进行水平测量。在两侧指示桩上用漆标出水泥稳定粒料层边缘的设计高。

（2）备料

不同粒级的碎石或砾石以及细集料（如石屑和砂）应隔离，分别堆放。所备材料应满足规范要求。

（3）拌和

①当采用连续式的稳定土厂拌设备拌和时，应保证集料的最大粒径和级配符合要求。

②每天拌和前，必须先调试所用的设备，准确测量各种材料的含水量，根据监理工程师批复的配合比，确定施工配合比，并且随时根据含水量的变化作出调整。原集料的颗粒组成发生变化时，应重新调试设备。

③拌和时各种材料的称量要准确，误差应在规范允许范围内，称量系统应作定期检查，并作出修正，以保证配合比的实施。

④随时抽检拌和时的水流比率、加水时间、进水口及拌和用水的储备情况，混合料含

水量应比最佳含水量大0.5%～1.0%，以补充施工进程中水分蒸发损失。

⑤拌和过程中水泥采用自动称量加料，实际采用的水泥剂量要比室内试验确定的剂量增加0.5%。并定期对拌和机中"死区"即材料不产生运动或得不到充分拌和的地方进行清除。

⑥根据江门市潮湿多雨的气候特点，在施工中要注意收集气象资料，及时采取用蓬布覆盖的方法来保护集料免遭雨淋。

⑦按照规范要求取样做无侧限试件。

（4）集料运输

①应尽快将拌成的混合料运送到铺筑现场。车上的混合料应该用蓬布覆盖，减少水分损失。

②尽快将拌成的混合料运到铺筑现场。如运距较长，车上的混合料应该覆盖，以防水分过分损失，并尽快摊铺碾压成型，从拌和到成活延迟时间不得超过3h。

（5）混合料摊铺与碾压

运至现场的混合料应马上由摊铺机按各桩位已标定的高度进行摊铺。

采用摊铺机摊铺，人工辅助找平。根据摊铺层的厚度和要求达到的压实干密度，计算每车混合料的摊铺面积，设专人指挥运输车辆缺料。将混合料均匀地卸在路幅中央，路幅宽时，也可将混合料卸成两行。

用摊铺机将混合料按松铺厚度摊铺均匀，拌和机与摊铺的生产能力应互相协调，摊铺速度均匀，尽量减少摊铺现场停工等料或拌和机停机等车情况。

设一个三人小组跟在摊铺机后，及时消除粗细集料离析现象。特别应该铲除局部粗集料"窝"，并用新拌混合料填补。

混合料摊铺成型后，用轻型压路机快速碾压1～2遍，以暴露潜在的不平整。再由人工进行整形，并用轻型压路机再碾压一遍。整形过程中，应及时消除粗细集料离析现象。

用振动压路机紧跟在摊铺机后面及时进行展压。宜先用轻型两轮压路机跟在摊铺机后及时进行碾压，后用重型振动压路机、三轮压路机或轮胎压路机继续碾压密实。直线和不设超高的平曲线段，由两侧路肩向路中心碾压；设超高的平曲线段，由内侧路肩向外侧路肩进行碾压。碾压时，应重叠1/2轮宽，后轮必须超过两段的接缝处，后轮压完路面全宽时，即为一遍。一般需碾压6～8遍。压路机的碾压速度，头两遍以采用1.5～1.7km/h为宜，以后宜采用2.0～2.5km/h。在各施工段端头4～5m范围内，压路机应沿路面横坡由低向高适当横向碾压，以防止纵向碾压端头时使混合料向端头方向滑移，形成裂缝或松散现象，未压实或部分压实的混合料被雨淋湿，应挖除换填。在碾压管线上部稳定层时宜采用手扶压路机进行多次碾压，以达到标准，避免强力振动。严禁压路机在已成型的或正在碾压的路段上调头、急刹车，防止破坏成品。

碾压过程中，应适当洒水，使表面始终保持潮湿，若出现松散、起皮、拥包等现象，应及时人工将上述部位的混合料清除，换填新的混合料并进行碾压，使其符合设计规范要求。进行压实度、高程、平整度的检测，发现未符合要求的应继续碾压及修正。

在摊铺过程中，如中断时间已超过2h，又未按横向接缝方法处理，则应将未经压实的混合料铲除,并将已碾压密实且高程和平整度符合要求的末端挖成一横向(与路线垂直)垂直向下的断面,然后再摊铺新的混合料。

由拌和加水至碾压完成整个过程应在水泥初凝时间内完成。

(6)接缝和"调头"处的处理

1)横缝

①摊铺混合料时,不宜中断,如因故中断时间超过2h,应设置横向接缝;

②在已摊铺完成的底基层、基层末端,用人工将末端含水量合适的混合料弄整齐,紧靠混合料放两根方木,方木的调试应与混合料的压实厚度相同,整平紧靠方木的混合料,方木的另一侧用砂砾或碎石回填约3m长,将混合料碾压密实;

③将混合料碾压密实;

④在重新开始摊铺混合料之前,将方木除去,并将下承层顶面清扫干净;

⑤从已压实层的末端重新开始摊铺混合料。

2)纵缝

以中央分隔带为界分两幅施工,避免纵向接缝。可采用两台摊铺机一前一后相隔约5~15m同步向前摊铺混合料,并一起进行碾压。在不能避免纵向接缝的情况下,纵缝必须垂直相接,严禁斜接,并符合下列规定:

①在前一幅摊铺时,在靠中央的一侧用方木或钢模板做支撑,方木或钢模板的调试应与稳定土层的压实厚度相同;

②养生结束后,在摊铺另一幅之前,拆除支撑木(或板)。

(7)养生

水泥稳定粒料底基层、基层第一段碾压完成并经压实度检查合格后应立即开始养生,不应延误。底基层分两层碾压时,在下层养生7天之后方可进行上层施工,在上层养生7天之后方可铺筑基层。

水泥稳定粒料底基层、基层养生方法如下:

①用不透水薄膜或其他保湿材料进行养生。用潮湿的帆布、粗麻布、草帘或其他合适的材料覆盖,但不得用湿黏土覆盖,立即洒水,并保持在整个养生期间的潮湿状态。养生结束后,必须将覆盖物清除干净。

②无上述条件时,可用洒水车经常洒水进行养生,每天洒水的次数应视气候而定。整个养生期间应始终保持水泥稳定集料层表面潮湿,不应时干时湿。严禁用大水流进行冲刷,养生车辆应保持匀速行驶。

③若养生期间未采用覆盖等措施,除洒水车外,应封闭交通,若采用了覆盖措施,不能封闭交通时,应限制重车通行,其他车辆的车速不得超过30km/h。

④养生期结束后,应及时摊铺基层、洒透层沥青,不宜让底基层、基层长期暴晒开裂。

3.施工进度安排

主线K0+000.000~K0+247.510　工期:2011.2.14—2011.2.24　共10天

主线K0+669.053~K0+824.000　工期:2011.2.25—2011.3.7　共12天

F1辅道K0+000.000~K0+240.122　工期:2011.6.20—2011.6.30　共10天

F2辅道K0+189.000～K0+265.000 工期：2010.11.1—2010.12.10  共40天
A匝道K0+180.810～K0+303.414 工期：2011.1.5—2011.1.14  共10天
B匝道K0+000.000～K0+241.808 工期：2011.3.1—2011.3.12  共12天
K0+309.141～K0+373.598 工期：2011.3.11—2011.3.20  共10天
C匝道K0+000.000～K0+147.137 工期：2010.12.12—2010.12.21  共10天
D匝道K0+070.069～K0+502.275 工期：2011.3.1—2011.3.15  共15天

路面基层施工工艺流程如图9-3所示。

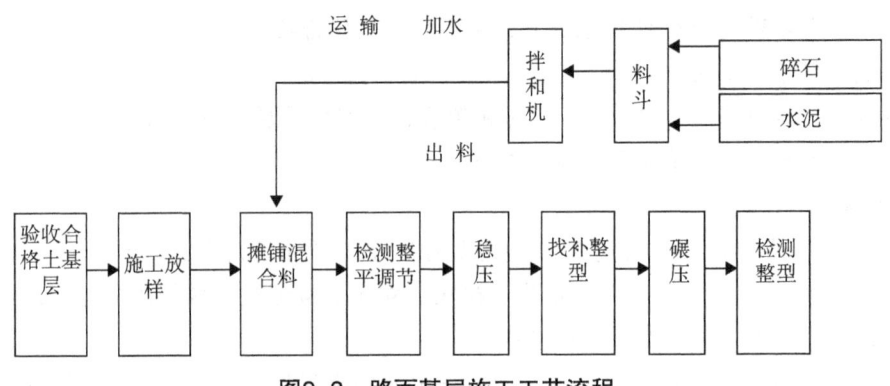

图9-3　路面基层施工工艺流程

## 项目小结

路面基层，是在路基（或垫层）表面上用单一材料按照一定的技术措施分层铺筑而成的层状结构，主要起稳定路面的作用，其材料与质量的好坏直接影响路面的质量和使用性能。本项目主要介绍了半刚性材料、半刚性基层施工、粒料类基层施工、基层质量控制与检查验收、柔性基层与刚性基层等。通过本项目的学习，要了解基层施工材料的分类、质量要求、混合料配比，重点掌握施工方法、质量控制、检查验收等工作内容。

## 基础训练

1. 按土颗粒大小，无机结合料稳定土分为几种？
2. 简述稳定土混合料组成设计的方法步骤。
3. 修筑试验路的任务和目的是什么？
4. 标准施工方法主要包括哪些内容？
5. 如何进行厚度检验？

## 考证训练

一、单项选择题

1. 关于级配碎石基层碾压方式，下列说法正确的是（　　　　）。
A. 直线无超高段，由两侧路肩向中心碾压
B. 直线无超高段，由中心向两侧路肩碾压

C. 在设超高的平曲线段,由外侧路肩向内侧路肩碾压
D. 哪种碾压方式便于施工就选择该方式

2. 不属于公路基层中用无机结合料作为稳定材料的基层是（　　）。
   A. 水泥稳定类基层　　　　　　　B. 石灰稳定类基层
   C. 工业废渣稳定类基层　　　　　D. 沥青稳定类基层

3. 平时习惯称为"二灰土"的基层属于（　　）。
   A. 水泥灰稳定类　　　　　　　　B. 石灰泥稳定类
   C. 石灰工业废渣稳定类基层　　　D. 水泥石灰综合稳定类

4. 在路拌法水泥稳定土基层施工中,主要工艺流程有:①准备下承层;②洒水闷料;③拌和;④整形;⑤碾压;⑥养生。如下选项中排序正确的是（　　）。
   A. ①②③④⑤⑥　　　　　　　　B. ②①③④⑤⑥
   C. ①②④③⑤⑥　　　　　　　　D. ①③②④⑤⑥

5. 关于高速公路和一级公路无机结合料基层养生正确的说法是（　　）。
   A. 每天碾压完成并经压实度检查合格后,应在第二天开始养生
   B. 基层的养生期不宜少于7d
   C. 二灰基层宜采用沥青乳液进行养生,养生期为7d
   D. 水泥稳定土基层也可采用泡水养生法进行养生

二、多项选择题

1. 级配碎石适用于各级公路的（　　）。
   A. 基层　　　　　　　　　　　　B. 面层
   C. 下面层　　　　　　　　　　　D. 上面层
   E. 底基层

2. 下列（　　）粒料适用于各级公路的底基层。
   A. 级配碎石　　　　　　　　　　B. 级配砾石
   C. 填隙碎石　　　　　　　　　　D. 级配碎砾石
   E. 泥结碎石

3. 粒料类嵌锁型路面基层是（　　）。
   A. 沥青结碎石基层　　　　　　　B. 泥结碎石基层
   C. 水泥稳定碎石基层　　　　　　D. 填隙碎石基层
   E. 水泥粉煤灰基层

4. 属于嵌锁型粒料类路面基层或底基层的有（　　）。
   A. 泥结碎石　　　　　　　　　　B. 二灰碎石
   C. 泥灰结碎石　　　　　　　　　D. 填隙碎石
   E. 二灰土

5. 水泥稳定土基层可以由水泥和以下（　　）结合在一起。
   A. 砂砾、砂砾土　　　　　　　　B. 碎石土
   C. 未筛分碎石　　　　　　　　　D. 石屑、土

E. 杂填土

6. 石灰稳定土施工时，石灰质量主要检验石灰的（　　）。

A. 含水量　　　　　　　　　　B. 有效钙

C. 烧失量　　　　　　　　　　D. 三氧化硫

E. 氧化镁

7. 石灰工业废渣稳定土可分为（　　）几类。

A. 石灰粉煤灰类　　　　　　　B. 石灰碎石土

C. 石灰土　　　　　　　　　　D. 石灰砂砾土

E. 石灰其他废渣类

8. 无机结合料稳定基层施工可以分为以下（　　）几种方法。

A. 干法施工　　　　　　　　　B. 湿法施工

C. 路拌法施工　　　　　　　　D. 中心站集中拌和法施工

E. 水法施工

三、综合选择题

某二级公路，K2+200～K6+800为干燥路段，路面结构为底基层为30cm厚填隙碎石，基层为20cm厚水泥稳定碎石，面层为9cm厚的沥青混凝土。

路面底基层施工时，施工单位采用干法施工，其部分施工方法如下：

（1）初压：用振动压路机碾压3～4遍，使粗碎石平整。

（2）撒铺填隙料：用石屑洒布机将干填隙料均匀地撒铺在已压稳的粗碎石层上，松铺厚度2.5～3.0cm。必要时，用人工或机械扫匀。

（3）碾压：用振动压路机慢速碾压，将全部填隙料振入粗碎石间的孔隙中。

（4）再次洒布填隙料：用石屑洒布机将干填隙料再次撒铺在粗碎石层上，松铺厚度2.0～2.5cm。用人工或机械扫匀。

根据场景，回答下列问题：

1. 该底基层填隙料可用最大粒径小于10mm的砂砾料或（　　）。

A. 粗砂　　　　　　　　　　　B. 细砂

C. 矿粉　　　　　　　　　　　D. 石灰

2. 该路的填隙碎石宜按（　　）层铺筑。

A. 1　　　　　　　　　　　　B. 2

C. 3　　　　　　　　　　　　D. 4

3. 用于该路的填隙碎石，其最大粒径不应超过（　　）。

A. 43mm　　　　　　　　　　B. 53mm

C. 63mm　　　　　　　　　　D. 73mm

4. 施工方法的四个步骤中，错误的一步是（　　）。

A. 初压　　　　　　　　　　　B. 撒铺填隙料

C. 碾压　　　　　　　　　　　D. 再次洒布填隙料

# 项目十　沥青路面施工

**任务目标：**
　　本项目主要任务是介绍沥青路面的材料要求、沥青混合料技术性质、沥青混合料的拌和、摊铺、碾压及沥青类路面常见病害与处治方法等。

**学习目标：**
（1）了解公路沥青路面的特性、基本要求、分类与选择。
（2）掌握沥青路面材料种类及要求。
（3）掌握沥青混合料的技术性质。
（4）重点掌握热拌沥青混合料路面施工的工艺流程、机械的选择及其作业方式。
（5）熟悉其他形式的沥青路面及其施工方式。

## 工作任务一　沥青路面认知

### 学习单元一　沥青路面的特性及基本要求

　　沥青路面是采用沥青材料作结合料，黏结矿料或混合料修筑面层的路面结构。沥青路面由于使用了黏结力较强的沥青材料作结合料，不仅增强了矿料颗粒间的黏结力、而且提高了路面的技术品质，使路面具有平整、耐磨、不扬尘、不透水、耐久等特点。由于沥青材料具有弹性、黏性、塑性，在汽车通过时，震动小、噪声低、略有弹性、平稳舒适，是高级公路的主要面层。

　　沥青路面的缺点是：易被履带车辆和坚硬物体所破坏；表面易被磨光而影响安全，温度稳定性差，夏天易软、冬天易脆并产生裂缝。此外铺筑沥青路面受气候和施工季节的限制。雨天不宜铺筑各种沥青面层，冰冻地区在气温较低时铺筑沥青面层难以保证质量。沥青路面属于柔性路面，其力学强度和稳定性主要依赖于基层与土基的特性。

　　在有冻胀现象的地区通常需设置防冻层，以防止路面冻胀产生裂缝。修筑沥青路面后，由于隔绝了土基与大气间气态水的流通，路基路面内部的水分可能积聚在沥青结构层下，使土基和基层变软，导致路面破坏，因此必须强调基层的水稳性。对交通量大的路段，为使沥青路面具有一定的抗弯拉和抗疲劳能力，宜在沥青面层下设置沥青混合料封层。采用较薄的沥青面层时，特别是在旧路面上加铺面层时，要采取措施加强面层与基层之间的粘结，以防止水平力作用而引起沥青面层的剥落、推挤、拥包等破坏。

修筑沥青路面一般要求等级高的矿料，等级稍差的矿料借助沥青的黏结作用，也可用来修筑路面。当沥青与矿料之间黏附不好时，在水分的作用下会逐步剥落，因此在潮湿地区修筑沥青路面时，应采用碱性矿料，或采取一定措施提高沥青与矿料间的黏结力。

## 学习单元二  沥青路面的分类与选择

沥青路面具有表面平整、无接缝、行车舒适、耐磨、噪声低、施工期短、养护维修方便，且适宜分期修建等特点，在路面工程中得到广泛的应用。

沥青路面的类型，主要有沥青混凝土、沥青碎石、沥青贯入式、沥青表处等。这几种沥青路面按强度构成原理可分为嵌挤类和密实类，按施工工艺的不同可分为层铺法和拌和法两种形式。选择沥青面层时，应综合考虑道路等级、交通类型、要求的使用期、设计年限内标准轴载的累计当量轴次、气候条件、筑路材料、施工机械以及养护条件等因素。

**1. 沥青混凝土**

沥青混凝土路面由几种不同粒径的矿料（如碎石、轧制砾石、石屑、砂和矿粉等），用沥青作结合料，按一定比例配合，在严格控制条件下拌和，经压实成型的路面。

（1）结构特点

沥青混凝土路面具备很高的密实度和强度，整体性强，透水性好，有较大的抵抗自然因素破坏作用的能力，使用寿命长、耐久性好。通常，为产生较大的黏结力，须在混合料中掺加一定的矿粉。同时，要求基层具有足够的强度。

沥青混凝土面层宜采用双层式结构，下层采用粗粒式或中粒式沥青混凝土，上层采用中粒式或细粒式沥青混凝土。对于高速公路，也可采用三层式结构。

沥青混凝土的温度稳定性较差，在高温季节易产生波浪、推挤和拥包现象，因此应严格控制施工温度。

（2）分类

按所用的沥青材料可分为地沥青混凝土和煤沥青混凝土；

按摊铺时的温度可分为热拌热铺和热拌冷铺沥青混凝土；

按沥青混合料最大粒径可分为粗粒式、中粒式、细粒式和沥青砂；

按路面的结构型式可分为单层式、双层式和三层式。

目前，沥青混凝土面层广泛地用于重交通道路和高速公路的面层。粗粒式沥青混凝土常用于底面层（面层的下层），中粒式沥青混凝土主要用于面层的上层，或用于单面层。

沥青混凝土混合料的技术指标应符合表10-1的要求，其极限抗弯强度应满足弯拉应力验算的要求。

**2. 沥青碎石**

沥青碎石是由几种不同大小的矿料，掺有少量矿粉或不加矿粉，用沥青作结合料，按一定比例配合,均匀拌和,经压实成型的路面。

(1) 结构特点

沥青碎石的空隙率较大,且混合料中仅有少量的矿粉或没有矿粉,其强度以石料间的嵌挤为主,黏结为辅。主要有以下特点:

①高温稳定性好,路面不宜产生波浪,裂缝少。
②对石料和沥青规格要求较宽,比较容易满足。
③沥青用量少,造价低。
④路表面容易保持粗糙,有利于行车安全。
⑤因空隙率大,易透水,其黏结力较差。
⑥沥青老化后,路面结构易松散,耐久性不好。

表10-1 沥青混凝土混合技术指标

| 项目 | | 交通量种类 BZZ-100级大于500轴次/日（击实次数双面各75次） | | | BZZ-100级小于500轴次/日（击实次数双面各75次） | | |
|---|---|---|---|---|---|---|---|
| | | 粗粒式 | 中粒式 | 细粒式 | 粗粒式 | 中粒式 | 细粒式 |
| 稳定度不小于(N) | | 4500 | 5000 | 6000 | 4000 | 4500 | 5000 |
| 流值(1/100cm) | | 20~40 | | | 20~45 | | |
| 空隙率(%) | I | 3或2~6 | | | 3或2~6 | | |
| | II | 6~10 | | | 6~10 | | |
| 饱水率(%) | I | 2或1.5~9 | | | 2或1.5~5 | | |
| | II | 5~9 | | | 5~9 | | |
| 饱和度(%) | I | 75~80 | | | 75~80 | | |
| | II | 60~75 | | | 60~75 | | |
| 残留稳定度(%) | I | >75 | | | >75 | | |
| | II | >70 | | | >70 | | |

注:①I型为密实级配,II为开级配。
②拌和场或现场产品检验时,如材料比重测定困难,可采用饱水率代替空隙率。

(2) 结构类型

为防止水分渗入和保持路面的平整度,须在其表面加铺表面处治或沥青砂等封层。

按施工方法可分为热拌热铺、热拌冷铺、冷拌冷铺。

按矿料最大粒径可分为特粗式、粗粒式、中粒式、细粒式等。

根据设计厚度又可分为单层式(4~7cm)和双层式(约10cm)。

目前,沥青碎石路面常用于中等交通道路的路面基层或联结层(面层的下层)。在改建和新建二级公路时,也部分采用其作为路面面层的上层,下层采用沥青贯入式碎石。

### 3. 沥青贯入式

沥青贯入式路面是在初步压实的碎（砾）石上，用沥青浇灌，再分层撒铺嵌缝料和浇洒沥青，并通过分层压实而形成的一种较厚的路面面层，其厚度通常为4～8cm。

根据沥青材料贯入深度不同可分为深贯入式（6～8cm）和浅贯入式（4～5cm）。

沥青贯入式路面强度高、稳定性好、施工简便、不易产生裂缝，但沥青材料洒布在矿料中不易均匀，因此强度不均匀。

为了防止表面水的渗入，须加封层密闭表面空隙，以增强路面的水稳性和耐用性。如果封层采用拌和法施工，则其下部宜采用贯入法，常称为沥青上拌下贯式路面，其厚度一般为5～8cm。

### 4. 沥青表处

沥青表面处治是用沥青裹覆矿料，铺筑厚度小于3cm的一种薄层路面面层。

（1）结构特点

沥青表面处治的作用是保护下层路面结构层，防水，抗磨耗，防滑和改善碎砾石路面的使用品质。

为保证矿料间良好的嵌挤作用，同一层的矿料颗粒尺寸应力求均匀，最大粒径应与表处层的厚度相同，且所用沥青须有一定的稠度。

沥青表面处治的施工应在寒冷季节（日最高温度低于15℃）到来之前半个月结束，以确保当年能在一定的高温条件下，通过行车碾压使路面成型。

（2）类型

沥青表面处治按施工方法不同可分为层铺法和拌和法。目前，常用的层铺法根据浇洒沥青及撒铺矿料的层次可分为单层式、双层式和三层式。

①单层式：浇洒一次沥青，撒铺一次矿料，厚度1.0～1.5cm。适用于交通量少于300辆/昼夜的路面，使用年限3～5年。

②双层式：浇洒二次沥青，撒铺二次矿料，厚度1.5～2.5cm。适用于交通量为300～1000辆/昼夜的路面，使用年限6～10年。

③三层式：浇洒三次沥青，撒铺三次矿料，厚度2.5～3.0cm。适用于交通量为1000～2000辆/昼夜的路面，使用年限10年左右。

# 工作任务二　沥青路面材料种类及要求

## 学习单元一　沥青混凝土

### 1. 沥青

可采用黏稠石油沥青或软煤沥青作为结合料。在温度较高和交通繁重的条件下，细粒式沥青混凝土应选用稠度较高的沥青；反之，可采用稠度较低的沥青。具体选用时，可参见表10-2、10-3的规定。

## 2. 碎（砾）石

应选用强度不低于Ⅲ级，耐磨，有棱角且与沥青有较强结合力的碱性石料。石料应清洁干净，不含污泥等杂质，其颗粒级配应满足规范的要求。所用的矿料规格如表10-4所示。

## 3. 砂

天然或人工的砂，均应具有一定的级配组成。砂质应清洁、坚硬、不含杂质，含泥值不大于4%。

## 4. 矿粉

采用粒径小于0.074mm的石灰石粉，一般不宜少于80%。矿粉作为沥青混凝土的填充料，能显著地提高混合料的强度和温度稳定性。

上述各种材料组成沥青混合料时，其级配范围如表10-4所示。

**表10-2　适合于各种沥青面层的沥青标号**

| 地区 | 沥青种类 | 沥青标号 | | | |
|---|---|---|---|---|---|
| | | 表面处治 | 贯入式 | 沥青碎石 | 沥青混凝土 |
| 寒冷地区 | 石油沥青 | 油-200　油-180 | 油-200　油-180 | 油-180　油-140 | 油-140　油-100 |
| | 煤沥青 | 煤-5　煤-6 | 煤-6　煤-7 | 煤-6　煤-7 | 煤-7　煤-8 |
| 温和地区 | 石油沥青 | 油-180　油-140 | 油-140　油-100 | 油-140　油-100 | 油-100　油-60 |
| | 煤沥青 | 煤-6　煤-7 | 煤-6　煤-7 | 煤-7　煤-8 | 煤-7　煤-8 |
| 较热地区 | 石油沥青 | 油-140　油-100 | 油-140　油-100 | 油-100　油-60 | 油-60 |
| | 煤沥青 | 煤-6　煤-7 | 煤-7 | 煤-7煤-8 | 煤-7　煤-8　煤-9 |

**表10-3　沥青路面施工气候分区参考表**

| 气候分区 | 年度内最低月平均气温（℃） | 年内日平均气温≥5℃的日数（d） | 所属地区 |
|---|---|---|---|
| 寒冷地区 | 低于-10 | 少于215 | 黑龙江省，吉林省，青海等省，新疆，宁夏，西藏等区，辽宁省营口以北，内蒙古包头以北，山西省大同以北，河北省承德、张家口以北，陕西省榆林以北，甘肃省除天水一带 |
| 温和地区 | 0～10 | 215～270 | 辽宁省营口以南，内蒙古包头以南，山西省大同以南，河北省承德、张家口以南，陕西省榆林以南，西安以北，甘肃省天水一带，山东省，河南省南阳以北，江苏省徐州、淮阴以北，安徽省宿县、亳县以北 |

续表

| 气候分区 | 年度内最低月平均气温（℃） | 年内日平均气温≥5℃的日数（d） | 所属地区 |
|---|---|---|---|
| 较热地区 | 高于0 | 多于270 | 河南省南阳以南，江苏省徐州、淮阴以南，安徽省宿县、亳县以南，陕西省西安以南，四川成都东南，广东、广西、湖南、湖北、福建、浙江、江西、云南、贵州、台湾等省区 |

注：①青藏高原、四川盆地、贵州高原或其他地区气候呈环状分布时，气候变化较大，应根据本地实际气候情况确定气候分区。
②一省（区）内也有不同气候，需要时由省（区）自行划分。

表10-4 沥青路面所用矿料等级

| 使用条件 | 面层结构等级 | 表面处治 | 贯入式路面 | 沥青碎石 | 沥青混凝土 |
|---|---|---|---|---|---|
| 交通量 | 小于2000辆/昼夜 | 3 | 3 | 3 | 3 |
| | 2000~5000辆/昼夜 | | 3 | 3 | 3 |
| | 大于5000辆/昼夜 | | | $2^+$ | $2^+$ |
| 原沥青路面上作磨耗层或防滑层 | | $1^+$ | | 1 | 1 |
| 沥青面层下层、联结层 | | | 3 | 3 | 3 |

# 学习单元二 沥青碎石

沥青碎石路面对矿料的强度要求较高，一般为Ⅰ级或Ⅱ级石料，且应与沥青有良好的黏结力。所用矿料的规格参见表10-4的要求。

采用的沥青稠度可低些，冷铺混合料所用的沥青稠度应比热铺的低些。

沥青碎石路面采用沥青的质量和标号，应符合表10-2的要求，沥青碎石混合料的级配组成、规定如表10-5所示。

项目十 沥青路面施工

表10-5 沥青混凝土材料级配组成及油石比

| 类型 | | | 通过下列筛孔（mm）质量百分率（%） | | | | | | | | | | | | 沥青用量（%） |
|---|---|---|---|---|---|---|---|---|---|---|---|---|---|---|---|
| | | | 35 | 30 | 25 | 20 | 15 | 10 | 5 | 2.5 | 1.2 | 0.60 | 0.30 | 0.15 | 0.074 | |
| 粗粒式 | LH-35 | Ⅰ | 95~100 | | 75~95 | | 55~75 | 40~60 | 25~45 | 15~35 | | 5~18 | 4~14 | 3~8 | 2~5 | 4.0~5.5 |
| | LH-30 | Ⅱ | | 95~100 | 75~95 | | 55~75 | 40~60 | 25~45 | 15~35 | | 5~18 | 4~14 | 3~8 | 2~5 | 4.0~5.5 |
| 中粒式 | LH-25 | Ⅰ | | | 95~100 | | | 70~80 | 50~65 | 35~50 | 25~40 | 18~30 | 13~21 | 8~15 | 4~9 | 5.0~6.5 |
| | | Ⅱ | | | 95~100 | | | 50~70 | 30~50 | 20~35 | 13~25 | 9~18 | 6~13 | 4~8 | 3~7 | 4.5~6.0 |
| | LH-20 | Ⅰ | | | | 95~100 | | 70~80 | 50~65 | 35~50 | 25~40 | 18~30 | 13~21 | 8~15 | 4~9 | 5.0~6.5 |
| | | Ⅱ | | | | 95~100 | | 50~70 | 30~50 | 20~35 | 13~25 | 9~18 | 6~13 | 4~8 | 3~7 | 4.5~6.0 |
| 细粒式 | LH-15 | Ⅰ-1 | | | | | 95~100 | | 70~80 | 55~65 | 40~50 | 30~40 | 21~28 | 12~20 | 6~10 | 6.0~7.5 |
| | | Ⅰ-2 | | | | | 95~100 | | 55~70 | 40~55 | 30~40 | 20~30 | 16~21 | 10~15 | 5~9 | 5.5~7.0 |
| | | Ⅱ | | | | | 95~100 | | 35~55 | 25~40 | 18~30 | 12~20 | 8~16 | 5~10 | 4~8 | 5.0~6.5 |
| | LH-10 | Ⅰ-1 | | | | | | 95~100 | 70~80 | 55~65 | 40~50 | 30~40 | 21~28 | 12~20 | 6~10 | 6.0~8.0 |
| | | Ⅰ-2 | | | | | | 95~100 | 55~70 | 40~55 | 30~40 | 26~30 | 16~21 | 10~15 | 5~9 | 5.5~7.5 |
| | | Ⅱ | | | | | | 95~100 | 35~55 | 25~40 | 18~30 | 12~20 | 8~16 | 5~10 | 4~8 | 5.0~7.0 |
| 砂粒式 | LH-5 | Ⅱ | | | | | | | 95~100 | 65~85 | 45~65 | 30~52 | 17~37 | 11~28 | 8~12 | 7.0~9.0 |

注：①LH代表沥青混凝土混合料，数字代表矿料最大粒径（mm），Ⅰ型孔隙率为3%~6%，Ⅱ型孔隙率为6%~10%。
②沥青用量系外加，以石油沥青为准，如用煤沥青时增加20%。

## 学习单元三　沥青贯入式

沥青贯入式路面所用的沥青材料，当地区气候较冷、施工气温较低、矿料较软或粒径偏细时，应采用稠度较低的沥青；反之，应采用稠度较高的沥青。所用沥青材料标号见表10-4。

沥青贯入式路面所用的矿料，应根据路面厚度确定，一般4~6cm厚的主层矿料最大粒径采用与面层等厚，用量按松铺系数1.1计算；7~8cm厚的主层矿料最大粒径为面层厚度的0.9倍或相等，用量按松铺系数1.15~1.20计算。主层矿料中大粒径颗粒含量不得少于70%。所用矿料的等级和规格参见表10-6。

沥青贯入式路面所用的嵌缝料，前后层的尺寸应相当，其用量应按平铺一层计算，不得重叠，不得留有空白。

沥青贯入式路面和沥青上拌下贯式路面所用材料规格及用量参见表10-7、表10-8的要求。

表10-6　沥青碎石混合料级配组成及沥青用量表

| 沥青碎石级配类型 | 通过下列筛孔（mm）的质量百分比（%） ||||||||||| 用油量（%） |
|---|---|---|---|---|---|---|---|---|---|---|---|---|
| | 35 | 30 | 25 | 20 | 15 | 10 | 5 | 2.5 | 0.6 | 0.3 | 0.074 | |
| LS-35 | 95~100 | | | | 40~60 | 25~45 | 10~30 | 5~20 | 0~10 | 0~6 | 0~4 | 4.0~5.0 |
| LS-30 | | 95~100 | | | | | | | | | | |
| LS-25 | | | 95~100 | | | 35~55 | 15~35 | 5~25 | 0~11 | 0~7 | 0~5 | 4.5~5.5 |
| LS-20 | | | | 95~100 | | | | | | | | |
| LS-15 | | | | | 95~100 | | 20~40 | 10~30 | 3~14 | 1~10 | 0~6 | 5.0~6.0 |
| LS-10 | | | | | | 95~100 | | | | | | |

注：LS代表沥青碎石混合料，表中沥青用量指石油沥青。

表10-7　沥青贯入式路面材料用量表

| 厚度（cm） | 矿料 |||||||| 石油沥青（kg/m²） ||||
|---|---|---|---|---|---|---|---|---|---|---|---|---|
| | 主层 || 第一遍嵌缝料 || 第二遍嵌缝料 || 封面料 || 分层用量 ||| 合计 |
| | 尺寸（mm） | 数量（m³/1000m²） | 尺寸（mm） | 数量（m³/1000m²） | 尺寸（mm） | 数量（m³/1000m²） | 尺寸（mm） | 数量（m³/1000m²） | 1 | 2 | 3 | |
| 4 | 20~40 | 44 | 10~20（15） | 12~14 | 5~10 | 7~8 | 3~5 | 3~5 | 1.8~2.1 | 1.6~1.8 | 1.0~1.2 | 4.4~5.0 |
| 5 | 30~50 | 55 | 15~25 | 16~18 | 5（10）~15 | 10~12 | 3~5 | 3~5 | 2.4~2.6 | 1.8~2.0 | 1.0~1.2 | 5.2~5.8 |

续表

| 厚度 (cm) | 矿料 主层 尺寸 (mm) | 矿料 主层 数量 (m³/1000m²) | 第一遍嵌缝料 尺寸 (mm) | 第一遍嵌缝料 数量 (m³/1000m²) | 第二遍嵌缝料 尺寸 (mm) | 第二遍嵌缝料 数量 (m³/1000m²) | 封面料 尺寸 (mm) | 封面料 数量 (m³/1000m²) | 石油沥青 (kg/m²) 分层用量 1 | 2 | 3 | 合计 |
|---|---|---|---|---|---|---|---|---|---|---|---|---|
| 6 | 30～60 | 66 | 15～25 (30) | 16～18 | 5(10)～15 | 10～12 | 3～8 (5) | 4～6 | 2.8～3.0 | 2.0～2.2 | 1.0～1.2 | 5.8～6.4 |
| 7 | 30(40)～70(60) | 80 | 15～30 (25) | 18～20 | 5(10)～15 | 11～13 | 3～8 (5) | 4～6 | 3.3～3.5 | 2.4～2.6 | 1.0～1.2 | 6.7～7.3 |
| 8 | 30(40)～70 | 96 | 15～30 (25) | 20～22 | 5(10)～15 | 11～13 | 3～8 (5) | 4～6 | 4.0～4.2 | 2.6～2.8 | 1.0～1.2 | 7.6～8.2 |

注：①采用煤沥青时，按石油沥青用量×1.2计算。
②矿料数量不包括施工损耗数量。
③规定尺寸的嵌缝料，细料多时用低、中限；反之，用高、中限。
④施工期间应另备每2～3 m³/1000m² 石屑。粗砂或中砾石和最后一次封面料尺寸相同，供初期养护使用。

**表10-8 沥青上拌下贯式路面材料规格和用量表**

| 厚度 (cm) | 矿料 主层 尺寸 (mm) | 矿料 主层 数量 (m³/1000m²) | 第一遍嵌缝料 尺寸 (mm) | 第一遍嵌缝料 数量 (m³/1000m²) | 第二遍嵌缝料 尺寸 (mm) | 第二遍嵌缝料 数量 (m³/1000m²) | 上拌沥青混合料 尺寸 (mm) | 上拌沥青混合料 数量 (m³/1000m²) | 石油沥青 (kg/m²) 下贯部分 2 | 3 | 上部 (%) |
|---|---|---|---|---|---|---|---|---|---|---|---|
| 5 | 20～40 | 44 | 10～15 (15) | 12～14 | 5～10 | 5～7 | | | 2.0～2.3 | 1.4～1.6 | |
| 6 | 30～50 | 55 | 15～25 | 16～18 | 5(10)～15 | 7～9 | 3～10 或 0～10 或 0～15 | 21～35 | 2.6～2.8 | 1.6～1.8 | 4.5～7.0 |
| 7 | 30～60 | 66 | 15～25 (30) | 16～18 | 5(10)～15 | 7～9 | | | 3.2～3.4 | 1.6～1.8 | |
| 8 | 30～70 | 80 | 15～25 (30) | 18～20 | 5(10)～15 | 8～10 | | | 4.0～4.3 | 1.6～1.8 | |

注：①嵌缝料规格括号内尺寸系指前一层嵌缝料尺寸。
②采用煤沥青时，按石油沥青用量×1.2计算。

## 学习单元四　沥青表处

沥青表处所用的沥青材料应渗透性好，凝结时间短，有较大的黏结力，且耐久性好，不易老化。施工时，应严格控制石油沥青的针入度、软化点或渣油的黏度。所用沥青材料标号见表10-9。

沥青表处所用的矿料（碎石、砾石）应具有足够的强度和耐磨性，与沥青材料良好的黏结力，且干燥、无风化、清洁、无杂质。碎（砾）石表面应有明显的破裂面，扁平细长颗粒含量应不少于20%。所用矿料的等级和规格参见表10-9。

沥青表处的沥青（渣油）与矿料用量的比例（油石比）是保证沥青表处质量的重要因素，应根据表10-9、表10-10、表10-11和表10-12的规定范围选用。

表10-9　沥青上拌下贯式路面材料规格和用量表

| 种类 | 矿料 | | | | | | 石油沥青 | | | 合计用量 |
|---|---|---|---|---|---|---|---|---|---|---|
| | 主层 | | 第二层 | | 第三层 | | 第一次 | 第二次 | 第三次 | |
| | 尺寸(mm) | 数量(m³/1000m²) | 尺寸(mm) | 数量(m³/1000m²) | 尺寸(mm) | 数量(m³/1000m²) | | | | |
| 单层 | 5~10 | 7~9 | | | | | 1.0~1.2 | | | 1.0~1.2 |
| | 10~15 | 12~14 | | | | | 1.4~1.6 | | | 1.4~1.6 |
| 双层 | 10~20 | 16~18 | 5~10 | 7~8 | | | 1.6~1.8 | 1.0~1.2 | | 2.6~3.0 |
| | 15~25 | 18~20 | 5~10 | 7~8 | | | 1.8~2.0 | 1.0~1.2 | | 2.8~3.2 |
| 三层 | 15~25 | 18~20 | 10~15 | 12~14 | 5~10 | 7~8 | 1.6~1.8 | 1.2~1.4 | 1.0~1.2 | 3.8~4.4 |
| | 15~30 | 20~22 | 10~15 | 12~14 | 5~10 | 7~8 | 1.8~2.0 | 1.2~1.4 | 1.0~1.2 | 4.0~4.5 |

注：①采用煤沥青时，按石油沥青用量×1.2计算。
②沥青表处的上下层沥青用量可根据施工气温、沥青标号、下卧层等情况，在总量不变的原则下可酌情调整。
③北方地区、施工季节温度较低，沥青用量应采用高限，反之，采用低限。
④凡是原有沥青路面、清扫干净的碎砾石路面、水泥混凝土路面、块石路面等可不用透油层，可在第一次沥青用量中酌予增加10%左右。
⑤备料时应另加损耗量。

表10-10 拌和法渣油表面处治矿料级配要求

| 筛孔（mm） | 20 | 15 | 10 | 5 | 2 | 0.5 | 渣油用量（%） |
|---|---|---|---|---|---|---|---|
| 通过质量百分率（%） | 85～100 | 60～80 | 40～60 | 20～35 | 5～20 | <5 | 4.5～5.0 |

注：①渣油预计渗透量，是在一般情况下确定的，如渗透量大时，应根据实际情况增加用油量。

②碎石和砾石均可使用，并允许含有一定数量的扁平颗粒和软质石料。

③铺筑粗面面层和交通量较大时，应采用短级配和较粗的矿料，冷季施工，矿料加热拌和或要求面层尽快稳定成型时，可采用长级配和较细的矿料。

④当矿料质地坚硬、夏季施工、热料拌和、渣油较稀、路面日照较好以及交通量较大时，油石比可选用低限；反之，则选用高限。

表10-11 渣油拌和法材料用量表

| 铺筑厚度（cm） | 矿料粒径（mm） | 矿料用量（m³/1000m²） | 备注 |
|---|---|---|---|
| 1.5～2.0 | 0～20 | 22～28 | 单层或双层 |
| 2.0～2.5 | 0～25 | 28～34 | 双层 |
| 2.5～3.0 | 0～30 | 34～40 | 三层 |

表10-12 层铺法渣油表面处治材料用量表

| 种类 | 处治层厚度（cm） | 矿料尺寸（mm） | 矿料用量（m³/1000m²） | 渣油（kg/m²）分层用量 | 渣油（kg/m²）合计用量 | 说明 |
|---|---|---|---|---|---|---|
| 单层 | 1.0 | 5～10 | 13 | 1.4～1.6 | 1.4～1.6 | 渣油用量包括预计渗透量0.2 kg/m²，如渗透量超过上述数值时应根据实际情况增加用油量。在原沥青路面上做表处时，下层用油量中应减去预计渗透量。 |
| 单层 | 1.5 | 5～15 | 20 | 1.8～2.0 | 1.8～2.0 | |
| 单层 | 1.5 | 10（8）～15<br>3～8 | 15<br>8 | 1.0～1.2<br>1.0～1.2 | 2.0～2.4 | |
| 双层 | 2.0 | 10（8）～15<br>3～8 | 20<br>8 | 1.4～1.6<br>1.0～1.2 | 2.4～2.8 | |
| 三层 | 2.5 | 15～25<br>10～15（或8～15）<br>3～8 | 20<br>14<br>8 | 1.2～1.4<br>1.0～1.2<br>1.0～1.2 | 3.2～3.8 | |
| 三层 | 3.0 | 15～30<br>10～15（或8～15）<br>3～8 | 35<br>14<br>8 | 1.6～1.8<br>1.2～1.4<br>1.0～1.2 | 3.8～4.4 | |

注：①本表为先油后料施工的材料用量。如先料后油法施工，矿料分层用量不变，油料分层用量可根据各地经验调整使用。

②沥青表处的上下层沥青用量可根据施工气温、渣油黏度、基层等情况，在总量不变的原则下可酌情调整。

③油石比（质量比）为5.5%～6.0%。当行车密度小、低温季节施工及渣油黏度较大时，油石比可采用高限，并选用较高的上层用油量。

④矿料规格可不限于表列要求，但选用的分级矿料尺寸应大体衔接，以利逐级嵌缝。按近最大渣粒尺寸的含量一般以60%左右为宜，矿料中小于0.5mm的含量应小于2%。

⑤施工时，每1000m²应另备2～5mm矿料或粗砂3～5m³，供初期养护使用。

# 工作任务三  沥青混合料技术性质

### 1. 高温稳定性

高温稳定性对于道路沥青混合料，为保证耐久、行车安全和舒适，需满足一定的技术要求。

定义：沥青混合料高温稳定性，是指沥青混合料在夏季高温（通常为60℃）条件下，经车辆荷载长期重复作用后，不产生车辙和波浪等病害的性能。

影响因素：沥青黏度、沥青与石料相互作用特征、矿料性质。

我国现行《沥青路面施工及验收规范》（GB 50092—1996）规定，采用马歇尔稳定度试验（包括稳定度、流值、马歇尔模数）来评价沥青混合料高温稳定性；对高速公路、一级公路、城市快速路、主干路用沥青混合料，还应通过车辙试验检验其抗车辙能力。

### 2. 低温抗裂性

沥青混合料不仅应具备高温的稳定性，同时还要具有低温的抗裂性，以保证路面在冬季低温时不产生裂缝。沥青混合料低温抗裂性要求的指标，目前尚处于研究阶段，尚未列入技术标准。

定义：温度较低时沥青混合料抵抗收缩变形，不产生开裂的性质。

沥青路面裂纹原因：

① 重复荷载 →疲劳开裂；
② 低温脆化 →变形能力减弱→开裂；
③ 低温收缩；
④ ①+②。

影响因素：沥青质量及用量、矿料级配等。

试验：纯拉试验：

→测圆柱形试件的应力、应变、抗拉强度和极限变形；
→求出劲度模量及温度收缩系数；
→ 估计沥青混合料的断裂温度。

### 3. 耐久性

定义：沥青混合料的耐久性是指其抵抗长时间自然因素（风、日光、温度、水分等）和行车荷载反复作用的能力。

影响因素：沥青的化学性质；矿料成分；沥青混合料的组成结构；沥青用量。

（例如：沥青用量少0.5% → Vv↑ → 混合料的寿命降低一年。）

改善耐久性的措施：采用坚固矿料；提高混合料的密实度；选用细粒密级配沥青混合料；增加沥青用量等。

指标耐久性可由下列指标来评价：

①孔隙率；

②饱和度（沥青填隙率）；
③残留稳定度。

目前评价沥青混合料耐久性的方法有马歇尔稳定度试验、浸水劈裂试验、冻融劈裂试验、浸水车辙试验等。

### 4. 抗滑性

现代高速公路的发展，对沥青混合料路面的抗滑性提出更高的要求。我国现行标准对抗滑层集料提出了磨光值、磨耗值和冲击值等三项指标。

影响因素：矿料表面结构、级配、混合料组成及沥青用量。

改善措施：

① 选用耐磨石料，对磨耗率及冲击值有一定要求。注意，硬质石料往往属于酸性石料，需加抗剥离剂。

② 控制沥青用量：沥青用量↑→表面平滑↑→抗滑性↓。

### 5. 施工和易性

就沥青混合料性质而言，影响沥青混合料施工和易性的主要因素是矿料级配。粗细集料的颗粒大小相距过大，缺乏中间粒径，混合料容易离析；细料太少，沥青层不易均匀地分布在粗颗粒表面；细料过多，则拌和困难。

沥青混合料的施工和易性取决于：

①矿料级配：适当级配不易产生离析现象；
②沥青黏度及用量；
③气温及施工条件。

# 工作任务四　热拌沥青混合料路面施工

## 学习单元一　施工前的准备工作

施工前的准备工作主要有料源的确定及进场材料的质量检验、机械选型与配套、拌和厂选择、修筑试验路段等项工作。

### 1. 确定料源及进场材料的质量检验

应从质量和经济两方面综合考虑，选用国外进口沥青或国产沥青，对进场的沥青材料应抽样检测其技术指标。目前，高等级公路路面所用的沥青大部分为进口沥青。国产稠油沥青与国外进口沥青性质比较如表10-13所示。

在考虑经济性、开采条件、运输条件的情况下，选择质量满足技术标准的料场，并对料场内的石料、砂、石屑、矿粉等做必要的试验检测。

### 2. 拌和设备的选型及场地布置

应根据工程量和工期选择拌和设备的生产能力和移动方式(固定式、半固定式和移动式)。目前使用较多的是生产率在300t/h以下的拌和设备。

固定式沥青混合料拌和厂,应根据设备的数量、工作时产生的粉尘与噪声、供电与供水以及施工运输等条件选择厂址和确定场地面积。面积估计可参考表10-14的数据。

半固定式和移动式沥青混合料拌和设备可安装在特制的平板挂车上,便于拆装、转移和使用。

### 3. 施工机械检查

主要对拌和与运输设备、洒油车、矿料洒布车、摊铺机和压路机的规格、性能和运转、液压系统进行检测与检查。

### 4. 修筑试验路段

正式开工前,应根据计划使用的机械设备和设计的混合料配合比铺筑试验路段,以确定合适的拌和时间和温度;摊铺温度和速度;压实机械的合理组合,压实温度及压实方法;松铺系数;合适的作业段长度。并在试验段中抽样检测沥青混合料的沥青含量、矿料级配、稳定度、流值、空隙率、饱和度、密实度等,最终提出混合料的生产配合比、机械的优化组合及标准施工方法。

表10-13 国产稠油沥青与进口沥青性质的比较

| 沥青品种<br>试验项目 | | 重交通道路<br>AH-90 | 国产稠油沥青 | | | | | | 国外进口沥青 | | | | | | |
|---|---|---|---|---|---|---|---|---|---|---|---|---|---|---|---|
| | | | 克拉玛依<br>AH-90 | 羊三木<br>AH-90 | 渤海<br>AH-90 | 单家寺<br>AH-90 | 单家寺<br>AH-70 | 欢喜岭<br>AH-90 | 英国<br>AH-100 | 日本<br>80-100 | 阿尔巴尼亚 | 新加坡<br>BP | 新加坡<br>ESSO(1) | 新加坡<br>ESSO(2) | 新加坡<br>壳牌 |
| 针入度(25℃,5S,100g)(0.1mm) | | 80~100 | 104 | 97 | 84 | 87 | 65 | 83 | 106 | 87 | 94 | 64 | 95 | 69 | 90 |
| 延度(5cm/min)(cm) | 25℃ | >100 | >150 | >150 | >140 | >150 | >150 | >150 | >100 | >150 | >150 | >150 | >150 | >150 | >150 |
| | 15℃ | >100 | 126 | 100 | >140 | >150 | >150 | 108 | >100 | >150 | >150 | >115 | >150 | >150 | >150 |
| 软化点(环球法)(℃) | | 45~52 | 49.0 | 47.3 | 44.0 | 48.8 | 50.5 | 49.5 | 45.7 | 47.0 | 46.7 | 50.5 | 46.0 | 50.3 | 48.2 |
| 溶解度(三氯乙烯)(%) | | >99 | 99.90 | 99.40 | 99.0 | 99.72 | 99.67 | 99.60 | 99.71 | 99.90 | 99.70 | 99.50 | 99.11 | 99.30 | 99.21 |
| 薄膜加热试验(163℃,5h) | 质量损失(%) | <0.6 | 0.02 | 0.13 | 0.15 | 0.18 | 0.14 | 0.75 | 0.73 | 0.11 | 0.52 | 0.50 | 0.02 | 0.03 | 0.38 |
| | 针入度(%) | >50 | 86 | 65 | 62 | 81 | 88 | 67 | 61 | 81 | 56 | 75 | 71 | 78 | 59 |
| | 延度(25℃)(cm) | >75 | 107 | >150 | >140 | >150 | >150 | >150 | >150 | >150 | >150 | 106 | >150 | >150 | >150 |
| 闪点(开口式)(℃) | | >230 | >300 | 259 | >260 | 292 | 306 | 276 | 255 | >300 | 252 | 330 | 328 | 356 | 296 |
| 含蜡量(蒸馏法)(%) | | <3 | 3.10 | 1.38 | | 2.91 | 4.11 | 2.80 | 1.11 | 4.38 | 0.04 | 1.96 | 1.88 | 1.97 | 2.40 |
| 相对密度(25℃) | | ≥1.0 | 0.9703 | 1.0050 | >1.0 | 1.0036 | 1.0006 | 1.004 | 1.0282 | 1.024 | 1.045 | 1.045 | 1.037 | 1.034 | 1.029 |

## 学习单元二　沥青混合料的拌和与运输

### 1. 试拌

根据室内配合比进行试拌，通过试拌及抽样试验确定施工质量控制指标。

（1）对间歇式拌和设备，应确定每盘热料仓的配合比对连续式拌和设备，应确定各种矿料送料口的大小及沥青、矿料的进料速度。

（2）沥青混合料应按设计沥青用量进行试拌，取样做马歇尔试验，以验证设计沥青用量的合理性，或作适当的调整。

（3）确定适宜的拌和时间。

（4）确定适宜的拌和与出厂温度。石油沥青的加热温度宜为130～160℃，不宜超过6h。沥青混合料的出厂温度宜控制在130～160℃。

（5）确定适宜的拌和场地面积（表10-14）。

**表10-14　沥青混合料拌合场地面积参考表**

| 生产能力（t/h） | 搅拌器容量（间歇式）（kg） | 场地面积（m³） |
| --- | --- | --- |
| 30～50 | 500 | 3000 |
| 35～40 | 750 | 4500 |
| 60～70 | 1000 | 6500 |
| 90～110 | 1500 | 9000 |
| 120～140 | 2000 | 12000 |

### 2. 沥青混合料的拌制

根据配料单进料，严格控制各种材料用量及其加热温度。拌和后的混合料应均匀一致，无花白、无离析和结团成块等现象。每班抽样做沥青混合料性能、矿料级配组成和沥青用量检验。

### 3. 沥青混合料的运输

沥青混合料用自卸汽车运至工地，底板及车壁应涂一薄层油水（柴油：水=1：3）混合液。运输中应覆盖，至摊铺地点时的沥青混合料温度不宜低于130℃。

## 学习单元三　沥青混合料的摊铺

沥青混合料的摊铺，包括下承层准备、施工放样、摊铺机各种参数的调整与选择、摊铺机摊铺等内容。

### 1. 下承层准备

摊铺沥青混合料时，其下承层可能是基层、路面下面层或中面层。基层完工后，一般浇洒透层油进行养生保护。因通车、下雨使表面发生破坏，出现松散、浮尘、下沉、泥泞等，在摊铺沥青混合料前，应进行维修、重新分层填筑并压实、清洗干净。对下承层表面缺陷进行处理后，即可再洒透层油或黏层油。

**2. 施工放样**

用测量仪器定出摊铺路面的边线位置，并在边线桩上标出路面面层顶的设计高程位置，以控制沥青混合料面层的厚度。对无自控装置的摊铺机，应根据下承层的实测高程和面层的设计高程，确定实铺厚度。

当下承层的表面高程变化较多，使得沥青路面的总厚度与路面顶面设计高程容许范围相矛盾时，应以保证厚度为主。

**3. 摊铺机各种系数的调整与选择**

摊铺前，需调整与选择摊铺机的参数主要有：熨平板宽度与拱度；摊铺厚度与熨平板的初始工作迎角；摊铺速度。

（1）熨平板宽度与拱度的调整

为减少摊铺次数，每条摊铺带的宽度应按该型号摊铺机的最大摊铺宽度来考虑。宽度为B的路面所需横向摊铺的次数乃按下式计算：

$$n = (B-x)/(b-x) \qquad (10\text{-}1)$$

式中　$B$——路面宽度（m）；

　　　$b$——摊铺机熨平板的总宽度（m）；

　　　$x$——相邻摊铺带的重叠量（m），一般为0.025～0.08m。

上式的含义是，路面的宽度应为摊铺机总摊铺宽度减去重叠后的整倍数。如$n$不能满足整数时，尽可能在减少摊铺次数的前提下，使所剩的最后一条摊铺带宽度不小于该摊铺机的标准摊铺宽度。实在不足时，采用切割装置（截断滑靴）来切窄摊铺带。

确定摊铺带宽度时：上下铺层的纵向接茬应错开30cm以上；摊铺下层时，熨平板的侧面与路缘石或边沟间应留有10cm以上的间距；纵向接茬处应有一定的重叠量（平均为2.5～5m）；接宽熨平板时必须同时相应地接长螺旋摊铺器和振动梁，同时检查接长后熨平板底板的平直度和整体刚度。

熨平板宽度调整后，再调整其拱度，可在标尺上直接读出拱度的绝对数（mm）值或横坡百分数。拱度调整后要进行试铺校验，必要时再次调整。对大型摊铺机，有前后两副调拱机构，其前拱的调节量略大于后拱。

（2）摊铺厚度与熨平板的初始工作迎角

摊铺工作开始前，准备两块长方垫木，作为摊铺厚度的基准。垫木宽5～10cm，与熨平板纵向尺寸相同或稍长，厚度为松铺厚度。将摊铺机停置于摊铺带起点的平整处后，抬起熨平板，把两块垫木分别置于熨平板两端的下面。如果熨平板加宽，垫木则放在加宽部分的近侧边处。

垫木放好后，放下熨平板，让其提升油缸处于浮动状态。然后转动左右两只厚度调节螺杆，使它们处于微量间隙的中立位置。此时，熨平板以其自重落在垫木上。

熨平板放置妥当后，利用手动调整机构，调整初始工作迎角。每调整一次，须在5m范围内做多点厚度检验，取平均值与设计值比较。

实际施工中，根据刮板输送器的生产能力和最大摊铺宽度，可方便地调整摊铺厚度。

（3）摊铺速度

现代摊铺机具有较宽的速度变化范围，可进行无级调节，调节的原则是保证摊铺机的连续作业。摊铺速度可根据混合料供给能力、摊铺宽度和厚度按下式求得：

$$V = \frac{100G}{60bh\gamma} \tag{10-2}$$

式中　$G$——混合料供给能力（t/h）；

　　　$h$——压实后的摊铺厚度（cm）；

　　　$\gamma$——沥青混合料压实后的密度（一般取2.35t/m³）。

可根据上式，制成一张相应摊铺速度的关系表，供摊铺作业时查用。

实践中，摊铺速度还与混合料的种类、温度及铺筑的层次有关。一般面层的下层摊铺速度较快，约为10m/min，面层的上层摊铺速度较慢，为6m/min以下。

摊铺机调整与选择的其他参数还有布料螺旋与熨平板前沿距离的调整，振捣梁行程调整，熨平板前刮料护板高度的调整等，可参阅有关资料。

**4. 摊铺机的摊铺**

（1）熨平板的加热

每次开始工作时，应对熨平板进行加热，以防混合料冷黏在板底上，拉裂铺层表面，形成沟槽和裂纹。加热后的熨平板对铺层起到熨烫作用，使路表面平整无痕。但过热，除会使板变形和加速磨损外，还会使铺层表面烫出沥青胶浆和拉沟。

连续摊铺中，熨平板充分受热后，可暂停加热。对摊铺低温混合料和沥青砂，熨平板应连续加热，以使底板对材料经常起熨烫作用。

（2）摊铺机供料机构操作

供料机构的刮板输送器和向两侧布料的螺旋摊铺器的工作，应密切配合，速度匹配。

刮板输送器的运转速度一般确定后应保持稳定，供料量基本依靠闸门的开启高度来调整。摊铺室内合适的混合料量为料堆的高度平齐于或略高于螺旋摊铺器的轴心线，及稍微看见螺旋叶片或刚盖住叶片为度。

闸门的最佳开度，应在保证摊铺室内混合料处于正确料堆高度状态下，使刮板输送器和螺旋摊铺器在全部工作时间内都能不停歇地持续工作。为了保持摊铺室内混合料高度常处于标准状态，最好是采用闸门自控系统。

（3）摊铺方式

先按前述方法确定摊铺宽度，各条摊铺带的宽度最好相同，以节省重新接宽熨平板的时间。摊铺时，应先从横坡较低处开铺。使用单机进行不同宽度的多次摊铺时，应尽可能先摊铺较窄的那一条，以减少拆接宽次数。

若为多机摊铺，应在尽量减少摊铺次数的前提下，各条摊铺带的宽度可按梯队方式作业,梯队间距宜在5~10m,以便形成热接茬。若为单机非全幅作业,每幅铺筑应在100~150m后调头完成另一幅,并须接好接茬。

(4)接茬处理

①两条摊铺带相搭接处的纵向接茬可采用冷接茬和热接茬两种方法。

冷接茬是指新铺层与经过压实后的已铺层进行搭接。摊铺新铺层时,重叠搭接宽度为3~5cm,且与前一次摊铺带的松铺厚度应相同,同时,对已摊铺带接茬处边缘应铲齐、铲修垂直。

热接茬是在使用两台以上摊铺机梯队作业时采用,两条相邻摊铺带的混合料还处于压实前的热状态,较易处理,且连接强度较好。一般搭接宽度2~5cm。摊铺带的边缘应齐整,并在一侧设置导向线,作为摊铺机行驶时的标定方向。

②前后两条摊铺带的横向接茬处理时,应将第一条摊铺带的尽头边缘锯成垂直面,并与纵向边缘成直角。

## 学习单元四 沥青混合料的压实

沥青混合料的压实包括碾压机械的选型与组合、压实温度、速度、遍数、压实方式的确定及特殊路段的压实(陡坡与弯道)。

### 1. 碾压机械的选型与组合

目前,常用的压路机有三轮式静力光轮压路机、轮胎压路机和振动压路机。

三轮式静力光轮压路机,其质量为2.5~16t,主要用于沥青混合料的初压。轮胎压路机一般为5~25t,可用来进行接缝处的预压、坡道预压、消除裂纹、薄摊铺层的压实作业。振动压路机中的自行式单轮压路机,一般质量为4~12t,常用于平整度要求不高的路面压实。压实度要求较高时,可采用串联振动压路机。在沥青混合料压实中,铰接转向和前后轮偏移铰接转向的串联振动压路机在边缘碾压时,能减少转弯中对路边缘的损坏,因此,使用较为广泛。

结合工程实际,选择压路机种类、大小和数量,应考虑摊铺机的生产率、混合料特性、摊铺厚度、施工现场的具体条件等因素。一般地,摊铺层厚度小于6cm,宜使用振幅0.35~0.6mm的中小型振动压路机(2~6t);压实较厚的摊铺层(大于10cm),宜使用高振幅(可达1.00mm)的大、中型振动压路机(6~10t)。

### 2. 压实程序

压实程序分为初压、复压、终压三道工序。

初压时用6~8t双轮压路机或6~10t振动压路机(关闭振动装置即静压)压2遍,温度为110~130℃。初压后检查平整度和路拱,必要时,应予以修整。若碾压时出现推移、横向裂纹等,应检查原因,进行处理。

复压采用的10~12t三轮压路机、10t振动压路机或相应的轮胎压路机碾4~6遍,直至稳定和无明显轮迹。复压温度为90~110℃。

终压时用6～8t振动压路机（关闭振动装置）压2～4遍，终压温度为70～90℃。

碾压时，应由路两边向路中心，三轮压路机每次重叠宜为后轮宽的l/2，双轮压路机每次重叠宜为30cm，压实速度可参考表10-15。

表10-15 沥青混合料拌和场地面积参考表

| 压路机类型 最大碾压速度 | 初压（km/h） | 复压（km/h） | 终压（km/h） |
| --- | --- | --- | --- |
| 光轮压路机 | 1.5～2.0 | 2.5～3.5 | 2.5～3.5 |
| 轮胎压路机 |  | 3.5～4.5 |  |
| 振动压路机 | 静压1.5～2.0 | 振动5～6 | 静压2～3 |

碾压过程中，每完成一遍重叠碾压，压路机应向摊铺机靠近些，以保证正常的碾压温度。

在平缓路段，驱动轮靠近摊铺机，以减少波纹或热裂缝。碾压中，要确保滚轮湿润，可间歇喷水，但不可使混合料表面冷却。

每碾压一遍的尾端，宜稍微转向，以减小压痕。压路机不得在新铺混合料上转向、调头、移或刹车，碾压后的路面在冷却前，不得停放任何机械，并防止矿料、杂物、油料洒落在新铺路面上，直至路面冷却后才能开放交通。

**3. 接茬处的碾压**

接茬处的碾压应先压横向接茬后压纵向接茬。

横向按茬。可使用较小型压路机对横向接茬进行横向碾压或纵向碾压。开始时，将轮宽的10～20cm置于新铺的沥青混合料上进行碾压，然后逐步横移直至整个滚轮在新铺层上。有时，也可先用压路机静压，再用振动碾压。

纵向接茬。当热料层与冷料层相接时，可将压路机位于热沥青混合料上，进行振动碾压，或碾压开始时，将轮宽的10～20cm压在热料层上碾压。碾压时速度应在2km/h左右。

当采用梯队作业时（热料层相接），应先压实离热接茬中心约20cm以外区域，最后压实剩下的窄条混合料。

**4. 特殊路段的碾压**

特殊路段的碾压指弯道、交叉口、路边、陡坡等处的压实。

弯道或交叉口的碾压。应选用铰接转向式振动压路机，先内侧后外侧，急弯处可采用直线（缺角）式换道碾压，缺角处用小型机具压实。

路边碾压。可离边缘30～40cm处开始碾压，留下部分碾压时，压路机每次只能向自由边缘方向推进10cm。

陡坡碾压。先用轻型压路机（不宜采用轮胎压路机）预压，压路机的从动轮应朝着摊铺方向。采用振动压路机时，应先静碾，待混合料稳定后，方可采用低振幅的振动碾压。

# 工作任务五　其他形式的沥青路面施工

## 学习单元一　沥青贯入式路面

**1. 施工准备**

施工前，基层应清扫干净。需要安装路缘石时，应在安装后进行施工。

当采用乳化沥青贯入式路面必须先浇洒透层或黏层沥青。路面厚度小于或等于5cm时，也应浇洒透层或黏层沥青。

**2. 铺撒主层集料**

应避免颗粒大小不均匀，松铺系数为1.25～1.30，应经试铺实测确定。洒布集料的同时，检查路拱和平整度，并严禁车辆通行。

**3. 碾压**

主层集料洒布后，应采用6～8t钢筒式压路机进行初压，速度为2km/h。碾压应由路两侧边缘向中心，轮迹应重叠约30cm。碾压同时，检验路拱和纵向坡度，必要时做调整。再用10～12t（厚度较大时，可用12～15t）压路机进行碾压，每次轮迹重叠1/2以上，并碾压4～6遍，直至主层集料稳定，无明显轮迹为止。

**4. 浇洒第一层沥青**

主层集料碾压完毕后，应立即浇洒第一层沥青。

（1）浇洒温度应根据施工气温及沥青标号选择。石油沥青宜为130～170℃，煤沥青宜为80～120℃。

（2）沥青洒布要均匀，不得布空白和积聚现象，应根据选用的洒布方式控制单位面积的沥青用量。沥青洒布长度应与集料洒布机的能力相配合，两者间隔时间不宜过长。

（3）前后段喷洒的接茬应搭接良好。每段接茬处，可用铁板或建筑纸在洒布起、终点后，横铺1～1.5cm，纵向接茬的搭接宽度宜为10～15cm，浇洒第二、三层沥青的搭接缝应错开。

（4）不得在潮湿的集料、基层或旧路面上浇洒沥青。

（5）若采用乳化沥青贯入时，应先洒布一部分上一层嵌缝料，再浇洒主层沥青。

**5. 铺撒第一层嵌缝料**

主层沥青浇洒后，应立即均匀洒布第一层嵌缝料，不足处应找补。

**6. 第二次碾压**

嵌缝料扫匀后应立即用8～12t钢筒式压路机进行碾压，每次轮迹重叠1/2以上，并碾压4～6遍，直至稳定为止。碾压时，应随压随扫，使嵌缝料均匀嵌入。当气温较高，碾压发生推移现象时，应立即停止，待气温稍低时再碾压。

### 7. 铺撒第二、三层嵌缝料

当浇洒第二层沥青、洒布第二层嵌缝料并完成碾压后,再浇洒第三层沥青,并洒布封层料,要求同嵌缝料。最后宜用6~8t压路机碾压2~4遍,再开放交通。

### 8. 施工后应进行初期养护

当有泛油时,应补撒嵌缝料,并应与最后一层石料规格相同,且扫匀将浮料扣除。

## 学习单元二  沥青表面处治与封层施工

### 1. 沥青表处路面

(1)施工准备

沥青表面处治施工应在路缘石安装后进行,基层必须清扫干净。施工前,应检查洒布车的性能,进行试洒,确定喷洒速度和洒油量。

(2)下承层准备

表面处治施工前,应将基层清扫干净,使基层的矿料大部分外露,并保持干燥。对坑槽、不平整、强度不足的路段,应修补、平整和补强。

(3)浇洒沥青

在透层沥青充分渗透或基层清扫后,应按要求的数量浇洒第一层沥青,要求与贯入式沥青路面浇洒方法相同。

(4)洒布集料

第一层集料在浇洒主层沥青后应立即进行洒布,按规定用量一次撒足,不宜在主层沥青全部洒布完成后进行。洒布后应及时扫匀,集料不应重叠,不应露出沥青,局部有缺陷时,应及时找补。前后幅搭接处,应暂留宽10~15cm不撒石料,待后幅浇洒沥青后一起洒布集料。

(5)碾压

洒布第一层集料后,应立即用6~8t钢筒式压路机进行碾压,速度不宜超过2km/h。碾压应由路两侧边缘向中心,轮迹应重叠约30cm,碾压3~4遍。

第二三层的施工方法和要求与第一层基本相同,可采用8~10t压路机。

碾压结束后即可开放交通,但应限制车速不超过20km/h,并使整个路面宽度都均匀碾压。对局部泛油、松散、麻面等现象,应及时修整处理。

(6)初期养护

开放交通后的交通控制、初期养护等,与贯入式沥青路面要求相同。

### 2. 封层施工

(1)封层的作用

一是封闭某一层起着保水防水作用;二是起基层与沥青表面层之间的过渡和有效联结作用;三是路的某一层表面破坏离析松散处的加固补强;四是基层在沥青面层铺筑前,要临时开放交通,防止基层因天气或车辆作用出现水毁。封层可分为上封层和下封层;就施工类型来分,可采用拌和法或层铺法的单层式表面处治,也可以采用乳化沥青稀浆封层。

(2)适用条件

符合下列情况之一时,应在沥青面层上铺筑上封层。

①沥青面层的空隙较大,透水严重。

②有裂缝或已修补的旧沥青路面。

③需加铺磨耗层改善抗滑性能的旧沥青路面。

④需铺筑磨耗层或保护层的新建沥青路面。

(3)一般要求

①使用层铺法沥青表面处治铺筑上封层时,施工方法按层铺法表面处治工艺施工。其材料用量要求应符合有关规定。沥青用量可采用规定范围的中、低限。

②使用层铺法沥青表面处治铺筑下封层时,施工工艺同上封层。矿料用量应根据矿料尺寸、形状、种类等情况确定,宜为$5\sim8m^3/1000m^2$。沥青用量可采用规定范围的中、高限。

③采用拌和法施工上、下封层时,应按照热拌沥青混凝土路面的施工工艺进行。当为下封层铺筑时,宜采用AC-5(或LH-5)砂粒式沥青混凝土,厚度宜为1cm。

(4)使用乳化沥青稀浆封层施工上、下封层

①稀浆封层的厚度宜为3~6mm。

②稀浆封层的矿料类型及矿料级配,应根据封层的目的、道路等级进行选择,铺筑厚度、集料尺寸及摊铺用量等因素选用。

③稀浆封层使用的乳化沥青可采用慢裂或中裂的拌和型乳化沥青,当需要减缓破乳速度时,可掺加适量的氧化乳作外加剂。当需要加快破乳时,可采用一定数量的水泥或消石灰粉作填料。

④乳化沥青的合理用量通过试验确定。

⑤混合料的湿轮磨耗试验的磨耗损失不宜大于$800g/m^2$;轮荷压砂试验的砂吸收量不宜大于$600g/m^2$。

⑥稀浆封层混合料的加水量应根据施工摊铺和易性由稠度试验确定,要求的稠度应为2~3cm。

(4)注意事项

①当在被磨损的旧路面上铺筑稀浆封层时,施工前应先修补坑槽、整平路面。

②稀浆封层施工时应在干燥情况下进行。

③稀浆封层施工应使用稀浆封层铺筑机,其工作速度宜匀速铺筑,应达到厚度均匀表面平整的要求。

④稀浆封层铺筑后,必须待乳液破乳、水分蒸发、干燥成型后方可开放交通。

⑤稀浆封层施工气温不得低于10℃。

## 学习单元三 冷拌沥青混合料路面施工

冷拌沥青混合料宜采用拌和厂机械拌和及沥青摊铺机摊铺方式。缺乏场拌条件时也可

采用现场路拌及人工摊铺方式。冷拌沥青混合料施工应足以防止混合料离析。

当采用阳离子乳化沥青拌和时，宜先用水使集料湿润，若湿润后仍难于与乳液拌和均匀时，应改用破乳速度更慢的乳液，或用1%～3%浓度的氯化钙水溶液代替水润湿集料表面。

混合料适宜的拌和时间应根据实际情况调节并通过试拌确定，矿料中加进乳液后的机械拌和时间不宜超过30s人工拌和时间不宜超过60s。

已拌和好的混合料应立即运至现场进行摊铺，并在乳液破乳前结束。在拌和与摊铺过程中已破乳的混合料，应予废弃。

乳化沥青冷拌混合料摊铺后宜采用6t左右的轻型压路机初压1～2遍，使好、混合料初步稳定，再用轮胎压路机或钢筒式压路机碾压1～2遍。当乳化沥青开始破乳、混合料由褐色转变成黑色时，改用12～15t轮胎压路机碾压，将水分挤出，复压2～3遍后停止，待晾晒一段时间，水分基本蒸发后继续复压至密实为止。当压实过程中有推移现象时应停止碾压，待稳定后再碾压。当天不能完全压实时，可在较高气温状态下补充碾压。当缺乏轮胎压路机时，也可采用钢筒式压路机或较轻的振动压路机碾压。

乳化沥青混合料路面的上封层应在压实成型、路面水分完全蒸发后加铺。

乳化沥青混合料路面施工结束后宜封闭交通2～6h，并注意做好早期养护。开放交通初期，应设专人指挥，车速不得超过20km/h，不得刹车或掉头。

冷拌沥青混合料施工遇雨应立即停止铺筑，以防雨水将乳液冲走。

## 学习单元四 透层、黏层施工

**1. 透层施工工艺**

沥青路面的级配砂砾、级配碎石基层及水泥、石灰、粉煤灰等无机结合料稳定土或粒料的半刚性基层上必须浇洒透层沥青。

透层沥青宜采用慢裂的洒布型乳化沥青，也可采用中、慢凝液体石油沥青或煤沥青，透层沥青的规格和质量应符合规范的要求。透层沥青的稠度宜通过试洒确定。表面致密的半刚性基层宜采用渗透性好的较稀的透层沥青，级配砂砾、级配碎石等粒料基层宜采用较稠的透层沥青。用于制作透层用乳化沥青的沥青标号应根据基层的种类、当地气候等条件确定。

各种透层沥青的品种和用量应根据基层的种类通过试洒确定，并符合规范的要求。

透层宜紧接在基层施工结束表面稍干后浇洒。当基层完工后时间较长，表面过分干燥时，应对基层进行清扫，在基层表面少量洒水，并在表面稍干后浇洒透层沥青。

高速公路、一级公路的透层沥青应采用沥青洒布车喷洒，二级及二级以下公路也可采用手工沥青洒布机喷洒。洒布车应符合本规范的要求。当用于表面处治或贯入式路面喷洒沥青的喷嘴不能保证喷洒均匀时，应更换喷嘴。

浇洒透层沥青应符合下列要求：

①浇洒透层前，路面应清扫干净，对路缘石及人工构物应适当防护，以防污染。
②透层沥青洒布后应不致流淌、渗透入基层一定深度，不得在表面形成油膜。

③如遇大风或即将降雨时，不得浇洒透层沥青。
④气温低于10℃时，不宜浇洒透层沥青。
⑤应按设计的沥青用量一次浇洒均匀，当有遗漏时，应用人工补洒。
⑥浇洒透层沥青后，严禁车辆，行人通过。
⑦在铺筑沥青面层前，若局部地方尚有多余的透层沥青未渗入基层时，应予清除。

在无机结合料稳定半刚性基层上浇洒透层沥青后，宜立即洒布用量为（2～3）m³/1000m²的石屑或粗砂。在无结合料粒料基层上浇洒透层沥青后，当不能及时铺筑面层，并需开放施工车辆通行时，也应撒铺适量的石屑或粗砂，此种情况下，透层沥青用量宜增加10%。洒布石屑或粗砂后，应用6～8t钢筒式压路机稳压一遍。当通行车辆时，应控制车速。在铺筑沥青面层前发现前如发现局部地方透层沥青剥落，应予修补；当有多余浮动石屑或砂时，应予扫除。

透层洒布后应尽早铺筑沥青面层。当用乳化沥青作透层时，洒布后应待其充分渗透、水分蒸发后方可铺筑沥青面层，此段时间不宜少于24h。

### 2. 黏层施工工艺

符合下列情况之一时，应浇洒黏层。
①双层式或三层式热拌热铺沥青混合料路面在铺筑上层前，其下面的沥青层已被污染。
②旧沥青路面层上加铺沥青层。
③水泥混凝土路面上铺筑沥青面层。
④与新铺沥青混合料接触的路缘石、雨水进水口、检查井等的侧面。

黏层的沥青材料宜采用快裂的洒布型乳化沥青，也可采用快、中凝液体石油沥青或煤沥青，黏层沥青的规格和质量应符合规范要求。黏层沥青宜用与面层所使用的种类、标号相同的石油沥青经乳化或稀释制成。

各种黏层沥青品种和用量应根据黏结层的种类通过试洒确定，并符合规范要求。
黏层沥青宜用沥青洒布车喷洒，洒布车应符合规范。
浇洒黏层沥青应符合下列要求：
①黏层沥青应均匀洒布或涂刷，浇洒过量处应予刮除。
②路面有脏物、尘土时应清除干净。当有沾黏的土块时，应用水刷净，待表面干燥后浇洒。
③当气温低于10℃或路面潮湿时，不得浇洒黏层沥青。
④浇洒黏层沥青后，严禁除沥青混合料运输车外的其他车辆、行人通过。
⑤黏层沥青洒布后应紧接铺筑沥青层，但乳化沥青应待破乳、水分蒸发完后铺筑。

# 工作任务六　沥青类路面常见病害与处治方法

沥青路面的常规病害主要有裂缝、麻面松散、坑槽、沉陷、翻浆等，应针对各种病害产生的原因、路面结构类型、维修季节的气候特点等情况，采取相应的维修措施。

## 学习单元一　裂缝

裂缝是沥青路面最常见的破损类型之一。裂缝常见的表状主要有：发裂、线状裂缝、纵向裂缝、横向裂缝、反射裂缝和龟裂等六种类型。

### 1. 产生裂缝的主要原因

（1）施工基层碾压不实，或新旧接缝处理不当而形成裂缝。

（2）面层以下含水率逐年积聚，在不利季节引起路面强度降低而产生裂缝。

（3）混合料质量差，碾压温度又不当，引起的碾压裂缝。

（4）混合料摊铺时间过长，由于基层温度、湿度变化，结构发生胀缩而产生裂缝。

（5）结合料老化，面层性能退化，路面整体强度不足。

### 2. 裂缝的处治方法

（1）由于路面基层温缩、干缩引起的纵横向裂缝，缝宽在6mm以内的，宜将裂缝的缝隙用铁刷子刷扫干净，并用压缩空气吹去沙尘后，采用热沥青或乳化沥青灌缝封堵。

（2）缝宽在6mm以上的，填沥青砂石或细料式沥青混合料，捣实后用烙铁封口，随即撒砂扫匀，有条件的也可采用改性乳化沥青混合料填封。

（3）对土基或路面基层强度不足引起的裂缝类破损，要首先处理土基或基层，然后再修复路面。

（4）对轻微面积比较集中，且路基强度较好的裂缝，通过技术经济比较，可选用乳化沥青稀浆封层，或热沥青封层罩面，或先铺设土工布，再在其上进行热沥青封层罩面。

## 学习单元二　麻面松散、坑槽

麻面松散、坑槽的表状为：表层矿料松动，出现麻坑，表层局部不平凹陷。

### 1. 产生麻面松散、坑槽的主要原因

（1）嵌缝料粒径不当，用料不合比例，或初期养护嵌缝料未回归而散失。

（2）低温季节施工，工序未衔接，油与料结合不良，矿料飞散，轻则出现麻面，重则出现坑槽。

（3）表面用油量偏少，结合料加温过度，失去黏结力而松散，形成麻面、坑槽。

（4）雨季施工，矿料潮湿，或用酸性矿料未作处治而散失成麻面、坑槽。

（5）由于基层压实不够，强度不均，基层不平，面层渗水，局部先破损而形成坑槽。

### 2. 麻面松散的处治方法

（1）因低温施工造成的麻面松散，可以将松散料收集好，待气温上升到20℃以上，将松散部位清扫干净，重做喷油封层。喷洒热沥青0.8～1.0 kg/ m²后，撒3～5mm厚的石屑或粗砂（5 m³/100 m²～8 m³/100 m²），并用轻型压路机压实。若在低温潮湿季节，也可以采用乳化沥青封层处理。

（2）由于温度过高，黏结料气化而造成的松散病害，应清除重铺。

（3）由于基层或土基强度不足、松软变形而引起的松散，要首先处理基层或土基病害，补强满足要求后再重做路面面层。

**3. 坑槽的处治**

（1）路面基层完好，仅面层有坑槽时修补方法：

①测定破坏部分的范围和深度，按"圆洞方补"原则，划出大致与路中心线平行或垂直的挖槽修补轮廓线（正方形或长方形）；

②按所划的轮廓线开槽应开凿到坑底稳定的部分，其深度不得小于原坑槽的最大深度，槽壁要垂直；

③清除槽底、槽壁的松动部分及粉尘、杂物，在干净的槽底槽壁涂刷黏层油；

④填入沥青混合料（在潮湿或低温季节，宜采用乳化沥青拌制的混合料），视坑槽的深度采用单层式或双层式填补整平；

⑤用小型压实机具压实，新填补的部分应略高于原路面，双层填补要分层压实；

⑥采用热修补养护车，用加热板加热坑槽处路面，翻新被加热软化铺装层，喷洒乳化沥青，加入新的沥青混合料，然后搅拌摊铺，压路机压实成型。

（2）路面基层损坏，应针对损坏原因，先处理基层病害，再修复面层。

（3）在雨雪连绵的寒冷季节，为控制坑槽扩展，可采用现有路面材料临时填补坑槽，待天气好转后再按规范要求修复。

# 学习单元三　沉陷

沉陷有均匀沉陷、不均匀沉陷和局部沉陷三种类型。

**1. 产生沉陷的主要原因**

（1）基层局部强度不足或水稳定性不良引起沉陷。

（2）超载重的大型车通过。

（3）面层混合料料质差。

（4）土基压实度不够活路基有隐患未处理好。

**2. 沉陷的处治方法**

（1）仅由于面层不均匀沉陷引起的裂缝和轻微下沉，若土基和基层都已密实稳定，可对沉陷部分拉毛、扫净，洒黏层沥青后把沉陷部分填补到与原路面平齐。

（2）因土基或基层结构遭破坏而引起的沉陷，应先将土基和基层修理好后，再修复面层。

（3）因路基沉陷导致路面严重破损，矿料已经松动、脱落形成坑槽的，应按照坑槽的修补方法予以处治。

（4）桥涵台背因填土不密实出现不均匀沉降的，可以采取以下处治方法：

①挖除沥青面层，在沉陷部分加铺基层后重做面层；

②对于台背填土密实度不够的,用夯实机械重新做压实处理;

③对软土基宜换土处理,换土深度应视软土基层厚度而定,填换材料要选用强度高、透水性好的级配材料,如砂砾、碎石土、工业废渣等;

④采用注浆加固处理。

## 学习单元四 弹簧翻浆

弹簧翻浆表现为路面呈现弹簧状或冒水翻浆。

### 1. 产生弹簧翻浆的主要原因

(1)基层结构不密实,水稳定性不良,含水量增大,聚水冻融而翻浆。

(2)基层强度不够,灰土拌和不均,碾压不实,含水量大,低温施工,灰土未及成形而冻融翻浆。

(3)在中湿或潮湿地带,地下水未处理好,边沟又积水滞流,或在山丘有地下潜流等而造成弹簧翻浆。

### 2. 翻浆处治方法

(1)轻微翻浆。由于面层渗水引起基层轻度发软或冻胀而形成轻微翻浆的,可在春融季节过后,待水分蒸发,修补平整,促使成形。

(2)因路基冻胀使路面局部或大面积隆起影响行车时,应先将隆起的沥青路面刨平,待春融后按翻浆处理的方法予以处治。

(3)因冬季基层水中结冰引起冻胀,春融季节化冻而引起的翻浆,应根据情况采用以下方法予以处治:

①挖除软土基,换填透水性好的天然级配砂砾;

②局部发生翻浆路段,可以采用打石灰梅花桩或水泥稳定砂砾桩的办法予以改善;

③加深边沟,并在翻浆路段两侧路肩上交错开挖30~40cm的横沟,其间距为2~4m,沟底纵坡≥3%,沟深应根据解冻情况,逐渐加深,直至路面基层以下,横沟的外口一定要高于边沟的沟底,若路面翻浆严重,除挖横沟外,还应顺路面边缘设置纵向小盲沟,交通量较小的路段,也可挖成明沟,但翻浆停止后,应将明沟填平恢复原状;

④因基层水稳性不良或含水量过大造成的翻浆,应挖去面层及基层全部松软部分,换填透水性良好的砂砾或工业废渣,分层(每层不超过20cm)填补压实,最后重做面层;

⑤低温潮湿季节施工的石灰稳定类基层,在板底未形成时雨水渗入,其上层发生翻浆的,应将翻浆部分挖除,重做石灰稳定基层或换用其他材料予以填补,然后重做面层。

## 工程案例

### ×××道路沥青混凝土施工方案

**一、编制依据**

1．×××程道路施工图
2．×××工程招投标文件
3．《沥青路面施工及验收规范》
4．《市政道路工程质量检验评定标准》

**二、工程概况**

（一）设计概况

1．设计标准

计算行车速度：V路段=40km/h

设计标准轴载：BZZ-100KN

防洪标准100年一遇

道路路面结构设计年限：沥青路面为30年

2．设计概况

×××道路沥青混凝土摊铺工程是开发区内南北向及东西向十字交叉的主要干线道路。施工长度为1.292km。沥青混凝土摊铺长度为1.156mk。东起××路，西至××路，施工长度为1.033km，沥青混凝土摊铺长度为0.967km。

横断面设计：

道路标准横断面：6.5m人行道+4.0m绿化带+15m车行道+4.0m绿化带+6.5m人行道，道路总宽度为36 m。

路面结构设计：

道路机动车道结构：4cmAC-13I细粒式沥青混凝土+7cmAC-25I粗粒式沥青混凝土+1cm沥青下封层+30cm二灰碎石+20cm10%石灰土。

交叉口：8cm马路块+31cm二灰碎石+20cm10%石灰土。

本次工程中仅为路面结构层中的沥青混凝土摊铺，即4cmAC-13I细粒式沥青混凝土+7cmAC-25I粗粒式沥青混凝土+1cm沥青下封层，净宽度为14.52m。

本次工程质量目标为优良工程。

（二）施工条件及周边环境

1．沿线自然地貌

本段文雅路、敬业路基础已完成，道路沿线基本为农田和村庄，地势较平坦。

2．道路工程地质

本段文雅路、敬业路位于长江三角洲冲积平原区，具有第四纪地质特性，其土质特性自上而下分为五层：①常年耕植土或杂填土；②淤泥质土；③粉质黏土；④黏土；⑤中液限黏土。

道路沿线地下水类型分上层滞水和承压水两种，上层滞水主要分布于②淤泥质土和⑤中液限黏土层以上的①耕填土中，埋深在0.4～2.0m；承压水主要分布于粉土层之间，主要补给源为大运河和长江水。

本路段路基除部分路段有暗河塘外，大部分路段属于淤泥质土，压缩变形大，含水量高，基本为不良土质。

3．气象条件

常州市属亚热带湿润季风气候区，雨水充沛，日照充足，气候温和，无霜期长，四季分明。冬季寒冷少雨，夏季炎热多雨，春秋两季为冬夏季风交替时期，天气冷暖干湿多变，降雨年际变化较大，多年平均降雨量1078mm，区域内年均无霜期226d，相对湿度80%，平均日照2033h，年均气温15.3℃，年均蒸发量1382.5mm，略高于降水量，蒸降比1.30，常年主导风向东南风。

（三）工程特点

1．本工程路线长，路幅宽，计算好每天工作量，减少和做好纵横接缝是关键。

2．本工程沥青摊铺时间是2003年9月30日前完成，摊铺总量约为8300t，工作量大，工期紧。

三、施工技术方案

（一）总体施工方案

在工程正式开工之前，将根据沥青混凝土配合比进行试验段铺筑，以确定松铺系数和机械的最佳碾压方式。

（二）施工流向和施工顺序

施工流向：下封层施工2d→7cm粗粒式沥青混凝土4d→4cm细粒式沥青砼3d。

施工工艺流程：原材料准备→拌制→机械设备检验准备工作→运输→摊铺→碾压→沥青面层成型。

1．下封层施工

（1）认真按验收规范对基层严格验收，如有不合要求地段要求进行处理，认真对基层进行清扫，并用森林灭火器吹干净。

（2）在摊铺前对全体施工技术人员进行技术交底，明确职责，责任到人，使每个施工人员都对自己的工作心中有数。

（3）采用汽车式洒布机进行下封层施工。

2．沥青混合料的拌和

沥青混合料由一台意大利马莲尼公司间隙式拌和机拌制，集料加热温度控制在175～190℃，后经热料提升斗运至振动筛，经33.5mm、19mm、13.2mm、5mm四种不同规格筛网筛分后储存到五个热矿仓中去。沥青采用导热油加热至160～170℃，五种热料及矿粉和沥青用料经生产配合比设计确定，最后吹入矿粉进行拌和，直到沥青混合料均匀一致，所有矿料颗粒全部裹覆沥青，结合料无花料，无结团或块或严重粗料细料离析现象为止。沥青混凝土的拌和时间由试拌确定，出厂的沥青混合料温度严格控制在155～170℃。

3．热拌沥青混合料运输

（1）汽车从拌和楼向运料车上放料时，每卸一斗混合料挪动一下汽车的位置，以减少粗细集料的离析现象。

（2）混合料运输车的运量较拌和或摊铺速度有所富余，施工过程中应在摊铺机前方30cm处停车，不能撞击摊铺机。卸料过程中应挂空挡，靠摊铺机的推进前进。

（3）沥青混合料的运输必须快捷、安全，使沥青混合料到达摊铺现场的温度在145～165℃，并对沥青混合料的拌和质量进行检查，当来料温度不符合要求或料仓结团，遭雨淋湿不得铺筑在道路上。

4．沥青混合料的摊铺

（1）本项目工程采用两台德国ABG摊铺机进行二幅摊铺，上下两层错缝0.5m，摊铺速度控制在2～4m/min。沥青下面层摊铺采用拉钢丝绳控制标高及平整度，上面层摊铺采用平衡梁装置，以保证摊铺厚度及平整度。摊铺速度按设置速度均衡行驶，并不得随意变换速度及停机，松铺系数根据试验段确定。正常摊铺温度应在140～160℃。另在上面层摊铺时纵横向接缝口订立4cm厚木条，保证接缝口顺直。

（2）摊铺过程中对于道路上的窨井，在底层料进行摊铺前用钢板进行覆盖，以避免在摊铺过程中遇到窨井而抬升摊铺机，保证平整度。在摊铺细料前，把窨井抬至实际摊铺高程。窨井的抬法应根据底层料摊铺情况及细料摊铺厚度结合摊铺机摊铺时的路况来调升，以保证窨井与路面的平整度，不致出现跳车情况。对于细料摊铺过后积聚在窨井上的粉料应用小铲子铲除，清扫干净。

（3）对于路头的摊铺尽量避免人工作业，而采用LT6E小型摊铺机摊铺，以保证平整度及混合料的均匀程度。

（4）摊铺时对于平石边应略高于平石3mm，至少保平，对于搭接在平石上的混合料用铲子铲除，推耙推齐，保持一条直线。

（5）摊铺过程中注意事项

a.汽车司机应与摊铺机手密切配合，避免车辆撞击摊铺机，使之偏位，或把料卸出机外，最好是卸料车的后轮距摊铺机30cm左右，当摊铺机行进接触时，汽车起升倒料。

b.连续供料。当待料时不应将机内混合料摊完，保证料斗中有足够的存料，防止送料板外露。因故障，斗内料已结块，重铺时应铲除。

c.操作手应正确控制摊铺边线和准确调整熨平板。

d.检测员要经常检查松铺厚度，每5m查一断面，每断面不少于3点，并作好记录，及时反馈信息给操作手；每50m检查横坡一次，经常检查平整度。

e.摊铺中路面工应密切注意摊铺动向，对横断面不符合要求、构造物接头部位缺料、摊铺带边缘局部缺料、表面明显不平整、局部混合料明显离析、摊铺后有明显的拖痕等，均应人工局部找补或更换混合料。且必须在技术人员指导下进行，人工修补时，工人不应站在热的沥青层面上操作。

f.每天结束收工时，禁止在已摊铺好在路面上用柴油清洗机械。

g.在施工中应加强前后台的联系，避免信息传递不及时造成生产损失。

h.为保证道路中央绿化带侧石在摊铺时不被沥青混凝土的施工所影响，将在侧石边缘留采用小型压路机碾压。

i.摊铺机在开始收料前应在料斗内涂刷少量防止黏料用的柴油，并在摊铺机下铺垫塑料布防止污染路面。

5．沥青混合料的碾压

（1）压实后的沥青混合料符合压实度及平整度的要求。

（2）选择合理的压路机组合方式及碾压步骤，以达到最佳结果。沥青混合料压实采用钢筒式静态压路机及轮胎压路机或振动压路机组合的方式。压路机的数量根据生产现场决定。

（3）沥青混合料的压实按初压、复压、终压（包括成型）三个阶段进行。压路机以慢而均匀的速度碾压。

（4）沥青混合料的初压符合下列要求：

a.初压采用英格索莱DD-110压路机在混合料摊铺后较高温度下进行，并不得产生推移、发裂，压实温度根据沥青稠度、压路机类型、气温铺筑层厚度、混合料类型经试铺试压确定。

b.压路机从外侧向中心碾压。相邻碾压带应重叠1/3～1/2轮宽，最后碾压路中心部分，压完全幅为一遍。当边缘有挡板、路缘石、路肩等支挡时，应紧靠支挡碾压。当边缘无支挡时，可用耙子将边缘的混合料稍稍耙高，然后将压路机的外侧轮伸出边缘10cm以上碾压。

c.碾压时将驱动轮面向摊铺机。碾压路线及碾压方向不能突然改变而导致混合料产生推移。压路机起动、停止必须减速缓慢进行。

（5）复压紧接在初压后进行，并符合下列要求：复压采用轮胎式压路机；碾压遍数应经试压确定，不少于4～6遍，以达到要求的压实度，并无显著轮迹。

（6）终压紧接在复压后进行。终压选用双轮钢筒式压路机碾压，不宜少于两遍，并无轮迹。路面压实成型的终了温度符合JO32—94表7.2.4的要求。

采用钢筒式压路机时，相邻碾压带应重叠后轮1/2宽度。

（7）压路机碾压注意事项：

a.压路机的碾压段长度以与摊铺速度平衡为原则选定，并保持大体稳定。压路机每次由两端折回的位置阶梯形的随摊铺机向前推进，使折回处不在同一横断面上。在摊铺机连续摊铺的过程中，压路机不随意停顿。

b.压路机碾压过程中有沥青混合料沾轮现象时，可向碾压轮洒少量水或加洗衣粉水，严禁洒柴油。

c.压路机不在未碾压成型并冷却的路段转向、调头或停车等候。振动压路机在已成型的路面行驶时关闭振动。

d.对压路机无法压实的桥梁、挡墙等构造物接头、拐弯死角、加宽部分及某些路边缘等局部地区，采用振动夯板压实。

e.在当天碾压成型的沥青混合料层面上，不停放任何机械设备或车辆，严禁散落矿料、油料等杂物。

6．接缝、修边

（1）纵向接缝部位的施工符合下列要求：

a.摊铺时采用梯队作业的纵缝采用热接缝。施工时将已铺混合料部分留下10～20cm宽暂不碾压，作为后摊铺部分的高程基准面，最后作跨缝碾压以消除缝迹。

b.半幅施工不能采用热接缝时,设挡板或采用切刀切齐。铺另半幅前必须将缝边缘清扫干净,并涂洒少量黏层沥青。摊铺时应重叠在已铺层上5~10cm,摊铺后用人工将摊铺在前半幅上面的混合料铲走。碾压时先在已压实路面上行走,碾压新铺层10~15cm,然后压实新铺部分,再伸过已压实路面10~15cm,充分将接缝压实紧密。上下层的纵缝错开0.5m,表层的纵缝应顺直,且留在车道的画线位置上。

c.相邻两幅及上下层的横向接缝均错位5m以上。上下层的横向接缝可采用斜接缝,上面层应采用垂直的平接缝。铺筑接缝时,可在已压实部分上面铺设些热混合料使之预热软化,以加强新旧混合料的黏结。但在开始碾压前应将预热用的混合料铲除。

d.平接缝做到紧密黏结,充分压实,连接平顺。施工可采用下列方法:在施工结束时,摊铺机在接近端部前约1m处将熨平板稍稍抬起驶离现场,用人工将端部混合料铲齐后再予碾压。然后用3m直尺检查平整度,趁尚未冷透时垂直刨除端部平整度或层厚不符合要求的部分,使下次施工时成直角连接。

e.从接缝处继续摊铺混合料前应用3m立尺检查端部平整度,当不符合要求时,予以清除。摊铺时应控制好预留高度,接缝处摊铺层施工结束后再用3m直尺检查平整度,当有不符合要求者,应趁混合料尚未冷却时立即处理。

f.横向接缝的碾压应先用双轮钢筒式压路机进行横向碾压。碾压带的外侧放置供压路机行驶的垫木,碾压时压路机位于已压实的混合料层上,伸入新铺层的宽度为15cm,然后每压一遍向混合料移动15~20cm,直至全部在新铺层上为止,再改为纵向碾压。当相邻摊铺层已经成型,同时又有纵缝时,可先用钢筒式压路机纵缝碾压一遍,其碾压宽度为15~20cm,然后再沿横缝作横向碾压,最后进行正常的纵向碾压。

g.做完的摊铺层外露边缘应准确到要求的线位。修边切下的材料及任何其他的废弃沥青混合料从路上清除。

7.试验路段

a.在沥青混凝土摊铺层开工之前,在严密的监督下,在工程师选定的现场上按照本规范要求,用每一种沥青混合料摊铺出长度不少于200m的一段试验路。为此,将提供并使用在正常生产工作中采用的全部设备。

b.这种试验的目的是证明混合料的稳定性,及消灭机械设备中的明显缺陷,而使工程师满意,并按照工程师根据试验路段结果可能提出的要求,免费对设备或操作进行合理的改进。

c.每做一次试验,均应从摊铺了12h以后的压实材料中钻取试件,并进行试验。

d.采样、试件尺寸和试件鉴定均符合GB 50092—1996第十一章的规定。

e.试验路段如经认可即纳入整个工程,做竣工项目支付。如工程师不予验收,则把所有不合格路段清除,分析原因后重新摊铺,并承担由此造成的一切费用。

8.气候条件

a.沥青混合料的摊铺应避免在雨季进行,当路面滞水或潮湿时,暂停施工。

b.施工气温低于10℃时,停止摊铺。

c.未经压实即贮藏遭雨淋的沥青混合料全部清除,更换新料。

9．取样和试验

a．沥青混合料按《公路工程沥青及沥青混合料试验规程》（JTG E20—2011）的方法取样，以测定矿料级配、沥青含量。混合料的试样，每台拌和机在每天1～2次取样，并按《公路工程沥青及沥青混合料试验规程》（JTG E20—2011）标准方法在规定基础上进行检验。

b．压实的沥青路面应按《公路路基路面现场测试规程》（JTJ E60—2008）要求的方法钻孔取样，或用核子密度仪测定其压实度。

c．所有试验结果均应报监理工程师审批。

（三）施工机械选择

本次摊铺选用德国ABG325、ABG423沥青混凝土摊铺机、英格索莱DD-110压路机、轮胎压路机2台、8T压路机2台、15T压路机1台、10T压路机1台、2T小压路机1台、LT6-E摊铺机1台，这些设备均自备。

### 项目小结

沥青路面是一种柔性路面，具有表面平整、无接缝、行车舒适、耐磨、噪声低、施工期短、养护维修简便，适宜于分期修建等优点，因此得到了广泛的应用。沥青路面是我国高速公路的主要路面形式。沥青面层的主要类型有沥青混凝土、沥青碎石、沥青表面处治、沥青贯入式等。

本项目主要对沥青路面的材料要求、沥青混合料技术性质、沥青混合料的拌和、摊铺、碾压及沥青类路面常见病害与处治方法等问题进行探讨。沥青路面的施工过程主要包括拌和、运输、摊铺、碾压等工序，内容繁杂、实践性强。在学习过程中可参考现行沥青路面施工及验收规范，以巩固所学知识。在实际施工中，应按正确的工艺方法、科学地组织施工，确保工程质量与进度。

### 基础训练

1. 沥青路面的优缺点是什么？沥青类路面的类型有哪些？
2. 沥青混合料技术性质有哪些？
3. 试述沥青混合料的摊铺工序？
4. 沥青路面的常规病害有哪些？如何处理？

### 考证训练

一、单项选择题

1．为使沥青面层与非沥青材料基层结合良好，在基层上浇洒沥青薄层称为（　　）。

A．透层　　　　　　　　　　B．黏层
C．封层　　　　　　　　　　D．结合层

2．为加强路面沥青层之间、沥青层与水泥混凝土路面之间的结合，浇洒的沥青薄层称为（　　）。

A．透层　　　　　　　　　　B．黏层

C. 封层　　　　　　　　　　　　D. 结合层
3. 为封闭表面空隙、防止水分侵入面层或基层而铺筑的沥青混合料薄层称为（　　）。
A. 透层　　　　　　　　　　　　B. 黏层
C. 封层　　　　　　　　　　　　D. 结合层
4. 沥青路面透层的作用是（　　）。
A. 使沥青面层与非沥青材料基层结合良好　　B. 使沥青层与沥青层之间结合良好
C. 使沥青层与水泥混凝土路面结合良好　　　D. 封闭表面空隙防止水分浸入
5. 沥青路面封层的作用是（　　）。
A. 使沥青面层与非沥青材料基层结合良好　　B. 使沥青层与沥青层之间结合良好
C. 使沥青层与水泥混凝土路面结合良好　　　D. 封闭表面空隙防止水分浸入
6. 沥青路面黏层的作用是（　　）。
A. 使沥青面层与非沥青材料基层结合良好　　B. 使沥青层与沥青层之间结合良好
C. 使沥青层与路基结合良好　　　　　　　　D. 封闭表面空隙防止水分浸入
7. 稀浆封层使用的乳化沥青可采用慢裂或中裂的拌和型乳化沥青，当需要减缓破乳速度时，可掺加适量的（　　）作外加剂。
A. 水泥　　　　　　　　　　　　B. 消石灰粉
C. 氧化镁　　　　　　　　　　　D. 氧化乳

二、多项选择题
1. 沥青路面施工中，当符合下列（　　）情况时应浇洒透层沥青。
A. 沥青路面的级配砂砾、级配碎石基层
B. 水泥、石灰、粉煤灰等无机结合料稳定基层
C. 旧沥青路面上铺筑沥青层
D. 水泥混凝土路面上铺筑沥青层
E. 旧水泥混凝土路面上铺筑沥青层
2. 在沥青路面施工中，当符合下列（　　）情况时应浇洒黏层沥青。
A. 旧沥青路面层上加铺沥青层
B. 无机结构料基层上铺筑沥青层
C. 水泥混凝土路面上铺筑沥青层
D. 双层式热拌热铺沥青混合料路面的沥青层之间
E. 多层式热拌热铺沥青混合料路面的沥青层之间
3. 沥青路面施工中，当符合下列（　　）情况时应铺筑封层。
A. 有裂缝或已修补的旧沥青路面　　B. 需加铺磨耗层改善抗滑性能的旧沥青路面
C. 水泥混凝土路面上铺筑沥青层　　D. 沥青面层的空隙较大，透水严重
E. 无机结构料基层上铺筑沥青层
4. 沥青混合料在运输过程中出现以下（　　）情况时应予以废弃。
A. 已离析的混合料　　　　　　　B. 硬化在运输车箱内的混合料
C. 在夏季中午高温时运输的混合料　D. 低于规定铺筑温度的混合料

E. 被雨淋的混合料

5. 沥青混合料在摊铺过程中，当出现离析、边角缺料等现象时应及时采取下列（　　）措施。

A. 碾压　　　　　　　　　　B. 整平
C. 补洒料　　　　　　　　　D. 换补料
E. 洒水

6. 沥青路面的施工中，沥青混合料的压实分为以下（　　）步骤。

A. 初压　　　　　　　　　　B. 复压
C. 反压　　　　　　　　　　D. 横压
E. 终压

7. 热拌沥青混凝土路面施工过程中通常应随时检查铺筑厚度以及下列（　　）指标。

A. 平整度　　　　　　　　　B. 宽度
C. 横坡度　　　　　　　　　D. 高程
E. 含水量

### 三、综合选择题

西南某二级公路，K5+800～K10+700为干燥路段，路面结构从上到下分别为9cm厚的沥青混凝土、20cm厚水泥稳定碎石、30cm厚填隙碎石。面层沥青混合料采用拌和楼集中拌合，15t以上自卸汽车运输，混凝土摊铺机进行摊铺。

施工过程出现下列事件：

事件一：一辆运输车配备的覆盖棚布在运输混合料的途中，遭遇大风被吹掉，沥青混合料运至施工现场的温度为108℃。

事件二：部分混合料温度较高，导致碾压发生黏轮现象。

根据场景，回答下列问题：

1. 该路面结构中的填隙碎属于（　　）。

A. 下基层　　　　　　　　　B. 底基层
C. 垫层　　　　　　　　　　D. 防冻层

2. 该路面等级属于（　　）。

A. 次高级路面　　　　　　　B. 高级路面
C. 一级路面　　　　　　　　D. 二级路面

3. 对事件一中的混合料，正确的处理方式是（　　）。

A. 废弃　　　　　　　　　　B. 重新加热再摊铺
C. 按正常的混合料摊铺　　　D. 与较高温度的沥青混合料混合后再摊铺

4. 针对事件二，较好的处理方式是（　　）。

A. 更换压实机具　　　　　　B. 冷却后再碾压
C. 向碾压轮喷洒雾状水　　　D. 向碾压轮喷洒线状水

# 项目十一　水泥混凝土路面施工

**任务目标：**
　　本项目主要任务是介绍水泥混凝土路面的基本知识、水泥混凝土路面施工工艺、水泥混凝土路面施工工艺、轨道式摊铺机施工、滑模式摊铺机施工、特殊条件下水泥混凝土路面施工、水泥混凝土路面施工质量控制及验收等。

**学习目标：**
　　（1）掌握水泥路面特点、类型和构造，熟悉面层材料选择及技术标准。
　　（2）掌握水泥混凝土路面施工方法、工序、技术要点、施工质量控制。
　　（3）掌握轨道式摊铺机施工工艺流程、准备工作，重点掌握混凝土的拌和、运输、摊铺、振捣、修整与养生、接缝施工。
　　（4）掌握滑模施工工艺流程和机械设备配置，熟悉基准线设置，重点掌握滑模摊铺施工要点。
　　（5）熟悉高温、低温、雨季、大风天施工，掌握必须停工的天气情况。
　　（6）熟悉铺筑试验路段的目的，路面施工质量控制及验收。

## 工作任务一　水泥混凝土路面认知

### 学习单元一　水泥混凝土路面的特点

　　水泥混凝土路面是我国公路主要的路面类型之一，根据交通运输部综合规划司2012年04月25日发布的《2011年公路水路交通运输行业发展统计公报》，截至2011年底，全国铺装路面共有210.34万千米，其中水泥混凝土路面有151.21万千米，占现有铺装路面的71%以上。相对于沥青混凝土路面，水泥混凝土路面更能满足交通繁忙，轴载重的要求。
　　水泥混凝土路面通常是指水泥与水拌和而成的水泥浆作为结合料，以碎（砾）石、砂为集料，再添加适当的外加剂，有时掺加掺合料拌制成的混凝土铺筑面层路面，简称混凝土路面。亦称刚性路面，俗称白色路面，它是一种高级路面。
　　水泥混凝土路面的基本特性主要表现在以下两方面：

**1. 优点**

（1）强度高——混凝土路面具有很高的抗压强度和较高的抗弯拉强度以及抗磨耗能力。

（2）稳定性好——混凝土路面的水稳性、热稳性均较好，特别是它的强度能随着时间的延长而逐渐提高，不存在沥青路面的那种"老化"现象。

（3）耐久性好——由于混凝土路面的强度和稳定性好，所以它经久耐用，一般能使用20～40年，而且它能通行包括履带式车辆等在内的各种运输工具。

（4）有利于夜间行车——混凝土路面色泽鲜明，能见度好，对夜间行车有利。

## 2. 缺点

（1）对水泥和水的需要量大——修筑0.2m厚、7m宽的混凝土路面，每1000m要耗费水泥400～500t和水约250t，还不包括养生用的水在内，这对水泥供应不足和缺水地区带来较大困难。

（2）有接缝——一般混凝土路面要建造许多接缝，这些接缝不但增加施工和养护的复杂性，而且容易引起行车跳动，影响行车的舒适性，接缝又是路面的薄弱点，如处理不当，将导致路面板边和板角处破坏。

（3）开放交通较迟——一般混凝土路面完工后，要经过28d的湿治养生，才能开放交通，如需提早开放交通，则需采取特殊措施。

（4）修复困难——混凝土路面损坏后，开挖很困难，修补工作量也大，且影响交通。

### 知识链接

刚性路面与柔性路面的区别：

刚性路面一般是指水泥混凝土路面，柔性路面一般是指沥青混凝土路面。水泥混凝土路面刚度大，荷载作用下变形小，柔性路面刚度相对较小，荷载作用下变形较大。这是最直观的刚性路面与柔性路面的差别。然后从设计角度来说他们也有所不同，柔性路面设计是采用双圆垂直均布荷载作用下的弹性层体系理论为基础，以路表弯沉值作为路面整体刚度的控制指标，刚性路面是采用弹性地基板理论。以混凝土弯拉强度作为设计控制指标。从使用性能上还说，柔性路面相对于刚性路面行车舒适度要好，噪声小，但容易产生车辙、推移等热稳定性问题，冬天容易产生开裂。施工质量控制不好还容易产生松散、坑槽等病害。刚性路面则因为接缝的存在行车舒适度不如柔性路面，特别是胀缝部位比较容易破坏。使用时间长了容易产生断裂、台阶、既泥等现象。而且修补起来比较困难，必须是整块板破碎重新浇筑混凝土，但其夜视性能好。

# 学习单元二　水泥混凝土路面的类型

水泥混凝土路面有普通混凝土路面、钢筋混凝土路面、连续配筋混凝土路面、预应力混凝土路面、装配式混凝土路面、组合式（双层式）混凝土路面、钢纤维混凝土路面、混凝土小块铺砌路面、碾压混凝土路面等。

## 1. 普通混凝土路面

普通混凝土路面是指除接缝区和局部范围（边缘和角隅）外，面层内均不配置钢筋的混凝土路面，亦称素混凝土路面。在公路、城市道路及机场道路中，目前我国采用得最广泛的是现场浇筑的普通混凝土路面。

混凝土面层是由一定厚度的混凝土板所组成的，它具有热胀冷缩的性质，因此需要设置横向接缝和纵向接缝。横向接缝是垂直于行车方向的接缝，间距一般为4～6m（即板长）。纵向接缝是指平行于混凝土路面行车方向的接缝，间距为3.0～4.5mm。

水泥混凝土的弹性模量为$(25～40)×10^3$MPa，属于脆性材料，抗弯拉强度比抗压强度低得多。为使水泥混凝土路能够经受车轮荷载的多次重复作用，抵抗温度翘曲应力，并对地基变形有较强的适应能力，混凝土面板必须具有足够的抗弯拉强度和厚度。

**2. 钢筋混凝土路面**

当混凝土板的平面尺寸较大；或者预计路基或基层有可能产生不均匀沉陷；或者板下埋有地下设施等情况时，宜采用钢筋混凝土路面。

钢筋混凝土路面是指为防止可能产生的裂缝缝隙张开，板内配置有纵、横向钢筋（或钢丝）网的混凝土路面。设置钢筋网的主要目的是控制裂缝缝隙的张开量，把开裂的板拉在一起，使板依靠断裂面上的集料嵌锁作用而保证结构强度，并非增加板的抗弯强度。因而，钢筋混凝土面层所需的厚度与素（无筋）混凝土面层的厚度相同。配筋是按混凝土收缩时将板块拉在一起所需的拉力确定。最大的拉力出现在板中央开裂时，它等于由该处到最近的板边缘范围内面层和基层之间的摩阻力。也即每延米板所需的配筋量（cm²）为

$$A = \frac{3.2 L_s h}{f_{sy}} \quad (11\text{-}1)$$

式中　$h$——板厚，cm；

$f_{sy}$——钢筋的屈服强度，MPa；

$L_s$——计算纵向钢筋时，为横缝间距；计算横向钢筋时，为不设拉杆的纵缝或自由边缘间的间距，m。

为使板内应力尽可能分散，宜采用小直径的钢筋。纵横向钢筋宜采用相同直径。网筋的最小间距应为集料最大粒径的2倍，有关规定见表11-1。钢筋的搭接长度，根据经验，宜为直径的24倍以上。由于钢筋的主要作用是使裂缝密闭，它在板内的竖向位置并不太重要，只要有足够的保护层以防锈蚀即可。通常在顶面下1/3～1/2板厚范围内。外侧钢筋中心到接缝或自由边的距离为10～15cm，钢筋保护层的最小厚度不应小于5cm。

表11-1　钢筋最小直径和最大间距

| 钢筋类型 | 光圆钢筋 | 螺纹钢筋 |
| --- | --- | --- |
| 最小直径（mm） | 8 | 12 |
| 纵向最大间距（cm） | 15 | 35 |
| 横向最大间距（cm） | 30 | 75 |

钢筋混凝土板的缩缝间距（即板长）一般为10～20m，最大不宜超过30m。缩缝内必须

设置传力杆。其他接缝构造与素混凝土路面相同。

### 3. 连续配筋混凝土路面

连续配筋混凝土路面的特点是沿纵向配置连续的钢筋，除了在与其他路面交接处或临近构造物附近设置胀缝以及视施工需要设置施工缝外，一般不设横缝的混凝土面层。其一般适用于高速公路或一级公路和机场混凝土道面。

这种面层会在温度和湿度变化引起的内应力作用下产生许多横向裂缝，裂缝的间距为1.0～3.0m，缝隙的平均宽度为0.2～0.5mm。但是，由于配置了许多纵向连续钢筋，这些横向裂缝不致于张开而使杂物侵入或使混凝土剥落，因而不会影响行车的使用品质。

确定纵向钢筋用量的控制因素是裂缝缝隙的宽度。缝隙过宽易使杂物和水侵入。配筋量多，可使缝宽度和间距都减小。由于裂缝间距同缝隙宽度有直接关联，钢筋用量可按规定的裂缝间距来确定。虽然有好几种理论公式可用以计算钢筋用量，但通常都是根据经验确定，一般认为保持裂缝完整无损所需配筋量为混凝土板断面积的0.6%～0.8%。在美国一般气候区最小钢筋用量取0.6%，在寒冷气候区取0.7%。钢筋间距最小10cm，最大23cm。钢筋直径应按规定选用。钢筋的埋置深度，在顶面下1/3～1/2板厚范围内。搭接长度至少50cm或钢筋直径的30倍，所有搭接均须错开。

我国规定纵横向钢筋应采用螺纹钢筋，纵向钢筋配筋率按11-2计算，但应控制在0.5%～0.7%的范围内。最小配筋率，一般地区为0.5%，寒冷地区为0.6%。

$$\beta = \frac{E_c f_m}{2E_c f_{sy} - E_s f_{cm}}(1.3 - 0.2\mu) \times 100 \qquad (11\text{-}2)$$

式中　$\beta$——纵向钢筋配筋率，%；

　　　$f_{cm}$——混凝土设计弯拉强度，MPa；

　　　$f_{sy}$——钢筋屈服强度，MPa；

　　　$\mu$——面板与基层之间的摩擦系数，一般取1.5。

横向钢筋的用量很小，其配筋率为纵向钢筋的1/5～1/8，主要目的是保持纵向钢筋的间距，纵横向钢筋均需采用螺纹钢筋，以保证混凝土和钢筋之间具有足够的握裹力。

连续配筋混凝土板内的钢筋并非按承受荷载应力进行设计的。因此，它的厚度仍可采用无筋混凝土路面板的计算方法确定。其基础厚度与普通混凝土路面的基层相同。面板厚度对高速公路取普通混凝土路面板的设计厚度，对一级公路，取普通混凝土路面板的设计厚度的0.9倍。

连续配筋混凝土面层在浇筑中断时需设置施工缝。施工缝采用平缝型式，并用长度为1m的拉杆增强。拉杆的直径与间距同纵向钢筋，以使施工缝两侧的混凝土板块加固成连续的整体。

由于连续配筋混凝土路面没有接缝（施工缝除外），所以，在长板的端部、桥头连接处，或者与其他路面纵向接头处都要设置胀缝，以便为混凝土的膨胀留有余地。

### 4. 预应力混凝土路面

由于这种路面所受到的预压应力能抵消一部分车轮荷载和温度变化所引起的拉应力，

故板厚可以减薄到10~15cm，板长可以增大到30m以上，而且可以减少裂缝的产生，防止裂缝的张开，与普通混凝土路面相比，预应力混凝土路面具有较大的柔性弹性，故能承受多次重复荷载作用而不破坏，对基础的不均匀变形也有较大的适应性。

铺筑预应力混凝土路面，宜用抗压强度至少为35~45MPa的混凝土。基层上应铺薄层砂、沥青砂或塑料薄膜等，以利于板的伸缩滑动，并减少预应力的损失。

预应力混凝土路面的铺筑方式有如下几种：

（1）无筋预应力混凝土路面，在面板两端设置墩座埋入地基内，面板中央设加力缝。在混凝土浇筑1~2d（天）后在加力缝内塞入千斤顶，对混凝土施加应力，开始时为1.5MPa，以后逐渐增大，到第7天约为5MPa。待混凝土硬结后，即在加力缝内填塞混凝土预制块，并取出千斤顶，用混凝土填塞缝隙。两端墩座与板之间尚需设弹力缝，放进钢质弹簧，以储存部分预应力。

（2）有筋预应力混凝土路面，一般多采用后张法，它是当浇筑混凝土板时，留下若干条孔道，待混凝土硬结后，将钢丝束或钢筋穿进孔道，再张拉并将两端锚固，最后在孔道内灌注泥浆，使钢丝束或钢筋与混凝土黏牢。宽3~4m的板仅在纵向加力；宽5~7m以上的板需在纵横两向加力，其钢丝束或钢筋可沿纵横两向设置；或沿与路中线成小于45°角的方向设置。后者的优点是可以连续浇筑很长的路面板，而预加应力可以在板的两侧进行。钢丝束或钢筋一般设在板厚的中央，有时亦可在板的上下部对称地设置。所加的预应力，在纵向要达到2~4MPa，在横向有0.4~1.4MPa即可。钢筋的极限抗拉强度应达1000MPa，钢丝束则达1700MPa。

（3）自应力混凝土路面，国外曾试用膨胀水泥铺筑自应力混凝土路面。如果配筋可通过面板的膨胀产生预应力；如不配筋，需在板的两端设置墩座以产生预应力。试验指出，配筋的自应力混凝土路面裂缝较少，效果较好。

预应力混凝土路面可以做成薄板、少缝、无筋，即使配筋，其用钢量每平方米只需约2.7kg，较连续配筋混凝土路面的用钢量少得多，后者要达5.4~10.8kg。因此国外都肯定预应力混凝土路面有发展前途，但它的施工工艺和施工机具尚未完全过关，在经济上也未证明其合理性，故虽在20世纪40年代中期就已开始研究试铺，但进展不快。欧美各国至今仍处在试验阶段。

### 5. 装配式混凝土路面

装配式混凝土路面是在工厂中把混凝土预制成板块，然后运至工地现场装配而成。这种路面的优点是：混凝土板可以全年生产，不受气候影响，混凝土质量容易保证；而且施工进度快，铺筑完毕即可通车；损坏后易于拆换修理。因此，它较适用于城市道路、厂矿道路、大型基建基地、停车站场和软弱土基上。装配式混凝土路面的缺点是接缝多，整体性差，容易引起行车颠簸跳动，因而在公路上一般不宜采用。

为了便于吊装及搬运，装配式混凝土板一般做成1~2m的正方形或矩形，也可做成边长1.2m的六角形。板厚一般为0.12~0.18m。近年来有些国家还采用宽3.5m，长3~6m的矩形板，但需有相应的运输和吊装机具来配合。六角形板的强度和稳定性较好。为承受车轮荷载应力和吊装应力，装配式混凝土板可在边缘和角隅配置钢筋，有时亦可设全面网状钢筋。为提高板的质量，可采用预应力、真空作业、机械振捣或蒸汽养生等技术来制造混凝土板。冬季为加速板的硬结，可采用电热法或在铸模内安装管线，内通蒸汽或热水。有些国家还利用先张法或电热法施加预应力，做成装配式预应力混凝土板。

**6. 组合式（双层式）混凝土路面**

新建道路的混凝土面板一般按单层式建造，只有当缺乏品质良好的材料时，才考虑采用双层式混凝土路面板，即利用当地品质较差的材料修筑板的下层，而用品质较好的材料铺筑板的上层，以降低造价。在改建旧混凝土路面时，有时在其上加铺一层新混凝土面层，这样也形成双层式混凝土路面结构。根据双层混凝土路面上下层板之间结合程度的不同，有结合式、分离式和部分结合式三种型式。

（1）结合式，上下层混凝土板牢固结合，成为一整体，新建路面时，上下层混凝土连续施工，即可做成结合式。改建路面时，将下层板表面凿毛、洗净凉干，并喷刷高标号水泥浆（水灰比0.4~0.5）或环氧树脂等黏结剂，随即浇筑新混凝土面层。对于这种结合型式，下层板的裂缝和接缝将会反射到上层板内，因此要求上下层板的接缝必须对齐，并采用同样的接缝型式和缝隙宽度，这种结合型式适用于下层板完整无裂缝或虽有一些裂缝但不再发展的情况。支立模板时，可采用混凝土块顶撑或利用旧路面板的接缝钻孔插入钢钎固定的方法。

（2）分离式，上下层混凝土板之间铺以厚1~2cm以上的沥青砂或双层油毛毡作为隔离材料，以达到分离的目的。这种分离措施，可防止下层板的裂缝和接缝反射到上层板内。因此，分离式双层混凝土路面板不要求上下层板的接缝对齐。当下层板严重破碎时，也可采用这种型式。新铺混凝土面层的厚度不宜小于0.12m。施工立模时可采用穿孔插钎固定模板，也可采用预制混凝土块顶撑模板的方法固定模板。

（3）部分结合式，改建路面时，先对原有混凝土板表面进行清理后再浇筑上层板。由于上下层板之间存在部分结合，下层板上的裂缝与接缝通常仍会反射到上层板内，所以上下层板的接缝位置应相同，但其型式和宽度不要求完全相同。旧面层的结构损坏不太严重并已经修复时，可采用这种结合型式。

**7. 钢纤维混凝土路面**

近年来，国内外都在研究钢纤维混凝土路面。在混凝土中掺入一些低碳钢、不锈钢纤维，即成为一种均匀而多向配筋的混凝土。试验表明，钢纤维与混凝土的握裹力高达4MPa。施工时一般在混凝土中掺入1.0%~1.2%（体积比）的钢纤维，相当于每立方米混凝土中掺入0.077t，如过多则混凝土和易性不好。钢纤维长度宜为25~60mm，直径0.4~0.7mm，如过长则与混凝土拌和易成团，过短则混凝土强度增高不多，长度与直径的最佳比值为50~70。

表11-2列出了美国对钢纤维混凝土和普通混凝土物理力学性能试验结果的比较，可以看出前者的物理力学性质要较后者好得多，特别是它的抗疲劳强度、抗冲击能力和防止裂缝的能力更好。因此与普通混凝土路面相比，钢纤维混凝土路面厚度可以减薄35%~45%，

而缩缝间距可以增至15~20m，胀缝与纵缝可以不设。

表11-2　钢纤维混凝土与普通混凝土物理力学性质的比较

| 物理力学性质指标 | 普通混凝土 | 钢纤维混凝土 |
| --- | --- | --- |
| 极限抗弯拉强度 | 2~5.5MPa | 5~26MPa |
| 极限抗压强度 | 21~35MPa | 35~56MPa |
| 抗剪强度 | 2.5MPa | 4.2MPa |
| 弹性模量 | $2\times10^4$~$3.5\times10^4$MPa | $1.5\times10^4$~$3.5\times10^4$MPa |
| 热膨胀系数（$10^{-4}$） | 9.9~10.8mm/K | 10.4~11.1mm/K |
| 抗冲击力 | 480N·m | 480N·m |
| 抗磨指数 | 1 | 2 |
| 抗疲劳限度 | 0.5~0.55 | 0.80~0.95 |
| 抗裂指标比 | 1 | 7 |
| 耐冻融破坏指数 | 1 | 1.9 |

在搅拌混凝土过程中，为保证钢纤维均匀分布，不致成团，应按砂、碎（砾）石、水泥、钢纤维的顺序加入拌和机中，干拌2min后，再加水湿拌1min。钢纤维混凝土路面可用一般混凝土路面的施工方法来铺筑，不需要特殊的机具设备。在抹面时，需将冒出混凝土表面的钢纤维拔出，否则应另加铺磨耗层。

钢纤维混凝土路面可以做成薄板、少缝，而且它的使用寿命长，养护费用少，国外一致认为它是一种新型路面材料，具有广泛的发展前途，特别是作为旧混凝土路面的罩面尤为适宜。国内有关单位也正在研究中。

**8. 混凝土小块铺砌路面**

块料由高强的水泥混凝土材料预制而成。抗压强度约为60MPa，水泥含量$3.5\times10^4$~$3.8\times10^4$kg/m³，水灰比0.35，集料尺寸为8~16mm，块料承受磨耗的面积一般小于0.03m²，厚度至少0.06m，形状有矩形和嵌锁型（不规则形状）两类。这种路面结构由面层、砂整平层（厚0.03m）和基层组成，基层类型同普通混凝土路面。

这种混凝土小块铺砌路面具有结构简单，价格低廉，能承受较大的单位压力，出现较大变形也不会破坏块料，便于修复等于优点，因此，20世纪70年代中期以来，这种路面在欧美各国得到了较大的发展，较广泛地用于铺筑人行道、停车场、堆场（特别是集装箱码头堆场）、街区道路、次要道路、一般公路的路面等。

**9. 碾压混凝土路面**

碾压混凝土是一种含水率低，通过碾压施工工艺达到高密度、高强度的水泥混凝土。碾压混凝土路面与普通水泥混凝土路面相比能节省大量的水泥，且施工速度快，养生时间短，强度高，具有很好的社会经济效益。

根据我国碾压混凝土路面的施工水平，全厚式碾压混凝土路面的平整度难以达到规定的要求。国外也没有直接用作车辆高速行使的路面面层。因此，碾压混凝土路面一般适用于二级及其以下等级的公路。

碾压混凝土的集料最大粒径以20mm为宜。当碾压混凝土分两层摊铺时，其下层集料最大粒径可采用40mm。

当碾压混凝土路面分两层铺筑时，可以在下层加适量的粉煤灰。碾压混凝土加粉煤灰以后，不仅造价减低，而且可以起到降低水化热，改善工作度，提高抗冻、抗渗的作用，粉煤灰的质量不低于国家标准《用于水泥和混凝土中的粉煤灰》Ⅱ级粉煤灰的标准。

## 学习单元三　水泥混凝土路面构造

### 1. 土基

混凝土路面下的路基必须密实、稳定和均匀。路基一般要求处于干燥或中湿状况，过湿状态或强度与稳定性不符合要求的潮湿状态的路基必须经过处理。

路基的不均匀支承，可能由下列因素所造成：

（1）不均匀沉陷——湿软地基未达充分固结；土质不均匀，压实不充分、填挖结合部以及新老路基交接处处理不当。

（2）不均匀冻胀——季节性冰冻地区，土质不均匀（对冰冻敏感性不同）；路基潮湿条件变化。

（3）膨胀土——在过干或过湿（相对于最佳含水量）时压实；排水设施不良等。

控制路基不均匀支承的最经济、最有效的方法是：

（1）把不均匀的土掺配成均匀的土；

（2）控制压实时的含水量接近于最佳含水量，并保证压实度达到要求；

（3）加强路基排水设施，对于湿软地基，则应采取加固措施；

（4）加设垫层，以缓和可能产生的不均匀变形对面层的不利影响。

### 2. 基层

混凝土面层下设置基层的目的是：

（1）防唧泥　混凝土面层如直接放在路基上，会由于路基土塑性变形量大，细料含量多和抗冲刷能力低而极易产生唧泥现象。铺设基层后，可减轻以至消除唧泥的产生。但未经处治的砂砾基层，其细料含量和塑性指数不能太高，否则仍会产生唧泥。

（2）防冰冻　在季节性冰冻地区，用对冰冻不敏感的粒状多孔材料来铺筑基层，可以减少路基的冰冻深度，从而减轻冰冻的危害作用。

（3）减压　减小路基顶面的压应力，并缓和路基不均匀变形对面层的影响。

（4）防水　在湿软土基上，铺筑开级配粒料基层，可以排除从路表面渗入面层板下的水分（如图11-1）以及隔断地下毛细水上升。

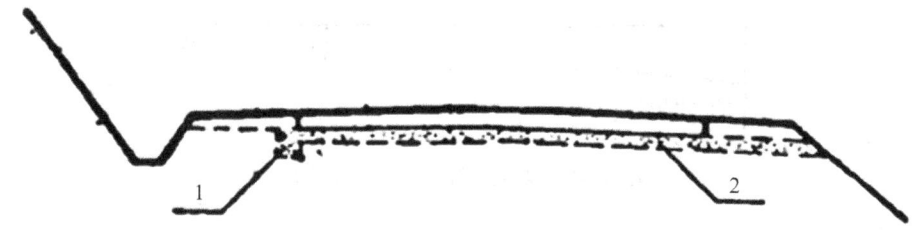

1—盲沟；2—通过路肩的基层

图11-1 兼起排水作用的粒料基层

（5）为面层施工（如立侧模、运送混凝土混合料等）提供方便。

（6）提高路面结构的承载能力，延长路面的使用寿命。

因此，除非土基本身就是有良好级配的砂砾类土，而且是良好排水条件的轻交通道路之外，都应设置基层。同时，基层应具有足够的强度和稳定性，且断面正确，表面平整。

基层厚度以20cm左右为宜。基层宽度应比混凝土路面板每侧各宽出25～35cm（采用小型机具或轨道式摊铺机施工）或50～60cm（采用滑模摊铺机施工），或与路基同宽，以供施工时安装模板，并防止路面边缘渗水至土基而导致路面破坏。在冰冻深度大于0.5m的季节性冰冻地区，为防止路基可能产生的不均匀冻胀对混凝土面层的不利影响，路面结构应有足够的总厚度，以便将路基的冰冻深度约束在有限的范围内。路面结构的最小总厚度，随冰冻线深度、路基的潮湿状况和土质而异。超出面层和基层厚度的总厚度部分可用基层下的垫层（防冻层）来补足。水泥混凝土路面结构防冻最小厚度如表11-3所示。

表11-3 水泥混凝土路面结构防冻最小厚度（cm）

| 路基干湿类型 | 路基土质 | 设计年限内当地最大冻深（cm） | | | |
|---|---|---|---|---|---|
| | | 50～100 | 100～150 | 150～200 | ＞200 |
| 中湿路段 | 黏性土<br>细亚砂土 | 30～50 | 40～60 | 50～70 | 60～95 |
| | 粉性土 | 40～60 | 50～70 | 60～85 | 70～110 |
| 潮湿路段 | 黏性土<br>细亚砂土 | 40～60 | 50～70 | 60～90 | 75～120 |
| | 粉性土 | 45～70 | 55～80 | 70～100 | 80～130 |

### 3. 混凝土面板

混凝土面板（图11-2）应保证表面平整、耐磨、抗滑。混凝土面板的平整度以3m直尺量测为准。3m直尺与路面表面的最大间隙高速公路和一级公路不应大于3cm；其他各级公路不应大于5cm。混凝土面板的抗滑标准以构造深度为指标。高速公路和一级公路不应低于0.8cm；其他各级公路不应低于0.6cm。

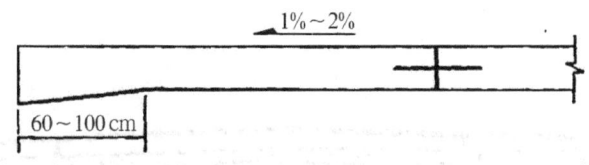

图11-2 混凝土路面横断面示意图

### 4. 接缝的构造与布置

混凝土面层是由一定厚度的混凝土板所组成，它具有热胀冷缩的性质。由于一年四季及白昼气温的变化，混凝土板会产生不同程度的膨胀和收缩，会使板的周边和角隅发生翘起的趋势（图11-3a）。这些变形会受到板与基础之间的摩阻力和黏结力，以及板的自重车轮荷载等的约束，致使板内产生过大的应力，造成板的断裂（图11-3b）或拱胀等破坏。

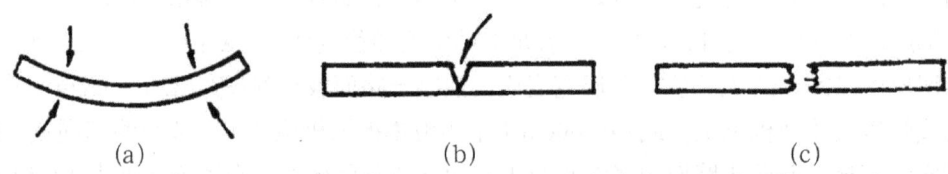

图11-3 混凝土由于温度差引起的变形（a）及开裂（b）以及由于均匀温度下降使板的开裂（c）

从图11-3可见，由于翘曲而引起的裂缝，则在裂缝发生后被分割的两块板体尚不致完全分离，倘若板体温度均匀下降引起收缩，则将使两块板体被拉开（图11-3c），从而失去荷载传递作用。

为避免这些缺陷，混凝土路面不得不在纵横两个方向设置许多接缝，把整个路面分割成许多板块（图11-4）。

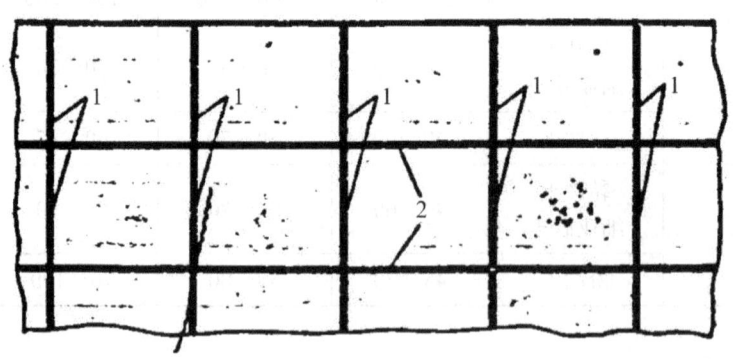

图11-4 路面接缝设置

横向接缝是垂直于行车方向的接缝，共有三种：缩缝、胀缝和施工缝。缩缝保证板因温度和湿度的降低而收缩时沿该薄弱断面缩裂，从而避免产生不规则的裂缝。胀缝保证板在温度升高时能部分伸张,从而避免产生路面板在热天的拱胀和折断破坏,同时胀缝也能起到缩缝的作用。另外,混凝土路面每天完工以及因雨天或其他原因不能继续施工时,应尽量做到胀缝处。如不可能,也应做至缩缝处,并做成施工缝的构造形式。

纵缝是指平行于混凝土路面行车方向的那些接缝。纵缝一般按3~4.5m设置,这对行车和施工都较方便。当双车道路面按全幅宽度施工时,纵缝可做成假缝形式。对这种假缝,国外规定在板厚中央应设置拉杆,拉杆直径可小于传力杆,间距为1.0m左右,锚固在混凝土内,以保证两侧板不致被拉开而失掉缝下部的颗粒嵌锁作用(见图11-5a)。当按一个车道施工时,可做成平头式纵缝(见图11-5b)。为利于板间传递荷载,也可采用企口式纵缝(见图11-5c),缝壁应涂沥青,缝的上部也应留有宽6~8mm的缝隙,内浇灌填缝料。为防止板沿两侧路拱横坡爬动拉开和形成错台,以及防止横缝搓开,有时在平头式及企口式纵缝上设置拉杆(见图11-5c、d),拉杆长50~70cm,直径18~20mm,间距1.0~1.5m。

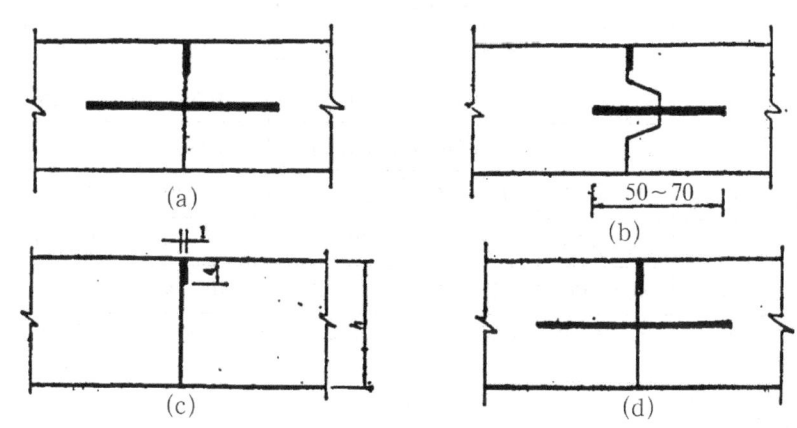

(a)假缝带拉杆;(b)平头缝;(c)企口缝加拉杆;(d)平头缝加拉杆
**图11-5 纵缩缝的构造形式(尺寸单位:cm)**

对多车道路面,应每隔3~4个车道设一条纵向胀缝,其构造与横向胀缝相同。当路旁有路缘石时,缘石与路面板之间也应设胀缝,但不必设置传力杆或垫枕。

纵缝与横缝一般做成垂直正交,使混凝土板具有90°的角隅。纵缝两旁的横缝一般成一条直线。在交叉口范围内,为了避免板形成较锐的角并使板的长边与行车方向一致,大多采用辐射式的接缝布置形式。

## 学习单元四 常用材料选择及技术标准

水泥混凝土路面常用材料包括水泥、细集料(砂)、粗集料(碎、砾石)、水及外加剂、接缝材料和钢筋。水泥混凝土质量的好坏,除了配合比和搅拌质量之外,与原材料的质量和技术指标有很大关系,因此施工前和施工中,严格科学地选择或生产高质量的原材料,是铺筑优质水泥混凝土路面的前提。

### 1. 水泥

作为混凝土的胶结材料，水泥应具有强度高、干缩性小、抗磨性与耐久性好的特点。水泥品种及强度等级的选用，必须根据公路路面等级、工期、铺筑时间和方法及经济性等因素综合考虑决定。目前，水泥混凝土路面主要采用硅酸盐水泥和普通硅酸盐水泥，水泥中的铝酸三钙含量不得超过5%，铁铝酸四钙含量不得低于18%，氧化钙含量不得超过1%。初凝不得早于1.5h，终凝不得迟于10h。水泥胶砂试件28d龄期的干缩率不得大于0.09%。

### 2. 细集料

细集料可采用天然砂（河砂、江砂或山砂），也可采用机轧的人工砂（如石屑等）细集料坚硬、耐久、清洁，满足一定的级配及细度模数，且有害杂质含量少。

（1）细集料的级配要求（表11-4）

表11-4 细集料的标准级配范围

| 级配分区 | 筛孔尺寸（mm） | | | | | | |
| --- | --- | --- | --- | --- | --- | --- | --- |
| | 10 | 5 | 2.5 | 1.25 | 0.63 | 0.315 | 0.16 |
| | 通过百分率（以质量计）（%） | | | | | | |
| Ⅰ区 | 100 | 90~100 | 65~95 | 35~65 | 15~29 | 5~20 | 0~10 |
| Ⅱ区 | 100 | 90~100 | 75~100 | 50~90 | 30~59 | 8~30 | 0~10 |
| Ⅲ区 | 100 | 90~100 | 85~100 | 75~90 | 60~84 | 15~45 | 0~10 |

注：表中Ⅰ区属于粗砂；Ⅱ区，属于中砂或部分偏粗的细砂；Ⅲ区，属于细砂或部分偏细的中砂。

（2）细度模数

细度模数是各号筛的累计筛余百分率之和除以100。细度模数反映的是全部颗粒粗细程度，当考虑砂的颗粒分布情况时，应同时用细度模数和级配两项指标反映其性质。路面用砂的细度模数一般在2.5以上。

（3）杂质含量

细集料中含有泥土（包括尘屑和黏土）、有机物、硫化物和硫酸盐等杂质，会妨碍水泥的水化反应。因此，细集料的含泥量应不大于3%，硫化物和硫酸盐含量（主要是$SO_3$）不大于1%，同时，砂中不得混有石灰、煤渣、草根等杂物。

### 3. 粗集料

为保证混凝土具有足够的强度、良好的抗滑性、耐磨性、耐久性，粗集料应质地坚硬、耐久、洁净，且符合一定的级配。

粗集料的技术要求应符合表11-5的规定。

表11-5 粗集料的技术要求

| 项目 | 技术要求 | |
|---|---|---|
| | 砾石 | 碎石 |
| 颗粒级配 | 见表3-3-6 | 见表3-3-6 |
| 空隙率（%） | ≤45 | — |
| 石料强度等级 | ≥3级 | ≥3级 |
| 软弱颗粒含量（%） | ≤5 | — |
| 针片状颗粒含量（%） | ≤15 | ≤15 |
| 硫化物及硫酸盐含量（折算为$SO_3$）（%） | ≤1 | ≤1 |
| 含泥量（%） | ≤1 | ≤1 |
| 有机物含量（%） | 颜色不深于标准溶液的颜色 | |
| 磨耗率（双筒式磨耗机）（%） | ≤4 | ≤4 |

用表面粗糙且多棱角的碎石配制的混凝土，具有良好的黏附性和较高的强度。砾石配制的混凝土具有良好的工作性。

粗集料的最大粒径应不大于40mm，其级配可采用连续级配和间断级配。工程中一般采用工作性优良的连续级配，若为间断级配，应采用强力振捣。粗集料的级配范围可参考表11-6。

表11-6 粗集料的标准级配范围

| 级配类型 | 粒径(mm) | 筛孔尺寸（圆孔）(mm) | | | | | | | |
|---|---|---|---|---|---|---|---|---|---|
| | | 40 | 30 | 25 | 20 | 15 | 10 | 5 | 2.5 |
| | | 通过百分率（以质量计）（%） | | | | | | | |
| 连续 | 5~40 | 95~100 | 55~69 | 39~54 | 25~40 | 14~27 | 5~15 | 0~5 | |
| | 2.5~30 | | 95~100 | 67~77 | 44~59 | 25~40 | 11~24 | 3~11 | 0~5 |
| | 2.5~20 | | | | 95~100 | 55~69 | 25~40 | 5~15 | 0~5 |
| 间断 | 5~40 | 95~100 | 55~69 | 39~54 | 25~40 | 14~27 | 14~27 | 0~5 | |
| | 2.5~30 | | 95~100 | 67~77 | 44~59 | 25~40 | 25~40 | 3~11 | 0~5 |
| | 2.5~20 | | | | 95~100 | 25~40 | 25~40 | 5~15 | 0~5 |

**4. 水**

混凝土所用的水，应不含有影响混凝土质量的油、酸、碱、盐类、有机物等。水中硫酸盐含量（按$SO_4^{2-}$计）不超过2.7mg/cm³，含盐量不超过5.0 mg/cm³，pH不小于4。

**5. 外加剂**

为改善混凝土的技术性质，在混凝土的制备过程中，常掺入一定量的流变剂、调凝剂和引气剂等外加剂。

(1) 流变剂

流变剂是改善新拌混凝土流变性能的外加剂，工程中常用的流变剂为减水剂。

混凝土中加入适量的减水剂，可大大地改善新拌混凝土的工作性能或显著降低水灰比，从而提高混凝土的强度和改善混凝土的抗冻、抗磨、收缩等性能。

目前，工程中常用的减水剂有木质素系减水剂（简称M剂）、萘系减水剂（NF、MF等）、水溶性树脂（密胺树脂）类减水剂等。

(2) 调凝剂

调凝剂是调节水泥混凝土凝结时间的外加剂，通常有早强剂、促凝剂、速凝剂和缓凝剂。

早强剂是加速混凝土早期强度发展的外加剂，常用的有氯化钙和三乙醇复合早强剂。

促凝剂是缩短混凝土中的水泥浆从塑性状态到固体状态的转化时间，常用的水玻璃、铝酸钠、碳酸钠、氟化钠、氯化钙和三乙醇胺等。

速凝剂是使水泥混凝土迅速凝结和硬化的外加剂，可用于冬季施工。常用的有红星1号、711型、782型等，通常掺入量为水泥用量的2.5%～4.0%，初凝时间可在5min之内，终凝时间在10min之内。

缓凝剂是延缓水泥凝结时间的外加剂，常在气温较高时拌制混凝土使用。目前，主要有羟基羧酸盐类（酒石酸等）、多羟基碳水化合物（糖蜜等）和无机化合物类（$Na_3PO_4$等）。

(3) 引气剂

引气剂能在混凝土中形成细小的、均匀分布的空气微泡，对新拌混凝土可改善其工作性、减少泌水和离析，对硬化后的混凝土，可缓冲其水分结冰膨胀的作用，提高混凝土的抗冻性、抗渗性和抗蚀性。

目前，常用的有松香热聚物、烷基磺酸钠和烷基苯碳酸钠等，其质量应符合标准的规定，掺入量的0.005%～0.01%，并应经试验和实地试用后再确定是否适用。

**6. 接缝材料**

接缝材料包括接缝板和填缝料。

接缝料应选择能适应混凝土的膨胀与收缩，施工时不变形、耐久良好的材料。常用杉木板、软木板、橡胶、海绵泡沫树脂类等。

填缝料应选择与混凝土板壁黏结力强、回弹性好、能适应混凝土的收缩、不溶于水、不掺水，高温不溢、低温不脆的耐久性材料。按施工温度可分为加热施工式和常温施工式两种，目前，加热施工式填缝料主要有沥青橡胶类、聚氯乙烯胶泥类和沥青玛蹄脂类等，常温施工式填缝料有聚氨酯焦油类、氯丁橡胶类和乳化沥青橡胶类。

在路面工程中，接缝中的软木板、加热式施工填料中聚氯乙烯胶泥和常温式施工中

KM880建筑密封膏以及聚脂改性沥青性能较好。

7. 钢筋

水泥混凝土路面所用的钢筋有传力杆、拉杆及补强钢筋等。钢筋的品种、规格应符合设计要求，且表面油污和颗粒状或片状锈蚀应清除，其屈服强度和抗拉强度应符合表11-7的要求。

表11-7　钢筋的强度抗拉强度

| 钢筋强度 | 屈服强度（MPa） | 抗拉强度（MPa） |
| --- | --- | --- |
| Ⅰ级（Q235） | 235 | 370 |
| Ⅱ级[20MnSi、20MnNb（b）]<br>钢筋直径＜25mm<br>钢筋直径＞28mm | 335<br>315 | 510<br>490 |
| Ⅲ级（25MnSi） | 370 | 570 |
| Ⅳ级（40SiMnV、45SiMnV、45SiMnTi） | 540 | 835 |

# 工作任务二　水泥混凝土路面施工工艺

施工质量直接影响水泥混凝土路面质量，而其关键是路面混凝土摊铺的机械和技术。路面机械化施工，不仅可提高施工速度和施工质量，而且还可降低工程造价。目前，常见的大型摊铺设备有滑模摊铺机和轨道摊铺机，由于我国各地经济发展水平各不相同，大型摊铺设备前期投资较大，因此在混凝土施工中还大量存在小型机具施工和三辊轴机组施工。轨道式摊铺机施工和滑模式摊铺机施工将在工作任务三和工作任务四中详细介绍，本工作任务主要介绍小型机具、三辊轴、碾压混凝土施工技术三种施工方法。

无论采用何种施工方式，施工前都要做好准备工作，它是保证施工顺利进行和施工质量的前提，主要有以下几个方面：

（1）编制好施工组织设计，建立健全全面的质量管理体系。

（2）现场清理和水电供应、施工道路、拌和站建设、办公生活用房等辅助设施建设。

（3）原材料的准备和性能检验以及混凝土配合比检验调整。

（4）对基层的平整度、压实度、高程、横坡等指标进行检查和处理休整，并洒水湿润。

（5）严格按照要求安装模板。

## 学习单元一　小型机具施工

由于我国经济水平限制和施工需要，虽然小型机具施工（见图11-6）速度慢，人为影响质量较大，但目前仍然得到广泛应用，尤其是在二级以下公路建设中，仍占很大比例。

图11-6　小型机具施工

水泥混凝土小型机具施工主要有以下工序：测量放样→安装模板→架设传力杆和拉杆→拌和物搅拌和运输→摊铺成型→表面修整→抗滑构造制作→接缝施工→养生。小型机具施工主要机械设备有：配备自动质量计量设备的间歇式搅拌的强制式搅拌机，一般选用双卧轴式；插入式振捣棒、平板振动器和振动梁等振捣工具；提浆滚杆、叶片式或圆盘式抹面机、3m刮尺和抹刀等整平抹面工具；拉毛机、工作桥、硬刻槽机等抗滑构造设备以及运输车辆，小型机具选型和配套时应根据工程规模、质量要求和工期等要求进行合理配置。

小型机具铺筑水泥混凝土路面，在摊铺前一定做好检查准备工作，施工现场应有专人指挥卸料，拌和物应分布成均匀的小堆，以方便摊铺，若拌和物有离析，应用铁锹翻拌均匀，严禁加水，用铁锹送料，应反扣，严禁抛掷和耧耙，面板的厚度在22cm以下，可一次摊铺，若超过22cm，应分层摊铺、人工摊铺拌和物的坍落度应控制为5～20mm，拌和物松铺系数应通过现场试验确定，一般控制为1.10～1.25，料偏干取较高值，反之取较小值。

拌和物摊铺均匀后，应采用插入式振捣棒、平板振动器和振动梁配合进行振捣成型，这是保证混凝土路面质量的关键。在每个车道上，第2米应配备两根振捣棒。振捣时，先用振捣棒按梅花桩位置交错振捣，每次振捣不应少于30s，以拌和物不再冒气泡和泛出水泥浆，并停止下沉为止，振动棒移动间距应不大于50cm，离板边缘应不大于20cm，并避免和模板、钢筋、传力杆、拉杆碰撞，在边角位置应特别注意，仔细加以振捣。

插入振捣棒振捣后，用振动板全面振实，每车道配1块振动板，纵横交错振捣两遍，振动板移位时，应重叠10～20cm，在每一位置振动时间应以振动板底部和边缘泛浆厚度为3±

1mm为限,时间不少于15s,注意不能过振。然后,用振动梁进一步振实整平提浆,振动梁应垂直路面中线,沿纵向拖行,往返2~3遍,使表面泛浆均匀平整,振动梁应具有足够的刚度和质量,底部应焊接或安装深度4mm左右的粗集料压实齿,每个车道上应配备一根具有两个振动器的振动梁。

在振捣过程中,应随时进行人工找平,找平中所用拌和物应用同一批次的拌和物,严禁使用砂浆,还应随时检查模板、拉杆、传力杆、钢筋网位置,出现问题及时调整。

采用两次摊铺时,两层摊铺间隔时间应尽量短,上层振捣必须在下层初凝前完成。

振实作业完成后,可通过滚杆、抹面机或大木抹进行整平,整平时先用滚杆提浆整平,每车道配备一根滚杆,整平时第一遍应短距离缓慢一进一退拖滚式推滚,以后要长距离匀速拖滚两遍并将水泥砂浆始终保持在滚杆前方。

拖滚后,用3m刮尺纵横各一遍整平饰面或采用抹面机往返2~3遍压浆并整平抹面。使用抹面机时,每车道应配备至少一台。抹面机完成作业后,应进行清边整缝,清除黏浆,修补缺边、掉角,清除抹面留下的痕迹,并用3m刮尺,纵横各一遍精平饰面,精平饰面后,平整度要达到规定要求。

## 学习单元二 三辊轴机组摊铺施工

三辊轴机组是介于小型机具施工和摊铺机施工之间的一种中型施工设备,比之摊铺机成本低,适应性强,操作简单方便,能达到较高的平整度,自20世纪90年代以来,在我国得到广泛应用。

三辊轴机组施工(见图11-7)工艺流程以及机械布置顺序为:测量放样→安装模板→拌和物拌和与运输→布料机具布料→排式振捣机振捣→拉杆安装机安装拉杆→人工找补→三辊轴整平→(真空脱水)→精平饰面→抗滑构造制作→接缝施工→养生→硬刻槽→填缝。

图11-7 三辊轴机组施工

三辊轴机组施工的摊铺能力不是很强，因此要特别注意布料的均匀性、准确控制布料高度，要有专人指挥车辆均匀卸料，布料可用人工也可用装载机或挖掘机布料。人工布料时，应使用排式振捣机前方的螺旋布料器辅助控制松铺厚度，在坍落度为10～40mm的拌和物松铺系数应取为1.12～1.25，坍落度大时取低值，坍落度小时取高值。超高路段和有横坡路段，摊铺应考虑横坡影响，松铺系数横坡高侧取高值，低侧则取低值。三辊轴摊铺机如图11-8所示。

图11-8 三辊轴摊铺机

当混凝土摊铺长度超过10m时，应立即进行振捣密实。振捣时，每次移动距离不宜超过振捣棒有效半径的1.5倍，且不得大于50cm，振捣时间一般为15～30s，以拌和物中粗集料停止下沉表面不再冒泡，并泛出水泥浆为准。注意不能过振，振捣中，排式振捣机应均匀缓慢不间断地前进。

面板振实后，应立即安装拉杆（如图11-9所示），单车道施工时，应在侧模预留孔中按设计要求在板厚度中间插入钢筋拉杆，双车道摊铺施工时，除在侧模插入拉杆外，还要使用拉杆插入机在中间纵缝部位按设计要求插入钢筋拉杆，插入拉杆后立即振捣拌和物，以使拌和物充分包裹拉杆。

图11-9 拉杆安装

混凝土拌和物振捣后,工作性损失较快,若布料长度较短就开始振动,三辊轴整平机不能立刻跟上施工,两道工序间隔时间较长,会使拌和物工作性损失较高,造成以后施工较困难,因此应在布料达一个作业单位长度才开始振实,并紧跟三辊轴整平机进行整平,两道工序间隔时间不宜大于10min。

三辊轴整平机作业(见图11-10)长度一般为20~30m。在一个作业长度内,三辊轴机应采用前进振动,后退静滚的方式作业,其作业遍数一般为2~3遍,不得超过3遍。振动时,调整好振动轴的高度,与模板顶面留2mm间隙,振动轴只能打击削平拌和物表面。由于三辊轴机自重较大,施工中要随时注意观察模板情况,出现问题立即纠正。

图11-10 三辊轴整平机

振动滚压完成后,将振动辊轴抬离模板,用整平轴前后静滚整平,静滚遍数要足够多,一般为4~8遍,直到平整度符合要求,表面砂浆厚度和水灰比均匀为止。最终表面砂浆厚度应控制在（4±1）mm内。三辊轴整平机前方表面过厚过稀的砂浆必须刮除丢弃，以改善表面的抗滑性及耐磨性。

三辊轴整平机基本整平路面后，应立即采用3～5m刮尺进行刮面，刮尺应纵向摆放，横向推拉，速度要均匀，每次推拉要一次完成，不停顿，并调整好刮刀与路面的接触角度。

待表面泌水蒸发消失后，再使用刮板或抹刀进行1～2遍收浆饰面抹光，经过抹光处理后，再进行抗滑构造施工，可明显提高表面耐磨性，收浆饰面应在泌水蒸发消失。混凝土表面还能够压实但不留下明显浆印时进行。饰面的最迟时间不得迟于表11-8规定的拌和物铺筑完毕允许的最长时间。

表11-8 混凝土拌和物出料到运输、铺筑完毕允许最长时间

| 施工气温*（℃） | 到运输完毕允许最长时间（h） | | 到铺筑完毕允许最长时间（h） | |
|---|---|---|---|---|
| | 滑模、轨道 | 三轴、小机具 | 滑模、轨道 | 三轴、小机具 |
| 5～9 | 2.0 | 1.5 | 2.5 | 2.0 |
| 10～19 | 1.5 | 1.0 | 2.0 | 1.5 |
| 20～29 | 1.0 | 0.75 | 1.5 | 1.25 |
| 30～35 | 0.75 | 0.5 | 1.25 | 1.0 |

*：指施工时间的日间平均气温，使用缓凝剂延长凝结时间后，本表数值可增加0.25～0.5h。

## 学习单元三　碾压混凝土路面施工

碾压混凝土施工（见图11-11）技术是利用沥青混凝土摊铺机铺筑碾压混凝土的施工方法，一般施工流程为：碾压混凝土拌和→运输→卸入沥青摊铺机→沥青摊铺机摊铺→打入拉杆→钢轮压路机初压→振动压路机复压→轮胎压路机终压→抗滑构造处理→养生→灌切缝→灌缝。配置的主要机械设备有沥青摊铺机、钢轮压路机、振动压路机、轮胎压路机和其他一些辅助设备。

基准线是碾压混凝土施工的生命线，在施工前要完成基准线的设置，单根基准线一般不超过450m，基准线设置宽度除应保证摊铺外，还应满足两侧650～1000mm横向支距的要求，基准线桩在直线段一般间距为10m，曲线段要加密设置，但间距不能小于2.5m。固定线桩时，应保证夹线臂到基层距离为450～750mm，设置好后应以不小于1000N的拉力对基准线进行张拉。

图11-11 碾压混凝土施工

碾压混凝土摊铺前应先洒水湿润基层,摊铺速度要均匀、连续,不要随意变换速度或停顿,速度可按下式计算确定,一般控制在0.6~1.0m/min范围内。

$$v = \frac{MK}{60bh} \tag{11-3}$$

式中 $v$——摊铺机速度(m/min);

$M$——搅拌机产量(m³/h);

$b$——摊铺宽度(m);

$h$——摊铺厚度(m);

$K$——效率系数,一般为0.85~0.95,使用一台搅拌机时选低值,多台时选高值。

碾压混凝土路面摊铺时的松铺系数应根据混凝土配合比,施工机械由试铺决定。摊铺布料时应使用螺旋布料器,转速和摊铺速度相适应,防止两边缘料不足。在摊铺到弯道路段时,应及时调整左右两侧分料器的转速,防止两侧供料不均衡。在摊铺中,应同时设置拉杆,设置拉杆通过设醒目的标记保证拉杆准确打入。

摊铺完成后,应立即对混凝土表面进行检查,修补缺陷,局部缺料应及时补上,粗集料集中部位采用湿筛砂浆进行弥补。

当摊铺长度超过30m即可进行碾压,一般碾压作业段长度为30~40m。碾压按初压、复压、终压三个阶段进行,碾压时,在直线段应按从外侧向路中心碾压;在平曲线有超高路段,由低侧向高侧,由内向外碾压。

初压一般要用钢轮压路机或振动压路机静压,相邻碾压带应重叠1/3~1/2碾压宽度。在复压过程中应禁止振动压路机中途急停、急拐、紧急起步和快速倒车,要缓慢柔顺。复压要使混凝土达到规定压实度为止,一般为2~6遍。

终压采用轮胎压路机静压，终压遍数应以弥合表面微裂纹和消除轮迹为标准，初压、复压、终压作业要紧密相连，环环相扣，一气呵成，中间不停顿，相互间也不得干扰。

碾压混凝土横向施工缝和其他方法相比较特殊，呈"台阶状"。目的是便于插入传力杆和接头处碾压密实，其制作方式是：在施工终点处设纵向斜坡，碾压结束后将不合格部位切除，第二天摊铺开始时，后退15～20cm，切割施工缝，深度为8～10cm，并将切缝外混凝土刨除形成台阶，然后涂刷水泥浆，继续连接摊铺新路面，硬化后切施工缝。

# 工作任务三  轨道式摊铺机施工

## 学习单元一  轨道摊铺工艺流程

轨道式施工是指在基层上铺设两条轨道板，作为路面侧向支撑和路形定位模板，顶部作为路面表面基准，施工机械行驶在轨道上进行布料，振动密实，成型、修整和拉毛，养生的混凝土路面施工法。

轨道摊铺施工的工艺流程为：准备工作→混凝土搅拌→人工支模板→架设拉杆→布料→振捣→表面修整→接缝施工→抗滑构造制作→养护→锯缝填缝→路面性能检测→竣工验收→开放交通等。

## 学习单元二  准备工作

施工前的准备工作包括材料准备与检验、配合比的检验与调整、基层的检验与整修等工作。

### 1. 材料的准备与检验

根据施工组织计划，施工前分批、分堆准备所需各种材料（包括水泥、砂、石料、钢材及必要的外加剂），并对已进场的砂、石材料进行抽样检测其强度、规格、级配、针片状含量、含泥量及有害杂质含量等，对不符合要求的材料须进行处理或弃用。

对进场的钢材、水泥等除验明出厂质量报告单外，还应逐批抽验其技术指标（水泥的细度、凝结时间、安定性及3d、7d、28d的强度，钢筋的品种、规格、屈服强度及表观等）。

### 2. 配合比的检验与调整

混凝土施工前，应检验其配合比的实用性，必要时，须及时作调整。

根据设计的配合比取样试拌，检查其工作性，必要时做调整。

按调整后的配合比取样、制件或铺筑试验路段，检测标准养生期满后（28d）的混凝土强度，作为施工的依据。

此外，还应比较混合料用灰量、用水量、水灰比、砂率及集料的级配，选择经济合理的配合比。

### 3. 基层的检验与施工放样

根据《公路工程质量检验评定标准》（JTG F80/1—2012）中的检查项目和标准，对基层的顶面强度、几何尺寸、高程、坡度等进行检验，对有损坏的部分用相同材料修补，复检。

根据设计资料，用仪器测放出路中心线和路边线桩，胀缩缝、曲线控制点及转坡点等的位置桩，并在相应的路边缘设置施工指示桩。在设置的桩上标明路面顶面的设计标高线，曲线段应保持横向分块线与路中心线垂直。

## 学习单元三　混凝土的拌和与运输

混凝土组成材料的技术指标和配比计量的准确性是混凝土拌制的关键，实际施工中采用集料箱加地磅的方法计量，有条件时宜采用配有电子秤等自动计量设备。一般国产强制式拌和机，拌制坍落度为1～5cm的混凝土，其最佳拌制时间宜：立轴强制式拌和机为90～180s，双卧轴强制式拌和机为60～90s，最长拌制时间不超过最短拌制时间的3倍。拌和中，需外加剂时，应对外加剂单独计量。各材料的计量精度、水和水泥不超过±1%；粗细集料不超过±3%；外加剂不超过±2%。

运输中，因蒸发和水化失水、颠簸和振动使混凝土发生离析，影响混凝土的工作性，应尽量缩短运输时间，并用帷布或适当的方法覆盖。

机械化施工时，可采用自卸汽车或搅拌车运输混凝土。一般坍落度大于5cm时宜用搅拌车运输，运输时间不宜超过1.5h，自卸车不宜超过1.0h，特殊情况时，可使用缓凝剂。

## 学习单元四　混凝土的摊铺与振捣

### 1. 轨道模板安装

轨道摊铺机施工是在使用轨道和模板合一的专用机模上行进摊铺，其模板要求较高，一般其单根长度3m，底面宽度为高度的80%，轨道顶面应高于模板2～4cm，轨道中心至模板内侧边缘距离一般为12.5cm。轨道准备的数量应根据施工进度和施工气温，并满足拆模周期需要而定，一般不少于3～5d需要。多轨道式模板安装如图11-12所示。

安装时，以轨道模板顶面高程为基准控制路面表面的高程，其高程控制的精确度，铺轨是否平直，接头是否平顺，模板的刚度将直接影响路面表面的质量和行驶性能。轨道用螺栓和垫层固定在模板支座上，模板用钢钎固定在基层上，安装后应对照摊铺厚度进行调整检测，并在模板内涂刷脱模剂和隔离剂，接头应黏胶带或塑料薄膜密封。设置纵缝时，应按要求间距，在模板上预先作孔放置拉杆。各种钢筋的安装位置偏差不得超过1cm；传力杆须与板面平行并垂直接缝，偏差不得超过5mm；传力杆间距不得超过1cm。

图11-12 多轨道式模板安装

**2. 摊铺**

轨道摊铺机是通过卸料机将混凝土倾卸在基层上或料箱内，然后将混凝土按摊铺厚度均匀地铺在模板中，目前，采用的摊铺机械主要有刮板式、箱式、螺旋式。

刮板式摊铺机能在模板上自由前后移动，导管也能左右移动，刮板可以任意方向旋转摊铺。这种摊铺机质量轻，易操作，但摊铺能力较小。

箱式摊铺机的混凝土，在摊铺机前进时从横向移动的箱中卸下，同时箱子的下端按松铺厚度刮平混凝土。混凝土一次全部放入箱内，质量大，摊铺均匀而准确。

螺旋式摊铺机的摊铺能力很大，是由可以正反方向旋转的螺旋杆（直径约50cm）将混凝土摊开。螺旋后面有刮板，可正确调整高度。

布料松铺系数应根据拌和物实测坍落度在1.15～1.30控制，具体见表11-9。

表11-9 松铺系数$K$与坍落度$S_L$的关系

| 坍落度（mm） | 5 | 10 | 20 | 30 | 40 | 50 | 60 |
|---|---|---|---|---|---|---|---|
| 松铺系数 | 1.30 | 1.25 | 1.22 | 1.19 | 1.17 | 1.15 | 1.12 |

使用螺旋布料器和刮板布料时，卸在铺筑宽度中间的拌和物不得过高、过大，也不得缺料，螺旋布料器前拌和物应保持在面板以上10cm左右。

箱式布料一般应用在摊铺钢筋混凝土路面和有裸露粗集料的抗滑表层路面，其装料时应关闭料斗出料口，运到布料位置时，轻轻打开出料口，待拌和物堆成"堤状"，再左右移动料斗布料。

## 知识链接

列车型轨道摊铺机组（如图11-13所示）：

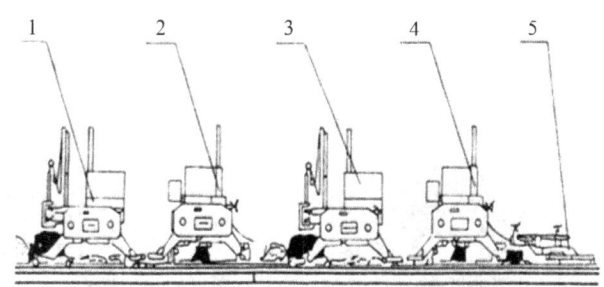

1—布料机；2—整平振实机；3—布料机；4—整平振实机；5—光面做面器

**图11-13　列车型轨道摊铺机**

即摊铺作业过程中的布料、刮平、振实、整平、抹光等各道工序分别由不同的单机前后完成，从而在轨道上形成一系列按工序一字排开的摊铺列车，它们共同完成摊铺作业。

它一般由两种单机组合而成。第一单机是布料机，专司混凝土的布料作业；其作用是使混凝土均匀分布于路基上，依据其布料装置不同又可分为刮板式（或称铲式）布料机、斗式布料机及螺旋式布料机等几种。

第二组成单机一般将刮平、振实、抹光等作业机构集成于一台单机上，通常称为整平振实机，其作用是将布料机均匀分布在路基上的混凝土刮平、振实、整平、抹光，形成符合设计要求的路面面板。

### 3. 振捣

混凝土的振捣可采用振捣机或内部振动式振捣机进行。

振捣机是在摊铺机后面，对混凝土进行整平和捣实。在振捣梁前方设置一道与铺筑宽度相同的复平刮梁，后面是一道全宽的弧面低频率弹性振捣梁。振动频率一般为50～100Hz，复平梁前沿堆有确保充满模板的不超过15cm厚的余料。弹性振动梁通过后混凝土已全部振实，其后的混凝土应控制有2～5mm的回弹高度，挤出砂浆，进行整平。靠近模板处的混凝土，可用插入式振捣器补充振捣。内部振动式振捣机主要用并排安装的振捣棒插入混凝土中进行内部振实。

## 学习单元五　混凝土的修整与养生

振实后的混凝土应进行整平、收光、压纹和养生。

### 1. 整平

混凝土的表面整平有斜向和纵向移动两种，用一对与摊铺机前进方向成一定角度的整平梁进行斜向整平（其中有一根为振动整平梁），与摊铺机方向一致的整平梁在混凝土表面纵向往返移动作纵向整平。整平时、应使整平机前的拥料涌向路面横坡的一侧。

## 2. 收光

收光是使混凝土的表面更加致密、平整、美观。常用的国产C-450X机有较完备的整平、修光配套设施,整平质量较高。有时,也可由人工辅助收光,如图11-14所示。

图11-14 人工辅助收光

## 3. 压纹

压纹是提高水泥混凝土路面行车安全的重要措施。施工时,用纹理制作机对混凝土路面进行拉槽或压槽,在不影响平整度的前提下,使路表面具有一定的粗糙度。纹理的平均深度一般控制在1～2mm以内,纹理走向应与路面前进方向垂直,相邻板的纹理要相互衔接,相互沟通,以利排水。压纹的时间要控制适当,以混凝土表面无波纹水迹较适合。压纹效果如图11-15所示。

图11-15 压纹效果示意图

4. 养生

混凝土的表面修整后，应进行养生。初期可用活动的三角形罩棚将混凝土全部遮盖。等混凝土的表面泌水消失后，可用洒水、薄膜、湿草或麻袋覆盖（如图11-16a、b所示）。有时，也可喷洒养生液进行养生，用量要足够、均匀。养生时间，使用普通硅酸盐水泥时一般为14d，使用早强水泥时为7d。

（a）覆盖塑料薄膜养生

图11-16　（b）覆盖草袋或麻袋养生

拆卸轨模应根据不同气温条件、混凝土抗压强度达到8.0MPa以上方可进行。缺乏强度实测数据时，边侧模板允许最早拆模时间应符合《公路水泥混凝土路面施工技术细则》（JTG/T F30—2014）的规定。模板一般在浇注混凝土60h后才可拆除，气温不低于10℃时，可缩短至20h；低于10℃时，可至36h。拆除模板时，不得损坏混凝土板和模板，拆除的模板应及时清理。混凝土养生期满后，才可开放交通。

## 学习单元六 接缝施工

### 1. 纵缝

纵缝的构造一般如图11-17所示。

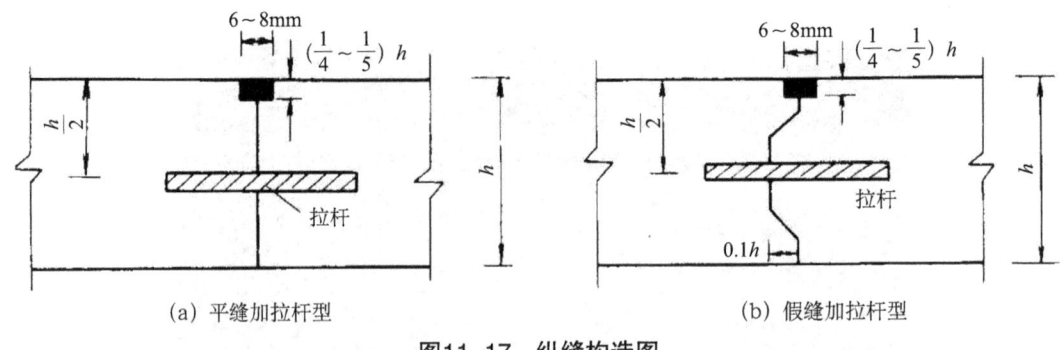

图11-17 纵缝构造图

平缝施工应在模板上设计的孔位放置拉杆,并在缝壁一侧涂刷隔离剂。拉杆应采用螺纹钢筋,顶面的缝槽以切缝机切成,用填料填满,并将表面的黏浆等杂物清理干净,保持纵缝的顺直和美观。

假缝施工应先将拉杆采用门型式固定在基层上,或用拉杆置放机在施工时置入。顶面的缝槽以切缝机切成,使混凝土在收缩时能从此缝向下规则并裂,施工时应防止切缝深度不足引起不规则裂缝。

### 2. 横向缩缝

混凝土结硬后,应适时切缝。切缝时间应控制在混凝土获得足够的强度,而收缩应力并未超出其强度范围时,以防切缝不整齐或出现早期裂缝;一般切缝时间以施工温度与施工后时间乘积为200～300℃/h或混凝土的抗压强度为8～10MPa时比较合适。切缝的方法以调深调速的切缝机锯切效果较好,为减少早期裂缝,切缝可采用"跳仓法",即每隔几块板切一缝,然后再逐块切锯。切缝深度为板厚的1/3～1/4,切缝太浅会引起不规则断板。

横向缩缝构造如图11-18所示。

### 3. 胀缝

胀缝分浇注混凝土终了时设置和施工中间设置两种情况。

施工终了时设置胀缝,可采用图11-19(a)所示的形式。传力杆长度的一半穿过端部挡板,固定于外侧定位模板中,混凝土浇注前应先检查传力杆位置。浇注时,应先摊铺下层混凝土,用插入振捣器振实,并校正传力杆位置,再浇注上层混凝土。浇注邻板时应拆除顶头木模,并设置下部胀缝板、木制嵌条和传力杆套管。

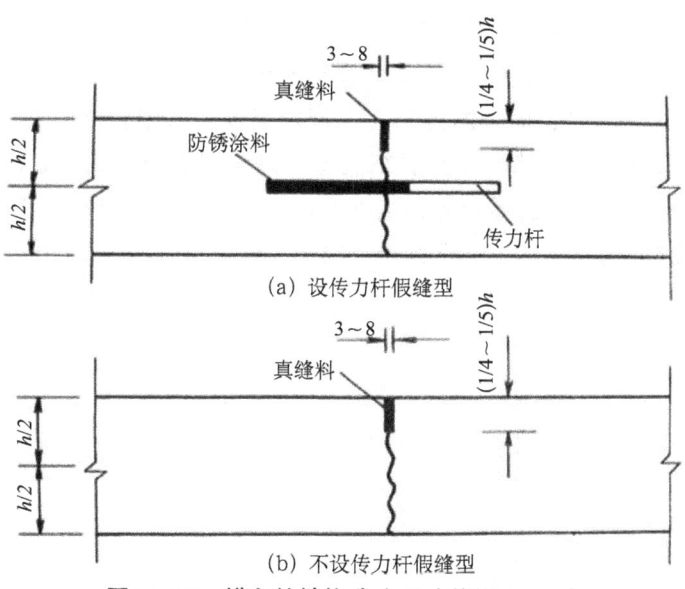

图11-18 横向缩缝构造（尺寸单位：mm）

施工过程中间设置胀缝，则可采用图11-19（b）所示的形式。胀缝施工应预先设置好胀缝板和传力杆支架，并预留好滑动空间。为保证胀缝施工的平整度以及机械化施工的连续性，胀缝板以上的混凝土硬化后用切缝机按胀缝板的宽度切2条线，待填缝料时，将胀缝板以上的混凝土凿去。这种施工方法，对保证胀缝施工质量特别有效。

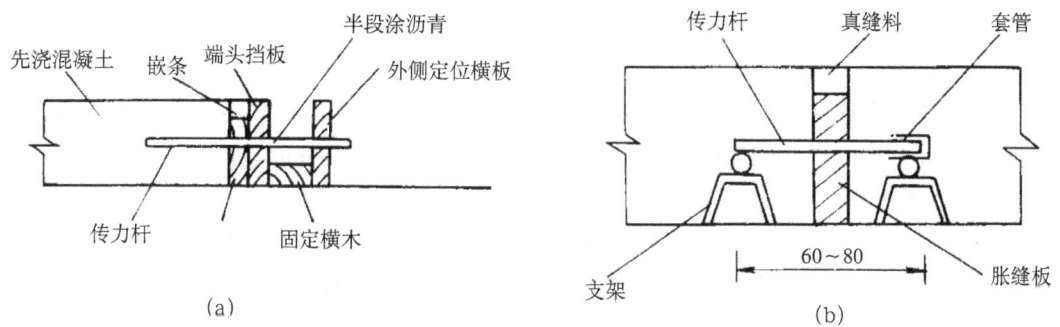

图11-19 胀缝施工（尺寸单位：cm）

4. 施工缝

施工缝为施工间断时设置的横缝，常设于胀缝或缩缝处，多车道施工缝应避免设在同一横断面上。施工缝如设于缩缝处，板中应增设传力杆，其一半铺固于混凝土中，另一半应先涂沥青，允许滑动。传力杆必须与缝壁垂直。

5. 接缝填封

混凝土板养生期满后应及时填封接缝，填缝内必须清扫干净并保持干燥。填缝料应与混凝土缝壁黏结紧密，不渗水，其灌注深度以3~4cm为宜，下部可填入多孔柔性材料。填缝料的灌注高度，夏天应与板面平齐，冬天宜稍低于板面。

当用加热施工式缝料时，应不断搅匀，至规定温度。气温较低时，应用喷灯加热缝壁。个别脱开处，应用喷灯烧烤，使其黏结紧密。目前用的强制式灌缝机（如图11-20所示）和灌缝枪，能把改性聚氯乙烯胶泥和橡胶沥青等加热施工式填缝料和常温施工式填缝料灌入缝宽不小于3mm的缝内，也能把分子链较长、稠度较大的聚氨酯焦油灌入7mm宽的缝内。

图11-20 灌缝机

### 工程案例

水泥混凝土路面轨道式摊铺机施工：

河南省在国道107线新庄至山彪一级公路路段中，为保证重点建设工程的施工质量和施工进度，采用了从西德引进的VOGEL轨道式摊铺机，铺筑了约14km的水泥硅路面。

1.路面结构情况

本工程路基宽23m，中间分隔带1.5m，行车道2×7.5m，内外侧路缘带各2×0.5m（与行车道路面结构相同），混凝土路肩宽2×1.75m，土路肩2×0.5m。

路面结构:底基层为10%石灰稳定土厚15cm，基层为：10%石灰+2%水泥稳定土厚15cm，面层为30MPa水泥混凝土厚24cm。

2.轨道式摊铺机（西德VOGELJ型）

其主要技术参数是：

a.匀料机：功率14.2kW，转速1800r/min，装有回转式匀料刮板，可以自如地将硅料堆分散均匀。

b.摊铺机：功率22kW，转速2800r/min，由刮板式摊铺器、弧形振动梁、往复式修光梁等机械组成，可以完成摊铺、振实、修光等工序的工作。

3.施工工艺

3.1 轨道及模板的安装

安装前,先对轨道和模板进行检查和校正。安装时用水平仪、经纬仪等仪具,严格控制轨道及模板的平面位置、高程、平整度和垂直度等。本工程上、下行车道及路沿带宽8.5m,在路面分幅时,每幅宽度为4.25m,轨道及模板也按此分幅要求安装。

3.2 混凝土拌和及运输

混凝土的运送以中、重运输车辆为主,混凝土从拌和到铺筑完毕控制在水泥初凝以前全部结束。

3.3 混凝土铺筑施工

a.匀料:匀料时,应事先根据混凝土的坍落度、石料级配等情况,做50m左右的试验段,确定匀料顶留虚高及匀料机的操作规律。

b.摊铺:摊铺工序的关键是要将摊铺器的底面调整到与弧形振动梁的前沿保持在同一高度,以保证准确的摊铺虚高,同时要注意摊铺器前必须保持有5~15cm的混凝土堆料,以保证在摊铺范围内有足够的找平料,尤其是路面横坡高的一侧更应注意要有足够的料来找平。

c.振实:根据混凝土坍落度的大小,调节振动梁的振动频率和摊铺机的工作速度,当混凝土坍落度为1~5cm时,振动梁的频率调节到50~100Hz,摊铺机工作速度调整为0.8~1.5m/min,当混凝土坍落度小于3cm时,除摊铺机工作速度为0.8m/min外,还要用插入式振捣器对靠近模板边缘的50cm范围内进行预振捣,才能达到振捣密实和均匀性的要求,在振实过程中,当弧形振动梁振动后的混凝土回弹2~5mm时,振实效果比较理想。

d.整平修光:摊铺机的搓拉式修光、整平梁与硅的密贴程度影响到提浆厚度和平整精度,以提浆厚度控制在3~5mm来调节修光梁与混凝土的密贴程度,如一次达不到要求,可将机器倒回来,再进行修整。

e.收浆、精光:由于本机未购进纵向修光机,所以本工序以人工辅助完成收浆和精光工作。

3.4 轨道及模板的配备

轨道式摊铺机的平均日进度为400m左右(单幅),最大可达500~700m,较人工铺筑提高工效4倍以上。轨道及模板的数量应按日进度的3~4倍配备才能满足施工要求。

# 工作任务四 滑模式摊铺机施工

施工技术直接影响水泥混凝土路面的使用性能,而其关键是水泥混凝土路面摊铺机械和技术。目前我国水泥混凝土路面发展迅速,每年铺筑1.5万km以上,且交通运输向大型重载高速发展,这些都要求加快施工速度,提高施工质量降低工程造价(见图11-21)。因此客观上要求在水泥混凝土路面施工中采用滑模施工等机械化施工。

滑模施工是一种采用滑模摊铺水泥混凝土路面的机械化施工工艺方式,其特征是不架设边缘固定模板,将布料、松方控制、高频振捣棒组,挤压成形滑动模板,拉杆插入,抹面等机构安装在一台可自行的机械上,通过基准经控制,能够一遍摊铺出密实度高、动态平整度优良,外观几何开状准确的水泥混凝土路面。滑模摊铺机1963年诞生于比利时,我国在1986年首次引用,到现在,其机械设计、施工技术和管理日益成熟。滑模摊铺机自动化程度高,不但提高摊铺质量和施工效率,节省工程投资,还提升了公路行业技术水平。

图11-21 滑模施工

滑模施工与其他施工技术相比具有以下特点:

(1)滑模摊铺机有密集排列均匀配制的振捣棒,振动强度高、振动速度大。对水泥的活性有很大激发作用,使水泥的水化反应程度加深。试验表明滑模施工的水泥混凝土路面比人工施工的抗折强度高10%～15%。

(2)滑模摊铺机吨位大,有自重50%～70%的挤压力作用于振捣过的混凝土路面,由于具备强大的挤压成形和进一步密实作用,因而滑模摊铺施工的水泥混凝土路面,外观规矩、密实度高、抗折强度的保证率高得多。

(3)节约材料和人工费用,由于滑模摊铺不需架设模板,无模板及其损耗,且因自动化成度高,需辅助生产的劳动力比其他施工方式少得多,其生产率是人工施工的5～10倍。

(4)生产效率高,摊铺速度快。目前,国内日施工最快可达15300$m^2$(8.5m宽,26cm厚路面),正常情况下,可施工场8500$m^2$。

(5)水泥混凝土配料精度和均匀稳定性极高。由于滑模摊铺混凝土速度快,必须使用数台大型混凝土搅拌机生产混凝土配合,大型搅拌机计量精度和自动化程度较高,从而极大地提高水泥混凝土拌和物的精度。

(6)自动化成度高,滑模摊铺机具有变动防差错系统、自动学习系统、自动设置路线弯道参数等高技术计算机操作系统,是目前筑路机械设备中高新技术应用最充分的先进路面施工装备之一,人称"Robot machine"自动机器人或机械。

滑模摊铺施工的逐步推广,必能极大地提高我国水泥混凝土摊铺效率,提高水泥混凝土路面质量,充分发挥水泥混凝土路面的优势。

## 学习单元一 滑模摊铺工艺流程

滑模摊铺的特点是不需轨模,由四个液压缸支承腿控制的履带行走机构行走。它可以通过控制机构上下移动,调整摊铺层厚度。在摊铺机两侧安装固定的滑模板。因此不需另设轨模,这种摊铺机一次通过就可以完成摊铺、捣实、整平等多道工序。

滑模摊铺机械化程度高,其施工工艺较为复杂,每一个流程都要求做到充分、精确,整个施工工艺大致可分为:施工前准备→混凝土拌和→混凝土运输→滑模摊铺及整修养护→灌填缝料→验收及开放交通。

### 1. 施工工艺

滑模式摊铺机的摊铺过程如图11-22所示。先由螺旋摊铺器1把堆积在基层上的水泥混凝土向左右横向铺开,刮平器2进行初步刮平,然后用振捣器3进行捣实,刮平器4进行振捣后整平,形成密实而平整的表面,再利用搓动式振捣板5对混凝土层进行振实和整平,然后用光面带6进行光面。

混凝土面层滑模式摊铺机的其他施工工艺与轨道式基本相同,但其整机性能好,操纵方便和采用电子导向,因此生产率较高。

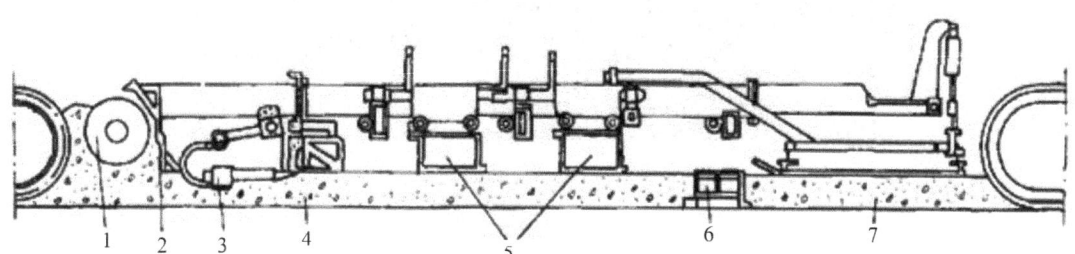

1—螺旋摊铺器;2—刮平器;3—振捣器;4—刮平板;5—搓动式振捣板;6—光带面;7—混凝土面层

**图11-22 滑膜式摊铺机摊铺过程示意图**

### 2. 滑模式摊铺机施工常见问题

滑模式摊铺机施工中,主要解决塌边和麻面问题。

(1)塌边

主要有边缘塌落、边缘倒塌和松散无边等,它影响到路面的质量,增加修边的工作量。

①边缘塌落。边缘塌落影响路面的平整度和坡度,对双幅施工的整体路面会造成中间积水。应根据混凝土的坍落度调整一定的预抛高度,使坍落定型时恰好符合设计的边缘要求,同时,摊铺速度宜控制在2~4m/min。

②倒边和松散无边。使用立轴式混凝土拌和设备时,拌和料应避免出现离析现象,否则,在边缘处就会出现倒边,在路中间就会出现麻面。

布料器布料时往往将混凝土稀浆分到两边,可用人工粗布料或适当调整靠边侧的振动器的振动频率。

另外,应注意集料的形状和配合比。扁平状或圆状集料成型较差,一般混凝土的坍落度不大时,塌边是可以避免的。

(2)麻面

混凝土的坍落度值低是形成麻面(图11-23所示)的主要原因,此外是拌和不均匀。施工时,应严格控制混凝土的坍落度,即要求高精度的拌和设备和计量装置。

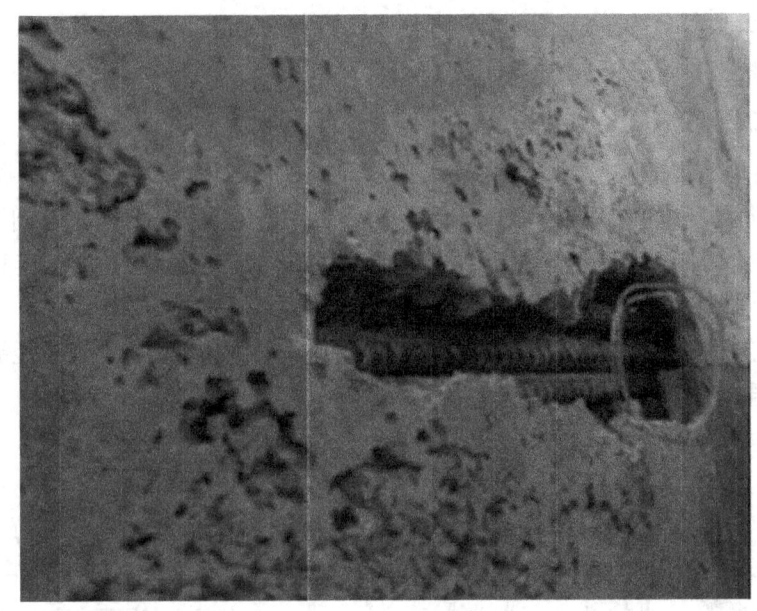

图11-23 麻面

## 学习单元二 滑模施工机械设备配置

水泥混凝土路面滑模施工机械由各施工单位根据路面结构设计、工期要求、公路等级等条件,按照"性能先进适用、生产能力匹配、施工稳定高效"的原则选择配置。选配的机械性能,必须符合有关规程各项施工技术指标的要求,表11-10、表11-11列出了水泥混凝土路面滑模摊铺施工的主要机械设备、辅助器具配套表。

表11-10 滑模摊铺机施工主要机械和机具配置表

| 工作内容 | 主要施工机械设备 | |
|---|---|---|
| | 名称 | 机型及规格 |
| 钢筋加工 | 钢筋锯断机、折弯机、电焊机 | 根据需要定规格和数量 |
| 测量基准仪 | 水准仪、经纬仪、全站仪 | 根据需要定规格和数量 |
| | 基准线、线桩及紧线器 | 300个桩、5个紧线器、300m基准线 |
| 搅拌 | 强制式搅拌机 | ≥50m³/h,数量由计算确定 |
| | 装载机 | 2～3m³ |
| | 发电机 | ≥120kW |
| | 供水泵和蓄水池 | ≥205 m³ |
| 运输 | 运罐车 | 4～6m³,数量由匹配计算确定 |
| | 自卸车 | 4～24m³,数量由匹配计算确定 |
| 摊铺 | 布料机、挖掘机、吊车等布料设备 | 根据需要定规格和数量 |
| | 滑模摊铺机1台 | 技术参数见表11-11 |
| | 手持振捣棒、整平梁、模板 | 根据人工施工接头需定 |
| 抗滑 | 拉毛养生机1台 | 与滑模摊铺机同宽 |
| | 人工拉毛齿耙、工作桥 | 根据需要定规格和数量 |
| | 硬刻槽机 刻槽宽度≥50cm,功率≥7.5kW | 数量与摊铺进度匹配 |
| 切缝 | 软锯缝机 | 根据需要定规格和数量 |
| | 常规锯缝机或支架锯缝机 | 根据需要定规格和数量 |
| | 移动发电机 | 12～60kW,数量由施工需要定 |
| 磨平 | 水磨石磨机 | 需要处理欠平整部位 |
| 灌缝 | 灌缝机或插胶条机 | 根据需要定规格和数量 |
| 养生 | 压力喷洒机或喷雾器 | 根据需要定规格和数量 |
| | 工地运输车 | 4～6t,按需要定数量 |
| | 洒水车 | 4.5～8t,按需要定数量 |

高速公路、一级公路主要道施工，一般应选配能同时摊铺2～3个车道，宽度为7.5～12.5m的大型或12.5～16m特大型摊铺机，选择特大型摊铺机施工时，其外侧路肩的宽度要大于履带宽度加上基准线间距，二级以下路面的最小摊铺宽度不得小于3.75m。

滑模摊铺机（如图11-24所示）可按表11-11所列基本技术参数选择。其应配备螺旋式刮板布料器，松方高度控制板，振动排气仓，足够的振动棒，夯实杆或振动差动搓平梁、自动抹平板,可提升模板、侧向及中部打拉杆装置,需要时可配备自动传力杆插入装置DBI,需夜间施工时,应配备照明设备。施工单位根据自身条件和工期要求,可选择配备布料机、滑模摊铺机和拉毛养生机三台设备联合施工,也可只配备一台滑模摊铺机,其他由人工辅助施工。滑模连续摊铺规模较大的钢筋混凝土路面、桥面、桥头搭板时,一般应配备侧面上料的布料机或自带侧向上料机构的滑模摊铺机。

图11-24 滑模摊铺机

表11-11 滑模摊铺机的基本技术参数表

| 项目 | 发动机功率(kW) | 摊铺宽度(m) | 摊铺厚度(cm) | 摊铺速度(m/min) | 行走速度(m/min) | 履带数(个) | 整机质量(t) |
|---|---|---|---|---|---|---|---|
| 三车道滑模摊铺机 | 200~300 | 12.5~16 | 0~50 | 0~3 (0~5) | 0~15 | 4 | 57~135 |
| 双车道滑模摊铺机 | 150~200 | 3.6~9.7 | 0~50 | 0~3 (0~5) | 0~18 | 2~4 | 22~50 |
| 多功能单车道滑模摊铺机 | 75~150 | 2.5~6 | 0~40 护栏高度 80~90 | 0~3 (0~9) | 0~15 | 2,3,4 | 12~27 |
| 路缘石滑模摊铺机 | ≤80 | <2.5 | <45 | 0~5 (0~9) | 0~10 | 2,3 | ≤10 |

注:括号内数据为滑模摊铺机空载行驶速度。

## 学习单元三 基准线设置

设置基准线的目的是为滑模摊铺建立一个高程、纵横坡、板厚、摊铺中线、弯道及连续平整度等基本几何位置的基准参考系。滑模摊铺的基准线设置方式有:基准线、方铅管和多轮支架等。除基准线外,其他方式要求基层必须经过精整机铣刨达3m直尺平整度≤3mm,而我国施工中一直要求平整度为8mm,在这种条件下,为保证滑模施工的高平整度,不宜采用其他简易基准设置方式。

## 1. 基准线形式

基准线按照所摊铺路面横坡方向和基准线位置可分为单向坡双线式、单向坡单线式和双向坡双线式三种形式。

（1）单向坡双线式：所铺路面横向坡为单向坡，基准线位于摊铺机两侧。

（2）单向坡单线式：只在摊铺机一侧设基准线，适用于在已摊铺好的水泥混凝土面板边缘摊铺另一幅水泥混凝土面板。

（3）双向坡双线式：所摊铺面板横向坡为双向坡，基准线位于摊铺机两侧，基准线上没有横坡。

## 2. 设置基准线的技术要求

设置基准线时，拉线到摊铺面板边缘的距离，应根据摊铺机侧模到传感器的位置而定，一般2~4履带跨中摊铺机，需0.65~1.5m，这个宽度又称为基准线支距。放线桩应打入基层10~15cm，当打入困难时，应采用电钻打孔后再打。基层顶面到夹线臂的高度为45~75cm，夹线臂夹口到桩的水平距离约为30cm。

放线桩距离在平面直线段≤10m；圆曲线段应加密，在小半径弯道或山区极小半径的回头弯道上，内侧为2.5~5m，外侧为3.5~7m；平面缓和曲线段或纵断面竖曲线段为5~10m。

基准线两端应设固定紧线器，并偏置在放线桩外侧30~50cm处；基准线必须张紧，每侧拉线应施加1000N的拉力，张紧后基准线的垂度≤1mm。张拉线时，每段基准线的长度不大于400m，否则全线张紧会较为困难。

## 3. 基准线的精度要求

基准线是为滑模摊铺机上的4个水平传感器和2个方向传感器提供一个精确与路面平行的水平（横坡）和直线（转弯）方向平面基准参考体系，其精度高低决定着路面摊铺的几何精度和平整度。因此基准线是滑模摊铺施工的"生命线"，是保证摊铺出的面板的高程、横坡、板厚、板宽等技术指标符合规范要求的必要条件，基准线的放置高度要符合《公路水泥混凝土路面滑模施工技术规程》（JTJ/T 037.1—2000）要求，具体见表11-12。

表11-12  滑模摊铺水泥混凝土路面基准线设置精度要求

| 项目 | | 规定值 | 最大允许偏差 |
| --- | --- | --- | --- |
| 中线平面偏位（mm） | | 10 | 20 |
| 路面宽度偏差（mm） | | +15 | +20 |
| 面板厚度（mm） | 代表值 | -3 | -5 |
| | 极值 | -8 | -10 |
| 纵断高程偏差（mm） | | ±5 | ±10 |
| 横坡偏差（%） | | ±0.10 | ±0.15 |
| 左右幅连接纵缝高差（mm） | | ±1.5 | ±2 |

#### 4. 基准线放线时应注意事项

（1）为保证拉线准确性，设置平面基准线时，必须边测设，边用眼睛贴近拉线观测。在有中央路拱的平面圆曲及缓和曲线段拉线时，除拉线准确外，应在每个放线桩外标出摊铺拱中垂直高度，便于机手调整和渐变路拱的路面横坡。曲线及过渡段基准线设置好以后，在摊铺前必须由另一测工进行校核，防止出现差错。

（2）在地形复杂的山区公路施工，测量人员设置拉线时，应确切了解最小可摊铺的弯道半径。一般滑模摊铺机可施工的最小弯道半径≥50m；带加长侧模板的滑模摊铺机最小弯道半径≥75m。小转角弯道最小半径及侧模长度为50～75m；大转角回头曲线最小半径为75～100m，如不注意，将损坏所铺弯道路面或滑模摊铺机侧面板。

（3）基准线设置好以后，禁止扰动，在摊铺时，严禁碰撞和振动基准线，接头不得大于1cm。风力大于5～6级时，基准线不稳定，振动过大，影响摊铺平整度，应停止施工。

基准线设置宜在施工前一天完成。摊铺前应对基准线进行复测或抽查。

## 学习单元四　滑膜摊铺水泥混凝土路面施工要点

#### 1. 施工前准备

应对施工前准备工作进行全面细致的检查，检查基准线是否符合板厚要求，设备和机具是否全部到位，运转是否正常；基层是否合格，是否清扫和洒水湿润；在横向连接摊铺时，传力杆是否矫正补齐，纵缝是否顺直，沥青是否涂抹等。这一切都是通过大量实践经验得来的。如板厚必须在摊铺前基准线上控制就是通过多条高速公路施工中总结得到的。

#### 2. 正确设置滑模摊铺机各项工作初步参数

摊铺前，应对滑模摊铺机进行全面性能检查和各施工部件位置参数设定，参数的正确设定是滑模摊铺操作技术中最关键的技术环节之一，也是摊铺机调试中最重要的内容。这些参数通过试铺固定下来，在正式施工时根据现场情况适当微调。设置时注意振捣棒下缘位置应在挤压板最低点以上，间距不宜大于45cm，并均匀排列；最边缘振捣棒与摊铺边缘不大于25cm；调整挤压板前倾角为3°左右，提浆夯板的位置为挤压板前沿以下5～10mm；设超铺角的滑模摊铺机两边缘超高程应根据料的稠度在3～8mm间调整；带振动搓平梁的滑模摊铺机应将搓平梁前缘调整到与挤压板后沿同一高程，搓平梁的后缘比挤压板后沿低1～2mm，并与路面高程相同。

#### 3. 摊铺机首次摊铺位置矫正

首次摊铺时，在无纵坡和弯道的摊铺起点位置钉4个矩形分布的木桩，其顶面高程分别为挤压底板的4角点高程，后两桩为路面高程，前两桩在路面高程上应加挤压底板前倾角高程，有路拱时应增设拱中两个桩，准确测量摊铺机底板高程、横坡度和路拱，将传感器挂到基准线上，调整水平传感器立柱高度。使摊铺机挤压底板正好落在精确测量设置好的木桩上，同时调整摊铺机机架前后左右水平度。让摊铺机挂线自动行走，再返回校正一遍，正确无误后，即可摊铺。

**4. 初始摊铺校正**

在开始摊铺前5m内，必须对所摊出的路面高程、厚度、宽度、中线、横坡度等技术参数进行复核测量，机手应根据测量结果及时在摊铺中微调传感器、挤压底板、拉杆打入深度及压力、抹平板的压力及边缘位置。严禁停机剧烈调整高程、中线、横坡等，以免影响平整度。调整应在10m内完成。摊铺效果达到要求的参数要固定保护起来，严禁非机手更改或撞动。第二天连接摊铺时，应将摊铺机后退至前一天做的侧向收口工作缝（收口每侧5m，长度与侧模等长或略长）路面内，到挤压底板前沿对齐工作缝端部，开始摊铺。

**5. 卸料、布料要求**

（1）滑模摊铺混凝土路面时，必须有专人指挥车辆卸料。自卸车卸料时，卸料应分布均匀，以减少摊铺机的摊铺负荷。最高料位高度不得高于松方控制板上缘，正常料位高度应在螺旋布料器叶片上缘以下。机前缺料时，可用装载机或挖掘机补充送料，并要求供料和摊铺速度协调。

（2）布料要求　采用布料机施工，松铺系数应视坍落度大小由试铺确定，当坍落度为1~5cm时，松铺系数宜为1.08~1.15，坍落度为3cm时，松铺系数应控制在1.1左右。布料与滑模摊铺机之间的距离应控制为5~10m。热天日照强，风大时取小值，阴天，湿度大，无风时取大值。

**6. 摊铺过程中操作要领**

（1）机载布料器控制　滑模摊铺机带的布料器有螺旋布料器和刮板布料器两种型式。刮板布料器的优点是布料效率高，摊铺阻力小，刮板磨损少，便于更换；缺点是对混合料不能进行二次机前搅拌，容易造成混合料离析和两侧混凝土不均匀。螺旋布料器则相反，具有优良的机前二次搅拌效果，离析小，分布的混凝土均匀，布料效率高，效果好；但是摊铺阻力大，螺旋棱磨损快，堆焊加强和更换比较麻烦，一般施工情况下，施工完成30~50km的高速公路就不得不更换螺旋。

螺旋布料器在机上的固定形式有两种：连续单根和中间分开独立控制。在摊铺宽度较窄的单车道路面时，适合单根形式，可将卸偏的混凝土从一侧分布到另一侧，但两根螺旋布料器的形式因中间支撑的阻隔，就较难做到。在摊铺双车道大宽度路面时，在摊铺宽度内可同时卸两车料，使用独立控制的两根螺旋布料器较适宜。注意布料要均匀，特别注意两侧边角的料要充足。螺旋布料器有很强的机前二次搅拌功能。如机前料充足，但不均匀时，应连续不断地左右旋转，以达到充分混合搅拌均匀之目的。

（2）松方高度控制板控制　松方高度控制板或称进料门的控制技术是滑模摊铺施工的第一关，控制得好，施工顺畅；控制不好，不仅是平整度差，而且会损坏滑模摊铺机。摊铺过程中，机手应随时调整松方高度控制板进料位置，开始应略高些，以高于振捣棒15cm左右为宜，以保证进料，正常料位以保持振捣仓内砂浆位高于振捣棒10cm左右较为适宜，以利于振动仓内混凝土中的气泡受振动彻底排放掉。进料门应尽量控制在振捣仓内的混凝土基本维持在一个适宜的恒定高度上，根据我国的施工经验，这个高度一般为振捣棒中心线以上10cm左右较适宜。仓内有螺旋的摊铺机，正常料位应保持在螺旋杆中轴位置。

（3）摊铺行进速度控制　滑模摊铺机应缓慢、匀速、连续不间断摊铺。摊铺速度应根据拌和物稠度和设备性能进行控制，一般为1m/min左右。当稠度发生变化时，应先调整振捣频率，再调整速度，一般拌和物偏稀时，应适当降低振捣频率，加快摊铺速度，最快控制为2m/min，最低振捣频率不得低于6000r/min；拌和物偏稠时，应适当提高振捣频率，减缓摊铺速度，最慢控制为0.5m/min，最高振捣频率不得高于11000r/min。

（4）监控振捣棒（如图11-25所示）的位置和工作情况：摊铺中要随时检查振捣棒情况，以防止麻面和纵向塑性收缩裂缝，振捣棒的位置应该是其底沿在挤压底板的后沿高度以上。但不出现塑性收缩裂缝的前提下，允许使用板中位以上的振捣位置。在摊铺通过胀缝和钢筋网时，必须提高振捣棒，使其最低点位置在挤压板的后沿高度以上，以便于在不推移胀缝板和钢筋网的前提下，顺畅摊铺通过。

图11-25　插入式振捣器（振捣棒）振捣

（5）摊铺密实度控制　在滑模摊铺推进过程中，要视混凝土混合料的稠度随时对行进速度和振捣频率进行调整，以控制摊铺密实度。只有这样才能控制混凝土路面始终达到所要求的高密实度，并防止发生塌边、麻面、拉裂和砂浆层过厚等质量病害。

操作手应随时观察振捣仓内混凝土的排气情况，特别要求在振捣仓后部挤压底板前沿基本没有气泡排出的情况下，才能向前推进。在给定速度和振捣频率的工作状态下，在振捣仓没充分排除掉混凝土中的气泡，是当时混凝土稠度下，推进速度和振捣频率的合适与否的基本判断依据之一。同时，观察所摊铺出路面的平整度。如果在摊铺后的路面上发现有气泡、拱包，说明排气很不充分，必须隐匿低速度，提高振捣频率，同时隐匿低进料门控制高度，减小混凝土路面板承受的压力，以保证密实度和平整度。如果采取了上述措施仍调整不了，或挤压板的混凝土表面有拉裂现象，就证明挤压底板前仰角过大，需要往小调整。在混凝土所有原材料中，只有气泡在挤压力下具有较大的可压缩性，待摊铺过后，压力释放，接近表面的大气泡会将路面砂浆顶起来，影响平整度。

（6）挤压底板前仰角的调整　滑模摊铺机型号不同，其设定的挤压底板前仰角也各不相同。对于给定的混凝土稠度，每台滑模摊铺机都有一个最佳前仰角设定角度，最佳前仰角需通过施工实践摸索积累。滑模摊铺机的前仰角设定必须在每天开工之前设定，施工进行中不能调整。因此必须在前几次施工中摸索并确定最佳前仰角，固定下来，不可经常调整。

（7）超铺角控制　滑模摊铺机上设置超铺角是因为混凝土振实脱模后，由于失去支撑，路面一方面会自动胀宽，另一方面两侧边缘即使不塌边也会溜肩，高程自动塌落，必须设法多铺料补偿，才能做出断面几何形状规矩的面板。超铺角设置从进料门开始，增大两边角的进料高度和数量，并令挤压底板两侧模板视稳定的坍落度大小，翘起合适的高度，同时，将两侧边模板向内倾斜一定角度，构成混凝土路面两侧边角适宜的超铺量，待混凝土路面脱模后，自动塌落成90°，保证路面两边横向平整度。

（8）纵坡施工　摊铺较大纵坡时，注意调整挤压底板前仰角，上坡时应适当调小，同时调小抹平板压力；下坡时调大抹平板压力。

（9）弯道施工　弯道、渐弯段摊铺，若单向横坡，应随时观察和调整抹平板内外侧的抹面距离，防止压垮边缘。中央路拱，若靠手工控制，操作手应根据路拱消失和生成几何位置，在一定路段内分级逐渐消除或生成设计路拱。

### 7. 摊铺中高程控制和校准

滑模摊铺的路面高程控制主要靠4个水平传感器沿基准线控制，为防止因底板没有顶拖力或调整不到位形成高程误差，影响路面厚度和平整度，在开始摊铺路面3~5m长度时，应用水准仪进行校核。发现误差超过规定范围时，应在滑模摊铺机行进中对水平传感器垂直伸缩臂缓慢调整到位，调整后作上标记，固定位置。通过连续几次调整，确定滑模摊铺底板、传感器等与基准线之间的相对位置并固定下来。除非以后有人动过，否则不再调整，但仍需每天调整。

### 8. 滑模摊铺中出现问题的处理

滑模摊铺的表面应平滑，几何形状规矩，不应出现麻面、拉裂、塌边、溜肩等病害现象，出现问题应立即查找原因，采取补救措施。

（1）摊铺中应经常检查振捣棒工作情况　发现路面上在横断面某处多次出现麻面或拉裂现象，表示该处振捣棒出现问题，必须停机检查或更换该处振捣棒。摊铺后发现表面上留有发亮的振捣棒拖出的砂浆条带，表明振捣棒位置过深，必须调整正确位置至振捣棒底沿在挤压底板的后沿高度以上。

（2）在摊铺宽度大于等于8m的双（多）车道路面时，若左右卸了两车稠度不一致的混凝土时，摊铺速度应按偏干一侧设置，并应将偏稀一侧振捣棒频率迅速调小，保证施工路面密实，不塌边溜肩，保持基本相同的表面砂浆厚度。

（3）滑模摊铺出现横向拉裂现象，应从以下几个方面进行检查：

①拌和物局部或整体过干硬、离析、集料粒径过大，不适宜滑模摊铺；或在该部位摊

铺速度过快，振捣频率不够，混凝土未振动液化而拉裂，应降低摊铺速度，提高振捣频率。

②挤压底板的位置和前仰角的设置是否变化。前倒角时必定拉裂，前仰角过大，也可能拉裂，应在行进中调整前两个水平传感器，即改变挤压底板为适宜的前仰角，消除拉裂现象。

③拌和物较干硬或等料停机时间较长，起步摊铺速度过快，也可能拉裂路面。等料停机时间较长时，应间隔15min开启振捣棒振动2～3min；起步摊铺时应先振捣2～3min，再缓慢推进。

（4）当混凝土供应不上时，或搅拌机出现机械故障等情况时，停机等待时间不得超过当时气温下混凝土初凝时间的2/3，超过此时间，应将滑模摊铺机开出摊铺工作面，并做施工缝。当滑模摊铺机出现机械故障时，应紧急通知后方搅拌机停止生产，在故障停机时间内，滑模摊铺机内混凝土尚未初凝，能够排除故障，允许继续摊铺，否则，应尽快将滑模摊铺机拖出工作面。故障排除后，重新起步摊铺。

### 9. 纵缝拉杆安置

摊铺单车道时，必须根据路面设计配置单侧或双侧打拉杆机械装置，打拉杆装置的正确插入位置应在挤压底板下的中部或偏后部，无论采用何种方式打入拉杆，其压力应满足一次打到位。同时摊铺两条以上车道时，除侧向打拉杆装置，还应在假纵缝位置中间配置一个以上中间拉杆自动插入装置，该装置根据摊铺机的类型有前插和后插两种配置。打入拉杆位置必须在板厚中间，中间和侧向拉杆的高低和左右误差不得大于±2mm。

### 10. 平交口变宽段和匝道路面滑模施工

平交口变宽段和匝道路面滑模施工时，只要摊铺宽度小于滑模摊铺机固定宽度，可采用滑模摊铺机跨一侧或两侧模板施工方式，模板应粘贴橡胶垫，模板顶面高程应低于路面高程3mm，振捣仓在模板上部应加隔离板，并关闭隔板外侧振捣棒。

### 11. 连接摊铺

连接摊铺时，若摊铺机上前次施工路面，其履带底部必须铺垫橡胶垫或使用挂胶履带，并且前次摊铺路面应养护7d，最低不得少于5d。

施工结束后应及时做好下面两项工作：

（1）及时将滑模摊铺机驶离工作面，先将传感器脱离基准线，解除自动跟踪控制，然后及时对滑模摊铺机进行清理保养。

（2）做横向施工缝。施工时应丢弃从摊铺机振动仓内脱出的厚砂浆。设置施工缝模板，并用水准仪测量和抄平面板的高程和横坡。为使下次摊铺能紧接施工缝，侧模需向内收进2～4cm，长度视摊铺机侧模而定。施工缝也可在第二天硬切除全部端部制作。连接施工时，由于混合料相对不饱满，在此位置应用人工辅助振捣，并做好平整度，以防止工作缝接合部低洼跳车。

### 12. 胀、缩缝和工作缝施工

胀缝（图11-26）应采用前置法施工，以保证施工质量和摊铺连续性，要预先加工好钢筋支架，传力杆无沥青涂层一端焊接在支架上，接缝板夹在两支架间，无布料机（件）时，应摊铺至胀缝位置前1~2m处，将支架准确定位，用钢钎固定在基层上，然后摊铺，有布料机（件）时，应提前安装好胀缝支架，采用侧向上料方式施工。在混凝土硬化前剔除胀缝板上部，嵌入2cm×2cm木条，修整好表面，填缝时应先凿去木条，涂黏结剂后，再嵌入多孔橡胶条。

图11-26　胀缝

缩缝和施工缝上部槽口应采用切缝法施工，切缝（图11-27）包括硬切缝和软切缝。切缝时采用何种切缝方式应根据施工期间路面摊铺完毕到切缝时的昼夜温差确定。滑模施工宜采用硬切缝，硬切缝应当在混凝土达到设计强度的25%~30%时进行，缩缝宽度控制为4~6mm。横向缩缝硬切缝时间，任何情况下不得小于24h。

图11-27　切缝

软切缝应在摊铺后，混凝土强度为1~1.5MPa时进行，为防止断板，在昼夜温差较小时，横向缩缝宜每隔1~2块板先切一道缝，然后逐条补切，温差较大时，应全部软切缝。

对一次摊铺两条车道以上的纵缝，切缝深度应控制到1/3板厚。

分幅施工时，应在先摊铺好的混凝土板横缩缝不断开的部位作好标记。在后摊铺的路面上对齐已断开横缩缝位置提前软切缝。

摊铺完毕或整平表面后，应使用钢支架拖挂1~3层叠合麻布、帆布、棉布，洒水湿润后，软拖制作微观搞滑结构，布片接触路面长度以0.7~1.5 m为宜，细度模数偏大的粗砂，长度取小值，偏小的中砂取大值。

当施工进度超过500m时，抗滑构造制作应选用拉毛机进行，制作时应在混凝土表面泌水完毕20~30min内及时进行。拉槽深度为2~3mm，宽度为3~5mm，槽间距为15~25mm。当采用硬刻槽方式制作抗滑构造时，硬刻槽机宜重不宜轻，刻槽应在摊铺后3d开始，两周内完成。

混凝土板抗滑构造软拉制作完毕后，应及时养生，养生一般采用喷洒养生剂并保湿覆盖的方式进行。在水资源充足的情况下，也可采用覆盖洒水湿养生方式养生，一般情况不宜使用围水养生方式。

使用喷洒养生剂养生时，应在混凝土表面泌水完毕后进行，用量为0.35kg/m$^2$，喷洒高度控制为0.5~1m。加盖塑料薄膜养生时，加盖时间应以不压坏微观抗滑构造为准。

当采用覆盖物洒水湿养生时，要始终保证覆盖物处于潮湿状态。

养生期满后要及时灌缝，灌缝前清除缝内杂物，清洗并保证缝内清洁干燥，并防止砂石等杂物掉入缝内。灌缝时，灌注深度宜为2~3cm，最浅不得小于1.5cm。填缝料的灌注顶面，夏季宜与板平，冬季宜低于板面1~2mm。

灌缝后，要封闭交通进行养生，填缝料为常温料时，低温天气养生期为24h，热天养生期12h；填缝料为热料时，低温养生期为2h，高温天气养生期为6h。

### 工程案例

泰曲路（泰安—曲阜）改造工程三合同段的混凝土路面采用滑模摊铺机进行施工。

泰曲一级公路为国道104线在山东省境内的中心路段，路线全长42.413km，设计时速100km/h，路基宽度23m，双向四车道。泰曲路改造工程三合同段的施工桩号为K546+240~K562+840，部分线段的路面结构为22cm厚水泥混凝土路面，采用滑模摊铺机进行施工。

本工程中使用的滑模摊铺机型号是美国cmi公司生产的sf350，该设备安装有自动调平和转向传感器，可以自动调整混凝土路面的厚度和摊铺行走方向，在不用固定模板的情况下可以连续完成摊铺、振动、刮平、成形、抹光以及打设传力杆等工序。该型号的摊铺机摊铺宽度范围为4.5~9.0m，摊铺厚度范围为10~50cm，摊铺速度范围为0~3m/min。

混凝土搅拌站采用德国liebheer公司生产的betomi2.0r搅拌站，功率为250kW，生产能力为120 m$^3$/h，电子控制台可以按照设定自动控制供料、称重、计量及进行砂含水率测量。

胀缝板顶高控制在混凝土表面以下4cm左右，胀缝处设置钢筋支架，固定胀缝板及传力杆位置，为保证支架得到加固，将与支架连接的钢钉打入基层。根据抗滑构造深度要求及施工经验，用拉毛器拉槽，拉槽深浅均匀，槽深为2~3mm，槽宽为3~5mm，槽间距为20~25mm。

混凝土表面抗滑构造制作完毕应及时养生。养生采用养生液养生，养生期限为14~21 d，在养生期间禁止车辆通行。

为了能尽早切缝，先采用软割机每隔20m锯一道缝，锯缝时间以摊铺后的水泥混凝土路面刚终凝后并且锯缝时不啃边时为宜。在混凝土基本达到了硬割缝机所要求的强度后用硬割缝机切缝，切缝的原则是在不啃边的情况下能切即切，越早越好，保证裂缝开始出现以前完成所有的切缝。

填缝料选用与混凝土面板缝壁黏结力强、回弹性好、能适应混凝土面板收缩、不溶于水和不渗水、高温时不溢出、低温时不脆裂和耐久性好的鲁刺形密封条。灌缝前，先用高压喷水设备冲洗后，再用高压泵吹干，将背衬材料塞入填缝槽底部，用灌缝枪或灌缝机将填缝料徐徐地灌入缝中。填缝料施工时，灌至与路表面齐平，养生至少一昼夜后方可开放交通。

# 工作任务五　特殊条件下水泥混凝土路面施工

水泥混凝土路面具有刚度大、整体性强、较高的抗折强度、弹性模量和较低的变形能力及水稳定性和温度稳定性均优于沥青混凝土路面，不易出现沥青路面的某些稳定性不足的损坏（如车辙等）等特点。路面早期损坏引起的病害，使水泥混凝土道路功能得不到充分发挥，很大程度上影响了路面的使用寿命和行车安全。

1. 高温季节施工

拌和与铺筑场地的气温≥30℃时，即属于高温施工。高温会增加水分的散失，易使混凝土板表面出现裂缝。因此，施工时应尽量降低混凝土的浇注温度，缩短施工工序的操作时间，并采取必要的措施保证混凝土的充分养生，提出高温施工的工艺设计。一般情况下，整个施工环境的气温>35℃时，应停止混凝土的浇注。

2. 低温季节施工

当施工操作和养生的环境温度≤5℃或昼夜最低气温可能低于-2℃时，即属于低温施工。低温施工时，混凝土因水化速度降低使得强度增长缓慢，且可能被冻害。因此，必须提出低温施工的工艺设计。

（1）提高混凝土拌和温度　砂石材料应采用间接加热法（如保暖储仓、热空气加热、矿料内设置蒸气管等），水可直按加热。混凝土的拌和温度可通过下列公式计算：

$$T_\mathrm{h} = \frac{0.2(T_\mathrm{a}m_\mathrm{a} + T_\mathrm{c}m_\mathrm{c}) + T_\mathrm{f}m_\mathrm{f} + T_\mathrm{w}m_\mathrm{w}}{0.2(m_\mathrm{a} + m_\mathrm{c}) + m_\mathrm{f} + m_\mathrm{w}} \qquad (11\text{-}4)$$

式中 $M_a$、$T_a$——表面干燥饱水状态的集料质量（kg）及温度（℃）；

$M_c$、$T_c$——水泥的质量（kg）及温度（℃）；

$m_f$、$T_f$——集料所含水的质量（kg）及温度（℃）；

$m_w$、$T_w$——搅拌用水的质量（kg）及温度（℃）。

（2）路面保温措施　混凝土铺筑后，通常采用蓄热法保温养生，即选用合适的保温材料覆盖路面，以减少路面热量的散失，得到一定的养生条件，是冬季施工养生常用的方法。一般使用的保温材料有麦秸、稻草、油毡纸、锯末、石灰等。保温层至少10cm厚，具体视气温而定。

（3）低温施工时，混凝土的设计配合比一般不宜超过0.6。应延长搅拌时间，减小施工作业面和施工长度，定期检测各种材料、拌和物的温度和混凝土的摊铺、浇注、养生的温度。

铺筑后的混凝土，在72h内养生温度应保持在10℃以上，以后7d的养生温度应保持在5℃以上。

### 3. 雨季施工

应根据近期预报的降雨时间和雨量，安排雨季施工方案，做好施工区域内的结构物、拌和场及铺筑现场等的排水工作。

拌和场内的设备应搭棚遮雨，经常测定、调整混凝土拌和物的用水量。水泥的存放应注意防雨受潮，现场下雨时应严禁铺筑混凝土。混凝土终凝前，雨水不得直接淋在已抹平的路面上。需在雨下操作时，应配备活动的工作雨棚。

### 4. 大风天施工

应成立风季施工领导组织机构，并由项目经理亲自主抓，各施工班组协助，做好风季施工的准备工作并制订相应的施工措施。

松散材料如砂、散装水泥等有遮盖措施，防止污染周边环境。制订风季预防火灾的安全技术措施，并绘制现场预防火灾的重点防护部位。

施工现场设防火工具专用箱，防火工具要齐全。对施工人员定期进行防火安全教育，增强施工人员的防火意识。对施工现场采用原煤生火做饭的炉灶，在使用前必须经过防火检查，认定合格发放用火审批手续后，方可使用。在施工现场要配备防火专用旗，一旦遇有大风天，要悬挂防火旗，并且认真执行和检查，杜绝火灾的发生。

由于风季气候变化恶劣、风砂较多、较大且频繁，在进入风季施工时，一定要加强现场的风期施工管理，注意风期施工安全，注意观察和记录本工程所在地的气候变化，采取切实可行的风季施工措施，确保风季施工安全。

> **知识链接**
>
> 水泥混凝土路面施工在以下天气条件下必须停工：
>
> （1）施工现场降雨。
>
> （2）风力大于6级，风速在108m/s以上的刮强风天。

（3）现场气温高于40℃，或拌和场摊铺温度高于35℃。
（4）摊铺现场连续五昼夜平均气温低于5℃，夜间最低气温低于-2℃。

## 工作任务六　水泥混凝土路面施工质量控制与验收

水泥混凝土路面施工，应根据质量管理要求，建立健全有效的质量保证体系，实行严格的质量、投资、工期控制、工序管理和岗位责任制度，对各施工阶段进行全面控制检查，以确保施工质量。

### 学习单元一　施工前材料的控制

原材料精良是修筑高质量路面的前提条件，进场前控制好原材料的质量非常重要，无论工期怎样紧张，都要把好原材料进场关。

做好原材料抽检工作。要配备充足的质量检验设备和人员。施工前，试验室应对混凝土路面工程计划使用的原材料进行质量检验和混凝土配制试验，以便进一步优选原材料和优化配合比，出具原材料检验和配合比报告，并应通过监理对原材料抽检和配合比试验验证，报业主审批，重要的原材料供应，如水泥外加剂、养生剂等，和供应商签合同时，不仅要确定供应量、方式还要明确各项技术指标等要求。

原材料抽检要根据原材料检验项目以一定频率分批量进行检验，检验项目和检验频率必须符合《公路水泥混凝土路面施工技术细则》（JTG/T F30—2014）规定，从不同厂家供应的水泥或粉煤灰，即使品种和强度等级完全相同，也必须分别存放，不得混装。水泥罐换装水泥时，必须清罐。

### 学习单元二　铺筑试验路段

由于每个工程项目的情况各不相同，所用原材料和配合比也不尽相同，摊铺机各项参数也需调整，因此，在止式摊铺前，必须进行不少于200m的试验摊铺，试验路面厚度、摊铺宽度、基准线设置、接缝设置、钢筋设置等均应和实际工程相同，通过试验段施工应达到以下目的：

（1）检验拌和物和易性能并确定合理搅拌制度，全面检验摊铺机性能和生产能力，以及机械配套是否合理并提出改进措施。

（2）通过试拌确定检验拌和物各项技术指标，如坍落度、振动黏度系数、工作性、含气量、泌水量、是否离析等，以优化调整配合比。

（3）通过试铺确定模板架设或基准线设置方式，调整设置摊铺机工作参数。

（4）检验确定辅助人工、机具、工具、模具种类和数量，确定合理的施工组织形式和人员编制。

（5）通过试铺，建立原材料和新拌混凝土的各项技术指标，如坍落度、含气量和路面弯拉强度、平整度、构造深度等检验手段，并熟悉检验方法。

（6）通过试铺，掌握各种接缝设置和施工方法抗滑构造施工工艺、养生方式；检验全套施工工艺流程。

在试铺过程中，施工单位应做好记录、监理应检查施工质量，及时和施工方商定有关结果，以试铺结束后，业主、监理、施工单位会商试验结果，提出改进意见和注意事项，以便在正式施工中加以改进。

## 学习单元三　施工过程中的质量控制与检查

在施工过程中应按照《公路水泥混凝土路面施工技术细则》（JTG/T F30—2014）中规定的项目和频率对原材料、混凝土拌和混合料进行检验，混凝土路面应检查平整度、弯拉强度和板厚三大指标和其他指标。

### 1. 平整度

3m直尺检测平整度只能反映小波长的不平整度，不能反映大波长的不平整度，在施工过程中，因每天摊铺长度并不太长，因此从施工成本考虑，可采用3m直尺量验作为施工过程中平整度控制的检测项目，在验收时必须采用精度较高，能客观反映路面行车过程中平整度实际情况的平整度仪检测动态平整度，作为验收时工程质量评定依据。

施工时，一级以上公路，3m直尺量验结果90%以上≤3mm，二级以下公路量验90%以上≤5mm。3m直尺量验频率应为单车道每100m两处10尺，在检测时若发现平整度不符合要求，应在10d内使用最粗磨头的水磨机磨平，并应作出微观抗滑构造和宏观抗滑槽，此种处理方法只能用于小面积少量处理。

### 2. 弯拉强度

抗折强度是混凝土路面的第一强度指标，混凝土路面板的开裂破坏多是因弯拉应力超过弯拉强度极限而造成的，因此抗折强度达到设计要求是混凝土路面长寿命的重要保证。在施工过程必须严格控制，对其评价应以搅拌机生产中随机取得混凝土在振动台上制作的小梁弯拉强度为准。在过去试验中发现振动棒插入振动孔严重降低混凝土的嵌锁能力，简易自制振动板的振动能量无法控制，因此在制作试件时推测结果，不能反映实际路面弯拉强度，不得采用。弯拉强度检测频率应按200m³混凝土制作一组试件，每组3块小梁，每天施工开始、中间和结束各一组，按照标准方法养生28d，先测弯拉强度，再测抗压强度。

### 3. 板厚

混凝土路面在施工中应严格控制板厚，测量人员将两侧基准线定好以后，用直尺检查基准线到基层距离，即为板厚，每100m测两个断面，若符合要求，经监理确认后即可摊铺。若板厚不足，面积不大时，可采用铣刨机铣刨基层。若大面积基层偏高，允许在50m以外通过调整路面、高程控制板厚。使用模板施工时，应在两横板槽间设一板厚刮板，通过纵向走一遍进行板厚控制，通过上述做法在于杜绝摊铺后，因平均板厚误差超过1cm而返工。将问题消灭在摊铺之前。

除上述三大指标外，还应通过检查控制接缝、切缝、灌缝、抗滑构造。摊铺中线高程和横坡，其控制和检查方法及频率应遵守《公路水泥混凝土路面施工技术细则》（JTG/T F30—2014）执行。

## 学习单元四　工程质量检查验收

工程施工完之后，施工单位应将全线按每千米一个评价段，规定的检验项目和1/3频率进行自检，准备好总结报告、自检结果、原始记录等完整资料，申请验收。

工程质量应以设计文件要求为标准。为了保证混凝土路面的施工质量，要求在施工过程中对每一道工序进行严格的检查和控制。对已完成的路面要求进行外观检查，并量测其几何尺寸，根据设计文件要求进行核对。此外还要查阅施工记录，其中包括原材料试验和试件强度资料、配合比、隐蔽构造（各种钢筋的位置等）等，作为工程质量鉴定的依据。业主、监理和质监站收到施工单位验收申请，确认资料完整后，应首先对照施工中的抽检数据，检查交工报告中数据是否与其吻合，然后再按《公路工程质量检验评定标准》（JTG F80/1—2012）规定的检查项目和验收频率进行检查和验收。混凝土面层质量验收的允许误差应符合现行规范的有关要求。水泥混凝土路面原材料的检验项目和频率见表11-13，水泥混凝土路面的检验项目频率见表11-13。

表11-13　水泥混凝土路面原材料的检验项目和频率

| 材料 | 检查项目 | 检查频率 | |
|---|---|---|---|
| | | 高速公路、一级公路 | 二、三级公路 |
| 水泥 | 抗折强度、抗压强度及标号 | 1500t，1批 | 1500t，1批 |
| | 安定性 | 1500t，1批 | 1500t，1批 |
| | 凝结时间 | 2000t，1批 | 3000t，1批 |
| | 标准稠度用水量 | 2000t，1批 | 3000t，1批 |
| | 细度 | 2000t，1批 | 3000t，1批 |
| | CaO含量 | 必要时，每标段不少于3次 | 必要时，每标段不少于3次 |
| | MgO含量 | 必要时，每标段不少于3次 | 必要时，每标段不少于3次 |
| | $SO_3$含量 | 必要时，每标段不少于3次 | 必要时，每标段不少于3次 |
| | 铝酸三钙 | 必要时，每标段不少于3次 | 必要时，每标段不少于3次 |
| | 铁铝酸四钙 | 必要时，每标段不少于3次 | 必要时，每标段不少于3次 |
| | 干缩率 | 必要时，每标段不少于3次 | 必要时，每标段不少于3次 |

续表

| 材料 | 检查项目 | 检查频率 | |
|---|---|---|---|
| | | 高速公路、一级公路 | 二、三级公路 |
| 水泥 | 耐磨性 | 必要时，每标段不少于3次 | 必要时，每标段不少于3次 |
| | 硬度 | 开工、施工、结束测3次 | 开工、施工、结束测3次 |
| | 混合材料种类及数量 | 开工、施工、结束测3次 | 开工、施工、结束测3次 |
| | 温度 | 冬季、夏季施工随时检测 | 冬季、夏季施工随时检测 |
| | 水化热 | 冬季、夏季施工随时检测 | 冬季、夏季施工随时检测 |
| 粗集料 | 颗粒外观（针片状、超径和逊径含量） | 2000m³，1批 | 4000m³，1批 |
| | 颗粒级配 | 2000m³，1批 | 4000m³，1批 |
| | 含泥量 | 1000m³，1批 | 2000m³，1批 |
| | 压碎值 | 1000m³，1批 | 2000m³，1批 |
| | 含水量 | 随时 | 随时 |
| | 松方单位重 | 施工需要时 | 施工需要时 |
| 砂 | 颗粒外观（河砂、山砂、机制砂） | 必要时 | 必要时 |
| | 颗粒粗细和级配 | 1000m³，1批 | 2000m³，1批 |
| | 含泥量 | 1000m³，1批 | 2000m³，1批 |
| | 含水量 | 随时 | 随时 |
| | 松方单位重 | 施工需要时 | 施工需要时 |
| 外加剂 | 减水剂（最优）减水率 | 10t，1批 | 10t，1批 |
| | 液体外加剂的含量 | 10t，1批 | 10t，1批 |
| | 液体外加剂的相对密度 | 200kg，1次 | 200kg，1次 |
| | 粉状外加剂的不溶物含量 | 10t，1批 | 10t，1批 |
| | 引气剂引气量 | 2t，1批 | 3t，1批 |
| | 气泡细密程度和稳定性 | 随时 | 随时 |
| 养生剂 | 养生剂保水率 | 开工前或有变化时 | 开工前或有变化时 |
| | 弯拉强度保水率 | 开工前或有变化时 | 开工前或有变化时 |
| | 含固量 | 施工需要时 | 施工需要时 |
| | 成膜时间 | 随时 | 随时 |
| | 浸水软化性 | 随时 | 随时 |
| 水 | pH | 开工前或水源有变化时 | 开工前或水源有变化时 |
| | 含盐量 | 开工前或水源有变化时 | 开工前或水源有变化时 |
| | 硫酸根含量 | 开工前或水源有变化时 | 开工前或水源有变化时 |

表11-14 水泥混凝土路面的检验项目和频率

| 材料 | 检查项目 | 检查频率 | |
|---|---|---|---|
| | | 高速公路、一级公路 | 二、三级公路 |
| 混凝土路面 | 钻芯劈裂强度 | 每3km每车道钻取一个岩石芯,硬路肩为1个车道,测平均$f_{cs}$、$f_{min}$、$C_v$、板厚$h$ | 每3km每车道钻取一个岩石芯,硬路肩为1个车道,测平均$f_{cs}$、$f_{min}$、$C_v$、板厚$h$ |
| | 3m直尺平整度 | 每半幅车道100m 2处 10尺 | 每半幅车道100m 2处 10尺 |
| | 动态平整度 | 所有车道连续检测 | 所有车道连续检测 |
| | 板厚 | 每100m路面摊铺宽度内左右各2处,连接摊铺每100m路面边缘1处并参考岩芯高度 | 每100m路面摊铺宽度内左右各2处,连接摊铺每100m路面边缘1处并参考岩芯高度 |
| | 抗滑构造深度 | 铺砂法:每幅200m 2处 | 铺砂法:每幅200m 1处 |
| | 横坡度 | 水准仪:每200m 6个断面 | 水准仪:每200m 4个断面 |
| | 接缝顺直度 | 20m拉线测:每200m 6条 | 20m拉线测:每200m 4条 |
| | 摊铺中线偏位 | 经纬仪:每200m 6点 | 经纬仪:每200m 4点 |
| | 纵断高程 | 水准仪:每200m 6点 | 水准仪:每200m 4点 |
| | 路面宽度 | 尺测:每200m 6处 | 尺测:每200m 4处 |
| | 切缝深度 | 尺测:切缝后每200m 6处 | 尺测:切缝后每200m 4处 |
| | 灌缝饱满度 | 尺测:每200m接缝测 6处 | 尺测:每200m接缝测 4处 |
| | 连接摊铺纵缝高差 | 尺测:每200m纵向工作缝,每条3处,每处间隔2m测3尺,共测9尺 | 尺测:每200m纵向工作缝,每条2处,每处间隔2m测3尺,共测6尺 |
| | 胀缝缺陷 | 每条观察填缝及啃边断角 | 每条观察填缝及啃边断角 |
| | 胀缝板连浆 | 每条胀缝板安装时测量 | 每条胀缝板安装时测量 |
| | 胀缝板倾斜 | 尺测:摊铺宽度内每块胀缝板的两侧 | 尺测:摊铺宽度内每块胀缝板的两侧 |
| | 胀缝板弯曲和位移 | 尺测:摊铺宽度内每块胀缝板3处 | 尺测:摊铺宽度内每块胀缝板3处 |
| | 胀缝、缩缝传力杆偏斜 | 钢筋保护层仪:每车道4根 | 钢筋保护层仪:每车道3根 |
| | 断板率 | 数断板面板的块数占总块数的比例 | 数断板面板的块数占总块数的比例 |

在检查中若发现异常情况应按以下方式进行处理:

(1)当出现试件弯拉强度偏小的情况,判定弯拉强度是否合格,应以路面钻芯取样圆柱体劈裂强度折算的弯拉强度值,作为评价合格与否的标准,钻芯与小梁弯拉强度(MPa)的换算关系,应通过积累试验资料确定,若没合适的经验公式,可参考下列应用公式进行换算:

石灰岩、花岗岩碎石混凝土

$$f_c = 1.868 f_{sp}^{0.871} \qquad (11\text{-}5)$$

式中 $f_c$——混凝土标准小梁弯拉强度（PMa）；

$f_{sp}$——混凝土直径150mm圆柱体的劈裂强度（PMa）。

玄武岩碎石混凝土

$$f_c = 3.035 f_{sp}^{0.423} \qquad (11\text{-}6)$$

（2）发现板厚不足时，或上基层和桥梁上横坡不足，要求返工的标准为平均板厚小于设计厚度10mm。当出现争议并要求返工时，应以钻芯取得3个圆柱体的平均高度作为评判标准。

## 项目小结

水泥混凝土路面是一种刚性高级路面，它是由水泥、水、粗集料（碎石）、细集料（砂）和外加剂按一定级配拌和成水泥混凝土混合料而铺筑而成的路面。它具有强度高、承载能力强、稳定性好、抗滑耐久性好等特点，所以，国内外对水泥混凝土路面的修筑都非常重视，对路面的修筑技术进行了不断的研究，使水泥混凝土路面得到了较快的发展，特别是在高等级重交通道路上，水泥混凝土路面得到了更广泛的应用。

水泥混凝土路面施工过程是一项较复杂的系统工程，它的施工涉及路面的结构、水泥混凝土混合料的特性、施工机械的配置、施工技术和施工工艺，以及科学的组织管理等诸多重大的技术问题。是集土木、机械、管理科学的一项综合性技术工程，只有在施工过程中，严格对每一个施工环节进行质量技术控制，才能保证水泥混凝土路面的施工质量。

## 基础训练

1. 水泥混凝土路面有哪些优缺点？
2. 水泥混凝土路面类型有哪些？
3. 水泥混凝土面层铺筑的方法有哪几种？任选一种水泥混凝土路面面层施工方法详细阐述其施工工艺？
4. 滑模摊铺水泥混凝土路面施工要点包括哪些内容？
5. 水泥混凝土路面施工在哪些天气条件下必须停工？

## 考证训练

一、单项选择题

1. 公路工程中使用的水泥，其抗压强度和抗折强度要符合（    ）。
   A. 行业标准　　　　　　　　B. 国家标准
   C. 国际标准　　　　　　　　D. 地方标准
2. 下列关于水泥混凝土路面施工的说法错误的是（    ）。
   A. 摊铺前应对基层表面进行洒水湿润
   B. 混凝土运输过程中应防止漏浆和漏料

C. 混凝土入模前先检查坍落度

D. 摊铺过程中间断时间可以大于混凝土的初凝时间

3. 采用小型机具施工水泥混凝土，关于振捣的说法错误的是（　　）。

A. 振捣棒在每一处的持续时间不宜少于30s

B. 振捣棒的移动间距不宜大于500mm

C. 振动板移位时应重叠100～200mm

D. 振捣棒应接触模板振捣

4. 下列关于水泥混凝土路面纵缝说法错误的是（　　）。

A. 当一次铺筑宽度小于路面和硬路肩总宽度时应设纵向施工缝

B. 当一次铺筑宽度大于路面和硬路肩总宽度时应设纵向施工缝

C. 当一次铺筑宽度大于4.5m时应采用假缝拉杆型纵缝

D. 当所有摊铺的面板厚度大于260mm时可采用插拉杆的企口型纵向施工缝

5. 下列关于水泥混凝土路面横缝说法错误的是（　　）。

A. 横向施工缝其位置宜与胀缝或缩缝重合

B. 每天摊铺结束应设置横向施工缝

C. 普通混凝土路面横向缩缝宜采用斜缝

D. 摊铺中断时间超过30min时应设置横向施工缝

6. 横向缩缝切缝方式的选用，应由施工期间该地区路面摊铺完毕到切缝时的（　　）确定。

A. 施工时间　　　　　　　　B. 昼夜温差

C. 施工气候　　　　　　　　D. 施工机具

7. 普通混凝土路面的胀缝应设置胀缝补强钢筋支架、胀缝板和（　　）。

A. 传力杆　　　　　　　　　B. 定位杆

C. 支撑杆　　　　　　　　　D. 拉杆

8. 掺粉煤灰的混凝土路面，最短养生时间不宜少于（　　）。

A. 3d　　　　　　　　　　　B. 7d

C. 14d　　　　　　　　　　D. 28d

9. 混凝土路面铺筑完成或软作抗滑构造完毕后应立即开始养护，养生方式不宜使用（　　）。

A. 土工毡洒水养护　　　　　B. 麻袋洒水养生

C. 围水养生　　　　　　　　D. 草袋洒水养生

10. 下列有关水泥混凝土路面施工说法错误的是（　　）。

A. 养生时间根据混凝土抗压强度增长情况而定，不宜小于设计抗压强度的80%

B. 特重和重交通混凝土路面宜采用硬刻槽

C. 在灌缝料养生期间应封闭交通

D. 混凝土板养生初期严禁人、畜、车辆通行

## 二、多项选择题

1. 水泥混凝土面层铺筑的方法除小型机具铺筑方法外，还有下列（　　）方法。
   A. 平地机铺筑　　　　　　　　B. 滑模机械铺筑
   C. 轨道摊铺机铺筑　　　　　　D. 三辊轴机组铺筑
   E. 碾压混凝土

2. 每日工作结束，水泥混凝土面层摊铺时的施工缝宜设在下列（　　）部位。
   A. 胀缝处　　　　　　　　　　B. 缩缝处
   C. 纵缝处　　　　　　　　　　D. 假缝处
   E. 切缝处

3. 普通混凝土路面，宜在下列（　　）区域配置钢筋。
   A. 圆管涵上部　　　　　　　　B. 接缝区
   C. 全板块　　　　　　　　　　D. 边缘
   E. 角隅

4. 横向缩缝的切缝方式有（　　）几种。
   A. 软硬结合切缝　　　　　　　B. 分层次切缝
   C. 全部硬切缝　　　　　　　　D. 分阶段切缝
   E. 全部软切缝

5. 普通混凝土路面胀缝设置与施工时，以下（　　）要求是正确的。
   A. 胀缝板应与路中心线垂直　　B. 缝壁垂直
   C. 缝隙宽度一致　　　　　　　D. 缝中完全不连浆
   E. 胀缝宽10～15mm

## 三、综合选择题

西南某三级公路，K15+200～K22+700段，路面结构从上而下分别为22cm厚的水泥混凝土面板、20cm厚水泥稳定碎石、22cm厚级配碎石。设计文件上标明，该路混凝土板在胀缝处设置有传力杆，在部分缩缝处设置有拉杆，还在路面边缘处布置了边缘钢筋，胀缝处的混凝土板角还布置了角隅钢筋。建设单位提出工程质量高、施工进度快的要求。施工单位在铺筑前做了大量的准备工作，包括：测量放样、导线架设、模板支立、铺设轨道、摊铺机就位和调试等。

根据场景，回答下列问题：

1. 该路面等级属于（　　）。
   A. 次高级路面　　　　　　　　B. 高级路面
   C. 一级路面　　　　　　　　　D. 二级路面

2. 该路面面层的缺点有（　　）。
   A. 稳定性差　　　　　　　　　B. 养护费用高
   C. 不利于夜间行车　　　　　　D. 修复困难

3. 该路面类型为（　　）路面。
   A. 预应力混凝土　　　　　　　B. 连续配筋混凝土

C. 钢筋混凝土  D. 普通混凝土
4. 施工单位采用的施工方法为(  )。
A. 轨道摊铺机铺筑法  B. 滑模机械铺筑法
C. 小型机具铺筑法  D. 三辊轴机组铺筑法

# 参考文献

[1] 李立寒等. 道路建筑材料. 北京：人民交通出版社，2006.

[2] 申爱琴. 水泥与水泥混凝土. 北京：人民交通出版社，2004.

[3] 张登良. 沥青及沥青混合料. 北京：人民交通出版社，1993.

[4] 沙庆林. 高等级公路半刚性基层沥青路面. 北京：人民交通出版社，1999.

[5] 胡长顺，黄辉华. 高等级公路路基路面施工技术. 北京：人民交通出版社，2003.

[6] 邓学钧. 路基路面工程. 北京：人民交通出版社，2001.

[7] 俞高明，杨仲元. 公路施工技术. 北京：人民交通出版社，2009.

[8] 彭宝华. 公路路基设计施工技术规范与施工技术要点及试验检测技术，验收标准实务全书. 北京：科学技术出版社．2005.

[9] 胡长顺，黄辉华编著. 高等级公路路基路面施工技术. 北京：人民交通出版社，1999.

[10] 宣国良，李晋三编. 道路施工技术. 北京：人民交通出版社，2001.

[11] 殷岳川. 公路沥青路面施工. 北京：人民交通出版社，2000.

[12] 代仲国. 道桥工程施工. 武汉：华中科技大学出版社，2010.

[13] 张铁志. 路桥工程施工与检测. 北京：冶金工业出版社，2013.

[14] 廖正环. 公路施工与管理. 北京：人民交通出版社，2006.

[15] 王淑红. 路基路面工程. 北京：化学工业出版社，2011.

[16] 中华人民共和国行业标准. 公路路面基层施工技术规范（JTJ 034—2000）. 北京：人民交通出版社．2000.

[17] 中华人民共和国行业标准. 公路路基路面现场测试规程（JTG E60—2008）. 北京：人民交通出版社．2008.

[18] 中华人民共和国行业标准. 公路工程质量检验评定标准（JTG F80/1-2012）. 北京：人民交通出版社．2012.

[19] 中华人民共和国行业标准. 公路工程技术标准（JTG B01-2014）. 北京：人民交通出版社．2014.

[20] 中华人民共和国行业标准. 公路沥青路面施工技术规范（JTG F40—2004）. 北京：人民交通出版社．2004.

[21] 中华人民共和国行业标准. 公路沥青路面设计规范（JTG D50—2006）. 北京：人民交通出版社．2006.

[22] 中华人民共和国行业标准. 沥青路面施工及验收规范（GB 50092—1996）. 北京：人民交通出版社．1997.

[23] 中华人民共和国行业标准. 水泥混凝土路面施工及验收规范（GBJ 97—1987）. 北京：人民交通出版社. 1987.

[24] 中华人民共和国行业标准. 公路水泥混凝土路面设计规范（JTG D40—2002）. 北京：人民交通出版社. 2003.

[25] 中华人民共和国行业标准. 公路水泥混凝土路面施工技术细则（JTG/T F30—2014）. 北京：人民交通出版社. 2014.

[26] 中华人民共和国行业标准. 公路工程岩石试验规程（JTG E41—2005）. 北京：人民交通出版社. 2005.

[27] 中华人民共和国行业标准. 公路工程集料试验规程（JTG E42—2005）. 北京：人民交通出版社. 2005.

[28] 中华人民共和国行业标准. 公路工程无机结合料稳定材料试验规程（JTG E51—2009）. 北京：人民交通出版社. 2009.

[29] 中华人民共和国行业标准. 公路土工试验规程（JTG E40—2007）. 北京：人民交通出版社. 2007.

[30] 中华人民共和国行业标准. 公路工程水泥及水泥混凝土试验规程（JTG E30—2005）. 北京：人民交通出版社，2005.

[31] 中华人民共和国行业标准. 公路工程沥青及沥青混合料试验规程（JTG E20—2011）. 北京：人民交通出版社，2001.

[32] 黄晓明. 道路材料. 北京：人民交通出版社，2005.

[33] 李宇峙等. 路基路面工程检测技术. 北京：人民交通出版社，2003.

[34] 金桃，张美珍. 公路工程检测技术. 北京：人民交通出版社，2002.

[35] 张超，郑南翔，王建设. 路基路面试验检测技术. 北京：人民交通出版社，2004.

[36] 黎霞，李宇峙. 路基路面工程试验. 北京：人民交通出版社，1999.

[37] 赵特伟. 试验数据的整理与分析. 北京：中国铁道出版社，1991.